Hermann Schreiber · Die Vandalen

Hermann Schreiber

Die Vandalen

Siegeszug und Untergang eines
germanischen Volkes

Gondrom

Lizenzausgabe für Gondrom Verlag GmbH & Co. KG, Bindlach 1993
Mit Genehmigung des Scherz Verlages, Bern und München
Titel des Originals: "Die Vandalen"
Copyright © 1979 by Scherz Verlag, Bern und München
Alle Rechte beim Scherz Verlag, Bern und München
ISBN 3-8112-1024-6

Inhalt

Die Gezeichneten
Einleitung

Zwölfhundert Jahre nach seinem Untergang wird die Erinnerung
an ein vergessenes Volk plötzlich wieder wach. In ganz Frankreich
herrscht Revolution, Statuen werden zertrümmert, Reliquien aus
ihren Schreinen gerissen, Königsgräber geöffnet und die Gebeine
verstreut. Es sind Zerstörungen und Verwüstungen ohne jeden
Sinn, die nichts anderes bezwecken als eben diese Zerstörung
selbst, und obwohl dergleichen so neu nicht ist, prägt ein Wortführer der neuen Ideen einen neuen Begriff dafür: Er berichtet am
31. August 1794 im Konvent *Über den Vandalismus und die
Möglichkeiten seiner Unterdrückung.*
Der Mann, der auf diese Weise die Geister loszuwerden hoffte,
die er selbst gerufen hatte, war ein seltsamer Heiliger: Abbé Henri
Grégoire aus Lothringen, erster Priester, der die neue Verfassung
unterzeichnete, und Urheber des Verdikts, die Könige seien auf der
Stufenleiter der moralischen Weltordnung das, was die vorzeitli-
chen Ungeheuer für die biologische Entwicklung bedeuteten.
Grégoire, zeitweise Bischof einer so schönen Stadt wie Blois an der
Loire, schoß also nicht selten über sein Ziel hinaus; und wegen
dieses Wortes über die Könige hat man ihn denn auch prompt
seines Amtes enthoben, als die Bourbonen wiederkehrten. Der
Begriff des Vandalismus jedoch blieb uns erhalten, und während
von den Herulern, Rugiern oder Langobarden heute niemand
mehr spricht, hat dieses eine Schlagwort das Interesse an den
Vandalen selbst wachgehalten – ganz einfach, weil gelehrte und
weniger gelehrte Geschichtsbetrachter sich seither fragen, ob der
Abbé Grégoire die Vandalen zu Recht mit diesem Brandmal
versehen oder ihnen vielleicht doch Unrecht getan hat.
Als der Abbé seinen folgenreichen Aufsatz schrieb, kannte die

Welt bereits den ganzen Schrecken der Französischen Revolution. In Nantes hatte man tatsächliche oder vermeintliche Gegner der Revolution zu Paaren zusammengebunden und in der Loire ertränkt, in der Provence, in Lyon, in Arras hatte man ähnlich gewütet, und in Paris waren binnen vierzig Tagen 1376 Menschen von der neuen Köpfmaschinerie des Doktors Guillotin ins Jenseits befördert worden. Auf den Seine-Quais hatte man in großen Fischbratpfannen adelige Mädchen lebendig gesotten, und die Toten der Schweizergarde lagen tagelang nackt und unbeerdigt in den Straßen. Hatte der Abbé diese Grausamkeiten im Sinn, als er den Begriff des Vandalismus prägte? Dachte er an die Berichte katholischer Bischöfe aus dem Vandalenreich, in denen die Verfolgung der Rechtgläubigen durch die arianischen Vandalen mit ähnlich krassen Einzelheiten geschildert werden, um den vandalischen Schrecken in und um Karthago recht deutlich zu machen? Müssen wir annehmen, daß die Vandalen seinen Unwillen vor allem dadurch erregten, daß sie der Irrlehre des Presbyters Arius aus Antiochia anhingen?

Es scheint jedoch, daß die etwa 40 000 Opfer revolutionären Terrors unseren Abbé eher abgestumpft als aufgebracht hatten, daß es nicht das vergossene Blut war, das ihn zu der großen historischen Gebärde seiner Wortprägung veranlaßte, sondern die abgeschlagenen Nasen der Heiligenfiguren, die den Särgen entrissenen Gebeine der Seligen, die verstreuten Reliquien der Wallfahrtsorte. Die Vandalen werden damit zu Übeltätern jener ganz besonderen Art, die es auf die Kulturdenkmäler abgesehen haben und all jenen Seelenschmerzen zufügen wollen, denen an diesen Denkmälern und Zeugnissen so viel gelegen ist. Dabei handelt es sich um feine Unterschiede, für die vor allem die Franzosen eine Ader haben: Als im Ersten Weltkrieg die Kathedrale von Reims durch Artilleriefeuer schwer beschädigt wurde, appellierte der Schriftsteller Romain Rolland, damals das Gewissen seiner Nation, über die Frontlinien hinweg an Gerhart Hauptmann, die vergleichbar ehrwürdige deutsche Geistesgröße, und mahnte zur Erhaltung des gemeinsamen abendländischen Erbes. Gerhart Hauptmann errang damals einen schönen Sieg für sein Land und seine Sprache, als

er telegrafisch antwortete, mehr als die zerstörten Steinfassaden
dauere ihn in diesem großen Krieg die zerrissene Brust des
Menschenbruders.

Der Abbé Grégoire verhält sich also wie später Romain Rolland
und wie jene Pariser, die Blücher 1814 seine Siege verzeihen, nicht
aber, daß er sich im Schloß von Saint-Cloud mit den Stiefeln ins
Bett legte, und die 1871 weniger den Untergang des Zweiten
Kaiserreichs bejammern als die Zerstörung der Säule auf der Place
Vendôme. Damit wird zweierlei klar: Der Vandalismus, wie
Grégoire ihn verstand, ist erstens keine spezifisch germanische
Verhaltensweise und zweitens gekennzeichnet durch eine besondere Sinnlosigkeit, ein fanatisches Zerstören um seiner selbst
willen, beinahe eine *action gratuite,* eine unverständliche Hand-
lung, die nur vollzogen wird, damit sie geschehen sei und von dem
zeuge, der sie wagte.

Damit sind wir freilich bei sehr modernen Denkweisen angelangt und bei Verhaltensmustern, die eine Gesellschaft vorausset-
zen, in der für alles zum Leben Notwendige gesorgt ist. Selbst
wenn wir annehmen, daß der sogenannte Vandalismus ein
Minimum an Sinn dadurch erhielte, daß in den steinernen Zeugen
einer Kultur oder einer Weltanschauung diese selbst getroffen
werden soll, war eine derartige Handlungsweise den auf der Suche
nach Nahrung und Bleibe ständig hin und her ziehenden Wandervölkern der Spätantike gewiß fremd:»Wahrscheinlich sind Kultur-
menschen dazu nötig, diesen Grad systematischer Dummheit zu
erreichen«, meint der französische, in Algier lehrende Historiker E.
F. Gautier,»Barbaren nämlich geben sich lieber mit einträglicheren
Beschäftigungen ab.«

Das inzwischen der Vergangenheit angehörende französische
Algerien hat einige der besten Vandalen-Kenner hervorgebracht,
bei denen die nordafrikanische Ortskenntnis, die Vertrautheit mit
der Geschichte der eingeborenen Völker der Atlas-Region und die
klassische Bildung des Europäers glücklich zusammentreffen.
Durch sie vor allem hat die jahrhundertelange Beschäftigung mit
den Vandalen einen neuen Abschnitt erreicht und ist die alte
Antithese zwischen Antike und Barbarei, zwischen Mittelmeerkul-
tur und Germanentum überwunden worden. Der zwischen Franzo-

sen und Deutschen stehende belgische Gelehrte Jean Décarreaux`
hat vor einigen Jahren sehr weise bemerkt, man sei immer der
Barbar eines anderen. *Jede* Zivilisation, ob barbarisch oder kulti-
viert, ob auf eine kriegerische Aristokratie gegründet oder von
einer geistigen Elite geschaffen, habe auf ihre Weise zum Ideen-
schatz der gesamten Menschheit beigetragen.

Dieses verständnisvolle Wort enthebt uns eigentlich der Notwendigkeit zu fragen, warum der Abbé Grégoire aus den vielen
einander weitgehend ähnelnden Barbarenvölkern der großen Wanderepoche gerade die Vandalen herausgegriffen und in seiner
Konventsrede vom August 1794 für alle Zeiten gebrandmarkt hat.
Hätte er nicht die Hunnen wählen können, von denen die französische Propaganda im Ersten Weltkrieg so ausgiebig Gebrauch
machen sollte, oder auch die Goten, die schließlich die Vandalen
vor sich her durch Europa trieben? Und warum hat er nicht, statt
von jenen fernen Völkerwanderungszeiten, vom Mai 1527 gesprochen, vom sprichwörtlich gewordenen *Sacco di Roma*, der furchtbar-
sten Plünderung der Ewigen Stadt, für die der Connetable de
Bourbon nur darum später nicht zur Verantwortung gezogen
werden konnte, weil er auf einer Sturmleiter den Tod gefunden
hatte?

Damals waren es spanische und deutsche Landsknechte einer
kaiserlichen Armee, die in eine Stadt einbrachen, in der es nicht
nur Reste alten Glanzes gab wie 408 zu Alarichs und 455 zu
Geiserichs Zeiten, sondern wo künstlerisches Leben der herrlich-
sten Art blühte; damals wurden nicht Tempel und Kirchen
beraubt, sondern Kunstwerke in sinnloser Zerstörungswut mit den
Schwertern zerschnitten, wie noch heute jeder Besucher der
vatikanischen Sammlungen sehen kann. Doch Legenden und
Überlieferungen kümmern sich nicht um den Augenschein, und
nach weiteren hundert Jahren unzureichenden Geschichtsunter-
richts wird man vielleicht sogar glauben, daß es Vandalen waren,
die Raffaels Gemälde aufschlitzten . . .

Selbst der fortgesetzten Bemühung einsichtiger Historiker und
großer, geschichtlich interessierter Schriftsteller ist es bis heute
nicht gelungen, das Mal zu tilgen, mit dem die Vandalen von
zeitgenössischen christlichen Chronisten gebrandmarkt wurden,

lange bevor der Abbé aus Blois sie ächtete. Sie waren die doppelt
Gezeichneten, einmal, weil sie das Stigma der Barbaren trugen,
zum andern aber, weil sie, die Barbaren, noch dazu die Kühnheit
besaßen, einen eigenen christlichen Glauben zu entwickeln und
ihn standhaft gegen die römischen Christen zu verteidigen.

Während die Westgoten endlich doch zum Katholizismus
übertraten, während der Ostgotenkönig Theoderich zwar Arianer
blieb, aber Toleranz übte, und selbst der wilde Hunne Attila das
Haupt vor Papst Leo dem Großen beugte, verharrte Geiserich, der
Meerkönig, der finstere Beherrscher des vandalischen Seereiches,
stolz und starr in seinem Arianismus, eine Herrschergestalt von
jener düsteren Größe, die nach dem Glauben jener Zeit ihre Macht
nur vom Antichrist haben konnte.

Dank Geiserich und seiner Reichsgründung überragen die
Vandalen nach Jahrhunderten, in denen stets die Goten stärker
waren, schließlich sogar diesen mächtigsten ihrer Gegner und
prägen sich als die größte Gefahr für das untergehende Römerreich
dem Bild der Epoche ein. Die Versuche, ihnen gerecht zu werden,
bleiben lange Zeit geradezu schüchtern, etwa wenn Johannes von
Müller, ein Schüler Montesquieus und Herders, schreibt: »Die
Sitteneinfalt der Barbaren ist keine Tugend, sie ist Natur; sie
zeigen ihre Laster, sie sind schrecklich; wir haben andere, um so
gefährlichere, weil wir sie zu verbergen wissen . . .«

Der britische Historiker Edward Gibbon wagt sich schon weiter
vor, wenn er in seiner mit Recht bewunderten Geschichte vom
Niedergang des Römerreiches Geiserich neben Attila und Alarich
stellt und damit seiner geschichtlichen Größe jeden Zweifel
nimmt. Der Schrecken, wie ihn die Barbaren verbreiten, liege
jedoch nun einmal in der Natur der Sache: »Krieg schließt, selbst
in seiner bestgeregelten Form, die andauernde Verletzung von
Menschlichkeit und Gerechtigkeit mit ein; der Kampf der Barbaren ist durch den wilden und gesetzlosen Geist entzündet, der ihre
friedliche häusliche Gesellschaft unaufhörlich aufwühlt.« Und als
die Vandalen sich in ihrem nordafrikanischen Reich der Zivilisation ergeben, als sie auf feudalen Landsitzen leben, ins Theater
gehen und Dichter um sich haben, kurz: als sie aufhören, Barbaren
zu sein, da ist es auch um ihre kriegerische Tüchtigkeit geschehen,

und ihr Reich erliegt dem Angriff, den Belisar mit hunnischen und germanischen Söldnern gegen das vandalische Karthago führt.

Dieser Untergang eines Volkes, sein Verschwinden aus der Geschichte, kann sich an Bedeutung mit dem Zerfall des Römischen Reiches und dessen Überflutung durch jüngere Völker nicht im entferntesten messen; dennoch hat es nicht an großen Geistern gefehlt, die es als folgenschwer, ja verhängnisvoll ansahen, daß so viele und so kräftige germanische, aber auch sarmatische Stämme damals in Fremdvölkern aufgingen. Über den Untergang des Römerreiches tröstete schließlich schon der große Augustinus seine Zeitgenossen durch die Verheißung eines Gottesstaates hinweg, eines neuen Roms christlicher Prägung auf den Trümmern des heidnischen, und diese große Vision ist ja auch Wirklichkeit geworden. Was hinabging ohne Wiederkehr, das waren die Siegervölker, die dank ihrer kämpferischen Stoßkraft zunächst überlegenen, durch ihre geringe Zahl im dichtbevölkerten Mittelmeerraum jedoch auf die Dauer chancenlosen Germanen.

Der Bretone Chateaubriand, Vicomte aus einem alten Geschlecht, hat diesen Verlust in vielen seiner Schriften als schicksalhaft bezeichnet, ein Kelte also, der gleichsam neutral zwischen Romanen und Germanen stand, und Jules Michelet hebt die Frage vollends in die nüchtern-historische Sicht, wenn er die nichtgermanischen Barbaren in seine universelle Betrachtung der Zeit einbezieht: Auch die Sarmaten, auch die aus dem fernen Zentralasien über das alte Europa hereinbrechenden Wandervölker hätten, ebenso wie die von Norden nach Süden ziehenden Germanen, eine heldenhafte Dynamik gegen die erstarrte antike Zivilisation gesetzt, einen jugendlich-freiheitlichen Zug, der noch weit über die Völkerwanderung hinausgewirkt habe bis in die Zeit der Reconquista, als spanische Christen germanischen Blutes mit der Rückeroberung der von den Mauren besetzten Iberischen Halbinsel begannen.

Natürlich haben es auch die Deutschen an so romantischem Weiterspinnen der Realität nicht fehlen lassen. Spätestens seit den Befreiungskriegen wurden vor allem die energischen und kühnen unter den germanischen Wandervölkern als die ersten Deutschen in Anspruch genommen, und daß damit auch der Vandalismus

eingebürgert wurde, scheint weder Friedrich Schlegel noch Felix
Dahn oder dem sächsischen Staatsmann und Völkerwanderungs-
Spezialisten Eduard von Wietersheim (1789–1865) besondere
Sorgen bereitet zu haben, sei doch die Völkerwanderung nichts
anderem entsprungen als dem »Naturtrieb der germanischen Rasse,

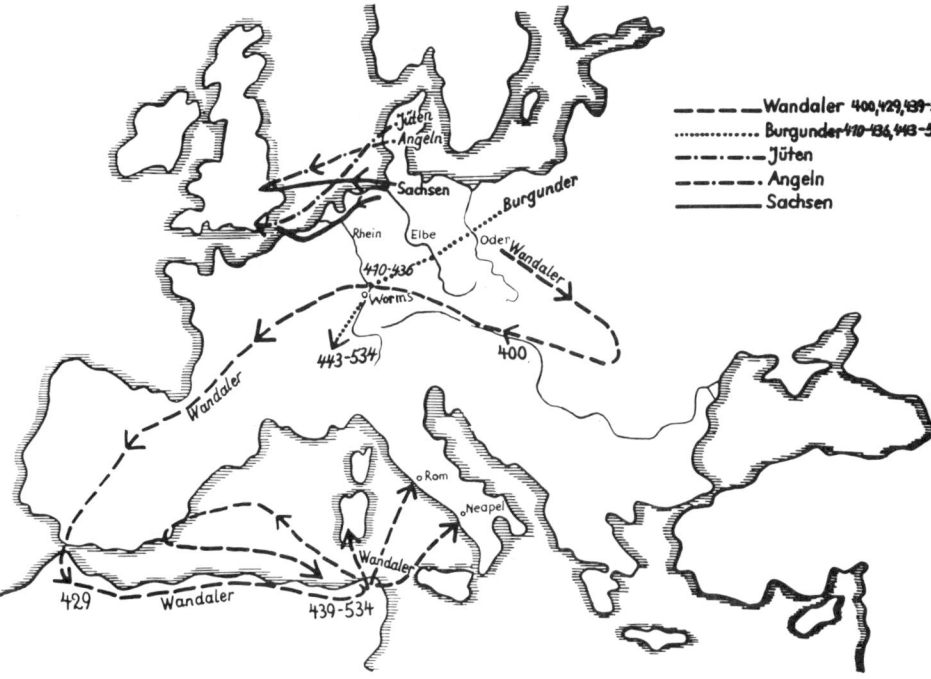

Karte des Vandalenzuges: Aus Skandinavien kommend, rasteten sie
ein Halbjahrtausend in Schlesien, ehe ein Großteil des Volkes nach
Südosten und schließlich quer durch Europa nach Spanien zog.

wie ihn die ewige Weisheit, zur Erfüllung deren weltgeschichtli-
cher Bestimmung, derselben uranfänglich eingehaucht hatte«
(Wietersheim).

Dieser Väterglaube in das ungetrübte Verhältnis zwischen
Vorsehung und Germanentum ist uns inzwischen allerdings
abhanden gekommen. Einige Historiker unserer Tage haben sich
von jenem romantischen Überschwang so ängstlich distanziert, daß

sie nicht einmal die Goten, die doch unsere Sprache mitprägten und die erste deutsche Schrift entwickelt haben, als Vorfahren gelten lassen wollen.

Die Köpfe brauchen wir uns darüber nicht mehr heiß zu reden in einer Zeit, da die Völkerwanderungen sich binnen Stunden vollziehen und Menschenmassen, wie sie Geiserich für einen ganzen Eroberungszug zur Verfügung hatte, sich wegen eines Fußballspiels von einem Land ins andere transportieren lassen.

Einzigartig aber bleibt auf jeden Fall die geschichtliche Dramatik des Geschehens und des Schicksals der vandalischen Stämme an der Schwelle einer neuen, der christlichen Epoche des alten Europa. Denn dieser germanische Stammesverband, vor dessen Namen die alte Welt erzitterte, führt in seinem Wandergepäck bereits die Ulfilas-Bibel mit. Er hat die Germanengötter in seiner schlesischen Wahlheimat zurückgelassen und bringt den neuen Ländern, die er sich erobern will, den Dattelpalmen-Oasen und Olivenhainen Afrikas, mit Schwert und Speer auch die Botschaft eines germanischen Christentums unter christlichen Heerkönigen.

ERSTES BUCH

Der weite Weg

Glaub nur, ein Volk wird nicht alt, nicht klug . . .
HERZOG ALBA IN GOETHES »EGMONT«

Wichtiger als das Namensproblem ist natürlich das der Identität, das heißt, die Frage, mit welchen Stämmen, die uns aus den Funden und den schriftlichen Überlieferungen bekannt sind, wir die gemeinhin Vandalen genannte Stammesverbindung gleichsetzen dürfen. Gerade in dieser Hinsicht sind seit dem Zweiten Weltkrieg Unsicherheiten aufgekommen, und zwar vor allem durch die heutige polnische Bodenforschung. Die herrschende Lehrmeinung, von allen älteren und den meisten jüngeren deutschen Wissenschaftlern vertreten, läuft im großen und ganzen darauf hinaus, daß germanische Stämme von nicht unbeträchtlicher Stärke in den beiden letzten vorchristlichen Jahrhunderten ihre skandinavischen Wohnsitze verließen und vor allem im Gebiet der Weichselmündung, aber auch an anderen Abschnitten der südlichen Ostseeküste landeten. Von hier breiteten sie sich teils friedlich, teils durch Vertreibung oder Unterwerfung der Ansässigen in den Gebieten des Weichselbogens, der Oderufer, ja schließlich im ganzen Raum zwischen der Ostsee und den sich von den Sudeten zum Karpatenbogen erstreckenden Gebirgsvorländern aus.

Ein Gutteil der polnischen Archäologen war bisher nicht bereit, die Bodenfunde auf jetzt polnischen Gebieten dieser germanischen Einwanderung zuzuordnen, sondern schreibt sie einer gewissen Przeworsk-Kultur mit angeblich urslawischem Charakter zu. Diese Kultur beherrschte ziemlich genau den Raum zwischen Oder und Weichsel, wobei die Funddichte in den ostseenahen Gebieten besonders groß ist.

Hier steht also Meinung gegen Meinung, und eine Klärung ist um so weniger zu erwarten, als sich die Hauptcharakteristika einer vorgeschichtlichen Kultur – die Bestattungsformen und die Keramikfunde – in dieser späten Zeit, 100 v. Chr. bis etwa 400 n. Chr., nicht mehr zweifelsfrei ethnisch zuordnen lassen:

»Ob die Przeworsk-Kultur ein so einheitliches und eigenständiges Ganzes bildete, um bloß einer einzigen ethnisch geschlossenen Gruppe zugeschrieben werden zu können, bleibt immerhin eine offene grundsätzliche Frage, mit der eine weitere verbunden ist, nämlich die, was noch eine archäologisch ausgearbeitete Kultur zu jener fortgeschrittenen Zeit überhaupt bedeuten solle, inwiefern sie

überhaupt als ein archäologisches Vermächtnis dieses oder jenes
Volkes angesehen werden könne und ob sie nicht eher ein bestimmtes Zivilisationsniveau vorstelle, dessen Komponenten verschiedenen Ursprungs sind.« (Jan Filip)

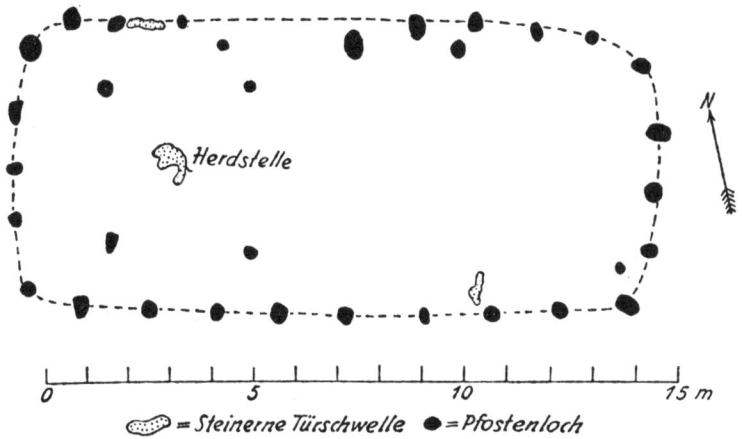

0   5   10   15 m

⬯ = *Steinerne Türschwelle*   ● = *Pfostenloch*

Ein Pfostenhaus mit steinerner Türschwelle im Grundriß, gefunden in
dem als vandalisch angesehenen altgermanischen Siedlungsbereich
von Kraghede, Vendsyssel.

Das sind goldene Worte, und sie skizzieren vermutlich die
salomonische Lösung. Daß Skandinavien in der Vor-Wikinger-
Periode vergleichsweise dicht bevölkert war, können wir, von den
Bodenfunden einmal abgesehen, zum Beispiel dem Beowulf-Epos
entnehmen, dessen Dichter sich außerordentlicher Geschichtstreue
befleißigt und selbst in der Schilderung von Einzelheiten (Waffen,
Gebäuden, Schätzen, dynastischen Beziehungen) erstaunlich zuver-
lässig ist. Aus der seit 1930 sehr lebhaft gewordenen Diskussion
um dieses hochinteressante Epos (an der sich auch J. R. R.
Tolkien, Verfasser der großen modernen Mythologie *Der Herr der
Ringe*, mit einem köstlichen Aufsatz über *The Monsters and the
Critics* beteiligte) geht hervor, daß Wanderungsbewegungen in der
Vor-Wikinger-Zeit mit größter Wahrscheinlichkeit nur Bevölke-
rungswegzüge aus Skandinavien gebracht haben können, keinen
Zustrom von Süden nach Norden.

Damit ist schon sehr viel gewonnen, denn nun ist klar, daß die
Übereinstimmungen im Charakter der Funde zum Beispiel zwischen Jütland und Schlesien oder zwischen dem schwedischen
Upland und Schlesien nicht darauf zurückzuführen sind, daß
Stämme der Przeworsk-Kultur nach Norden gewandert sind,
sondern daß germanische Stämme aus dem Norden sich über die
Ostsee nach Süden bewegten und im Oderraum oder zwischen
Oder, Weichsel und Warthe niederließen. Daß es um 100 v. Chr.
– aus dieser Zeit stammen die ersten Funde germanischen Charakters in diesem Gebiet – in den fruchtbaren Ländern zwischen den
großen Strömen kein absolut leeres Land mehr gegeben hat,
sondern daß die Eindringlinge aus dem Norden sich mit dort
bereits Ansässigen mischten, erscheint selbstverständlich.

Hält man das fest, so kann man einige Linien ziehen, weil zum
Beispiel Keramikfunde in ausreichender Zahl zufällige Übereinstimmungen nahezu ausschließen. Auf diese Weise wurden Beziehungen des vandalischen Silingen-Stammes zum dänischen See-
land, also einer der dänischen Hauptinseln, hergestellt. Andere
Übereinstimmungen haben sich zwischen dem nördlichsten Jütland (das auch eine Insel ist) und schlesischen Fundgebieten
ergeben, aber auch zwischen dem Upland und dem späteren
Vandalengebiet rund um den Zobtenberg in Schlesien. Dabei
ergeben sich als wichtige, häufig aus den Funden sichtbar wer-
dende Stammeskulturen die der Silingen und der Hasdingen als
Kernstämme des späteren vandalischen Verbandes; es fanden sich
aber auch Anhaltspunkte dafür, daß die schwedisch-dänischen
Verbindungen mit den Auswanderersippen in Schlesien erhalten
blieben, als sich rund um den Zobtenberg bereits eine Kultgemeinschaft der ausgewanderten Stämme gebildet hatte. Es war also
nicht einfach ein neues Volk auf neuem Boden entstanden,
sondern Auswanderer hatten, wohl aus wirtschaftlichen Gründen,
ihre Heimat verlassen, ihr aber eine gewisse Anhänglichkeit
bewahrt. Gesandte aus früheren Wohnsitzen in Schlesien bzw.
dann auch aus Pannonien werden noch in der vandalischen Spätzeit
unter Geiserich auftreten, ihren abgewanderten Brüdern also bis
nach Afrika folgen, in ihren Staat auf dem Boden eines anderen
Kontinents.

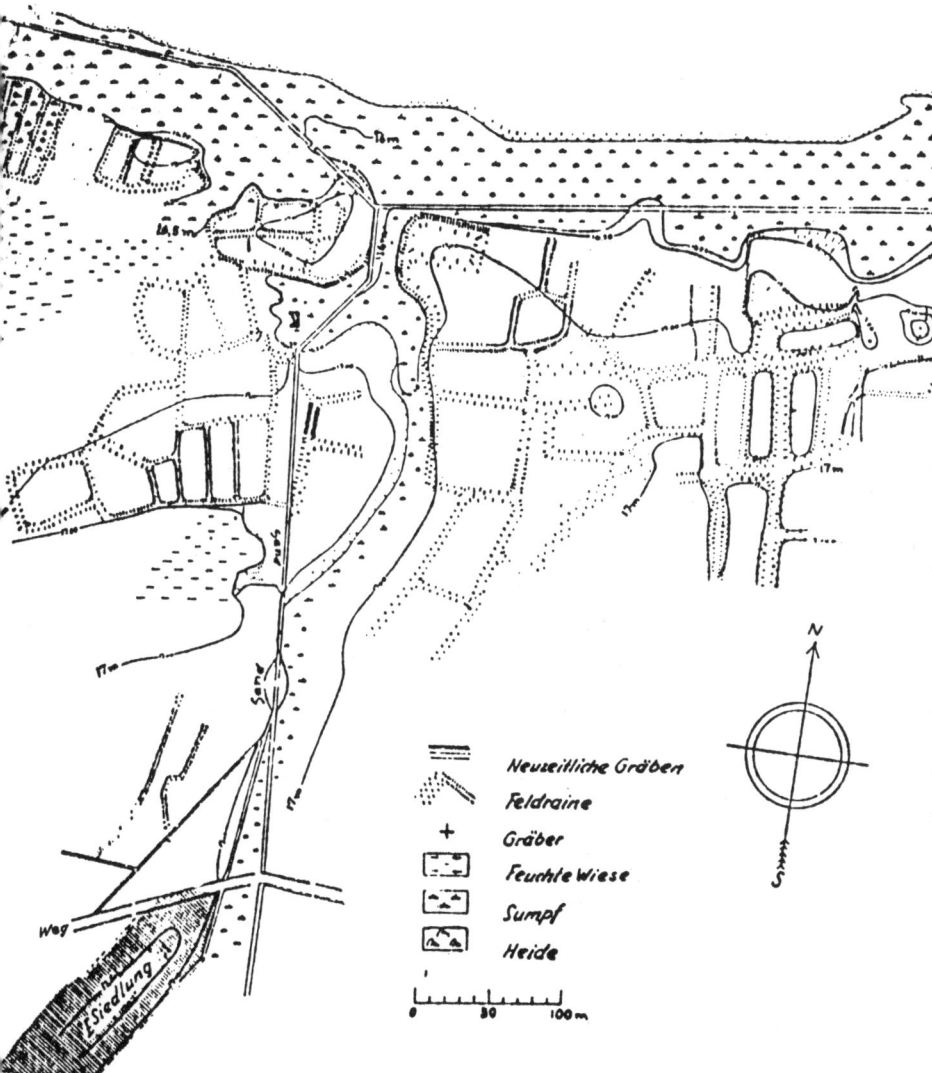

So lebten die Vandalen vor ihrem Aufbruch nach Süden: Zwischen einem großen Sumpfgebiet im Norden
und feuchten Wiesen im Westen hatte eine kleine vandalische Dorfgemeinschaft Felder eingeteilt, die mit
der Siedlung durch einen sandigen Weg verbunden waren (Vendsyssel, Nordjütland).

Der Vorgang ist eigenartig, interessant, aber schwer zu durch-
schauen, und die Unsicherheiten sind bis heute nicht völlig
beseitigt. Stammesverbände geben sich oft andere Namen als der
Einzelstamm, und die ganze Namensgebung mag gelegentlich
auch zufällig wirken, weil unsere antiken Gewährsmänner, nämlich
Plinius, Tacitus, Cassius Dio und andere, ja nicht nach modernen
Methoden Volksbefragungen durchführten nach Nam' und Art,
sondern sich auf die damals üblichen Quellen stützten, in erster
Linie also auf die allgegenwärtigen Wanderhändler oder auf
Offiziere, die gegen die Germanen gekämpft hatten.

Wegen dieser Unsicherheiten schon in den Anfängen der
Namensgebung verzichten wir hier auch auf die weitläufige
Diskussion der damit zusammenhängenden zweiten Frage, nämlich: welche der gelegentlich im Zusammenhang mit den Vandalen
oder ihren Wohngebieten genannten Stämme – die Harier, die
Helwekonen, die Manimer, Elisier oder Naharwalen – dauernd
zum Kern jenes Stammesverbandes gezählt werden müssen, der
sich in historischen Zeiten und Konfrontationen als *die Vandalen*
profiliert hat. Die Silingen und Hasdingen jedoch lassen sich
anhand gesicherter Daten durch etwa siebenhundert Jahre verfolgen, von den ersten Funden, die in die letzten Jahre des zweiten
vorchristlichen Jahrhunderts zurückreichen, über die kulturelle
Blüte in der spätrömischen Kaiserzeit bis zu dem großen Vandalenzug von Ungarn über Frankreich nach Spanien und schließlich
nach Afrika, ein Volksschicksal, wie es seinesgleichen sucht, nicht
nur in Europa, sondern wohl auf der ganzen Erde. Man muß schon
die Madegassen bemühen, die mit ihren Booten quer über den
Indischen Ozean bis Indonesien segelten und sich dort niederließen, um eine weitere Wanderung nennen zu können.

Beschäftigten sich die Historiker des vergangenen Jahrhunderts mit
germanischen Stämmen, so begannen ihre Arbeiten meist mit
Cornelius Tacitus und seiner unschätzbaren *Germania*, in der
unsere Vorfahren auffallend ehrenvoll dargestellt werden. Bisweilen wußte man nicht recht, was daran am schönsten war: das Lob
für die alten Deutschen oder die Tatsache, daß es in geschliffenem
Latein formuliert war.

Nun, auch wir können uns den Vandalen sentimental-sehnsüchtig nähern, einmal, weil sie durch inzwischen verlorenes deutsches Gebiet gewandert sind, und zwar weit und lange, von der Odermündung bis in die Karpaten, zum andern aber, weil sie uns den Gefallen taten, auf diesem weiten Weg eine ausgiebige Rast einzulegen, nämlich in Schlesien. Und wenn nicht ganze Generationen von Forschern ihre Vor- und Frühgeschichte, ihre Lautverschiebungen, ihre Bodenfunde und was sonst noch alles dazugehört, höchst unseriös betrieben haben – was man doch gewiß nicht annehmen darf –, dann haben die Vandalen bei dieser Gelegenheit dem Land auch seinen Namen gegeben.

Noch 1960 konnte man in einem umfangreichen Schlesienbuch lesen: »Die schlesische Landschaft ist keine natürliche, sondern eine politische Landschaft . . . Im zehnten Jahrhundert taucht sie aus dem Dämmer der Vorgeschichte, ein namenloses, von riesigen Wäldern bedecktes, in der Oder-Ebene dem ehemaligen Wohngebiete der germanischen Vandalen, von slawischen Völkerstämmen dünn besiedeltes Land.« (Wolfgang von Eichhorn)

Die Österreicher, unter deren Herrschaft Schlesien seine glücklichsten Zeiten erlebte, gingen im vorigen Jahrhundert das Problem jenes dämmerigen Dunkels mit mehr Ahnungsvermögen und Phantasie an: »Aus dem breiten, fruchtbaren Oderthale erhebt sich steil die mächtige Pyramide des Zobtenberges. Weithin sichtbar kann er recht eigentlich als Wahrzeichen Schlesiens gelten, und an ihn knüpft sich auch der Name Schlesien an. Ältere Urkunden nennen ihn den Berg *Zlens* und die an seinem östlichen Fuße hinfließende Lohe Zlenza den Schlesierfluß, sowie das ganze Gebiet den Schlesiergau. Die, welche den Zobtenberg als Zlens bezeichneten, waren Einwohner slavischer Zunge, dem großen Stamme der Lechen angehörig. Für sie war der mächtige Berg zugleich eine Stätte heidnischer Götterverehrung.

Mit diesen Worten versucht der schlesische Geschichtsschreiber Dr. C. Grünhagen den Ursprung des Namens Schlesien zu erklären. Näheres über die älteste Geschichte Schlesiens aber vermag auch er uns nicht mitzuteilen, denn: Im Breslauer Museum reihen sich zu Tausenden die schwarzen Aschenurnen aneinander: Waffen, Hausgeräthe, Schmucksachen der verschieden-

sten Art finden sich dort aufgehäuft. Ganz ohne Sprache sind nun
diese Dinge nicht, und für die Culturgeschichte der Menschheit
mögen sie in gewisser Weise auch Zeugnis ablegen können; von
unserer speziellen Landesgeschichte aber melden sie uns nichts. Das
ganze erste Jahrtausend der christlichen Zeitrechnung ist für unser
Schlesien ein weißes, unbeschriebenes Blatt . . .«

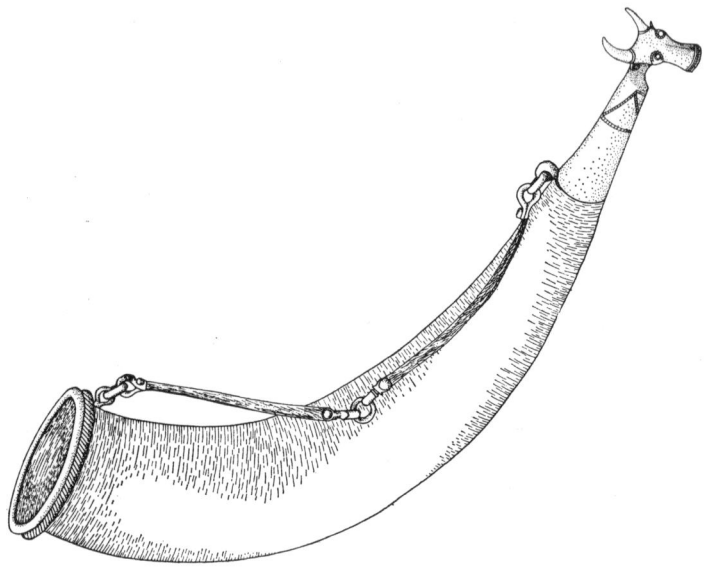

Germanisches Trinkhorn aus dem Fund von Dollerup bei Flensburg.

Der k. k. Schulrath A. Peter, der diese Zeilen in einem Buch
über Österreichisch-Schlesien schrieb, stand ahnungsvoll-bedrückt
vor den im Breslauer Museum gesammelten Fundstücken aus dem
Boden Schlesiens, aber Dr. Colmar Grünhagen aus Trebnitz bei
Breslau, Vorstand des Breslauer Staatsarchivs, Schriftleiter der
Zeitschrift des Vereins für Geschichte und Altertum Schlesiens, mag mit
diesen stummen Zeugen einer fernen Vergangenheit manchmal
vertraut Zwiesprache gehalten haben und war sicherlich durchaus
gegenteiliger Meinung: Für die allgemeine, die Weltkulturge-
schichte keineswegs sensationell, sind diese Bodenfunde aus
Schlesien, Böhmen und dem Karpatenbogen indessen außerordent-

lich aufschlußreich für das vielleicht rätselhafteste Phänomen in der ganzen Geschichte der germanischen Völker, für die große Unruhe, die sie alle beinahe gleichzeitig erfaßte, und für ihren Weg gen Süden, den sie, wie von kundiger Hand geführt, vor etwa zweitausend Jahren angetreten haben.

Da es niemanden gab, der ihnen ihre Wanderstraßen zugewiesen hätte, prallten all die Germanen, die nach dem Süden wollten, gelegentlich aufeinander – zumal natürlich in jenen Gegenden, wo man gut leben konnte, wo Flußmündungen Verbindungen zum Hinterland schufen und fruchtbare Niederungen zum Verweilen einluden. Da gab es dann blutige Köpfe, aber da ja niemand so sicher war, daß man nun ausgerechnet hier bleiben und um dieses ohnedies fremde Stück Land bis zum Letzten kämpfen müsse, zogen sich nach ein paar Scharmützeln die Schwächeren oder die Klügeren knurrend wieder zurück und setzten den Weg nach Süden oder Südosten eben fort.

Zu längerer Rast auf diesem Weg kam es aber nicht nur dort, wo die wirtschaftlichen Verhältnisse vielversprechend aussahen. Schon der Mensch jener rauhen Zeit lebte nicht vom Brot allein, sondern brauchte noch andere Bindungen an die Länder, in denen er zu bleiben gedachte, und sei es auch nur für die Dauer eines Menschenlebens. Und so war es oft ein Heiligtum, das die Wandernden anzog, etwa die heilige Bernstein-Insel vor der Odermündung, auf der Germanen verschiedener Küstenstämme und vielleicht sogar von den Ostsee-Inseln sich zu gemeinsamer Götterverehrung und Opferhandlungen zusammenfanden. Und ein solches Heiligtum, das die Stämme zusammenführte und am Ort hielt, war nach heutigen Erkenntnissen ganz zweifellos auch der Zobten, der charakteristische, mit seinen 718 Metern hoch aus der Ebene ragende Bergkegel.

Der Name ist slawischen Ursprungs, denn in den Zeiten des großen Slaweneinbruchs, im 5. und 6. nachchristlichen Jahrhundert, erhielten zahllose Berge, Bäche und Orte im Sudeten- und Alpenraum slawische Namen. Sie wurden ihnen aber nicht von ungefähr gegeben, sondern verraten uns noch heute, welche Situation, welche Besonderheiten die slawischen Einwanderer mit diesen Namen zu charakterisieren und festzuhalten suchten. Und *gora sobotka* heißt nichts anderes als »Heiliger Berg«. Der heutige Zobten war also bereits ein heiliger Berg, als die Slawen ihn kennenlernten.

Einer der schönsten topographischen Grundsätze lautet: »Was heilig ist, bleibt heilig.« Der Wechsel der Völker, ja, der Rassen ändert daran nichts. Der Zauber eines Ortes, einer Quelle, eines Berges teilt sich den Nachkommenden selbst dann mit, wenn sie keine Einwohner vorfinden, die ihnen die Botschaft von solch einer sakralen Tradition übermitteln könnten. Diese Tradition ist so·stark, daß die neuen Religionen oder Kulte gar keine Wahl haben, sie müssen sich wieder an eben diesen Stellen etablieren, sie müssen die neue Deutung alter Heiligkeit wagen, sie können Götzenbilder verbrennen, sind aber machtlos gegen die Aura eines Berggipfels, gegen das schlichte Charisma einer Quelle oder den weihevollen Schauer, den ein bestimmter Hain hervorruft.

Der älteste sichere Zeuge für die sakrale Bedeutung des Zobtenberges ist Thietmar Graf von Walbeck und Bischof von Merseburg (gestorben 1018), der in seiner auch heute noch lesenswerten, ja, faszinierenden Chronik einen deutsch-polnischen Kampf aus dem Raum Glogau mit folgenden Worten schildert: »Von hier aus sandte der Kaiser zwölf erlesene Haufen seines starken Heeres nach der Burg Nimptsch voraus, die diesen Namen trägt, weil sie einst von den Unsrigen erbaut wurde . . . Sie liegt im Schlesiergau, der seinen Namen einst von einem sehr hohen und weitläufigen Berge erhalten hat. Der hatte wegen seiner Lage und Größe bei allen Einwohnern große Verehrung genossen, als das verruchte Heidentum dort noch herrschte.«

Damit haben wir aus dem Jahr 1017, verbürgt durch eine hochgeachtete Quelle, einen deutlichen Hinweis auf vorslawische Germanen in Schlesien, die »Unsrigen«, wie Thietmar von Merseburg sie nennt, die *niemiec*, wie die Polen sie nannten und woraus dann der Name Nimptsch für die Burg an der Lohe südlich des Zobtens geworden ist. An jener Wende vom 10. zum 11. Jahrhundert gab es noch keine anderen Deutschen an der Lohe, die einsickernden Slawen müssen also auf heidnische Germanenreste gestoßen sein, auf ein paar hier zurückgebliebene Silingen, die den Zug in den Südosten und später in den Südwesten nicht mitgemacht haben. Der Zobtenberg hieß noch im 12. und 13. Jahrhundert *mons Silencii* und hat damit den alten Namen der Silinger in die uns vertraute Bezeichnung Schlesien herübergeführt, über lateinische und polnische (Zlenc, Slenz) Zwischenstufen. Aus einer anderen Thietmar-Stelle, und zwar zum Jahr 1010, geht hervor, daß sich die Bezeichnung *Cilensi* oder *Silensi* auf die Gegend um den Zobten und die Siedlung Nimptsch bezieht; schon für Glogau verwendet er *Diadesi*.

Alte Ansicht des Zobtenbergs.

So schön und deutlich dies alles ist, für den weiten Bogen, den wir über zwei Jahrtausend spannen müssen, kann es nicht mehr sein als ein einziger Pfeiler. Unmittelbare vandalische Traditionen über diesen Zeitraum hinweg dürfen wir auch in jenen Bereichen nicht erwarten, die etwa im homogen bevölkerten Nordeuropa Mythenreste und Sagenmotive über die Jahrtausende hinweggerettet haben.

Natürlich ist der Vandalenberg, den wir heute Zobtenberg nennen, Ort vieler Sagen – ähnlich dem Brocken, dem Kyffhäuser und dem Untersberg im Berchtesgadener Land. Der in seinem

Sammlerfleiß unübertroffene sächsische Hofrat Dr. Johann Georg Theodor Grässe, um die Mitte des vorigen Jahrhunderts Direktor des Grünen Gewölbes zu Dresden, nähert sich dem Mons Silesius denn auch mit der gebührenden Ehrfurcht, wenn er im zweiten Band seines *Sagenbuches des Preußischen Staats schreibt:*

»Der Zobten oder Zothenberg, lateinisch auch Mons Sabothus oder Mons Silesius genannt, liegt fünf Meilen von Breslau und zwei von Schweidnitz, und man sieht, wenn es hell ist, oben von seiner Höhe aus den größten Theil Schlesiens um ihn herum ausgebreitet liegen, an der einen Seite die Städte Breslau, Schweidnitz, Striegau, Jauer und Liegnitz, an der andern Reichenbach, Frankenstein, Nimptsch, Strehlen, Münsterberg, Brieg und Neiße sowie eine sehr große Anzahl Dörfer; unten aber in der Ebene schlängelt sich die Oder wie eine silberne Kette dahin. Von diesem Berg gibt es nun aber verschiedene Sagen.«

Es gibt nicht nur ein ganzes Bündel Sagen, sondern auch eine Menge Geschichten, etwa von dem heute vergessenen Herrn Oskar Kobel, der sich als Zobtenbummler bezeichnet, und von dem unvergessenen Volkskundler Will-Erich Peuckert, der eine besondere Spürnase für das »geheime Teutschland« von Paracelsus bis Rübezahl bewiesen hat. Auch einen Zobten-Roman gibt es, zeitgerecht 1935 erschienen, als man sich auf allerhöchstes Geheiß auf die leider nur durchwandernden Urväter aus dem Norden besann: *Der Berg der Götter*, von einem Verfasser, der wußte, wovon er sprach. Dr. phil. Ernst Boehlich, geboren 1886 in Breslau, hatte nämlich acht Jahre zuvor eine Bibliographie der schlesischen Vor- und Frühgeschichte und ein Buch *Die Germanen in Schlesien* herausgebracht, in dem natürlich in erster Linie von den Vandalen die Rede ist, so viele Namen sie in jenen unsicheren Zeiten und bei den Berichterstattern fremder Zunge einst auch führen.

Der Zobten, soviel kann man sagen, hat es ihnen allen angetan, und je mehr einer von den Vandalen weiß, desto stärker fühlt er sich zu diesem Berg der Götter hingezogen. Aber ist das nicht nur eine Bildungsbeziehung? Reden wir uns nicht etwas ein, weil die wissenschaftlichen Befunde es so nahelegen, die Bodenforschung und die kundigen Wort- und Ortsnamen-Ableitungen – Miniaturfundamente, die wir liebend gern hingeben würden für eine einzige schöne, runde Sage wie die vom Skalden Egil oder von Erik dem Roten?

Denn mit den Sagen ist es im Durchzugsland Schlesien schlecht bestellt. Schon der immerhin historische Ostsee-Slawenstamm der Liutizen ist vergessen, die Mongolen und das blutige Großereignis der Mongolenschlacht von Liegnitz überschatten alles, und dann kamen die Hussiten und die Schweden und schließlich noch die Preußen, die das Land aus seinem wohlhabenden Frieden im Schoß der Donaumonarchie aufstörten. Was soll da noch übriggeblieben sein?

Übriggeblieben ist alles, was die Vandalen absichtlich oder unabsichtlich dem Boden anvertrauten, und an diesen Funden, die man ja zunächst eher zufällig machte, entzündete sich die Vorstellung, die Phantasie, die sagenhafte oder einfach erzählerisch gesponnene Erklärung für an sich ungeklärte Vorgänge.

Überblickt man die Funde aus vandalischer Zeit in Schlesien, so zeigt sich deutlich eine Fundmassierung im Raum Breslau-Schweidnitz, in dessen Mitte sich das bewaldete Zobtenmassiv erhebt. Noch klarer ist das Ergebnis der einzigen je durchgeführten Untersuchung über den Fortbestand körperlicher Merkmale des Vandalenvolkes in der späteren Bevölkerung Schlesiens. Es war 1934 – wann sonst! –, daß Studenten des Anthropologischen Instituts der Universität Breslau ins schlesische Land ausschwärmten und in etwa achthundert Dörfern rund 67 000 (!) erwachsene Personen untersuchten, vermaßen, katalogisierten. Unter der Leitung des Institutsdirektors, Prof. Egon Freiherr von Eickstedt (nach 1946 dann in Mainz), wurden »die Einzelmessungen und Beobachtungen dorfweise aufgerechnet und die Ergebnisse in Tabellen und Karten zusammengestellt, um sie damit der historischen, raumwissenschaftlichen oder soziologischen Deutung zugänglich zu machen«. (Ilse Schwidetzky)

In den folgenden Jahren konzentrierte sich das Interesse auf das Gebiet um den Zobten, von Ilse Schwidetzky Siling genannt, und schließlich konnte die Forscherin das Ergebnis dieser Aktionen, die sich wohl nie wiederholen lassen werden, wie folgt zusammenfassen: »Vergleicht man den in vandalischer Zeit besiedelten Raum mit der Verbreitung der nordischen Merkmalskombination *[d. h. der als nordgermanisch aufgefaßten Schädel- und Körpermaße, Gesichtsstruktur usf.]*, so ergibt sich eine geradezu überraschende Deckung beider Erscheinungen: Die vandalischen Funde greifen nirgends über das Häufungsgebiet der Nordischen hinaus, folgen aber sogar dessen Ausbuchtungen und Einbiegungen im Norden und Süden.«

Das ist nun mal leider die Ausdrucksweise des Jahres 1936, aber vorher und nachher hat man sich eben für das Vandalenproblem in Schlesien nicht mit jener Gründlichkeit interessiert. Auch schränkt die gelehrte Dame mit wissenschaftlicher Rechtschaffenheit gleich darauf selbst ein, nimmt gleichsam vorweg, was spätere Zeiten etwa einwenden könnten: »Wenn man auch auf Einzelheiten der Übereinstimmung kein allzu großes Gewicht legen darf, so ist doch die Parallelität der beiden Verbreitungsgrenzen einleuchtend, und es kommt bisher keiner anderen Deutung der rassischen Gliederung unseres Gebietes die gleiche Wahrscheinlichkeit zu.«

Also doch eine Botschaft über zweitausend Jahre hinweg? Nicht ganz, denn die Erklärung für das Ergebnis dieser 67 000 Messungen liegt zum Teil darin, daß eben nicht alle Vandalen abgewandert sind, daß eine starke Minderheit zurückblieb, als der Gesamtverband der Stämme im 4. Jahrhundert die große Wanderung fortsetzte. Überdies hatten die Jünger des Freiherrn von Eickstedt Glück: Während in den ganzen Oderraum im Zuge der mittelalterlichen Besiedlung des Ostens Rheinlanddeutsche, Thüringer und andere Germanen-Nachkömmlinge einströmten, die naturgemäß von den Erben der Vandalenmaße schwer zu unterscheiden gewesen wären, blieb der Raum rund um den Zobten, das eigentliche Hauptgebiet der Vandalenfunde, von dieser Überflutung weitgehend verschont. »Wenn im Silinggebiet«, frohlockt Frau Dr. Schwidetzky, »zum erstenmal die germanische Schicht im Rassenbild der Gegenwart zutage zu treten scheint, so gewiß nicht, weil sie gerade nur hier im Erbgut der Generationen weiterlebt, sondern weil hier die Schichtlinien besonders günstig verlaufen: Deckt sich doch an dieser Stelle offenbar nicht, wie vielfach zum Beispiel in Oberschlesien, das Hauptverbreitungsgebiet der Germanen mit der zahlenmäßig ungleich mächtigeren, in ihrer rassischen Wirkung aber ähnlichen deutschen Besiedlung des Mittelalters.«

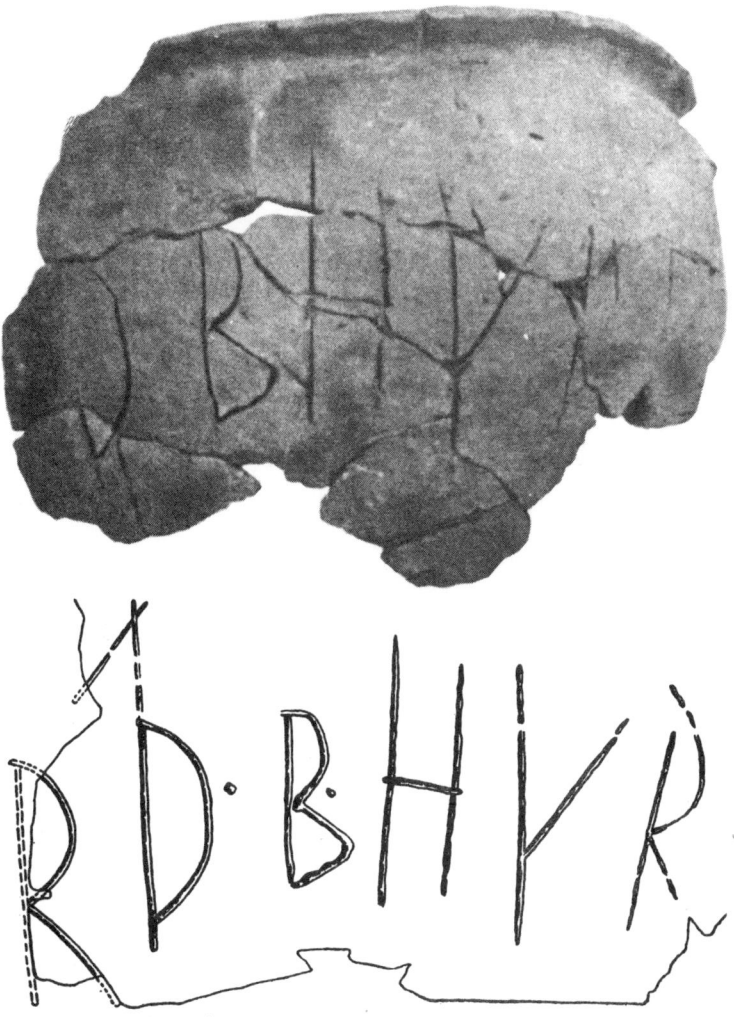

Vandalische Runen-Inschrift (Beschwörungsformel) aus dem dritten nachchristlichen Jahrhundert, auf einer Grabbeigabe aus Sedschütz in Oberschlesien.

Es hatte sich also rund um den Zobten und wie an ihm festge-pflockt ein Vandalenrest erhalten, immer wieder vermischt, aber doch nicht unterdrückt. Die wenigen Grabfunde sagen uns, daß

die Vandalen groß und knochig waren, Langschädel ziemlich hoch
trugen und schmale Nasen hatten. Wären ihre Toten nicht so
eifrig verbrannt und in Urnen bestattet worden, so hätte man in
dem einen oder anderen Odermoor vielleicht einen ganzen Recken
gefunden, so wie man ja aus dänischen und niederdeutschen
Mooren noch die Leichname jener Männer oder Frauen barg, die
zur Strafe für irgendein Vergehen ins Moor versenkt und damit für
spätere Zeiten konserviert worden waren.

Was der Zobten bewahrte, war so manchem Finder ungleich
lieber als ein grusliges Vandalenskelett: das Gold, das die Vandalen
von den Römern als Sold bekamen und heimbrachten, und der
schöne Schmuck, den sich Vandalenfürsten von ihren Untertanen
herstellen oder aus dem Ausland bringen ließen.

In den meisten Zobtensagen geht es um Gold, und nicht etwa
um das Gold, das der Räuberhauptmann Hans Cholda oder sein
Nachfolger Dietrich von During in den Höhlen des Berges
versteckt haben mochten, sondern um römische Gold- und
Silbermünzen. Und da im preußischen Schlesien auch kleinste
Ereignisse mit großer Gründlichkeit verzeichnet wurden, wissen
wir, daß es der Sekundaner Hiersemann war, der 1921 rechts des
Weges zur Bismarckhöhe, südlich der Stadt Zobten am Berge,
gleich zehn römische Münzen fand. Ein Pflug hatte den sie
bedeckenden Stein aus dem Acker gerissen, aber nicht der Mann,
der hinter dem Pflug ging, hatte den Verwahrfund entdeckt,
sondern das klassisch geschärfte Gymnasiastenauge. Es lohnte sich
auch, denn erstens gelangten von den zehn Münzen nur drei ins
Museum von Breslau (womit nicht gesagt sein soll, daß sie schon
bei dem Sekundaner hängenblieben und nicht erst später), und
zweitens muß es sich um einen besonders interessanten Fund
gehandelt haben. Er vereinte nämlich Münzen der Römischen
Republik, also der Zeit vor Augustus, mit solchen der Kaiser
Domitian (81–96) und Commodus (180–192). Wer verbarg
Römermünzen aus einem Zeitraum von mehr als zweihundert
Jahren gemeinsam unter einem Ackerstein?

Nahe dem Zobten lag auch die Münzenfundstelle von Schlaupe.
Hier hatte 1875 ein Bauer eine Menge römischer Münzen aus
seinem Acker geholt und, ungeachtet der heftigen Proteste des

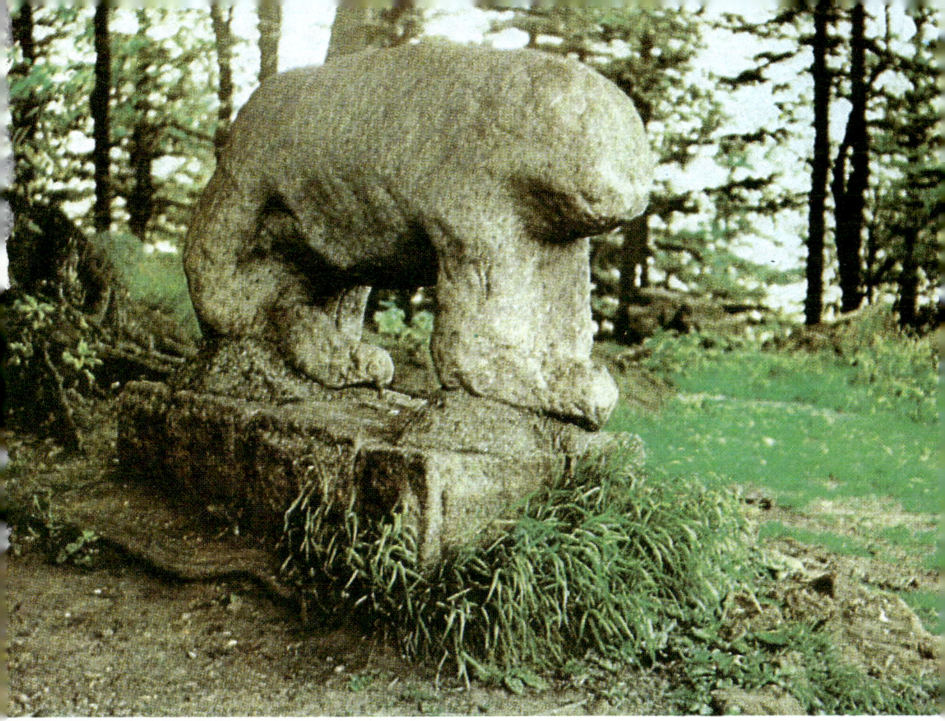

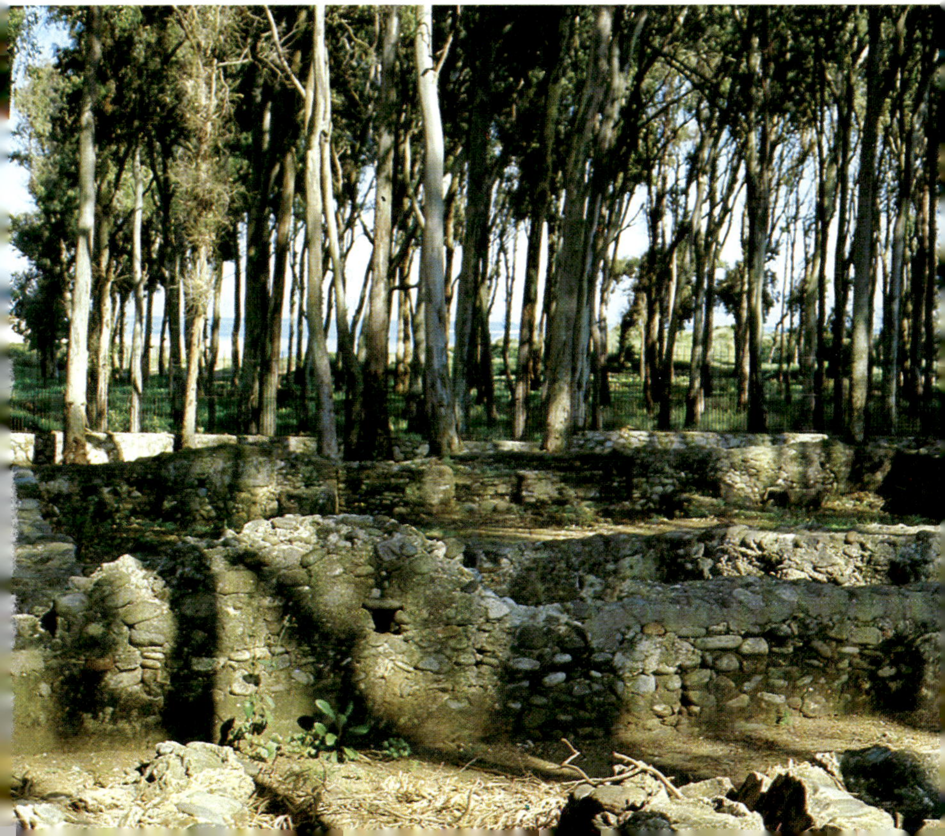

Oben: Die durch Verwitterung im Laufe der Jahrhunderte beinahe ins Mythische veränderte Bärenfigur auf dem Zobten stammt aus vandalischer Zeit, ist aber vielleicht das Werk eines Bildhauers aus der keltischen Restbevölkerung.
Unten: Reste einer arianischen Basilika unweit San Pedro de Alcantara, auf dem Marschweg der Vandalen zur Einschiffung bei Tarifa.

Ortspfarrers, an einen jüdischen Kaufmann in Kempen weitergege-
ben. Da hatten es die Pfarrer von Heidersdorf im Kreis Reichenbach und Heinzendorf im Kreis Guhrau schon besser: Der eine
fand im Klingelbeutel eine Silbermünze des Kaisers Trajan, der
andere eine des Vespasian. Die Dörfler hatten bei der Kollekte
lieber die unscheinbaren alten Dinger im Säckel klingen lassen als
das gute preußische Geld, das so rar war. Gelegentlich wanderten
diese Münzen dann aber noch weiter: So gelangten in Groß-
Peiskerau und Laskowitz Silbermünzen des Trajan, des Antonius
und des Antonius Pius aus dem Klingelbeutel über den Pfarrer an
den Weinschenk Schmidt in Ohlau, was verständlicher wird, wenn
wir erfahren, daß es sich um sehr abgeriebene Stücke gehandelt
habe. Wer weiß, wie weit jener aus römischen Kriegsdiensten
kommende Vandale gewandert war, ehe er in seine schlesische
Wahlheimat zurückfand! Denn auf diese Weise, kaum anders,
mußten die Römermünzen nach Norden gelangt sein. Der
vandalische Handel mit dem Römischen Reich soll nicht bestritten
werden, aber schon das Fehlen geeigneter Transportmittel schloß
den Export von Massengütern nach Rom aus, und an Fertigwaren
geringen Gewichts, für die ein Wanderhändler in Rom Interesse
hätte finden können, hatten die Vandalen so gut wie nichts zu
bieten. Münzen aus den Zeiten der Römischen Republik, als
germanische Hilfsvölker unter römischen Standarten noch sehr
selten waren, mögen den barbarischen Soldnehmern angedreht
worden sein. Lesen konnten sie ja nicht, und als sie ihre Löhnung
empfingen, mußte ihnen die eine Münze so gut sein wie die
andere.

Nächst den Münzen zählen Waffen zu den wertvollsten und
ebenfalls ziemlich häufigen Funden, ja so mancher Zobtenwande-
rer meinte sogar die Goldschätze und die Waffen gleich in einem
Raum vereint vorzufinden, wie jener Lehrer und Naturphilosoph
Johannes Beer aus Schweidnitz (gestorben 1600): Dieser Johann
Beer, schreibt Grässe, ist im Jahr 1570 auf dem Zobtenberg
spazierengegangen und hat über das wunderbare Walten Gottes in
der Natur Betrachtungen angestellt. »Da hat sich ihm an einer
Stelle des Berges ein sonderbarer Eingang geöffnet, in welchen er
sich aus Neugierde hineinbegeben hat. Indem er nun immer weiter

darin fortgeschritten, ist ihm ein gewaltiger Wind entgegengekommen und es hat ihn ein kalter Schauer überlaufen, also daß er sich gefürchtet hat und wieder umgekehrt ist. Da er nun ohnedies, da es vor Ostern war, sich mit dem theuren Blute Christi zu stärken beschlossen, hat er sich mit herzlichem Gebete an Gott gewendet, ihm solche unbekannten Wunder nochmals zu zeigen, ihn aber auch vor böser Versuchung dabei gnädig zu behüten. Er macht sich also den Sonntag Quasimodogeniti [d. i. der erste nach Ostern] wiederum nach dem Berge auf den Weg, sucht und findet den vorigen Eingang, geht getrost hinein, kommt in einen sehr engen Gang zwischen zwei steinernen Wänden (wie denn in diesem Berge auch ein schöner, grün und weiß gesprenkelter Marmor gebrochen wird), da die Fahrt bald hoch, bald niedrig, bald eng, bald weit ist und endlich in eine oben und unten gleich lange Galerie sich zieht und ausgeht. In diesem Gange kommt ihm nun aber nicht, wie zuvor, ein grausamer Wind, sondern ein lichter Schein gleichsam durch eine Kluft entgegen. Dem geht er nach bis zu einer verschlossenen Thüre . . . Beer klopft zu dreien verschiedenen Malen an, worüber gedachte Thüre geöffnet wurde. Da sieht er mit Verwunderung drei hochgewachsene, ganz abgemagerte Männer um einen runden Tisch sitzen, sie trugen das Haar lang und sahen sehr trübselig aus. Johannes Beer nun schreitet mit unerschrockenem Geiste zu ihnen über die Schwelle dieser Höhle hinein, steht still und spricht: *Pax vobiscum [Friede sei mit euch]*. Sie antworteten jedoch: *Hic nulla pax [Hier ist kein Friede].«*

Nach einem längeren Gespräch mit den düsteren Gesellen, die offenbar in einer großen Sünde befangen sind, erkundigt sich Beer, »was sie bei Lebzeiten gewirkt? Sie zeigen auf einen Vorhang, dahinter werde er die Zeichen und Zeugen ihrer Handlungen finden. Er zieht den Vorhang beiseite und gewahrt eine große Menge von allerlei mörderischen Waffen, auch alte, theils halb, theils ganz verwesete Materien von unterschiedlichen Dingen, sammt etlichen Menschengebeinen und Hirnschädeln.«

Die Sage ist noch lang, aber das Zitierte zeigt uns schon, wie die Vandalengräber, in denen ja Menschengebein und Waffen beisammen lagen, die zum Grübeln neigenden Schlesier beschäftigten. Beer zum Beispiel hat sich über diese Begegnung mit der Ursünde

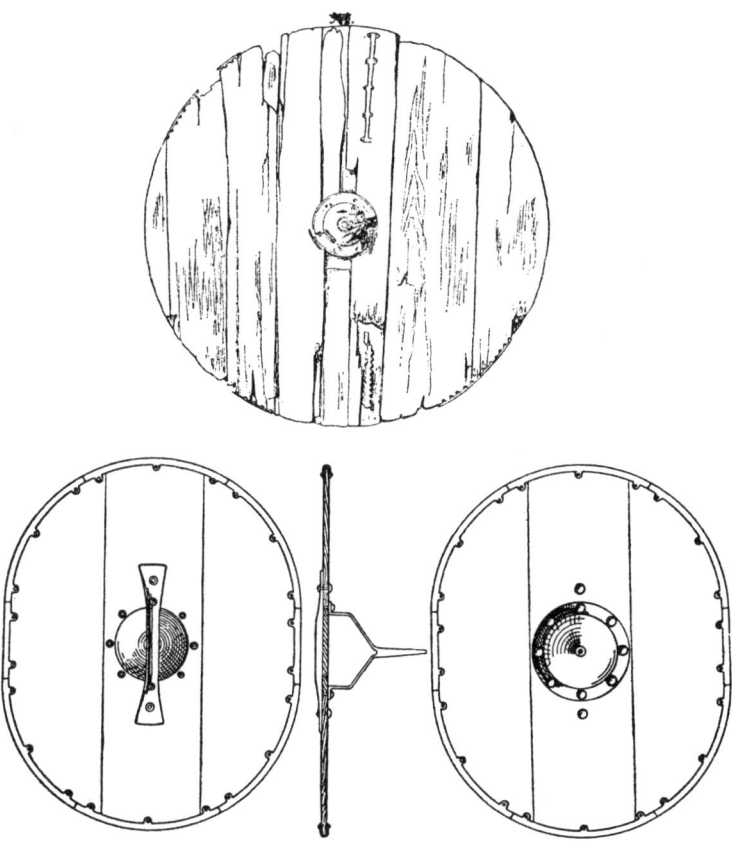

Germanische Schildformen, wie sie uns der Fund von Thorsberg zeigte (Kultplatz am Nordrand des heutigen Ortes Süderbrarup/ Schleswig).

des Heidentums (so sah er die Dinge) mit seinem Schüler, dem Arzt Johannes Springer, viele Stunden lang unterhalten, und dieser veröffentlichte dann 1639 in Amsterdam ein kleines Buch darüber. Seither füllen die Berichte über zum Vorschein gekommene Waffen viele große Seiten der Fachzeitschriften, nur Knochenfunde sind selten, der erwähnten Feuerbestattungen wegen.

Das, wovon rund um den Zobten eigentlich immer geträumt
wurde, das, was all diese Sagen von Gold und Höhlen zu verheißen
schienen, wurde jedoch nicht unmittelbar im Zobtenmassiv
gefunden, sondern nordwestlich von Breslau bei Sackrau. Die hier
nach einem ersten Fund von 1886 nach und nach freigelegten
Fürstengräber gehören zum Interessantesten und Wertvollsten, was
der deutsche Boden an germanischen Objekten überhaupt freigege-
ben hat. Die Vandalen waren bereits seit dem ersten nachchristlichen Jahrhundert zunächst vereinzelt, später allgemein von der
Feuer- und Urnenbestattung zur Körperbestattung übergegangen
(nur eine kleine Siedlungszone im nördlichen Niederschlesien
scheint an den Urnen festgehalten zu haben). Die Fürstengräber
von Sackrau zeigen eine besondere, weiterentwickelte Körperbestattung, denn hier sind für die Toten regelrechte Wohnungen
eingerichtet, ganz ähnlich, wie wir sie bei so unterschiedlichen und
ungleich älteren Kulturvölkern wie den Chinesen und den
Ägyptern finden und später in den zentralasiatischen Kurganen,
den Grabhügeln der Skythen.

Die Errichtung dieser unterirdischen Totenhäuser muß viel Zeit
und Mühe gekostet haben. Die Mauern, die Leichname und
Grabbeigaben gegen die Feuchtigkeit schützen sollten, sind aus
gewaltigen, tief in den Boden eingegrabenen Findlingssteinen
errichtet und mit hölzernen Dächern bedeckt, die ihrerseits
wiederum mit Steinen beschwert wurden. Darüber wurde dann ein
Erdhügel aufgeworfen. In den Totenhäusern standen Tische,
Sessel, Lagerstätten wie in einer Wohnung, wozu noch kostbarste
Gebrauchsgegenstände kamen, ganz so, als sollten die Toten unter
der Erde mit dem gewohnten Inventar ihren Haushalt weiterführen
können.

Von den hölzernen Einrichtungsgegenständen war, wie sich
denken läßt, nach 1500 Jahren nicht mehr viel vorhanden, denn in
Schlesien lag ja nicht der – archäologische – Glücksfall jenes
Dauerfrosts vor, der zum Beispiel in den Pasyrikschen Kurganen
sogar Stoffe und Teppiche für die Nachwelt aufbewahrte. Aber an
metallenen Gerätschaften blieb so viel erhalten, daß man einen sehr
aufschlußreichen Einblick in das Leben der vandalischen Oberschicht und ihre internationalen Verbindungen gewann. Da gab es

bronzenes und silbernes Tafelgeschirr wie einen Vierfuß, aber auch Schöpfkellen, Schalen, Eßlöffel, Messer und hervorragend gefertigte Irdenware, dazu Gläser wie zwei besonders schöne Millefiori-Schalen (eine Technik, bei der das Glas aus bunten Stäbchen hergestellt wird, wodurch verblüffende Farbwirkungen entstehen). Aus schwarzem und weißem Glas waren auch die Brettspiele – die Toten sollten sich unter der Erde offenbar nicht allzusehr langweilen – und einige andere Schalen, während von den zahlreichen Eimern und Kästchen nur noch die Beschläge erhalten geblieben sind. Als sehr instruktiv erwies sich auch der schöne Schmuck, von dem relativ viel gefunden wurde, da das eine große Grab ein Ehepaar, die beiden anderen aber je eine Frau aufgenommen hatten: Fibeln zum Schließen und Halten der Gewänder in kostbarster Ausfertigung, halbmondförmige Kettenglieder mit Öse, dazu Fingerringe, Halsringe und Schnallen.

Wir wissen seit einigen glücklichen Funden in süddeutschen Keltengräbern, daß die Handelsverbindungen zwischen dem mitteleuropäischen Siedlungsraum und vor allem den östlichen Mittelmeerstaaten schon in vorrömischer Zeit bestanden und gut funktionierten. Die zahlreichen Münzfunde im ostelbischen Bereich bis weit hinauf an die Ostsee haben gezeigt, daß dieser Handel selbst in Kriegszeiten stets nur kurz unterbrochen war – man denke etwa an die stark begangene Bernsteinstraße zwischen Oder- bzw. Weichselmündung, Ostniederösterreich und Nordadria.

Die Vandalen, mit deren Namen ja im allgemeinen die barbarische Unkultur kriegerischen Germanentums verbunden wird, bildeten demnach nicht nur ein Glied in dieser uralten Handels- und Händlerkette zwischen Ostsee und Mittelmeer, sie verfügten auch über eine eigene handwerkliche Produktion. Nicht nur die schönsten Stücke der sogenannten Irdenware, der keramischen Schüsseln und Vasen, sondern auch ein Teil des Schmuckes und der Metallgerätschaften stammt zweifelsfrei aus einheimischen Werkstätten und kann den Vergleich mit der Importware aus dem Römerreich durchaus bestehen. Neben den vandalischen Goldschmieden, denen wir einige der schönsten Gegenstände verdanken, arbeiteten offensichtlich auch gotische Werkstätten. Das weist auf jene enge Beziehung zwischen den beiden hochbegabten germanischen Stammesverbänden hin, die sich auch im Sprachlichen, in dem beinahe übereinstimmenden Wortbestand ausdrückt. Einzelnes, wie der zusammenlegbare Trinktisch aus Bronze mit schmückenden Halbreliefs, die Motive der Bacchus-Mythen zeigen, stammt zwar zweifellos aus dem Mittelmeer, scheint aber Auftragsarbeit gewesen zu sein, denn gerade die germanischen Offiziere der

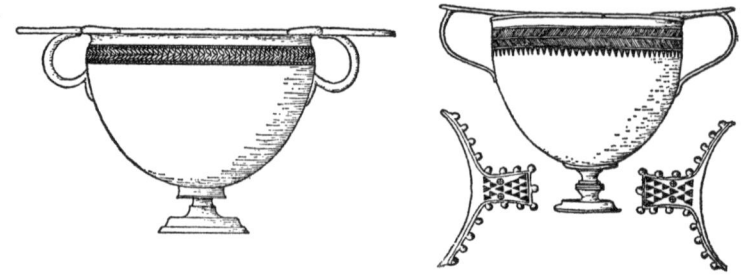

Silberbecher aus den Fürstengräbern von Lübsow, einer germanischen Gräbergruppe der älteren Kaiserzeit, im heutigen Polen.

Legionen hatten für so spezielle Reiseutensilien die beste Verwendung. Wir können an einigen dieser Stücke auch feststellen, daß die große Erfahrung der römischen Werkstätten die germanischen Handwerksbetriebe nicht nur nicht erdrückte, sondern daß umgekehrt aus dem gemeingermanischen Tierstil, in dem viele Schmuckstücke und Waffen auch anderer Stämme gefertigt sind, Motive in das Kunsthandwerk des Römerreiches übernommen wurden.

Während die drei großen Grabkammern der Sackrauschen Fürstengräber erhalten blieben – die größte von ihnen maß 2 mal 3 Meter –, weil sie sehr tief in den Boden gegraben worden waren, sind sämtliche Fibeln und einige andere Gegenstände aus den Gräbern im Zweiten Weltkrieg leider verlorengegangen.

1885, also ein Jahr vor dem Fund von Sackrau, war durch einen Zufall ein beinahe ebenso wichtiger Fund gelungen, und zwar im

späteren polnischen Siedlungsgebiet um Oppeln, wo also Slawen
auf Vandalen folgten, ohne daß sich Deutsche aus der mittelalterlichen Ostsiedlung darübergeschoben hätten, wie die Anthropologin
Schwidetzky es geschildert hat. In der Siedlung eines Bauern
namens Wichulla war ein Stall errichtet worden, unweit der
Ortschaft Goslawitz. Dabei hatte man ein geräumiges Grab
entdeckt, das durchaus als Fürstengrab bezeichnet werden konnte,
versteht man dies als einen Sammelbegriff, mit dem auch die
Gräber von Feldherren oder Gaugrafen und anderen Mächtigen
gemeint sein können.

Zu Häupten eines fast völlig zerfallenen männlichen Skeletts
lagen Grabbeigaben aus dem ersten nachchristlichen Jahrhundert:
ein vergoldeter Silberbecher, 8 Zentimeter hoch, bronzene Gefäße
von 25,5 und 30 Zentimeter Höhe, eine bronzene Schüssel, der
Bronzebeschlag eines Trinkhorn-Mundstücks und Messer aus dem
gleichen Metall. Überdies waren dem Toten Fibeln, Schnallen,
Glasgefäße, Tonwaren und Kästchen mitgegeben, von denen sich
allerdings nur die metallenen Beschläge fanden. Die 5 mal 2,6
Meter große Grabgrube war 1933 abgedeckt worden, die Bestände
sind bis 1945 im Museum der Stadt Breslau nachweisbar. In
diesem Fürstengrab überwogen – anders als bei dem aus späterer
Zeit stammenden Dreigräber-Komplex von Sackrau – die Importwaren aus dem Römischen Reich, so daß man mit aller gebotenen Vorsicht den Schluß riskieren könnte, in diesen dazwischen-
liegenden dreihundert Jahren habe sich das Kunsthandwerk, ja,
habe sich die handwerkliche Produktion überhaupt im vandalischen Lebensbereich des heutigen Schlesien erheblich weiterent-
wickelt.

So einzigartig vor hundert Jahren solche Funde noch erscheinen
mochten, wissen wir doch heute, daß der ganze Raum zwischen
der Ostsee und den Alpen bis hin zum Karpatenbogen zahlreiche
solcher fürstlichen Bestattungen aufweist, mit den Reitergräbern
der frühen Völkerwanderungszeit mögen es an die 100 sein, die
entdeckt wurden. Der Gesamtbefund dieser Männer-, Frauen- und
Kindergräber beweist uns zweierlei: einmal, daß sich zwischen der
frühen und der späten römischen Kaiserzeit im damaligen Wohn-
gebiet germanischer Stämme eine deutliche soziale Differenzierung

durchgesetzt hat. Eine Oberschicht bildet sich heraus, die luxuriöse Lebensgewohnheiten an den Tag legt, die vermögend ist und sich Importwaren aus der römischen Provinz beschaffen kann oder sogar laufend anbieten läßt. Zum andern fanden sich in einzelnen dieser Gräber, zum Beispiel dem in Leuna, aus Raubzügen stammende Wertgegenstände aus Gallien – kein Wunder also, daß die Grabkammern immer geräumiger gebaut und tiefer in den Boden gegraben werden, damit nicht jeder, den es danach gelüstet, sich all diese wertvollen Dinge mit Hilfe einiger Spatenstiche beschaffen kann.

Obwohl zwischen diesen Fürstengräbern und ähnlichen Kammergräbern aus früherer Zeit und mit keltischem Charakter kein grundsätzlicher Unterschied besteht, ja das technische Verfahren, die isolierte Lage, die Hügelaufschüttung und anderes sogar übereinstimmen, dürfen wir sicher sein, daß die Fürstengräber aus den ersten vier nachchristlichen Jahrhunderten der germanischen Oberschicht zuzurechnen sind. Die heute auf tschechischem und polnisch verwaltetem Gebiet liegenden Gräber werden von der dortigen Forschung verschiedenen Kulturen zugeschrieben, die eigene, lokale Namen erhalten, um den gemeingermanischen Charakter der Funde zu verdecken (geleugnet wird er *expressis verbis* nicht). Im Zusammenhang aber mit anderen ähnlichen Gräbern aus dem mitteldeutschen Raum erkennen wir doch das 4. Jahrhundert, also die späte römische Kaiserzeit, als eine große Vorbereitungsepoche. Die Germanen, nicht etwa nur die Vandalen, haben durch Kriegsdienst und durch Raubzüge genügend Informationen über das Römerreich gesammelt; es kommt vielleicht nicht zu Fürstengesprächen über die Stammesgrenzen hinweg, und wenn, dann hat man gewiß nicht nur über den großen Aufbruch geredet. Aber daß dieses 4. Jahrhundert entscheidend ist für die große historische Bewegung der Völkerwanderung, daran kann es keinen Zweifel mehr geben. Angesichts dessen, was die Fürsten, was die Herrschergeschlechter inzwischen alles über die Römer und ihr Reich wissen, bedarf es keiner Klimaverschlechterung mehr, um die Stämme zum langen Marsch zu motivieren. Die Vandalen litten in Schlesien gewiß keine Not, nichts deutet auf Unterernährung, Seuchen oder Vertreibung hin. Wohlüberlegt und keines-

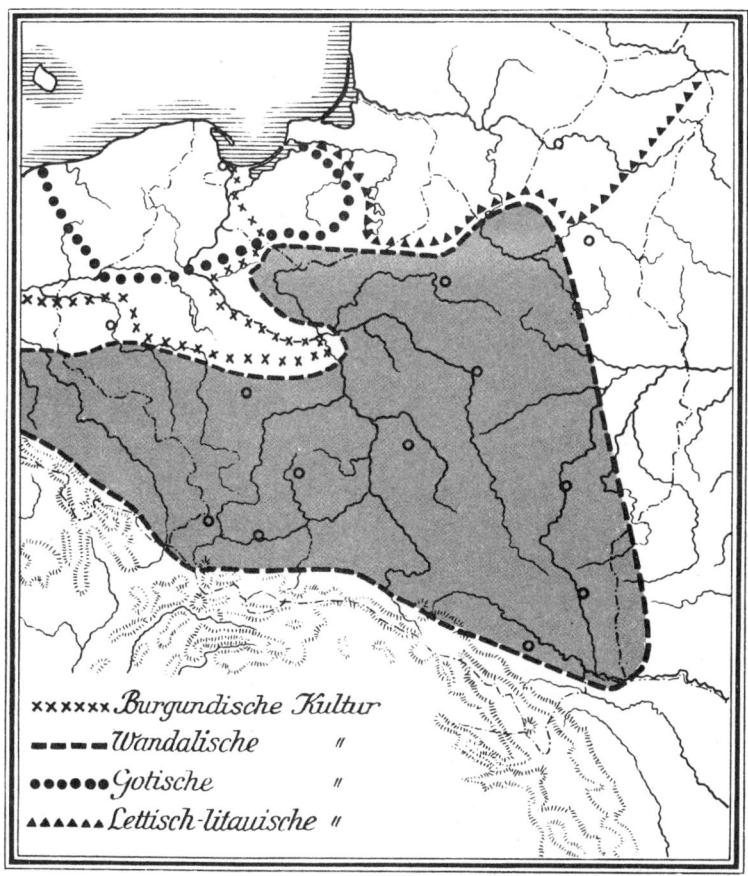

×××××× *Burgundische Kultur*
− − − − *Wandalische*   „
●●●●●● *Gotische*   „
▲▲▲▲▲▲ *Lettisch-litauische* „

Die ungefähren Grenzen des vandalischen Siedlungsgebietes im
Oder–Weichsel-Raum. Die Karte zeigt deutlich, wie die Vandalen
durch nachdrängende Burgunder und Goten genötigt wurden, in bin-
nenländische Siedelgebiete auszuweichen.

wegs gezwungen überschreiten in der zweiten Phase der Völkerwanderung die Stammeszüge die Grenzen des Römerreiches und
treten damit ins volle Licht der Geschichte. Die Germanen, einst
von Hunger und Übervölkerung getrieben, sind sich nun, ein
halbes Jahrtausend später, ihrer Kräfte bewußt geworden. Sie
schließen keinen Bund untereinander, sie legen die Routen nicht
fest und verteilen die Angriffsziele nicht, was an sich durchaus

möglich und zweifellos sinnvoll gewesen wäre – sie brechen
einfach auf. In den Gehirnen ihrer Fürsten wohnt kein Haß gegen
Rom und gewiß auch kein Ehrgeiz, die eigene Macht an die Stelle
römischer Kaisermacht zu setzen. Aber nach vierhundert Jahren, in
denen alles Schöne, Wertvolle, Begehrenswerte in immer dichte-
rem Strom aus dem Süden zu ihnen kam, war es nun doch an der
Zeit, diesen gleißenden und schön geformten Dingen entgegenzu-
ziehen, denn wo dieser Überfluß gedieh, da mußte das Leben
überhaupt erheblich leichter sein als rund um den waldigen
Zobtenberg.

Kreuz und quer durch Europa

Es war ein Europa, das es eigentlich noch gar nicht gab. Ein einziges großes Reich hatte sich die Ränder des Mittelmeers, die Halbinseln und Inseln des großen Meeresbeckens unterworfen und sah von diesen Bastionen aus auf den Rest des Erdteils hinab wie auf ein Vorfeld, in dem Völker und Stämme von unterschiedlicher Kraft und Wesensart sich aufeinander zu und aneinander vorbeischoben. Noch war alles offen, schien nichts entschieden: An der südlichen Ostsee klammerte sich das winzige Uraltvolk der Pruzzen an seine angestammte Scholle und den Bernsteinstrand, und am Westrand der Pyrenäen hielt ähnlich verbissen ein anderes Rätselvolk – die Basken – in Hochtälern und engen Buchten an einem kleinen Lebensraum eifersüchtig fest. Dazwischen aber bewegen sich scheinbar träge und doch unentwegt die Völker, langsam, denn sie brauchen Jahrzehnte und Jahrhunderte, ehe sie ihre neuen Lebensräume erreichen, aber mit ungeheurer Kraft, denn sie lassen nicht ab, sie geben nicht auf, sie durchmessen den Erdteil in einem immer gewaltiger werdenden Bewegungsbild.

Welche Ahnungslosigkeit, hier von einem einzigen »Schuldigen« zu sprechen wie etwa von den Hunnen, die dieses ganze Geschiebe und Gemenge erst ausgelöst hätten; welch frommer Unsinn, im Chaos der Schiffe und Karren, in den Wanderzügen der Bauern-Krieger und ihrer Familien einen historischen Auftrag erblicken zu wollen wie den, die Macht des Römerreiches durch die Kraft der Germanenbünde zu brechen. Und doch gewann diese spektakuläre Sinnlosigkeit jahrhundertelangen Wanderns nach West, nach Ost, nach Süd und wieder nach West schließlich einen Sinn in der Schicksalhaftigkeit dieses Geschehens. Denn Völker wandern nicht unbeschwert wie Handwerksburschen durch unse-

ren alten Erdteil, und Gajus Julius Caesar war kein gutmütiger
Stadthauptmann, der diesen Wanderern vom rechten Rheinufer die
Tore öffnen ließ.

Es gab in dieser Zeit ein paar harte, durch die Jahrtausende
hallende Schläge, die Europas Schicksal festnagelten, so wenige,
daß wir sie uns merken können: 61 v. Chr. bei Magetobriga, da
schlug Ariovist, Heerkönig der Sueben, mit einem Heer, in dem
auch Vandalen und andere Germanenvölker fochten, die keltisch-
gallischen Häduer, ein starkes und reiches Volk, ein späterer
Grundpfeiler der Römerherrschaft. Man sieht es dem Dornröschen-
dorf Moigte de Broie an der Saône, unweit Pontarlier, nicht mehr
an, daß dort vor zweitausend Jahren der ernsthafteste Versuch
gemacht wurde, ein germanisches Europa zu begründen. An
beiden Ufern der Saône ruhen die Trümmer, zahllos sind die
Münzen, die Waffen, die Altertümer, die hier gefunden wurden,
wo die Vandalen, lange ehe sie zum Begriff der Zerstörung
wurden, mitkämpften für ein Europa, das homogen sein und eine
Sprache sprechen sollte.

Drei Jahre später war der Traum des Ariovist ausgeträumt. Bei
Vesontio, dem heutigen Besançon, eher aber wohl in der später
noch heiß umkämpften Pforte von Belfort, auf die heute der
gewaltige Löwe von seiner Festungsmauer herabblickt, schlug
Caesar an einem Septembertag des Jahres 58 den Germanenführer
Ariovist. Warum dies sein mußte, warum der Konsul und Feldherr
Roms gegen den Mann antreten mußte, dem der Senat der
Tiberstadt die Ehrentitel *Rex et amicus populi Romani* verliehen hatte,
sagt uns Caesar selbst:

»Daß die Germanen sich allmählich daran gewöhnten, den Rhein
zu überschreiten und in großen Massen nach Gallien zu kommen, war,
wie ich sah, eine Gefahr für unser *[d. h. das römische]* Volk. Auch
glaubte ich, daß die wilden Barbaren sich nicht zurückhalten lassen
würden, wenn sie erst einmal ganz Gallien besetzt hätten, wie einst
die Zimbern und Teutonen in die Provence vorzudringen und von
dort *[also von Westen her]* in Italien einzufallen. Dem mußte
schnellstens begegnet werden.«

Caesar bemächtigte sich der in der Doubs-Schleife so gut wie
unangreifbaren Stadt Besançon, deren Besitz Ariovist gestattet

hätte, den Krieg bedeutend zu verlängern, und war danach voll
Zuversicht, während seine Soldaten der Begegnung mit den immer
neue Verstärkung erhaltenden Germanen mit beträchtlicher Nervosität entgegenblickten:

»Auf die Fragen der Römer hin hatten nämlich Gallier und
Kaufleute erzählt, die Germanen seien ungeheuer groß und
unglaublich tapfer und in den Waffen geübt. Häufig seien sie mit
ihnen zusammengekommen und hätten nicht einmal ihre Miene
und den funkelnden Blick ihrer Augen ertragen können. Diese
Angst befiel zuerst die Militärtribunen [*meist junge Männer aus
guten Familien*], danach die Präfekten und einige andere von jenen,
die sich in Rom aus persönlicher Freundschaft mir angeschlossen
hatten und keine Kriegserfahrung besaßen. Von ihnen baten die
einen aus diesem, die anderen unter jenem Vorwand um Urlaub,
andere jedoch blieben aus Scham, um sich nicht dem Verdacht der
Furcht auszusetzen: In ihren Zelten versteckt, bejammerten sie ihr
Los und beklagten die gemeinsame Gefahr. Allgemein wurden im
ganzen Lager Testamente abgefaßt. Von ihrem Gerede und ihrer
Furcht wurden allmählich auch die Centurionen, Reiterführer und
kriegsgewohnten Soldaten angesteckt. Von diesen erklärten die,
welche nicht als ängstlich gelten wollten, sie fürchteten zwar nicht
den Ariovist, aber die schlechten Wege oder die großen Wälder
oder die schwierige Nachschubsituation.«

Die Stelle ist berühmt, einmal, weil Caesar mit beträchtlicher
Süffisanz über die *jeunesse dorée* der Tiberstadt herzieht, die Urlaub
nimmt, als es ernst wird, zum andern aber, weil sie uns das
Phänomen der Völkerbewegung in einem Europa vor Augen führt,
in dem einer dem andern noch fremd ist. Der teutonische Schrek-
ken und die vandalische Wildheit, die rätselhafte Überlegenheit
der Heerkönige und der germanischen Seherinnen, das alles ist
schon da, wenn sich die römischen Soldaten bei jenen Kaufleuten über
die *barbari* erkundigen, für die das alte Europa trotz seiner Sümpfe
und Wälder offensichtlich keine Grenzen zu haben schien. Und der
germanische Schrecken wird nicht mehr verblassen seit diesen Zeilen
aus dem Ersten Buch des *Bellum Gallicum,* ja, alle Legenden, die sich
künftig noch um unsere Vorfahren, Vorväter und uns Heutige ranken
werden, nehmen hier ihren Anfang!

Caesar hatte einige Mühe, seine Offiziere mit neuem Kampfes-
geist zu erfüllen, aber schließlich gelang es, ja, eine Legion bat
sogar um Vergebung für ihren Kleinmut. Schwieriger waren die
Rededuelle mit Ariovist selbst, der sich im gallischen Keltisch und
auf Lateinisch ebenso fließend ausdrücken konnte wie in seiner
eigenen suebischen Sprache und obendrein das Recht auf seiner
Seite hatte: Das nördliche Gallien sei ebenso eine germanische
Eroberung, sagte er, wie das südliche eine römische. Er werde sich
dort nicht einmischen, die Römer aber, die später gekommen seien
als er, sollten sich hier nicht einmischen. Er handle nach Kriegsbrauch und gültigem Recht, und niemand habe Rom zum
Schiedsrichter bestellt – Argumente, gegen die auch ein Caesar nur
die Waffen sprechen lassen konnte.

Obwohl Ariovist in seiner Antwort an Caesar betont, daß für
ihn Gallien eine eroberte Provinz sei, kämpfen die germanischen
Stammesverbände keineswegs als Hausherren gegen einen Ein-
dringling, sondern sie gehen wie Wandervölker in die Schlacht,
mit ihren Familien, ihrem Hausrat, ihren Karren. Wir haben von
den unterworfenen Sequanern gehört, daß sie Landesteile an die
Sueben abgeben mußten und daß immer mehr Germanen über den
Rhein kamen, die immer mehr Land verlangten. Dennoch spricht
aus der Schilderung der Entscheidungsschlacht, wie Caesar sie uns
gibt, ganz deutlich die Entschlossenheit der Germanen, im Fall
einer Niederlage nicht Untertanen der Römer zu werden wie
andere seßhafte Völker, sondern sich über den Rhein zurückzu-
ziehen:

»Ihre ganze Streitmacht umstellten sie mit ihren Wagen und
Transportkarren, damit keine Hoffnung auf Flucht bleibe. Auf den
Wagen aber standen die Frauen, welche die in den Kampf ziehenden Männer mit ausgebreiteten Armen beschworen, sie nicht in die
Hände der Römer fallen zu lassen ... Ich stellte die einzelnen
Legionen unter den Befehl eines Legaten und Quästors, damit
jeder Mann sie zu Zeugen seiner Tapferkeit habe. Ich selbst
eröffnete auf dem rechten Flügel den Kampf. Dort war, wie ich
feststellte, der Feind am wenigsten stark. So heftig griffen meine
Truppen auf das gegebene Zeichen den Gegner an, und dieser
stürmte so plötzlich und rasch vor, daß es keinen Raum mehr gab,

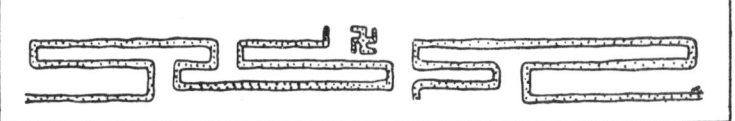

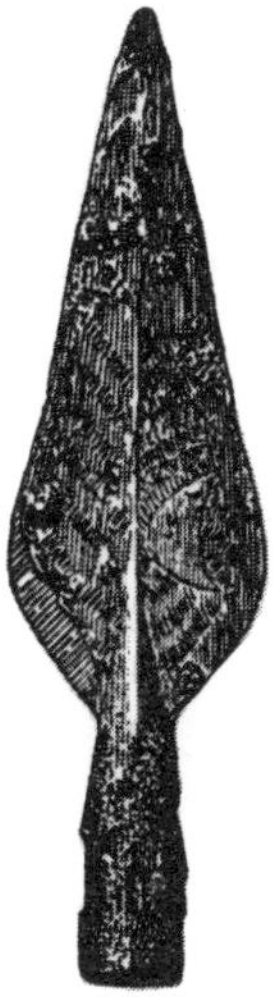

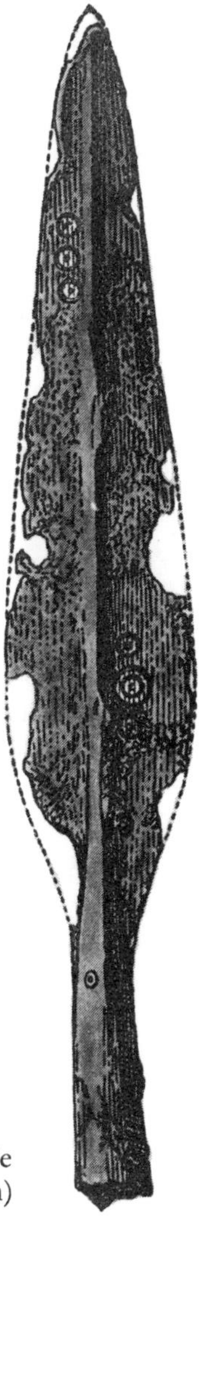

Vandalische Heilszeichen auf Waffen und Gefäßen, die
in den Kreisen Glogau, Oppeln und Guhrau (Schlesien)
gefunden wurden.

auf die Gegner die Wurfspieße zu schleudern. Man ließ diese zurück und kämpfte mit dem Schwerte Mann gegen Mann. Aber die Germanen bildeten nach ihrer Gewohnheit dichtgeschlossene Kampfeinheiten und parierten den Schwertangriff. Da fanden sich mehrere Römer, die in Karrees hineinsprangen, die Schilde mit den Händen hinwegrissen und von oben herab dem Gegner Wunden schlugen. Während der Feind auf dem linken Flügel geworfen und in die Flucht geschlagen wurde, setzte er uns infolge seiner zahlenmäßigen Überlegenheit auf dem rechten Flügel hart zu. Als dies der Reiterführer Publius Crassus der Jüngere bemerkte – er hatte einen freieren Ausblick als die, welche im Kampf standen –, schickte er die dritte Linie unseren schwerbedrängten Leuten zu Hilfe. So entbrannte der Kampf von neuem, bis schließlich alle Feinde wichen und mit ihrer Flucht nicht innehielten, bis sie an den Rhein kamen, der vom Ort der Schlacht etwa 50 Meilen entfernt war.«

Mit dieser Angabe, die man einem erfahrenen und gebildeten Truppenführer wie Caesar wörtlich glauben sollte, sind die Annahmen, die Schlacht habe im Raum Mülhausen oder zwischen Mülhausen und Schlettstadt stattgefunden, so unzweifelhaft widerlegt, daß man sich wundern muß, sie selbst in neuesten Nachschlagewerken noch zu finden. 50 römische Meilen sind 75 Kilometer, und selbst wenn Caesar die Entfernung als nur ungefähr bezeichnet, kann er die 18 Kilometer nicht gemeint haben, die Mülhausen vom Rhein entfernt ist; ähnliche Distanzen gelten für alle Orte zwischen Mülhausen und Schlettstadt, und weder im engen Fecht-Tal, das beim heutigen Kolmar mündet, noch im Tal der Lievrette, das auf Schlettstadt zuführt, hätten die beiden Armeen mit zusammen etwa 50 000 Mann (ohne den Troß!) Aufstellung nehmen können. Es war, wie schon Napoleon vermutete, die alte Völkerpforte von Belfort, wo die Entscheidung darüber fiel, ob Gallien germanisch oder römisch werden sollte.

»Nur wenige der Fliehenden wagten, auf ihre Kräfte bauend, den Rheinfluß zu durchschwimmen, oder versuchten, mit Hilfe vorgefundener Nachen ihr Leben zu retten. Unter diesen war Ariovist, der auf einem am Ufer vertäuten Nachen den Strom übersetzte. Alle übrigen wurden von den römischen Reitern

Hals- und Armring aus Gold neben anderen Schmuckstücken aus vandalischen Fürstengräbern vom Südrand Siebenbürgens; alle Stücke zeigen den hohen Stand der vandalischen Schmiedekunst im 4. Jahrhundert.

eingeholt und niedergehauen. Ariovist hatte zwei Frauen [!], eine Suebin, welche er von zu Hause mitgenommen hatte, und eine *[keltische]* Norikerin, die Schwester des Königs Wokkio, die ihm von ihrem Bruder zugeführt worden war und die er in Gallien geheiratet hatte. Beide kamen auf der Flucht um. Von seinen zwei Töchtern wurde die eine getötet, die andere gefangengenommen . . . Sowie diese Schlacht rechts des Rheins bekannt geworden war, begannen die Sueben, welche ans Rheinufer gekommen waren, nach Hause zurückzukehren. Als die *[gallischen]* Anwohner des Rheins merkten, in welcher Panik sich die Germanen befanden, setzten sie ihnen nach und hieben viele von ihnen nieder.«

Damit war durch das Eingreifen Caesars und seiner Legionen der erste große Versuch einer germanischen Landnahme in Gallien gescheitert. Der Durchzug der Kimbern und Teutonen 30 Jahre zuvor war demgegenüber nur als ein Vorhutgeplänkel zu werten. Die Mitteilungen der Sequaner an die Römer, daß nach dem ersten Sieg an der Saône Germanen in breiter Front nach Gallien einströmten, beweist ebenso eindeutig wie Caesars eigene Aussage von der Ansammlung der Sueben am rechten Rheinufer, daß Ariovist keinen isolierten Vorstoß unternommen hatte, sondern daß es sich um eine große Wanderbewegung germanischer Völker handelte, die der tüchtigste Heerkönig an der Spitze des damals besonders volkreichen und stoßkräftigen Suebenstammes geführt hatte.

Von Ariovist selbst, von der im Gerücht vielleicht übertriebenen Kunde seiner Erfolge und dem Charisma seiner Persönlichkeit, muß auch der Anreiz ausgegangen sein, bisherige Siedlungsgebiete zu verlassen und sich seinem gewaltigen Zug nach Westen anzuschließen. Es ist ein Entschluß, den wir bei den Vandalen besonders unverständlich finden und der doch nicht zu bezweifeln ist, wie zahlreiche Bodenfunde auf dem Wanderweg von der Niederlausitz und Schlesien nach Westen beweisen, Fundplätze, an denen vandalisches Gut neben suebischem liegt, aber auch geschlossene, rein vandalische Siedlungen nachweisbar sind. Es scheint, daß vor allem die zuletzt aus dem Norden zugewanderten Vandalensippen der Versuchung der Westwanderung erlegen sind, wohl weil sie die besten Siedlungsgebiete bereits besetzt fanden und sich mit einem verhältnismäßig kleinen Gebiet am linken Ufer

des Oderstromes begnügen mußten. Es ist sicher richtig, wenn
Georg Dorminger schreibt, »die Feldzüge Caesars gaben den
entscheidenden Anstoß zu kulturellen Veränderungen, zu politischen Neubildungen, die den europäischen Raum für immer
prägten«. Aber ebenso richtig, wenn auch vielleicht nicht von
jener eminenten Bedeutung für die Zukunft, ist auch, daß die
Schicksale der untergegangenen Völker durch Caesar entscheidend
beeinflußt wurden. Ja man könnte überspitzt sogar formulieren,
daß mit jener Niederlage Ariovists in der Pforte zur Rheinischen
Tiefebene der germanische Irrweg durch die Jahrhunderte begann,
der mit dem Verlust des ostgermanischen Volksbodens an die Slawen
und mit dem Untergang der Wandervölker in der Fremde endete.
Ariovist hatte den aus ihrer kargen Heimat nach Süden strömen-
den germanischen Stämmen das gelobte Land gezeigt, aber der
römische Imperialismus hatte mit seiner überlegenen Militärmacht
verhindert, daß die Germanen es auch tatsächlich in Besitz
nahmen. Das weite Gallien mit seinen unendlichen fruchtbaren
Ebenen, mit seinen langen Küsten und natürlichen Grenzen im
Süden wie im Osten, hätte gemeinsam mit dem Waldland
zwischen Weichsel und Rhein die Bauernvölker aus dem Norden
aufnehmen und zum Kernraum eines germanischen Europa werden
können.

Caesar deutet an, wie tief der Schock für die Sueben war, und
natürlich erfaßte die Fluchtbewegung auch die Verbündeten der
Sueben, die Stämme, die sich im Vertrauen auf den Genius eines
Ariovist dem großen Treck nach Westen angeschlossen hatten.
Und so deutlich, wie wir aus den Grabfunden den Weg der
Vandalen in das Aufmarschgebiet des Ariovist an der Mainmün-
dung verfolgen können, so klar sind uns heute auch die Folgen des
großen Schocks, den die schwere Niederlage bedeuten mußte.

Geschockt verliert man die Orientierung. An die Stelle des
großen gemeinsamen Zuges treten fortan zahlreiche unabhängige
Einzelunternehmungen. Das Ziel einer Landnahme im Westen –
unpolitisch gewiß, aber als praktische Lösung um so vollkomme-
ner – gerät außer Sicht, wird vernebelt durch Nahverlockungen
wie die, mit dem römischen Sieger gemeinsame Sache zu machen
gegen die letzten sich wehrenden Kelten. Kriegsbeute tritt an die

Stelle der Landnahme, Augenblicksbereicherung ersetzt die Dauerlösung. Burgunden und Vandalen setzen sich mit Caesar in Verbindung und stellen ihm Kontingente gegen den tapferen Vercingetorix, der sich mit den keltischen Galliern gegen die Römer jahrelang herzhaft wehrt:

»Alesia liegt auf einer so hohen Bergkuppe, daß die Einnahme nur durch Einschließung möglich schien . . . Die Schanzarbeit war begonnen, und es entwickelte sich ein Reitergefecht in der Ebene, die sich – wie erwähnt – hügellos drei Meilen weit erstreckt. Mit höchster Erbitterung kämpfte man auf beiden Seiten. Unseren schwerbedrängten Leuten schickte ich die Germanen zu Hilfe . . . die Feinde wurden in die Flucht geschlagen, waren sich infolge ihrer Menge selbst im Wege und stauten sich in den allzuengen Ausfallspforten. Die Germanen verfolgten sie schärfer bis zu der gallischen Notmauer *[einem schnell errichteten Bollwerk aus Lehm und Faschinen]*. Es begann ein großes Blutbad. Einige Gallier ließen ihre Pferde im Stich, versuchten durch den Graben und über die Mauer zu kommen und brachten auch die Gallier, die innerhalb der Verschanzung standen, in Verwirrung . . . Die Germanen hieben viele Gallier nieder, erbeuteten zahlreiche Pferde und zogen sich dann in unsere Stellungen zurück.«

Wochen später, als die Nichtkombattanten bereits aus Alesia vertrieben und vor den römischen Stellungen verhungert waren, als der Kampf auf dem Höhepunkt der Erbitterung angelangt und das Entsatzheer im Rücken der Römer erschienen war, brach die Entscheidungsschlacht los:

»Da die Gallier fest vertrauten, daß ihre Truppen die Oberhand gewönnen, und sahen, daß unsere Leute vor der Übermacht wichen, erhoben überall die noch innerhalb ihrer Befestigungslinien stehenden Verteidiger von ·Alesia ebenso wie die ihnen zur Hilfe herbeigeeilten Gallier aus anderen Gauen wildes Geheul und Geschrei und feuerten dadurch ihre Landsleute an. Weil der Kampf vor den Augen ausgetragen wurde und weder eine rühmliche noch auch eine feige Tat verborgen bleiben konnte, spornten sowohl die Ruhmsucht als auch die Angst vor der Schande beide Gegner zu höchster Tapferkeit an. Von Mittag an bis fast zum Sonnenuntergang tobte der Kampf unentschieden, dann führten

Unbewaffneter vandalischer Reiter in der unter Geiserich üblichen
Tracht (langes Haar, Kittel, Mantilla, enge Reithose). Die Zeichnung
stützt sich auf ein Mosaik, das bei Karthago gefunden wurde (heute
im Britischen Museum, London).

die germanischen Verbände auf ihrer Flanke dichtgedrängt einen
Vorstoß gegen den Feind und warfen ihn. Als er in die Flucht
geschlagen war, konnten die Bogenschützen eingeschlossen und
niedergemacht werden. Nun verfolgten auch auf der anderen
Flanke unsere Truppen die zurückweichenden Gallier bis an die
Verschanzungen der Stadt und ließen ihnen keine Hoffnung, sich
zu sammeln. Die aus der Stadt durch Ausfälle in die Schlacht
geratenen Gallier aber zogen sich entmutigt wieder hinter ihre
Mauern zurück.«
    Deutlicher kann man es nicht sagen, daß die germanischen
Hilfstruppen, Westgermanen, aber auch Burgunden und Vanda-

len, in diesem gewaltigen Kampf die Entscheidung gebracht haben. Ein drittes Mal siegten sie vor Alesia für Caesar, als der unbeugsame Vercingetorix in einem kühnen nächtlichen Ausfall die schwächste Stelle des Römerringes zu durchbrechen versuchte: »An alle Stellen, wo Gefahr drohte, schickte ich Hilfstruppen«, sagt Caesar, und: »Plötzlich wurde im Rücken der Feinde die Reiterei gesichtet. Die anderen Ersatzkohorten stürmten heran. Die Feinde wandten sich zur Flucht, aber den Fliehenden sprengten die Reiter entgegen. Es setzte ein furchtbares Blutbad ein . . .«

Noch sind die Vandalen ein unbekannter Stamm, Caesar erwähnt sie nicht ausdrücklich, aber ihre Reiterei, die bei allen Kämpfen in Spanien und Nordafrika noch eine so große Rolle spielen wird, die siegt bereits – an der Seite anderer germanischer Hilfstruppen – vor Alesia für die Römer; man hat ihre Wurfspieße und andere Waffen aus dem Boden rund um Alise-Sainte-Reine am Mont Auxois gegraben, in der idyllischen Landschaft der Côte d'Or, wo auf blutgetränktem Boden Frankreichs bester Rotwein wächst. Im ersten Ansturm unter Ariovist an Galliern und Römern gescheitert, haben die Germanen Gallien nun doch noch erobert, nur eben nicht für ihre eigenen, aus engen Siedlungsgebieten herausdrängenden Stämme, sondern für die Römische Republik und den Mann, dessen Name zum Begriff werden wird, für Caesar, auf den Roms *Kaiser*, die Cäsaren, folgen werden.

Als vor hundert Jahren Julius Sophus Felix Dahn, Rechtsgelehrter, Geschichtsforscher und Dichter, die allgemeine Begeisterung für die großen Gestalten der Völkerwanderungszeit zu erwecken verstand, da wußte man von dieser Zeit noch nicht viel mehr als das, was bei den byzantinischen und vor allem den römischen Geschichtsschreibern über sie zu lesen war. Wurde ein germanischer Stamm einige Jahrzehnte lang von ihnen – also von Caesar, von Cassius Dio, von Ammianus Marcellinus oder Prokopios von Kaisareia und anderen – nicht erwähnt, so versank er ins Nichts, und wenn er mehr oder minder zufällig daraus wiederauftauchte, so trug er nicht selten einen anderen Namen oder hatte sich, unter dem vertrauten Namen, inzwischen doch sehr verändert.

Wir sind dieser außerordentlichen, bis ins Mark der Historie
reichenden Unsicherheit bereits bei der Namensfrage begegnet; sie
macht uns abermals zu schaffen, wenn sich in großen und allgemeinen Bewegungen außerhalb des Römerreiches Stämme und
Stammesverbände neue Wohngebiete suchen, sich in einem
Siedlungskern zusammenziehen oder aber sich anderen Stämmen
anschließen, ja, mit ihnen verschmelzen. Diese Vorgänge sind für
die meisten antiken Historiker schwer zu durchschauen, denn nur
die wenigsten stehen wie Caesar oder wie Ammianus Marcellinus
selbst mitten im militärischen Geschehen und damit an der Front,
hinter der sich diese Bewegungen vollziehen. Die meisten verlassen
sich auf die Hauptinformationsquelle jener Zeiten, die überall
hinwandernden und offenbar auch von überall heil wiederkehren-
den Kaufleute. Caesar fragt sie über die Völker und Verhältnisse
auf den Britischen Inseln aus, Ptolemaios läßt sich von ihnen den
Verlauf der Seidenstraße schildern, und wenn man auch nicht mehr
alle Märchen glaubt, die sie einst Herodot auftischten, um ihre
Arbeitsgebiete von Konkurrenz freizuhalten, so versteht es sich
doch von selbst, daß die Händlerperspektive eine Quelle der
Irrtümer bilden mußte, germanische Siedlungsgebiete nur punk-
tuell erfaßte, nur längs der Flüsse oder Wanderwege zutreffend sein
konnte.

Umfassender informieren uns die Bodenfunde, die Wietersheim,
Dahn und anderen Völkerwanderungs-Spezialisten früherer Zeiten
allerdings noch nicht zur Verfügung standen. Und noch immer
gräbt man nicht ganz *sine ira et studio*. Daß die Vandalen, also ein
unzweifelhaft germanischer Stammesverband, annähernd ein halbes
Jahrtausend in Schlesien saßen, lange bevor die ersten Slawen sich
an der Oder zeigten, das ist bis heute ein Faktum, an dem sich die
Gemüter erhitzen; aber da uns alle Vandalengräber mit ihren
Beigaben dieses Land ohnedies nicht wiederbringen, kann es uns
hier nur um die Vandalen selbst gehen, die wir, nach den Abenteu-
ern im Elsaß und vor Alesia, nun wieder in ihrer Heimat an der
Oder treffen.

Der Westvorstoß, der weiteste für mehr als drei Jahrhunderte,
hat viel Substanz gekostet. Der kräftige Niederlausitzer Vandalenstamm, der mit den Sueben marschiert war, fehlt bitter, als das

wichtigste und mächtigste der Germanenvölker aus dem Norden
heranzieht: die vom Weichseldelta nach Süden vorstoßenden
Goten.

Es ist ein ungeheures Glück für die Vandalen, daß ihr Gebiet
nicht genau im Weg der Goten liegt, denn die walzen alles nieder,
was sich ihnen entgegenstellt, jagen die Burgunden nach Westen
davon, zerschlagen Splitterstämme der Ostgermanen und Pruzzen,
die sich im Weichselbogen niedergelassen hatten, und zwingen die
Vandalen zum Zusammenrücken. Vielleicht sind es auch Fluchtbe-
wegungen, die den Siedlungsraum dadurch verkleinern, daß einige
nach Norden ausgeschwärmte Vandalengruppen zum Hauptvolk
an die Oder zurückkehren. Dadurch verstärkt sich in diesem
Kernraum der Vandalensiedlung der Druck auf die letzten nicht-
vandalischen Gebiete Schlesiens, auf Oberschlesien und ein paar
Reservate unterworfener Kelten.

Es ist ein Vorgang von großer Gewaltsamkeit und – müßte man
eigentlich hinzusetzen – auch der Undankbarkeit, würde die
Geschichte diesen Begriff überhaupt kennen. Denn gerade die
Kelten, die Letzten dieses hochbegabten und einst so ausgebreiteten Volkes, waren es, die den Vandalen in Schlesien soviel von
ihrer materiellen Kultur gegeben haben, die sie in ihre Kunstfertigkeit hineinwachsen ließen und ihnen ihre alten Ost- und
Südosthandelswege öffneten. Gewiß, es gab auch andere Einflüsse.
Die jetzt nach Westen abgedrängten Burgunden verwirren mit
ihren Bestattungsbräuchen das ohnedies reichlich komplizierte Bild
der vandalischen Friedhöfe, und überhaupt scheinen die aus dem
nun römischen Gallien heimgekehrten Vandalen ebenfalls einen
anderen, neuen, weicheren, gefälligeren Kunststil mitgebracht zu
haben. Aber es waren doch wohl die Kelten, denen die Vandalen
die Töpferscheibe verdankten und den souveränen Umgang mit
der Bronze, die sie nun, um den höheren künstlerischen Ansprü-
chen an allerlei Gebrauchsgegenständen zu genügen, plötzlich
wieder dem Eisen vorziehen. Nur für die Waffen bleibt das härtere
Metall natürlich beherrschend, denn wie wichtig Waffen sind, das
hat Alesia auch den Vandalen gezeigt . . .

Freilich ist es eine beinahe posthume Geltung, zu der die Kelten
in diesem Aufleben vandalischen Schöpfertums gelangen, eine

Wiederauferstehung durch das geistige Erbe, das sie den bedeutendsten und bildsamsten der Vandalenstämme hinterlassen haben,
denn Keltenvolk im eigentlichen Sinn scheint es im 1. Jahrhundert
n. Chr. in Schlesien schon nicht mehr gegeben zu haben. Sie waren
gewiß keinem Ausrottungsvorgang erlegen, denn dann hätte die
Befruchtung im Kulturell-Künstlerischen nicht so geruhsam über
Generationen hinweg erfolgen können. Heute würde man »Inte-
grationsprozeß« zu diesen Vorgängen sagen, die sich damals im
ganzen mittleren und östlichen Europa vollzogen, weil die Völker
eben noch in Bewegung waren und die Siedlungsräume noch nicht
konsolidiert. Die Vandalen rund um den Zobten sind eher eine
Ausnahme in diesem gewaltigen Geschiebe, und man muß staunen
über ihre Seßhaftigkeit angesichts all der Unruhe um sie her. Es ist,
als würde der Kegel des Zobten die Silingen und Hasdingen, und
wie die Stämme alle hießen, in seinem magischen Bann halten, so
daß das ganze Vandalenvolk seinen Siedelbereich nur ein wenig
nach Südosten verlegt, mit Randdörfern bis nach Galizien hinein;
das Kerngebiet der neuen Vandalenheimat ist weiterhin das
Silingenland um den heiligen Berg geblieben.

In dieser Zeit, hundertzwanzig Jahre nach Alesia etwa, werden
die Vandalen auch zum ersten Mal namentlich erwähnt, und zwar
von *dem* Polyhistor der Antike, von Plinius. Er nennt sie in seiner
Naturgeschichte Vindili, und wenig später treten sie bei Tacitus als
Vandilii auf und sind bereits gleichsam von der Aura eines großen
Volkes umgeben: »Die Germanen«, schreibt Tacitus im zweiten
Kapitel der *Germania*, »möchte ich für Urbewohner halten, deren
Rassenreinheit weder durch gewaltsame Zuwanderung noch durch
gastliche Aufnahme fremder Völker beeinträchtigt worden ist . . .
In alten Liedern, der einzigen Art geschichtlicher Überlieferung,
die es dort gibt, feiern die Germanen einen erdentsprossenen Gott
Tuisto. Ihm schreiben sie einen Sohn Mannus zu, den sie als den
Stammvater und Begründer ihres Volkes preisen. Dieser soll drei
Söhne gehabt haben, nach deren Namen die an der Nordsee
wohnenden Germanen Ingväonen, die im Binnenlande Hermino-
nen und die Anwohner des Flusses Rhein endlich Istväonen
genannt würden.«

Neben diesen Großgruppen, die in der Nachfolge des Tacitus

die Germanenforschung durch beinahe zwei Jahrtausende beherrscht haben, nennt aber schon der kluge Römer auch weitere
Namen wichtiger Germanenvölker, und zwar Marser, Gambrivier,
Sueben und Wandilier, mit dem Zusatz, das seien »ganz alte und
echte Namen«, also nicht etwa von Kaufleuten oder anderen
unkundigen Berichterstattern verballhornte Bezeichnungen. Die
Wandilier, daran besteht wohl kein Zweifel, sind unsere Vandalen;
aber diese Bezeichnung bleibt ein Sammelbegriff, und jede

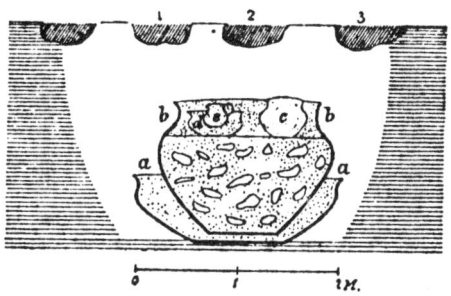

Vandalische Grabgrube mit Aschenurne aus dem Gräberfeld von
Slawogora, Kreis Mlawa, unweit der alten ostpreußischen Südgrenze.
Das Gräberfeld verrät uns die beträchtliche Nordost-Ausdehnung des
geschlossenen vandalischen Siedlungsgebietes.

Wanderung, zu der die Vandalen ansetzen, wird Anzahl und Art
der unter ihm vereinigten Einzelstämme verändern. Das Oderbek-
ken, seine fruchtbaren Niederungen und die bewaldeten Berge mit
ihrem Reichtum an Wild, Harzen, Honig und Holz könnten
einem Stammesverband wie den Vandalen eine durchaus zufrieden-
stellende Existenzbasis bieten, aber die Unruhe hält an; um das
Kerngebiet der am Zobten siedelnden vandalischen Silingen, die
neben der Landwirtschaft längst eine gewisse Manufaktur aufgebaut haben, bleiben die Randstämme unzufrieden, eine starke
Minderheit des Volksganzen abenteuerlustig.

Warum dies so war oder vielleicht sogar sein mußte, ist bis
heute nicht geklärt. Die subtilen Forschungen über die Ursachen
des ersten Aufbruchs aus dem skandinavischen Norden haben für
die 500 Vandalen-Jahre Schlesiens kein Gewicht erlangen können.
Denn erstens bleibt kein Volk ein halbes Jahrtausend lang in

einem Land, das ihm nichts bietet, und zweitens scheinen die Zurückbleibenden stets zahlreicher gewesen zu sein als die Auswanderer. Die Klimatheorien erklären hier also nichts, ja, Altmeister Ludwig Schmidt reagiert so unwirsch auf sie, daß er sogar meint: Immer, wenn den modernen Historikern nichts anderes mehr einfällt, müsse eine Klimaverschlechterung herhalten.

Die Gründe für die immer wieder folgenden Abwanderungen vandalischer Stämme oder zumindest Stammesteile aus einer sich dennoch festigenden, sogar prosperierenden Gemeinschaft müssen außerhalb Schlesiens gesucht werden. Die Bodenfunde der frühen Kaiserzeit beweisen uns, daß die Vandalen im Oderraum zwar vielleicht noch zu keinem konsolidierten Reich gelangt sind, weil die Gründerpersönlichkeit, ein Heros etwa wie Ariovist oder Marbod, gefehlt hat; aber die materielle und künstlerische Kultur läßt einen Wohlstand erkennen, aus dem auf Fürstenfamilien und regionale Herrschaftsorganisationen geschlossen werden muß.

Andere Germanenvölker besitzen zu dieser Zeit schon Führerpersönlichkeiten, Heerkönige von überregionaler Bedeutung, unter deren Kommando man sich reichere Beutezüge erhofft. Aus jenem Norden kommend, der, von Süden her betrachtet, eher dem Niflheim des germanischen Mythos gleicht, sind die Wanderstämme vom fernen Glanz des antiken Großreiches am Mittelmeer geblendet. Sich zusammenzuschließen und in einer gewaltigen Germanenwoge diesen Glanz und dieses Reich hinwegzuschwemmen, wäre – wie wir heute, zurückschauend, feststellen können – wohl nicht ausgeschlossen gewesen. Die Römer hatten zwar kurz vor Christi Geburt unter der genialen Führung des Augustus auch an der Germanengrenze bedeutende Erfolge erzielt, aber die Vernichtungsschlacht des Jahres 9, der Sieg der Cheruskerstämme unter ihrem erst 26jährigen Heerkönig Arminius, zeigte doch, daß vor allem jene germanischen Anführer, die in Rom ausgebildet worden waren und die römische Kriegführung kennengelernt hatten, durchaus Chancen gehabt hätten, ihre Lehrherren zu schlagen. Und Arminius stand nicht mehr allein wie Ariovist; auch Marbod hatte in Rom gelernt. Er war geschickt genug, seine Markomannen aus römischer Umklammerung zu befreien und ihnen den Frieden zu sichern, und wäre der Mann gewesen, in dem von den keltischen Bojern verlassenen Böhmen das erste eindeutig lokalisierbare Germanenreich zu schaffen. Doch es hat nicht sollen sein . . . Das drastische Geschenk des Arminius an Marbod ist uns ja aus dem Schulunterricht unvergeßlich geblieben: Er sandte dem mächtigen Markomannenfürsten, dessen Hilfe gegen Rom er gewinnen wollte, das Haupt des römischen Feldherrn und Statthalters Quintilius Varus, der sich im Herbst des Jahres 9, nach dem Verlust von drei Legionen und weiteren Truppenteilen, in sein Schwert gestürzt hatte. Marbod aber bewies den Römern seine Treue dadurch, daß er das Varus-Haupt an sie weitersandte, zur ehrenhaften Bestattung in Italien.

Die Folgen dieser schicksalhaften Weigerung betrafen auch die Vandalen. Statt gemeinsam gegen Rom zu kämpfen, fielen die kriegstüchtigsten Germanenstämme, die Cherusker mit ihren Verbündeten auf der einen und die suebischen Markomannen auf der anderen Seite, übereinander her, was den Römern Drusus und Germanicus gestattete, die verfeindeten Könige (denn diese Bezeichnung verdienen sie wohl zum Unterschied von anderen Fürsten der Zeit) einzeln zu besiegen. Arminius fiel einer Verschwörung der Cherusker zum Opfer, Marbod wurde vertrieben und erhielt in Ravenna von den Römern das Gnadenbrot.

Für die Vandalen war es also letztlich gleichgültig gewesen, ob sie auf seiten der Cherusker oder der Markomannen in diesen langwierigen Krieg gingen; daß sie überhaupt daran teilnahmen, ist wohl auf ein Versprechen Marbods zurückzuführen, der die vor der Mährischen Pforte, ganz nah am böhmischen Markomannenreich, wohnenden Vandalen lieber als seine Verbündeten sah denn als sprungbereite Räuber im Rücken. Reichtümer haben die Vandalen in diesem Krieg gewiß nicht erworben, aber sie hatten die Welt außerhalb Schlesiens kennengelernt und wohl auch einige jener Erfahrungen erworben, mit denen ihre Väter von Alesia zurückgekehrt waren; jedenfalls finden wir die Vandalen abermals auf dem Kriegspfad, als das böhmisch-mährische Reich des Vannius in Schwierigkeiten gerät.

Diesen tüchtigen Quadenfürsten hatten die Römer an die Stelle des abgekämpften Marbod gesetzt, aber es war die stabile Reichsgründung Marbods in Böhmen und Mähren, die Vannius dreißig

Herrscherjahre gestattete. Tacitus berichtet in den *Annalen*, daß
einerseits die Römer, nun unter Kaiser Claudius, wieder wohlwol-
lend zusehen, wie die Germanen einander abschlachten, und daß
andrerseits die Vandalen keineswegs politische, sondern höchst
triviale Gründe haben, als sie dem Vannius in den Rücken fallen:
»Um dieselbe Zeit wurde Vannius vertrieben, den Drusus Caesar
zum König über die Sueben *[hier = Markomannen]* gemacht
hatte. Im Anfang seiner Regierung *[19 n. Chr.]* genoß er Ansehen
und Beliebtheit bei seinen Volksgenossen *[d. h. den Quaden in
Mähren und den Markomannen in Böhmen]*; mit der Zeit jedoch
wurde er hochmütig und erlag schließlich *[50/51]* dem Haß der
Nachbarn und den heimischen Empörungen . . . Claudius mischte
sich trotz mehrfacher Hilfsansuchen *[des Vannius]* nicht in diese
Kämpfe der Barbaren, versprach jedoch dem Vannius für den Fall
seiner Vertreibung einen Zufluchtsort *[!]*. An den Verwalter von
Pannonien, Papellius Hister, schrieb er, er solle eine Legion und
die in der Provinz selbst ausgehobenen Hilfstruppen am Donau-
Ufer aufstellen, um die Besiegten aufzufangen und die übermütigen Sieger bei einem etwaigen Versuch, in unser friedliches Reich
einzubrechen, zurückzuweisen. Durch die Kunde von dem Reichtum des Landes nämlich, das Vannius dreißig Jahre lang durch
seine Raubzüge und Tributerhebungen *[bei anderen Völkern]* so
reich gemacht hatte, ließ sich eine ungeheure Menschenmasse –
Lugier und andere Stämme – anlocken.«
 Bei den »Lugiern und anderen Stämmen« muß es sich um die
schlesischen Vandalen gehandelt haben, die ja von fast der gesamten deutschen Forschung mit dem Kultverband der Lugier
gleichgesetzt werden, dazu wohl um Burgunden-Reste und nicht-
markomannische Sueben wie die Hermunduren. Vannius war
angesichts dieser Gefahr nicht untätig geblieben und hatte zu
seinen eigenen Getreuen die sarmatischen Jazygen hinzugewonnen,
offenbar, weil er gegen die vandalische Reiterei Verbündete
brauchte, die gut zu Pferde waren. Da die jazygischen Kontingente
jedoch nur zögernd eintrafen – sie waren in der Ungarischen
Tiefebene zwar nicht sonderlich weit entfernt angesiedelt, aber bei
weitem nicht so straff organisiert wie die Germanenvölker Böh-
mens, Mährens und Schlesiens –, mußte er sich inzwischen aus

Befestigungen heraus verteidigen. Das war nun eine Kampfes-
weise, die dem sarmatischen Reitervolk ganz und gar nicht lag und
die vor allem auch keine Beute versprach. Während die Vandalen
und Hermunduren sich dessen entsannen, was sie bei den Römern
gelernt hatten, und die Kastelle des Vannius zu belagern began-

*Celebrat carminibus antiquis (quod unum apud illos me-
morie, et annalium genus est) Tuistone deum terra edi-
tum. Et filium mannum, originem gentis conditoresque.*

*Sunt illis hec quoque carmina, quorum relatu quem
Barditum uocant, accendunt animos, futureque pugne
fortunam ipso cantu augurantur. Terrent enim trepidant-
ue, prout sonuit acies. nec tam uoces illeque uirtutis
concentus uidentur. Affectatur precipue asperitas so-
ni, et fractum murmur, obiectis ad os scutis, quo ple-
nior et grauior uox, repercussu intumescat.*

Aus der besten der erhaltenen Tacitus-Handschriften zehn Zeilen
über Heldenlieder und Schlachtgesänge der Germanen (Vatikanische
Bibliothek).

nen, schwärmten die Jazygen durch das Niemandsland und
verwickelten Vannius in riskante Scharmützel. »Vannius mußte
sein Kastell verlassen und verlor die offene Feldschlacht. Ruhm
erntete er jedoch trotz seines Unglücks, denn er nahm selber am
Kampf teil und wurde an der Vorderseite des Körpers verwundet.«
(Er hatte dem Gegner also nicht, wie ein Fliehender, den Rücken
gekehrt!) »Vannius entkam zur Donau und erreichte eines der
Schiffe, die dort für die Geschlagenen bereit lagen. Bald folgte
auch sein Anhang, der später in Pannonien angesiedelt wurde. Das
Reich teilten Vangio und Sido [rebellische Verwandte des Vannius]
unter sich; gegen uns waren sie von hervorragender Treue.«

Zwei Kapitel des Tacitus und in wenigen Zeilen, in der Nußschale gleichsam, eine Lektion in römischer Politik! Man sieht ihn geradezu vor sich, den weisen Claudius, wie ihn Robert von Ranke-Graves uns unvergeßlich gemacht hat, ruhig abwägend, keineswegs untätig, sondern genauso handelnd, wie es Rom frommt, und dabei sogar ein wenig human in seinen Aktionen, weil es eben dem Ruhm des Cäsars nicht gut anstehen würde, wenn es an der Donaugrenze allzu blutig hergehen würde. Die Barbaren haben wieder einmal alles selbst erledigt: Sie haben die Jazygen aus Pannonien herbeigerufen, und in den dadurch frei gewordenen Siedlungsraum können nun die Geschlagenen unter Vannius abziehen. Eine kleine Verschiebung im Norden des großen Reiches, eine Episode der Völkerwanderungs-Vorbereitung und – ein paar tausend Barbaren weniger auf der Welt, die den Römern gehört, noch einige Jahrhunderte lang . . .

Die Vandalen und die Hermunduren treten auch bei dieser Gelegenheit gemeinsam auf, eine vandalisch-suebische Waffenbruderschaft also, die seit Ariovist zu halten scheint und die erst im 5. nachchristlichen Jahrhundert zu Ende gehen wird, wenn die beiden energischen und zähen Wandervölker einander den spanischen Siedlungsraum streitig machen. Von den ungeheuren Menschenmengen, die Tacitus nach Böhmen einbrechen sah, spricht er am Schluß der Episode nicht mehr: Der Reichtum hatte sie angelockt, sie hatten geplündert und gekämpft und waren heimgekehrt, wie schon so manches Mal.

Der Wandel kommt sehr langsam, zunächst kaum merkbar. Nach und neben den jugendlichen Heldenkönigen wie Ariovist und Arminius bewiesen reife Herrschergestalten wie Marbod und der noch mit 60 Jahren eigenhändig um seine Herrschaft kämpfende Vannius, daß sich auch bei den Germanen das Charisma einer beeindruckenden Persönlichkeit fortan der simplen Bihänder-Tüchtigkeit der jungen Recken überlegen erweist. Während es in dem allzu ausgedehnten Römerreich an allen Ecken und Enden zu Krisen, Aufständen und Grenzkämpfen kommt, aus denen nicht selten von den Soldaten gekürte neue Kaiser hervorgehen, zeigen sich bei den großen Germanenvölkern und Stammesverbänden die ersten Herrscherpersönlichkeiten von überregionaler Bedeutung, und die Königsgeschlechter, aus denen sie stammen, werden geschichtlich erfaßbar.

Unter einem König, der vermutlich Amal hieß und einem ganzen Herrschergeschlecht den Namen gibt, brechen die Goten aus ihren Wohnsitzen an der unteren Weichsel zur neuerlichen Wanderung auf und setzen damit das geschichtlich bedeutsamste Ereignis des Jahrhunderts. Aus der Wandersage der Langobarden wissen wir, wie ungestüm der Gotenstoß andere Völker traf und wie diese ihn weitergaben. Die Langobarden mußten, vor den Goten weichend, mit den Vandalen die Klingen kreuzen, und dadurch erfahren wir, daß der Vandalenbund damals von zwei Königen geführt wurde, von Ambri und Assi. Vielleicht wurden sie auch erst angesichts der unmittelbaren Gefahr auf die Schilde gehoben, denn nun, da die Hauptmacht der Goten in Bewegung geraten ist und andere ostgermanische Völker vor sich her treibt, nun ist es nicht mehr damit getan, ein wenig zusammenzurücken, die Außenbastionen abzubauen und die am meisten gefährdeten Dorfschaften umzusiedeln; jetzt geht es um die nackte Existenz.

In den römischen Berichten von diesen Vorgängen hören wir auch von Einzelstämmen, die man bisher der schlesischen Kultgemeinschaft um den Zobten zurechnen durfte. Jetzt sind sie plötzlich unterwegs zu Marschzielen weit außerhalb des ostmitteldeutschen Raumes: Die Victovalen und Lakringen lösen sich aus dem Bund und spielen fortan keine Rolle mehr, der Gotenzug und der bald folgende Hunnensturm saugen sie auf, zerschlagen sie wie die Chatten und viele andere Völker, die heute nur noch dem Historiker bekannt sind und doch einst ihre Eigenart, ihr Eigenschicksal, ihre Hoffnungen so gut hatten wie die glücklicheren und kräftigeren Nachbarn. Auch die Hasdingen verlassen Schlesien, und das ist nun beinahe eine Kernteilung, denn Silingen und Hasdingen, soviel dürfte bei aller Unsicherheit über die frühen Zeiten doch feststehen, sind jene Stämme, die zusammen den Kern, die Seele des Vandalenbundes bilden.

Von den Silingen, mehr von den Kelten beeinflußt als von den Römern, bleiben wesentliche Teile zurück; sie hinterlassen jene Landschafts-, Berg- und Gewässernamen, die uns trotz gewisser

Veränderungen im Sprachgebrauch der später einströmenden Slawen bis heute an das germanische Zeitalter Schlesiens erinnern und es einwandfrei bezeugen. Die Hasdingen aber haben sich Könige gewählt, die ein Volk auf der Wanderschaft ja dringender braucht als eines, das ruhig zu Hause bleibt und nicht an Abenteuer denkt. So wie König Amal dem gotischen Herrscherhaus, der weitverzweigten Sippe der Amaler den Namen gibt, tragen die Hasdingen oder Asdingen wohl auch keinen Stammesnamen, sondern den Namen einer Herrscherfamilie, einer Fürstensippe, die vielleicht schon seit Jahrhunderten die Stammesführer stellt. Und diese Sippe ist es zweifellos, die aus diesem Stamm jene Vandalen macht, von denen die Welt spricht.

Die große Auseinandersetzung zwischen Römern und Germanen, kompliziert durch die inneren Wirren im Germanenbereich, hat sich in neue Gebiete verlagert, nämlich in den Osten und Südosten Mitteleuropas, nach Dakien – was in etwa dem heutigen Rumänien entspricht –, nach Pannonien mit dem Kerngebiet der Ungarischen Tiefebene an den Flüssen Theiß und Donau, und in den weiten Karpatenbogen, der allen in diesem Raum umherziehenden Völkern eine bestimmte Wanderrichtung aufzwingt und dadurch verstärkten Druck auf die Römergrenzen an Donau, Save und Drau verursacht. Die obere Donau wird kaum berührt, ebensowenig der Oberrhein; hier hat sich die Römermacht so gefestigt, daß die Vandalenstämme nicht mehr anzurennen wagen, sie übersteigen darum die böhmischen Randgebirge kein weiteres Mal, sondern geraten in den großen Sog, der nun die Germanenvölker nach Südosten zieht, vor die Hufe der Hunnenpferde ...

Erste Kunde von diesem Wandel in Schlesien und auf den vagen Straßen des großen Trecks geben uns die militärischen Operationen, die Kaiser Marcus Aurelius in den letzten elf Jahren seines Lebens durchführte (169–180). Sie werden, der Einfachheit halber, wenn auch zu Unrecht, unter der Bezeichnung Markomannenkriege zusammengefaßt, weil zumindest im ersten Abschnitt dieser großen Auseinandersetzung König Ballomar der führende Kopf der Romgegner war, ein Markomanne mit starkem Anhang auch unter den Quaden. Tatsächlich aber handelte es sich bei dem großen Aufmarsch gegen Rom um germanisch-slawisch-sarmati-

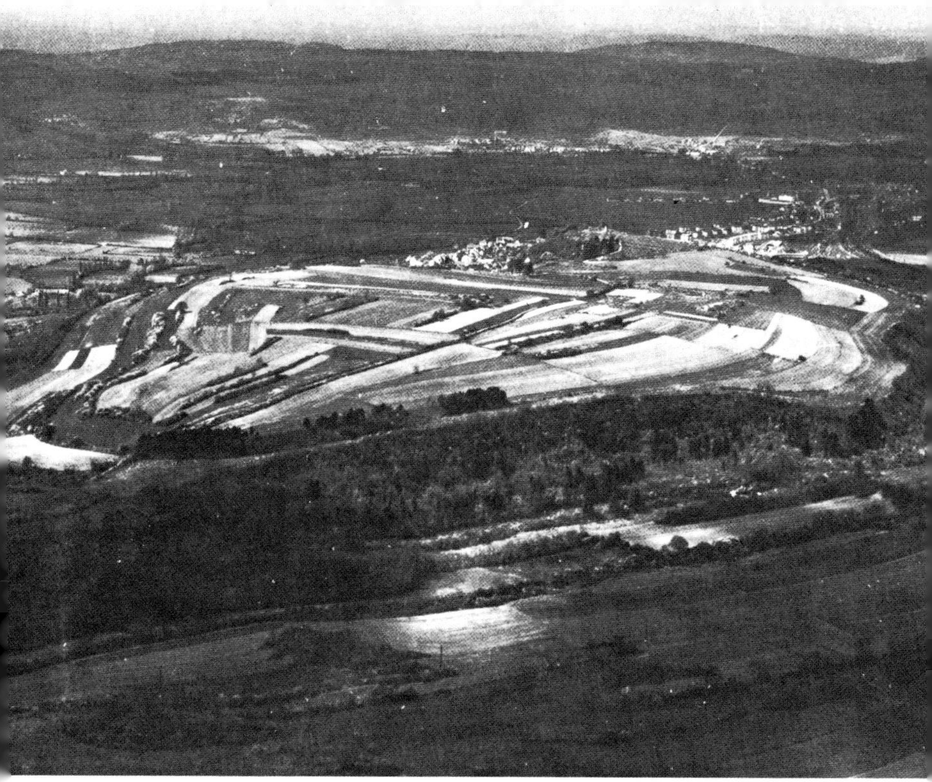

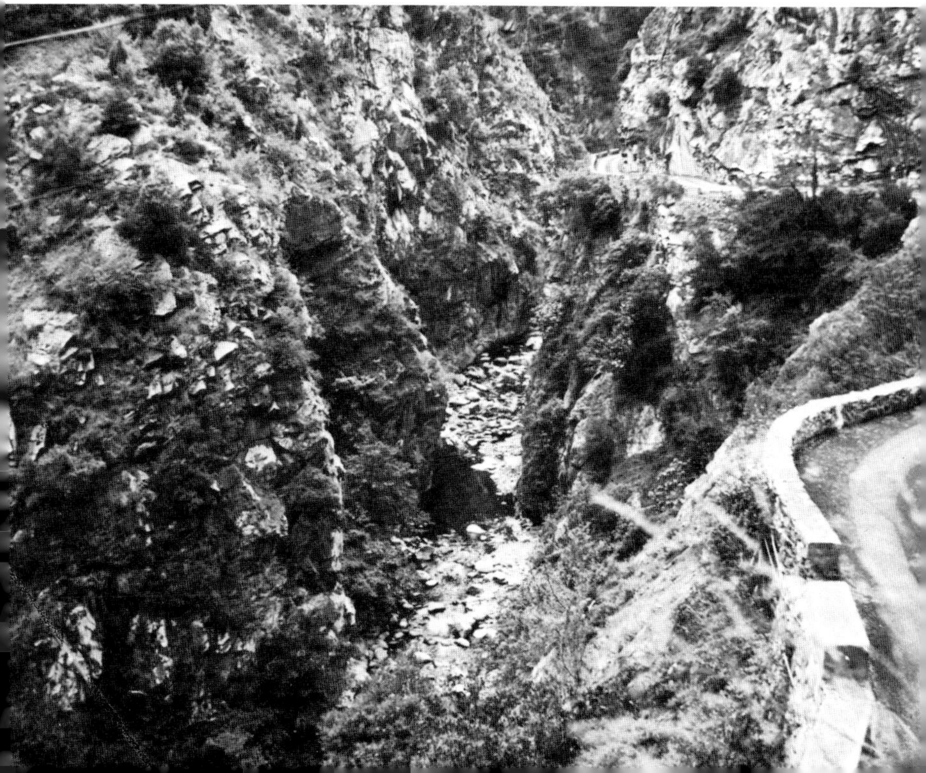

Oben: Der Mont Auxois und, am Westabhang der Hochfläche, das Dorf Alise-Sainte-Reine. Berg und Hänge waren Schauplatz der Kämpfe um Alesia, an denen vandalische Kontingente teilnahmen und entscheidend zum Sieg der Römer über Vercingetorix beitrugen.
Unten: Die Cerdagne-Schlucht sieht, von ein paar Stromkabeln abgesehen, noch heute so aus wie im 4. Jahrhundert, als die Vandalen hier aus Gallien nach Spanien hinüberzogen.

sche Angriffe, ausgelöst durch die verlustreichen Kämpfe der
Römer im fernen Parthien und durch die große Pest der Jahre nach
164, die mit den aus Parthien zurückkehrenden Truppen in
Europa eingeschleppt worden war. Die alten germanischen Kampfgefährten Sueben, Buren und Vandalen hatten sich Ballomar
angeschlossen, aber auch nicht-germanische Völker wie die Jazygen, Roxolanen und Alanen. Wie wenig bei solchen von der
guten Gelegenheit geschmiedeten Bündnissen die völkische oder
rassische Zugehörigkeit zu sagen hatte, beweisen die Alanen, ein
sarmatisches Reitervolk, das die engste Verbindung zu den
Vandalen eingehen und ihnen bis in den gemeinsamen Untergang
hinein treu bleiben wird, aber auch die Bastarnen, ein Germanenstamm, der schon 88 v. Chr. an der Seite des Mithridates gegen
Rom kämpfte (!), schon um die Zeitenwende Könige hatte und
sich bis nach Kleinasien hinein zersplitterte, so daß ein langer
Gelehrtenstreit über den germanischen Charakter der Bastarnen bis
vor wenigen Jahren noch andauerte: Auch dieses zähe, aus der
Bastardisierung wiederaufgetauchte Volk folgte dem Ruf Ballomars – und doch wurden sie allesamt schließlich von Marc Aurel
geschlagen.

Es war eine der nun immer rascher aufeinander folgenden
Schicksalsstunden Roms. Die Historiker verglichen die Bedrohung
durch Ballomars Bündnis mit der tiefen Krise des Römischen
Reiches im Zweiten Punischen Krieg, und in das von den Parther-
kriegen und der Pest dezimierte römische Heer wurden nicht nur
Sklaven aufgenommen und Gladiatoren (!), sondern auch abgeur-
teilte Räuber aus Dalmatien und selbstverständlich alles, was man
an germanischen Söldnern nur anwerben konnte. Im Laufe dieses
langen Krieges hatten die Vandalen ihre erste Berührung mit dem
Christentum. Will man nämlich der Römischen Geschichte des
Cassius Dio (155 bis nach 222) glauben, so war es die zumeist aus
christlichen Soldaten bestehende *Legio fulminatrix*, die während
eines langen Marsches durch wasserlose Steppen mit ihren verein-
ten Gebeten ein rettendes Gewitter und erquickenden Regen
bewirkte, wodurch die Römer vor dem Verschmachten bewahrt
wurden. Die Christen und ihre heidnischen Waffenbrüder siegten
über den Barbarenbund, aber Rom hatte schwere Niederlagen

hinnehmen müssen, wie die hohen Gefangenenzahlen aus den Friedensverhandlungen beweisen: Allein die Jazygen ließen 50 000 Gefangene frei, später dann noch einmal soviel. Selbst wenn es sich dabei nicht nur um Soldaten gehandelt haben mag, sondern größtenteils um Einwohner, die bei dem Eroberungsvorstoß nach Aquileia geraubt worden waren, bleiben die Ziffern angesichts damaliger Bevölkerungszahlen außerordentlich aufschlußreich. Aus dem Bericht des Cassius Dio geht auch hervor, daß diese großen Auseinandersetzungen eine Neuordnung der Lebens- und Herrschaftsbereiche im südöstlichen Mitteleuropa zur Folge hatten.

»Marcus Aurelius blieb vorerst in Pannonien, um die Gesandtschaften zu empfangen, welche von seiten der Feinde eintrafen. Die einen versprachen Bundesgenossenschaft [*an ihrer Spitze stand ein Prinz von zwölf Jahren!*] ... die anderen baten um Frieden wie die Quaden und erhielten denselben, um sie von den Markomannen abzuziehen und weil sie Herden von Pferden und Rindern geliefert hatten und zusagten, 13 000 Überläufer und Kriegsgefangene auszuliefern. Es wurde ihnen jedoch verboten, die Märkte zu besuchen, damit nicht auch die Markomannen und Jazygen (von denen sie eidlich gelobt hatten, sie nie wieder in ihr Land ein- oder auch nur durchzulassen) sich unter die Quaden mischten und sich als scheinbar friedliche Barbaren umsehen, ausspähen und einkaufen könnten ... Andere Völker erhielten in Dakien, Pannonien, Mysien [*Nordwest-Kleinasien*], Deutschland und selbst in Italien Land angewiesen ... Die Hasdingen kamen unter der Führung des Rhaus und des Raptus nach Dakien, um sich hier anzusiedeln, indem sie hofften, Geld und Land zu erhalten. Da ihnen aber beides verweigert wurde, ließen sie Weiber und Kinder dem [*Statthalter*] Clemens als Unterpfand, um das Land der Castuboken [*ebenfalls im heutigen Rumänien*] zu erobern, und besiegten sie auch wirklich.«

Der Vorgang ist höchst bezeichnend, und wenn wir auch nicht wissen, wie die Verhandlungen zwischen den Königen der Vandalen und dem Statthalter Cornelius Clemens im einzelnen verliefen, so zeigt sich die römische Ratio doch wiederum sehr deutlich: Wollt ihr Land, so erobert es euch, war wohl die Quintessenz der Antwort, und daß die Germanen im allgemeinen nichts anderes anzubieten hatten als ihre Kampfkraft, wies die Lösung: Ein räuberischer Stamm, der den Nordabhang der Karpaten unsicher machte, verursachte dem Statthalter Kopfzerbrechen; schalteten die Vandalen die Räuber aus, so sollten sie ihr Land haben. Da diese Landstriche aber offensichtlich eher für ein Räuberdasein als für die Landwirtschaft geeignet waren, kam es zu weiteren Unruhen, bis die Vandalen von einem anderen Germanenstamm mit Gewalt zur Ruhe gebracht wurden.

Ostgermanische Hütte aus einer bei Komořany in Mähren ausgegrabenen Siedlung (Reich des Marbod).

Der Bericht des Cassius Dio ist aber auch deshalb wichtig, weil er uns die Namen zweier Vandalenkönige nennt: Rhaus und Raptus sind ebenso stabreimend miteinander verbunden, wie Ambri und Assi es waren. Das Doppelkönigtum hat sich also gehalten, so wie auch andere, nicht-germanische Völker über zwei Könige verfügten – sogar das Römerreich selbst: Marc Aurel hatte bis zu Beginn des Markomannenkrieges bekanntlich einen nicht sonderlich tüchtigen und den Vergnügungen mehr als dem Schlachtenruhm zugeneigten Mitkaiser, seinen Schwiegersohn Verus.

Rhaus und Raptus haben nicht alles erreicht, was sie wollten, aber schließlich scheinen sich die Vandalen doch zufriedengegeben zu haben, denn sie bleiben fortan mehr als zweihundert Jahre lang in jenem Gebiet, das heute aufgrund vandalischer Bodenfunde genauer bestimmt werden kann, als es die doch etwas summarischen Berichte der römischen Historiker erlaubten. Immerhin hat aber Cassius Dio, Zeitgenosse des Marc Aurel und Freund jenes Kaisers Pertinax, der einer der hervorragendsten Feldherren der Markomannenkriege war, der Lokalforschung die entscheidenden Hinweise gegeben.

Es währte allerdings beinahe zweitausend Jahre, ehe man ihnen gründlich nachging: Der rumänische Historiker Constantin Diculescu erzielte mit seiner Studiengruppe vor allem im pannonischen Raum zahlreiche gut zusammenstimmende Grabungsergebnisse, mußte jedoch eine Weile warten, bis seine Theorien über vandalische Siedlungen in Westdakien und in Pannonien allgemeine Anerkennung fanden. Der Grund für die Jahrzehnte während Unsicherheit und die heftigen Diskussionen unter Fachleuten liegt darin, daß die antiken Historiker, wie oft auch ihre später lebenden Kollegen, Sympathien und Antipathien in ihre Darstellungen mit einfließen ließen und manche Berichte daher ausgesprochen parteiisch gefärbt sind. Dies wird besonders deutlich, als neben die klassische Geschichtsschreibung die christliche Chronistik der Mönche und der Kirchenväter tritt. Aber auch schon vorher finden sich konstante Verfälschungen aufgrund einer einzigen, hartnäckigen Abneigung, die sonst wertvolle Aufzeichnungen für den einen oder anderen Problemkreis suspekt machen.

Konkret auf unseren Fall angewendet, muß festgestellt werden, daß der gotische Geschichtsschreiber Jordanes als eingefleischter Vandalen-Gegner in seinen Aussagen über dieses Volk nicht sehr zuverlässig ist. Das ist besonders bedauerlich, denn er bedient sich in seiner Gotengeschichte *De origine actibusque Getarum* eines verlorengegangenen, ausführlichen Werks über die Goten, das Theoderichs Geheimschreiber und Kanzler Cassiodorus verfaßt hat. Die Auszüge des Jordanes aus diesem unschätzbaren, bis in die mythischen Anfänge dieses Volkes zurückreichenden Werk sind so gewählt, daß sie die Goten verherrlichen, und so bearbeitet, daß deren Gegner oder Rivalen eben schlecht wegkommen. Jordanes sieht das Ziel seiner Arbeit in der Propaganda eines gotisch-

Holzeimer mit Bronzebeschlägen aus einem vandalischen Frauengrab des 4. Jahrhunderts, gefunden in der Slowakei.

byzantinischen Zusammengehens und ordnet nicht selten auch die Fakten dieser darstellerischen Grundabsicht unter.

Da nun Jordanes der einzige Historiker ist, der von einem Einfall der Vandalen aus Westdakien nach Pannonien berichtet und von etwa sechzig Jahren pannonischen Lebens der Vandalen

vor ihrem letzten großen Aufbruch nach Westen, begegnete diese
Behauptung stets einer gewissen Zurückhaltung, vor allem bei
Ludwig Schmidt. Die große Autorität dieses Altmeisters der
Vandalenforschung hat die Anerkennung von Diculescus Theorien
so lange verhindert, bis die vor allem in Ungarn freigelegten
Friedhöfe aus der spätrömischen Kaiserzeit genauer erforscht und
die späteren Schichten von den frühen getrennt worden waren.
Denn wenn die vandalischen Gräber auch die reichsten hinsichtlich
der Grabbeigaben waren, so hatten doch die Jahrhunderte der
eigentlichen Völkerwanderungszeit Hunderte anderer Bestattungen
meist nichtgermanischer Reitervölker darübergelegt und damit
einen sicheren Befund so lange verhindert, bis detaillierte Bestands-
aufnahmen möglich geworden waren.

Heute stellt sich, vor allem aufgrund der Funde von Ostropa-
taka nördlich des Theiß-Knies, von Gibart (nordöstlich der
Theiß), des Gräberfeldes von Szentes an der mittleren Theiß, ferner
in Südsiebenbürgen und am Plattensee das Vandalenschicksal
zwischen Markomannenkrieg und Aufbruch nach Westen in
großen Zügen wie folgt dar: Durch den allgemeinen Südosttrend
der germanischen Wanderung war der Raum auch dort eng
geworden, wo dank der weiten Ebenen Ungarns und der Walachei
gute bäuerliche Existenzmöglichkeiten gegeben waren. Land be-
kam man nur nach Kämpfen, und wie die Römer die Germanen
um ihr Leben, um das Ackerland für ihre Familien kämpfen ließen,
das haben wir schon mehrfach gesehen.

Vier ostgermanische Völker hatten sich das Gebiet des heutigen
Rumänien zu teilen, zwei gotische und zwei vandalische. Die
gotischen Stämme waren die Wisigoten und die Gepiden, die
vandalischen die Hasdingen und die Lakringen. Die Sache wird
dadurch kompliziert, daß die verschiedenen antiken Historiker
auch verschiedene Namen für diese Völker oder Stämme benutz-
ten, von denen man erst heute weiß, daß sie damit ein und dasselbe
Volk meinen. So werden die vandalischen Hasdingen auch
Victovalen genannt und die Lakringen Taifalen. Und wenn dann,
weil dies unter Bauernvölkern in enger Nachbarschaft eben
vorkommen kann, Lakringen und Hasdingen gegeneinander vom
Leder ziehen, dann erscheint das Bild vollends verwirrt.

Uns geht es freilich in erster Linie um die Hasdingen, das Königs-
volk der Vandalen. Nur dieser eine Stamm hat eine Zukunft; die kul-
tisch und kulturell zunächst interessanteren Silingen sind ja bis auf
einige Splittersippen am Zobten geblieben und haben sich auf diese
Weise sang- und klanglos aus der großen Vandalengeschichte abgesetzt. Und die kämpferischen Lakringen oder Taifalen hat ihr kriegerischer Eifer so sehr hingerissen, daß sie nach einem räuberischen Streif-
zug aus dem Jahr 248/249 gar nicht mehr in ihre neue Heimat am
Nordrand von Siebenbürgen zurückkehrten.

An diesem Einfall ins Donau-Save-Gebiet haben auch die
Hasdingen und vor allem gotische Truppen teilgenommen, aber
sie sind mit ihrer Beute wieder in ihre Wohngebiete heimgekehrt:
die Goten nach Bessarabien, die Hasdingen in den Raum des
westlichen Siebenbürgen bis zur Theiß. Hier lebten sie wohl bis
334/35, trotz kleinerer kriegerischer Unternehmungen, die übrigens nie sonderlich glücklich verliefen.

Im Jahr 270 führten schließlich zwei gemeinsam regierende
Könige, deren Namen wir nicht kennen, die hasdingischen
Vandalen nach Pannonien, waren aber nach einer unentschieden
ausgehenden Schlacht gegen die Römer so schwach, daß sie sich
die Rückkehr an die Theiß mit der Stellung von 2000 Kriegern
für Rom erkaufen mußten. Wieder retteten die Waffenträger der
Vandalen durch ihre bekannte Tapferkeit ihr in Not geratenes
Volk: Sie gelangten übrigens als erste von allen Vandalen nach
Afrika, denn sie bildeten die *Ala VIII Vandilorum.* Angesichts der
ausgezeichneten römischen Postverhältnisse ist nicht auszuschließen, daß schon damals, in den letzten Jahren des 3. Jahrhunderts,
die in Dakien zurückgebliebenen Vandalen Nachricht aus Afrika
erhielten, von eben jenen zweitausend Männern, die sich für die
Gesamtheit geopfert und den Weg in die Söldnerexistenz fern der
Heimat angetreten hatten. Nicht lange vorher war auf ganz
ähnliche Weise eine Vandalengruppe sogar nach England gelangt:
Kaiser Probus (276–282), ein Pannonier von niedriger Herkunft,
dem die Welt ein Gutteil der Rheinweine und die Rebenhänge
von Gumpoldskirchen verdankt, schlug eine räubernde Vandalen-
streifschar unter ihrem Fürsten Igila irgendwo in Süddeutschland
und verschickte die Unterlegenen nach Britannien; Vandelsburg

im heutigen Cambridgeshire soll die letzte Spur dieser Verpflanzung sein.

Im übrigen aber waren die häufigsten Gegner der Vandalen in dieser Zeit nicht die Römer, sondern Wandervölker, die den Hasdingen den Lebensraum in Dakien und im östlichen Pannonien entweder streitig machten oder doch einengten. Diese Reibereien sind historisch nur insofern von Belang, als sie in dem selbstbewußten Königsstamm der hasdingischen Vandalen die Unzufriedenheit mit dieser geduldeten Existenz im Vorfeld des Römerreiches ständig wachsen ließen.

Um 335 fiel in einer größeren Auseinandersetzung mit den Goten der Vandalenkönig Wisimar; die Schlacht gegen den Gotenkönig Geberich soll an den Ufern des Mieresch-Flusses stattgefunden haben, dem Hauptfluß des heutigen Siebenbürgen, der westlich Arad in die Theiß mündet. Obwohl ihr König fiel, scheinen die Vandalen gesiegt oder den Gegner zumindest zurückgeschlagen zu haben, denn wir finden sie noch einige Jahre in ihren alten Wohngebieten. Andererseits hat aber wohl dieser schwere Kampf und der Tod des Königs grundsätzliche Überlegungen angeregt und die Westdrift eingeleitet, wie sie die großen ungarischen Grabfelder am Plattensee heute wahrscheinlich machen. Vor allem die zahlreichen Bronzemünzen des 4. Jahrhunderts, die dort gefunden wurden, legen den Schluß nahe, daß hier zumindest große Teile des Vandalenvolkes bis ins frühe 5. Jahrhundert siedelten.

»Da die erste Reihe der Fundstücke sich als nicht älter erweist als das 4. Jahrhundert, und da die beigelegten Münzen chronologisch in strengst geschlossener Reihe auftreten – plötzlich mit Konstantin I. (306–337) beginnend und mit Valentinian II. (375–392) abbrechend –, so weist dies entschieden darauf hin, daß das germanische Volk, dem diese Kulturgruppe zuzuschreiben ist, sich hier in der ersten Hälfte des 4. Jahrhunderts angesiedelt und schon am Anfang des 5. dieses Land wieder verlassen hat. Dieses Volk waren nun die Vandalen, denn kein anderer germanischer Stamm ist während der ersten Hälfte des 4. Jahrhunderts in Pannonien angesiedelt worden.« (Diculescu)

Die Bestattungsarten zeigen tatsächlich eine typische Mischung,

Theodosius I. der Große, römischer Kaiser (347–395). Rückseite einer Goldmünze.

wie wir sie aus Schlesien schon kennen. Wir finden Skelettgräber mit germanischem Schädel- und Körpertypus, also die Bestattungsart, die die Vandalen von den Kelten übernahmen. Daneben fanden sich aber auch Gräber mit teilweise verbrannten Leichen und reine Urnenbeisetzungen, also vollständige Leichenverbrennung. Sehr aufschlußreich sind auch die Beigaben, die für die Vandalen so charakteristischen Messer und Scheren in Männer- wie Frauengräbern, deren Bedeutung im Totenkult noch nicht aufgehellt ist, dazu die Münzen und Waffen bei einfachen Kriegern (in den Fürstengräbern der Vandalen fehlen sie). Auch die gefundenen Gefäße und die anderen Grabbeigaben unterscheiden sich deutlich

Schildbuckel des vandalischen Prachtschilds von Herpaly (Ungarn)
aus dem 4. Jahrhundert. Das Material: Bronze und vergoldetes Silber-
blech.

von jenen gotischer oder gepidischer Machart und entsprechen
genau dem schlesisch-vandalischen Typus. Daß in dem Gräberfeld
von Fenek noch Münzen aus der Zeit Kaiser Valentinians III.
(425–455) gefunden wurden, deutet nach Diculescu darauf hin,
daß nicht alle Vandalen den großen Aufbruch nach Westen
mitmachten, der in den ersten Jahren des 5. Jahrhunderts das Gros
der Vandalen, geschart um den Königssippen-Stamm der Hasdingen, aus Pannonien nach Westen und über den Rhein führt.

Die Vandalen also sind es, die das 5. Jahrhundert, die Hoch-Zeit
der Völkerwanderung und das letzte Jahrhundert des Römerreiches, mit einem großen Entschluß gleichsam eröffnen: nämlich
mit ihrer Entscheidung, gen Westen zu ziehen. Der Vandalenzug,
der im Jahr 400 oder 401 begann, weist damit den Hunnen

die Richtung für ihren gewaltigen Vorstoß bis Paris und Orléans, und die Hunnen sind es wohl auch, die den Vandalen ihren Entschluß erleichtern. Noch herrscht zwar Attila nicht, aber von den Hunnen weiß die Welt schon, seit ihre Reiterscharen die in Bessarabien siedelnden Goten zu Paaren getrieben haben und das mächtigste Germanenvolk von ihnen nicht anders behandelt wurde als ein kleiner skythischer Splitterstamm. Könige mit großen Namen haben sich angesichts dieser hunnischen Übermacht den Tod gegeben, und die Alte Welt, die bisher mit allen Barbaren so schlecht und recht doch immer noch fertig geworden war, ja, sie in einer gewissen rauhen Botmäßigkeit halten konnte, diese Alte Welt muß nun erleben, daß es noch Schlimmeres gibt als die blonden Räuber aus dem europäischen Norden.

»Mich schaudert in der Seele«, schreibt der heilige Hieronymus um 395, »wenn ich an den Niedergang unserer Zeit denke. Zwanzig und mehr Jahre sind es nun her, seit von Konstantinopel bis zu den Julischen Alpen täglich römisches Blut vergossen wird. Das Skythenland *[in Südrußland]*, Thrakien, Makedonien, Thessalien, Epirus und ganz Pannonien haben Goten, Sarmaten, Quaden, Alanen, Hunnen, Vandalen und Markomannen überrannt, geplündert und verwüstet. Wie viele ehrbare Frauen, wie viele gottgeweihte Jungfrauen und erlesene und adelige Leben sind in diesen Kriegen geschändet worden! Bischöfe wurden gefangengenommen, Priester und andere geistliche Würdenträger hingemordet. Kirchen sind zerstört oder in Pferdeställe verwandelt und Märtyrerreliquien verstreut worden.«

In dieser Aufzählung der raubenden, mordenden und schändenden Barbarenvölker müssen sich die Vandalen mitnennen lassen, und sie stehen gleich neben den Hunnen. Aber sie stehen keineswegs allein, und Hieronymus, der Kirchenvater, der Mitschöpfer der *Vulgata*, der große, zornige Kritiker seiner Zeit, nennt sogar die Goten unter den Zerstörern, jenes Volk, das sich als einziges aus der langen Reihe der sogenannten Barbaren seine eigene Bibel geschaffen hat und für diese Bibel sogar eine eigene gotische Schrift – ein Maß an Gottesfürchtigkeit, wie es die wohlbehütet im Schoß der reichen antiken Bildung aufwachsenden Väter der jungen christlichen Religion gar nicht ermessen können.

Aber die Nachbarschaft zu den Goten, das nun anhebende
hunnisch bestimmte Germanenschicksal, nähert die alten Gegner
und Rivalen einander an, und die Mission des Bibelübersetzers
Ulfilas an der unteren Donau strahlt ganz bestimmt auch bis zur
Theiß und bis zum Plattensee. So kommen die Vandalen mit
einem Christentum in Berührung, das nicht die Religion des
römischen Gegners ist, sondern auf germanischen Texten fußt. Als
die Vandalen ihre Wohnsitze in Pannonien und im westlichen
Dakien verlassen, wo sie stets nur kurze Abschnitte friedlichen
Daseins genossen hatten, sind unter ihnen schon zahlreiche
Christen des arianischen Bekenntnisses von der menschlichen
Natur des Christus Jesus. Sie werden es bis nach Spanien und
Afrika tragen . . .

Der König, unter dem die Vandalen sich aufmachen, eine
Heimat zu suchen, die ganz weit weg liegen soll und unerreichbar
für die immer neu anbrandenden Wogen räuberischer Nomaden-
völker aus Asien, heißt Godigisel, weshalb ihn so mancher
flüchtige Chronist späterer Zeiten mit der Gottesgeißel Attila
verwechselt. Godigisel ist jedoch nicht der mächtigste Vandale
dieser Zeitenwende, sondern Flavius Stilicho, der römische Reichsfeldherr (365–408) und Erbwalter des Kaisers Theodosius (gestorben 395).

Stilicho ist der stärkste, ja, mehr noch, der einzige wirklich
starke Mann in einer Welt, aus der die Kraft geschwunden zu sein
scheint. Das einst so stolze und mächtige Römertum ist seit der
Teilung des Imperiums in eine westliche und eine östliche Hälfte
immer mehr zu einem Anhängsel jener griechischen Kultur
geworden, die es sich Jahrhunderte zuvor zu eigen gemacht hat.
Konstantinopel dirigiert mit wohlgedrechselten Briefen und subti-
ler Eunuchenweisheit aus der Ferne, während sich das bedrängte
Italien der dem Hunnenansturm ausweichenden Germanenvölker
erwehren muß. Von Germanenhassern umgeben, von den Halb-
männern zwischen Ravenna und Byzanz mit Intrigen umsponnen,
weil sie seine unentbehrliche Kraft verabscheuen, hat Stilicho an
dieser Jahrhundertwende die größte Chance, die je einem Germanen zuteil wurde: Waffenfähige Männer in Mengen, die noch
einen Marc Aurel begeistert hätten, ziehen aus Dakien und

Pannonien heran, hinter ihnen ihre Frauen und Kinder auf Karren, in Planwagen, zu Fuß. Ein Wort des vandalisch-römischen Heermeisters – und sie würden sich jubelnd ihm unterordnen, sich nach seinen Befehlen im Kerngebiet und im Westen des Römerreiches verteilen und ansiedeln, ihm eine Leibwache stellen, gegen die Byzantiner und Ravennaten vergeblich anrennen würden.

Aber die Germanentreue dieser aufgestiegenen Vandalen, Skiren, Goten, Heruler und anderer Stämme erfüllt verbissen und ehrlich die Ämter, die ihnen die Römer anvertraut haben. Wäre Stilicho tatsächlich der Verräter gewesen, als den man ihn am 22. August 408 töten wird, so hätte er die 100 000 Goten des Radagaisus auf seine Seite ziehen und zu seiner Truppe machen können, statt sie zu vernichten. Er hätte – wenn er den Goten nicht traute, weil ihr König Alarich sein hartnäckigster Gegner war – auch die Vandalen zu seiner Hausmacht erheben und mit ihnen Italien erobern können, das Volk seines Vaters, das am Limes entlang von Pannonien zum Rhein zog und seinem Ruf gewiß gefolgt wäre. Statt dessen handelte er, wie alle Römergenerale vor ihm; er führte Gespräche, wies Siedlungsgebiete an, die nur noch Stauräume waren, weil immer neue Völker nachdrängten, und hatte neben den Kämpfen gegen Alarich und Radagais nicht mehr die Kräfte übrig, die den großen Germanentreck zum Rhein hätten verhindern können.

Die ungarischen Gräber zeigen uns neben den Vandalenskeletten auch solche eines kaukasischen Volkes mit mongoloiden Zügen, eines Reitervolkes, das sich schon in der ersten Hälfte des 4. Jahrhunderts vielleicht gezwungenermaßen und in der gemeinsamen Not mit den Vandalen zusammentat. Es verließ auch mit den Vandalen die Wohnsitze im westlichen Siebenbürgen und am Plattensee und bleibt treu bei ihnen bis Spanien, bis Afrika. Zu diesem von Godigisel geführten hasdingisch-alanischen Kern gesellen sich im süddeutschen Raum oder schon an der heute österreichischen Donaustrecke weitere Vandalengruppen aus Mähren und Schlesien. Der große Aufbruch führt sie alle noch einmal zusammen. Sie haben ja stets Verbindung gehalten, von Ägypten nach Siebenbürgen und von Siebenbürgen zum Zobten. Darum streben nun, da das letzte Kapitel vandalischen Schicksals anhebt, große Teile der einst Zurückgebliebenen aus Schlesien nach Süden und mit den Gefährten nach Westen, obwohl sie an der Oder doch eigentlich Platz genug hätten und gutes Land. »Seitdem war der ostdeutsche Raum einschließlich Polens zum größten Teile von den germanischen Bewohnern geräumt«, sagt Ludwig Schmidt, setzt aber hinzu, »daß nicht unansehnliche Reste zurückgeblieben sind, die unter den nachrückenden Slawen aufgingen.« Das beweisen die Orts- und Gewässernamen in Schlesien, aber auch die Auswertungen späterer Gräberfunde.

Die Straße, auf der die Völker dahinziehen, ist seit vielen Jahrhunderten bekannt; sie führt an der Donau entlang, sie wurde schon von etruskischen und griechischen Händlern begangen, und sie wird die Burgunden ins Hunnenland ziehen sehen, in der Gegenrichtung also, von Worms zur Residenz Attilas im heutigen Ungarn.

Ein gallischer Geschichtsschreiber des 5. Jahrhunderts namens Renatus Profuturus Frigeridus gibt uns den ersten genaueren Bericht über das Schicksal der Vandalen auf diesem Zug, der ja durch römisches Land führt, durch Land, das freilich von Truppen weitgehend entblößt ist, weil Stilicho gegen Alarich und Radagais ja jeden Mann braucht. Darum hat er zunächst versucht, seine Landsleute und ihren alanischen und quadischen Anhang im guten zu friedlichem Verhalten und zur Seßhaftigkeit zu bringen, denn solche Wandervölker, die fressen nicht nur die Felder leer wie Heuschrecken, die brechen über die Gehöfte, Dörfer und Städte herein, plündern, töten und nehmen sich, was immer sie brauchen können, eine Schneise des Schreckens und der Verwüstungen hinter sich lassend.

Erst am Rhein, wo das volkreiche Gebiet der Franken beginnt, stoßen sie auf Widerstand, denn hier hat Stilicho verläßliche Bündnispartner, hier schützt ein kräftiges Volk die Rheinübergänge und damit seinen eigenen Lebensraum. Jener Teil der Alanen, der die gut berittene Vorhut bildet, tritt in römische Dienste; die Gelegenheit ist günstig und der Ausgang der großen Auseinandersetzung mit den Franken mehr als ungewiß. Die anderen aber nehmen den Kampf auf, vielmehr, sie werden von den Franken, die in ihrer Heimat Weg und Steg kennen, überfallen und verlustreich geschlagen. Frigeridus, den wir nur aus den Schriften Gregors von Tours kennen, weiß zu berichten, daß bei dieser furchtbaren Niederlage König Godigisel sein Leben verliert und 20000 Vandalen mit ihm. In solchen Schlachten auf der Wanderung sind auch andere einst mächtige Völker zugrunde gegangen oder so dezimiert worden, daß sie nicht mehr als Volk

Durchbrochene Scheiben mit dem Sonnenrad-Motiv, Völkerwanderungszeit (heute im Altertumsmuseum, Mainz).

weiterexistieren konnten. Aber der Teil der Alanen, der nicht unter dem Fürsten Goar römische Dienste genommen hat, ist über den Abtrünnigen so erbittert, daß sie alles wagen. Obwohl die Sache der Vandalen verloren scheint, greift das Gros der Alanen unter König Respendial in die Schlacht ein, rettet die Vandalen vor der völligen Vernichtung und sichert dem Restvolk den Übergang über den Rhein.

An der Jahreswende 406/407, nach einer Quelle sogar genau am letzten Tag des Jahres 406, geht der große Treck, geführt von dem stark angeschlagenen Hasdingenstamm, bei Mainz über den vermutlich zugefrorenen Rhein. Verschiedene Fakten aus der Folgezeit bestätigen die Erzählung des Frigeridus: Gunderich, König Godigisels Sohn hat die Führung übernommen (so

berichtet später Prokopios von Kaisareia), und die abtrünnigen
Alanen unter Goar werden noch fünf Jahre später als Teil der
Römerbesetzung im Raum von Mainz erwähnt.

Da zu jener Zeit das römische Gallien schon weitgehend
christianisiert ist, ja, viele Städte bereits erste Bischöfe haben und
selbst vergleichsweise kleine Orte Bischofssitze sind, kommt es zu
zahlreichen Überschneidungen zwischen dem Großereignis eines
Germaneneinbruchs und der im Umkreis der Kirchen eifrig
betriebenen lokalen Geschichtsschreibung. Die in Dakien, Pannonien und im süddeutschen Rätien noch schwer faßbaren Sueben,
Alanen und Vandalen bewegen sich auf den guten Römerstraßen
des gallischen Landes also gleichsam unter Aufsicht, zwischen
zahlreichen Augenzeugen, die von ihren Klosterzellen und Sakri-
steien aus mit zitternden Fingern festhalten, was sich begeben hat,
sobald der große Schrecken vorüber ist, die Scharen wieder
abgezogen sind. Es ist ein vielstimmiger Chor, und es ist die Zeit,
in der sich der noch traditionsarme Klerus Galliens seine ersten
Märtyrer schafft: die beinahe alle zu Heiligen avancierten frühen
Bischöfe der langsam aus dem Heidentum in die neue Religion
hinübergeführten Gemeinwesen. Und da die römische Verwaltung
nicht nur an faktischer Macht, sondern auch an geistiger Autorität
eingebüßt hat, sind es beinahe überall die kirchlichen Würdenträger, um die sich in Notzeiten die Bevölkerung schart und die für
die herandrängenden Germanen und Alanen die einzig sichtbare
lokale Autorität darstellen.

Das konnte sich positiv auswirken, wenn ein unerschrockener
Oberhirte wie Exuperius von Toulouse einer großen Stadt vorstand, die einzunehmen einer erschöpften Armee ohne Belagerungsgerät einige Mühe bereitet hätte. Exuperius übergab ohne
Zögern die heiligen Gefäße und andere Wertgegenstände aus dem
Kirchenschatz und spendete fortan, wie berichtet wird, das
Abendmahl mit Hostien aus einem Weidenkörbchen und Wein
aus einem Glasgefäß; seine Stadt aber blieb verschont. Er organisierte auch in vorbildlicher Weise die Unterstützung der Obdach-
losen und Ausgeplünderten, als die Sueben, Vandalen und Alanen
weitergezogen waren.

Wenig Federlesens machten die rauhen Krieger aus dem

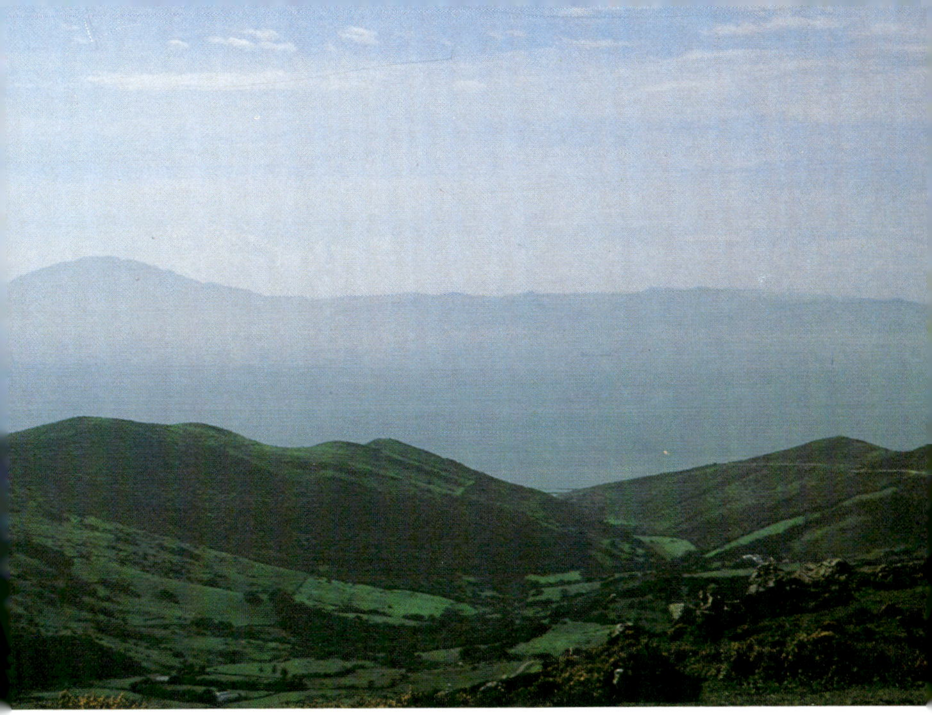

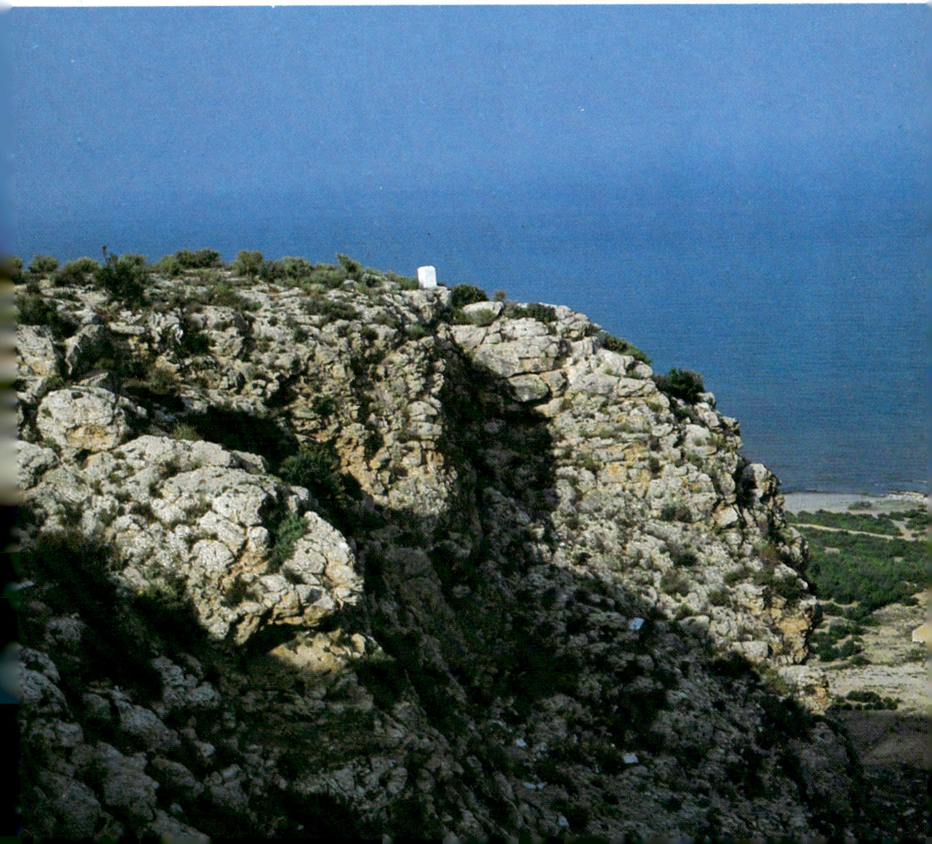

Oben: Die südlichste Spitze Europas bei Tarifa, im Hintergrund das afrikanische Atlas-Gebirge. Im Talgrund ist der alte Säumerpfad zur Küste erkennbar; hier sammelten sich die Vandalen vor dem Übersetzen im Mai 429.

Unten: Das Kap von Santa Pola bei Elche in Südost-Spanien. Hier gelang es König Geiserichs Emissären, etwa zweihundert kaiserliche Kriegsgaleeren durch Bestechung zu kapern.

Nordosten hingegen, wenn sie einen Bischof aus seinem Versteck zerren mußten wie Saint Privat von Javols (Département Lozère, beim heutigen Mende); er hatte in entschuldbarer Angst eine Höhle des Mont Mimat der Auseinandersetzung mit den Germanen vorgezogen, damit aber auch eine Position aufgegeben, die im allgemeinen selbst von nichtchristlichen Soldaten geachtet wurde. Bischof Privat wurde, wie Gregor von Tours schreibt, so schwer mißhandelt, daß er wenige Tage darauf starb, seine Gemeinde hingegen verteidigte sich tapfer und erfolgreich in der Bergfestung Grèzes-le-Château, getreu den kriegerischen Traditionen des alten gallischen Gabaler-Stammes, der schon den Römern viel zu schaffen gemacht hatte.

Wer die kleine alte Stadt Mende einmal besucht hat, die abseits von den Touristenrouten liegt, wird diese Erzählung vor allem darum bemerkenswert finden, weil aus ihr eine beinahe totale Überschwemmung auch schwer zugänglicher Gebiete Galliens durch die einfallenden Germanen zu folgern ist, weil man sieht, daß Raubtrupps ins Binnenland, ins Mittelgebirge vorstießen. Die Römerstraßen, auf denen sich die plündernden Scharen zunächst nach Westen und dann nach Süden wälzten, umzogen nämlich das Massif Central ehrfürchtig in einem weiten Viereck, und die Germanen müssen beträchtliche Schwierigkeiten gehabt haben, mit ihren Karren und dem Beutegut durch die engen Täler von Saint Flour oder Le Puy (heutige Namen) in Richtung Millau voranzukommen. Hundert Kilometer weiter östlich, im breiten Rhônetal, ließen sie sich hingegen nicht blicken; hier waren die Städte zu gut befestigt, die Garnisonen noch zu stark. Der weite Bogen von Arras und Amiens über Paris, Orléans und Tours zeugt von Planung und Aufklärungsarbeit vorgeschickter Verbände – vielleicht der alanischen Reiterei –, während die Germanen in die Gebiete abseits der Hauptmarschrichtung ausschwärmten, um zu fouragieren.

Die Rechnung scheint im großen und ganzen aufgegangen zu sein, wenn es auch gewiß mühsam und zeitraubend war, bis tief hinein in die Berge vorstoßen zu müssen, um Proviant zu beschaffen oder zu jagen. Erst an den Pyrenäenübergängen zeigte sich, daß auch die größte Übermacht gut verteidigte Pässe nicht zu bezwin-

gen vermag. Von den Basken hatte man offenbar schon gehört,
darum blieben Versuche, bei Bayonne am Meeresufer nach Spanien
hineinzuschlüpfen, entweder ganz aus oder wurden nur von
unbedeutenden Verbänden unternommen. Die Hauptmasse nahm
den Weg ins westliche Spanien nicht über San Sebastian, sondern
über Pamplona, wohin zwar nicht weniger als fünf alte Straßen
führen, die aber alle ihre Schwierigkeiten hatten: Die gewundene
Route durch das Bidassoa-Tal führte zwar nicht übers Hochge-
birge, war aber eng und zog sich lang hin, die beiden Hochpässe
von Urepel und Roncesvalles konnten vermutlich überhaupt nicht
bezwungen werden, und die verhältnismäßig niedrigen Pässe
Ispéguy und Dancharia waren gut verteidigt. Die erbosten
Wanderscharen wandten sich zurück in die Täler, wo vermutlich
der Troß gewartet hatte, und zogen am Nordrand der Pyrenäen
nach Osten ins sogenannte Septimanien, das heutige Roussillon,
die Heimat ausgezeichneter Weine.

Auf diesem Zug wurde Toulouse passiert, aber – wie wir hörten
– verschont, während sich den Städten an der römischen Küstenstraße von Béziers nach Süden die Sueben und Vandalen nicht
milder zeigten als auf dem ganzen Marsch durch Gallien. Das alte
Julia Biterra war schon vor der Wiedererrichtung durch Caesar eine
bedeutende Handelsstadt der gallischen Völkerschaften zwischen
Pyrenäen und Mittelmeer gewesen; es hatte seit etwa hundert
Jahren christliche Gemeinden und war von den Wirren der
spätrömischen Zeit einigermaßen verschont geblieben, so daß
dieser Einbruch ungehindert plündernder Wanderstämme die
Bürger des heutigen Béziers besonders schwer traf. Der Advokat
Sabatier, der 1854 eine Geschichte der Stadt und ihrer Bischöfe
schrieb, weil die Arbeiten seiner lateinisch schreibenden Vorgänger
»nur noch wenig« gelesen würden, sagt das deutlich: »Von
Spaniens Grenzen zurückgewiesen, deren Bewohner die Übergänge
mannhaft verteidigt hatten, warfen sich die Barbaren auf Septimanien und verübten hier ungehindert und nach ihrem Belieben jene
Greueltaten, die auch schon bis dahin ihren düsteren Weg
begleitet hatten. Béziers wurde vollständig zerstört, die Hügel, auf
denen die Römerstadt mit ihren Monumenten sich erhoben hatte,
trugen nur noch Schutt. Die fruchtbaren Ufer des Flusses Orb lagen

fortan für lange Zeit verlassen da. Im Oktober des Jahres 409 über-
schritten die Vandalen, Sueben und Alanen endlich die Pyrenäen.«
Es war wohl eine Folge dieser Erlebnisse, daß die Bevölkerung
Septimaniens wenige Jahre später, als die Westgoten sich dieser
Landschaft, ja des ganzen südlichen Frankreichs bemächtigten,
keinen Widerstand leisteten und die Besetzung denn auch – wie
Sabatier ausdrücklich vermerkt – ohne die bei solchen Ereignissen
üblichen Drangsale für die Bevölkerung erfolgte.

Der Pyrenäenübergang der Vandalen und ihrer Wandergefähr-
ten im Oktober 409 hatte hier, am Osthang der Pyrenäen, die
große Römerstraße zur Verfügung, die über Narbo Martius und
Ruscino das heutige Tarragona und das Ebrotal erreicht. Außerdem gab es eine schmale, aber sichere Straße durch die (heutige)
Cerdagne. Welchen Weg die Germanen nahmen, bezeugt auf
traurigste Weise die völlige Zerstörung der freundlichen Stadt
Figueras am Fuß der Pässe, die erst 800 (!) Jahre später wieder zu
städtischem Leben erwachte. Es war die breite Einsattelung
nördlich von La Junquéra, auf der – nach endlosem Marsch
vielleicht schon entmutigt und durch die andauernden Kämpfe
geschwächt – die Vandalen mit den Alanen und den Sueben über
die Iberische Halbinsel hereinbrachen, eine Gebirgspforte, zu der
von Frankreich aus ein kurzer steiler Anstieg hinaufführt, während
sich südlich der Paßhöhe der Weg langsam absenkt, in weiten
Schwüngen, denen heute die Autobahn Narbonne–Valencia folgt.

Eine große Wanderung, die längste, die je ein Volk auf sich
nehmen mußte, nähert sich ihrem Ziel, und man fragt sich, warum
die Vandalen mit ihren Verbündeten und Schicksalsgefährten nicht
einfach in Gallien blieben, in jenem Gallien, das doch Raum
gehabt haben muß, sonst hätte es nicht drei Jahre später dem
großen Volk der Westgoten genug Platz bieten können. Aber es
war wohl zweierlei, ob man die halbverhungert aus dem fernen
Pannonien kommenden, von den Entbehrungen abgestumpften
germanisch-sarmatischen Raubbünde aufnahm oder die unter
einem König römischer Bildung aus dem nahen Italien heranzie-
henden Westgoten, die gesitteten Schutz verhießen nach der
großen Vandalennot.

In diesen Jahren zwischen 406 und 409 haben die Vandalen den

Grund zu dem großen Entsetzen gelegt, das ihr Auftauchen fortan
überall auslöst. Bis dahin waren sie nur einzelnen Chronisten
bekannt, nun aber wird ihr Name von einer Stadt Galliens zur
anderen weitergetragen. Gregor von Tours, der nur hundert Jahre
nach diesen Ereignissen berichtet, bezeichnet zwar die Sueben
gelegentlich als *Alemanni*, die Vandalen aber weiß er von allen
anderen Germanenstämmen stets deutlich zu unterscheiden (wenn
er auch ihre Könige gelegentlich durcheinanderbringt). Die große
Vandalennot des römischen Gallien wurde bis nach Britannien
bekannt, wo noch intakte römische Legionen standen. Sie wählten
einen Offizier, der den Kaisernamen Konstantin trug, zum Kaiser,
und Konstantin III., dem die Langeweile seiner Leute im Schlecht-
wetter der Britischen Insel nur zu gut bekannt war, setzte mit
bemerkenswerter Schnelligkeit über den Kanal, landete bei Boulo-
gne und machte sich auf die Jagd nach den germanisch-alanischen
Plünderern des westlichen Frankreichs.

Vielleicht war die Kunde von einem heraneilenden Kaiser, dem
die letzten noch in Gallien vorhandenen römischen Truppen
zuströmten, die Hauptursache dafür, daß die Vandalen, die mit
Konstantin selbst nur wenige kriegerische Kontakte hatten, nach
Spanien weiterzogen. Vielleicht war es auch die dichte Durchset-
zung dieses gallischen Landes mit einem Christentum, das weder
Vandalen noch Sueben zusagte, die König Gunderich und die mit
ihm ziehenden Fürsten veranlaßte, aufs Ganze zu gehen und nicht
auf halbem Wege stehenzubleiben.

Gallien jedenfalls atmete auf, ungläubig zuerst, nach dem
großen Schrecken von Béziers, nach dem Tod so frommer Männer
wie Bischof Privat oder Venustus, erster Bischof von Agde, der
den Fremden aus dem Norden noch zum Opfer fiel, als sie sich
bereits zum Abzug nach Spanien anschickten. Andere Untaten, die
sich dem frommen Volk einprägten, haben die Vandalen gewiß
nicht begangen: die Ermordung des Bischofs Desiderius von
Langres etwa oder des Antidius von Besançon; beide Städte lagen
nicht auf ihrem Weg, sondern so weit ab, daß auch Streifscharen
sie schwerlich erreichen konnten.

Aber das half nun nicht mehr viel. In Hunderten von Kloster-
chroniken und Heiligenviten stand jetzt das Wort *Vandali*. Die

Welt kannte es, und was immer später Alemannen oder Franken oder Goten, ja, selbst die Hunnen in Gallien anrichten werden, man wird es mit der großen Katastrophe vermengen, die dieser Germanenzug von 406 bis 409 über das vom römischen Frieden verwöhnte Land brachte. Nächst den Römern werden die Vandalen jenes Volk sein, dem die meisten Märtyrertode zu Last zu legen sind, aber während dieses Odium die große Leistung der Römer und ihren geschichtlichen Rang nicht beeinträchtigen konnte, leben die Vandalen auf seltsame Weise ausschließlich in den Zeugnissen ihrer Gegner weiter, angefangen von dem Goten Jordanes bis zu Belisars Sekretär Prokopios, von Hieronymus, für den sie noch ein fernes Unglück sind, bis zu den gallischen Klerikern, die Reims, Tournay, Arras, Amiens und zahlreiche andere Städte den Vandalen erliegen sahen. Und einer der letzten Dichter Roms, der aus Volsinii stammende zweimalige Proconsul Rufius Festus Avienus, gedenkt dieser Vandalentaten in seinem berühmten geographisch-historischen Lehrgedicht *Ora Maritima*. Damit beginnen sie in die Unsterblichkeit einzugehen – aber eben auf der Nachtseite der Weltgeschichte.

König Geiserich

Im ganzen großen Römerreich hatte es keine glücklicheren Provinzen gegeben als die des einst keltischen Gallien. Im Laufe von vierhundert Jahren waren die schweren Kämpfe vergessen worden, die einst Ariovist und Vercingetorix den Römern geliefert hatten. Die *Pax Romana*, der Frieden unter dem Schutz eines Weltreichs, hatte die keltisch-römische Verbindung besonders fruchtbar werden lassen, die Verbindung zwischen dem Ingenium des aus dem übrigen Festlandeuropa verschwundenen großen Volkes und den geschickten Verwaltungstechnikern und Zivilisatoren aus der Tiberstadt. Fern von den Unruhen der Metropole, dank guter Straßen aber nicht allzu fern von ihrer mondänen Ausstrahlung, lag Gallien im Schnittpunkt aller Wege, die von Italien nach Spanien und Britannien führten, und was uns heute noch zwischen Orange und Aix, zwischen Vaison-la-Romaine und Fréjus aus diesen Zeiten erhalten geblieben ist, erzählt von einem ruhigen Glanz mittelmeerischen Kulturlebens, wie er nirgendwo anders sich so lange halten konnte.

Als in den Jahren 406 bis 409 zwei große germanische Völker zusammen mit sarmatischen Reitern durch Gallien zogen, nicht etwa nur einen kurzen räuberischen Vorstoß unternahmen, sondern breit gefächert verheerten, plünderten, zerstörten, da glich dieser Vorgang für die gebildeten Bewohner der bisher so friedlichen Provinzen einem Weltuntergang oder doch einem himmlischen Hinweis auf das Ende der Zeiten. Zwar war die Welt, die untergehen sollte, im Grunde noch die heidnische des Imperium Romanum, aber die Männer, die über die große Schicksalswende Europas nachdachten, waren Christen und von der Überzeugung durchdrungen, daß es für große Sünden auch große Strafgerichte geben müsse.

Im Oktober 409 waren die Germanen von Gallien weiter nach Spanien gezogen, und im August 410 hatten die Goten des Königs Alarich die heilige Stadt Rom erobert, die *urbs aeterna* des Reiches, aber auch der Christenheit. Das eine Ereignis schien auf das andere hinzudeuten; die Einnahme Roms erwies sich als jenes große Unglück, auf das der Vandalensturm die Gläubigen bereits vorbereitet hatte.

Der Rechtsanwalt Sulpicius Severus hatte in Aquitanien glücklich gelebt, bis nach kurzer Ehe seine Frau starb. Danach zog er sich als Mönch und Eremit in eine abgelegene Klause zurück und schrieb dort eine jener Chroniken, in denen Motive aus dem Alten Testament und Zeitereignisse deutend vermengt wurden. Er knüpfte an den Propheten Daniel an, der in einer seiner berühmten Traumdeutungen vor Nebukadnezar von den kommenden Weltreichen gesprochen hatte. Das vierte dieser Reiche »wird ein zerteiltes Königreich sein; doch wird etwas von des Eisens Härte darin bleiben, wie du ja gesehen hast, Eisen mit Ton vermengt«. Dazu schrieb Sulpicius Severus, unter dem Eindruck der germanischen Invasion:

»Die teils eisernen, teils tönernen Füße verkünden, daß das Römische Reich geteilt werden wird, ohne jemals wieder zur Einheit zu gelangen ... Wenn sich schließlich Ton und Eisen vermengen, ohne daß sie je zu *einer* Materie würden, so sind damit die zukünftigen Vermischungen der einander bekämpfenden menschlichen Rassen zu verstehen. Es steht ja fest, daß der römische Reichsboden fremden Völkerschaften preisgegeben ist, sei es, daß sie ihn mit Gewalt an sich rissen oder ihn sich scheinbar friedlich angeeignet haben ...« Als Fremdkörper im Römerreich erwähnt Sulpicius Severus zwar »in erster Linie die Juden«, fährt dann aber klagend fort: »Wir sehen, wie barbarische Völker, eingemischt in unsere Heere, Städte und Provinzen, in unserer Mitte leben, ohne daß sie unsere Kultur annähmen.« Nach dieser wohl nicht ganz zutreffenden Feststellung gipfelt die Klage schließlich in der Überzeugung: »Und diese Zeiten kündigen die Propheten als die letzten an.«

Um die apokalyptischen Stimmungen auszudrücken, wie sie der über Gallien hereinbrechende Germanensturm ausgelöst hatte,

bedurfte es freilich nicht nur der gewandten Feder eines einstigen
Rechtsanwalts, sondern der visionären Kraft eines Dichters. Sie
war Bischof Orientius gegeben, der wenige Jahre nach den
schrecklichen Ereignissen im Hauptort seiner Diözese, Augusta
(heute Auch), die Sätze niederschrieb:

»Müde erwartet alles das greisenhafte Ende der Welt, und schon
läuft ab die Zeit zum letzten Tage. Siehe, wie rasch der Tod die
ganze Welt bezwungen und welch starke Völker die Wucht des
Krieges zu Boden geworfen hat.« Besonders beeindruckte ihn, den
mitten im Land, fern der unsicheren Küsten lebenden Prälaten,
daß die Barbaren beinahe allgegenwärtig waren, daß sie überall
hingelangten, daß es keinen Schutz vor ihnen gab: »Nicht dichter
Wald, nicht die Unwirtlichkeit eines hohen Gebirges, nicht die
reißenden Strudel mächtiger Flüsse, nicht feste Burgen, nicht
Städte im Schutz ihrer Mauern, nicht das weglose Meer, nicht die
Öde der Wildnis, nicht Höhlen und auch nicht Grotten in der
Tiefe finsterer Schluchten waren imstande, die barbarischen Hor-
den aufzuhalten ... Wo sie gewesen waren, da lagen unsere
Landsleute tot als Futter der Hunde. Anderen wurden die brennen-
den Häuser zum Scheiterhaufen, der sie des Lebens beraubte. In
Dörfern und Häusern, auf dem Land, allen Straßen und allen
Gauen herrschten Tod, Schmerz, Vernichtung, Niederlage, Brand
und Trauer. Ganz Gallien rauchte als ein einziger Scheiterhau-
fen.«

So klang es also in die Welt hinaus, unedle Taten, gefaßt in die
edelste Sprache: *Mors, dolor, excidium, caldes, incendia, luctus/Uno
fumavit Gallia tota rogo ...*

Der größte all dieser Mahner, Deuter und Rufer lebt zu jener
Zeit nicht in Gallien, sondern an der Küste Nordafrikas, und er ist
Bischof von Hippo Regius. Nach einem lockeren Leben zur
Einsicht gelangt, gemeinsam mit seinem Sohn in Mailand getauft,
seit 396 Oberhirte der Stadt, die er berühmt machen wird:
Augustinus, der wortgewaltige Prediger, der schließlich in seinem
Buch vom Gottesstaat statt des entmachteten irdischen Rom ein
neues über den Wolken erbaut. Ihm brandet über das Mittelmeer
hinweg all dieses Wehklagen entgegen, die Furcht vor dem Ende,
die Angst vor der verdienten Strafe, aber auch die heidnischen

Stimmen, die behaupten, ein Römerreich der alten Götter und Tugenden wäre selbst mit den Barbaren fertig geworden. Dagegen hat auch dieser große Denker keinen leichten Stand, also differenziert Augustinus: Er setzt den heidnischen Barbaren Radagaisus, der mit 100 000 Germanen aus Pannonien von Stilicho in einer einzigen Schlacht völlig vernichtet wurde, gegen den christlichen (wenn auch arianischen) Alarich, der zwar Rom eroberte, aber die Plünderung der Kirchen verbot und die Einwohner schonte. Und da Augustinus noch nicht weiß, welches

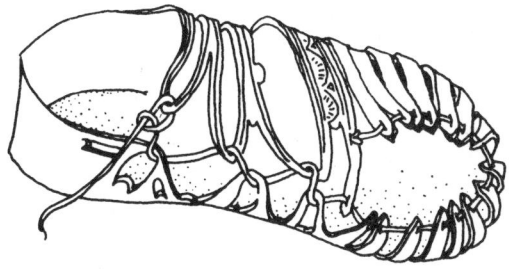

Die Fußbekleidung der Völkerwanderungszeit (sog. Schuh von Oberaltendorf).

Schicksal die Vandalen ihm selbst in seiner Stadt Hippo bereiten werden, vermag er der Welt neue Hoffnung zu geben mit einer kunstvollen Nutzanwendung, die nur das heidnische Rom hinabgehen, das Christentum aber aufsteigen sieht:

»Du staunst, daß die Welt müde und alt geworden ist? Es ist wie beim Menschen: Er wird geboren, wächst heran und wird alt. Mancherlei Beschwerden kommen im Alter, alt geworden ist auch die Welt und voller Bedrängnis ist sie. Ist's nicht genug, wenn Gott im Greisenalter der Welt dir Christus sandte, daß er dich stärke in einer Zeit, da alle müde werden? Hänge dich nicht an die greise Welt, sondern werde jung in Christus ... Vielleicht ist Rom gar nicht untergegangen, vielleicht wird es nur gestraft, nicht vernichtet. Vielleicht wurde es nur gezüchtigt und nicht zerstört.« Und in der Predigt vom 29. Juni 411, dem Tag der Apostelfürsten Peter und Paul, der im christlichen Nordafrika als eines der größten Kirchenfeste begangen wurde, faßt Augustinus noch einmal zusammen, was sich in den letzten Jahren begeben hat, und mahnt zu einer höheren, metaphysischen Sicht der Dinge: »Unvergleichlich sind die Leiden dieser Zeit mit der künftigen Herrlichkeit, die sich uns enthüllen wird. Darum denke niemand in diesem Augenblick fleischlich; dazu ist keine Zeit. Die Welt ist erschüttert, der alte Mensch wird von uns abgelöst, das Fleisch erleidet Bedrückung.«

Und da eben diese Bedrückungen des Fleisches am meisten spürbar waren, kennt das ganze Rund des Mittelmeeres nun ihre Verursacher, die bösen Germanen, die Gallien verwüsteten, und die guten Germanen, die Rom verschonten, obwohl sie es in ihrer Gewalt hatten. Die guten Germanen sind weitergezogen nach Südfrankreich und haben Septimanien friedlich in ihren Besitz genommen; die bösen Germanen hingegen halten auch im weiten Spanien, wo weiß Gott Platz genug wäre, keinen Frieden, sondern fallen übereinander her und machen einander das gewonnene Land streitig, statt endlich wieder ihre Äcker zu bebauen. Und da man sie nun kennt, verfolgt die Welt interessiert, was sich zwischen Sueben, Vandalen und Alanen begibt; Historie und Histörchen finden ihren Weg zu den berühmtesten Autoren jener Zeit.

E. F. Gautier (1864–1940), Universitätsprofessor in Algier, hat in seinem temperamentvollen und bis heute unübertroffenen Geiserich-Buch einmal zornig von den »armseligen Chronisten« jener Zeit gesprochen, unter denen sich keiner befunden habe, der ein Biograph dieses großen Vandalenkönigs hätte werden können, nicht einmal ein schlechter. Aber eines wenigstens hat auch die armseligsten Chronisten damals immer wieder interessiert: von wem diese vielen Völker, die da aus dem Norden, Osten und Südosten heranzogen, denn eigentlich regiert würden. Mit dem ausgeprägten Adelsdünkel, der auch die Kleriker heimsuchte (nicht zuletzt, weil die Bischöfe oft Adelsgeschlechtern entstammten), versuchten sie unverdrossen, unter den so kraftvoll auftretenden Barbaren wenigstens ein paar Aristokraten ausfindig zu machen – als windige Erklärung dafür, daß diese Fremdlinge, von denen man noch nie zuvor gehört, ein der Legende nach inzwischen tausendjähriges Reich entmachtet hatten.

Darum wohl kennen wir von dem Augenblick an, da die Vandalen den Rhein überschreiten, alle ihre Könige in lückenloser Folge, aus der Frühzeit hingegen nur einzelne, unsicher überlieferte oder zusammenhanglos aus dem Dämmerlicht der Wandersagen auftauchende Namen; wobei nicht einmal sicher ist, ob es nicht Spitznamen waren, *noms de guerre*, so wie Attila ja nichts anderes hieß als Väterchen und Rhaus und Raptus vielleicht tatsächlich Rohr und Bogen – in einer heute nicht mehr zu enträtselnden Beziehung auf den Charakter dieses Doppelkönigtums.

Godigisel, der Vandalenkönig während der Wanderung seines Volkes durch Deutschland, fiel also, nach übereinstimmenden Berichten verschiedener Chronisten und Historiker, in der schweren und verlustreichen Schlacht gegen die Franken vor den Rheinübergängen. In diesem Augenblick müssen mindestens zwei seiner Söhne am Leben und bei ihm gewesen sein, nämlich Gunderich, der ältere und ehelich Geborene, und Geiserich, ein aufgeweckter Sproß aus der Verbindung mit einer Sklavin oder besser wohl Nebenfrau, denn sie zog Geiserich auch auf, lebte also mit im Verband des königlichen Haushalts, wenn man schon nicht von einer »Hofhaltung auf Wanderschaft« sprechen will. Aus einer solchen Verbindung zur linken Hand zu stammen, war kein Makel, dafür besaßen die Germanen einen durchaus gesunden Realitätssinn; sie hatten wohl auch die Erfahrung aller Züchter gemacht, daß solche Kreuzungen an Zähigkeit und Intelligenz der reinen Rasse oft hoch überlegen sind. Die größten Gestalten der Völkerwanderung waren denn auch Bastarde: Neben Stilicho noch König Theoderich, der ehrfurchtgebietende Ostgotenherrscher, dessen Mutter Elivira ein schönes Beutestück gewesen war und gewiß keine Germanin; Attila, dessen Vater Mundzuch mit einem Haremskarren durch die Steppen zog und diesen unbändigsten seiner Söhne ebensogut mit einer Tscherkessin wie mit einer Griechin gezeugt haben kann; Ulfilas, vom Vater her Gote, von der Mutter mit dem kleinasiatischen Griechentum verwandt; Odoaker, vom Vater her Hunne, während die Mutter aus dem germanischen Skirenstamm kam; Belisarius gar eine Balkanmischung mit durchwegs unbekannten Zutaten und so weiter.

Wenn der einst so beliebte Felix Dahn annimmt, nach dem

Schlachtentod Godigisels sei Geiserich der Älteste gewesen, seiner unehelichen Geburt wegen jedoch übergangen worden zugunsten des kleinen Gunderich, so projiziert er Vorurteile des Wilhelminischen Deutschland in jene ferne Zeit. Die eben geschlagenen Vandalen hatten allen Grund, sich in dieser Krise einen tüchtigen König zu geben, und da stand ihnen zur Auswahl stets die ganze Sippe zur Verfügung, alle erwachsenen Hasdingen, so wie auch bei den Hunnen einer aus dem ganzen Fürstengeschlecht gewählt wurde, ohne Automatik der Thronfolge etwa von Alters wegen. Das, was die Vandalen vor dem Rheinübergang am wenigsten brauchen konnten, war ein kindlicher König. Wenn Gunderich im Jahr 406 aber erwachsen war, muß er auch der Ältere gewesen sein, denn ein Geiserich, der 406 schon erwachsen war, wäre 477, in dem uns bekannten Jahr seines Todes, an die hundert Jahre alt gewesen, und das wiederum hätte der Rüstigkeit und Geistesschärfe widersprochen, die ihm bis zum letzten Augenblick seines Lebens bestätigt werden.

Gunderich mag also zwischen 380 und 385 geboren worden sein, Geiserich 389, wie Prof. Dr. Adolf Lippold, Regensburg, annimmt, oder auch erst 390, wie Gautier für wahrscheinlich hält. Jedenfalls hat er am Rhein mitgekämpft und den Vater fallen sehen, und ebenso sicher ist er, als Fürstensohn bereits mit gewissen Kommandobefugnissen ausgestattet, auf dem großen Raubritt durch Gallien bewußt und handelnd mit dabei gewesen, ja, hat sich vermutlich in diesen drei außerordentlich bewegten und gefahrvollen Jahren durch einen Sturz vom Pferd jene Verletzung zugezogen, die ihn zeitlebens hinken läßt. Er ist nicht, wie so mancher Hasdingensproß vor ihm, in Schlesien oder Dakien oder Pannonien ruhig aufgewachsen, mit Kampfspielen beschäftigt und mit der Jagd, sondern er hat als Knabe die Weidegründe am Plattensee verlassen müssen und seither unter Wanderkriegern Ereignisse erlebt und schließlich mitverursacht, die zu den blutigsten der ganzen Völkerwanderungszeit gezählt werden. Es konnte keine härtere Schule für einen Prinzen geben als jene Zeit, die das Vandalenvolk auf dem Weg von Pannonien nach Spanien durchlebte, und vielleicht ist eben das zur Ursache dafür geworden, daß es Geiserich war, der das einzige unabhängige germanische Reich der Völkerwanderungszeit begründete und aufrechterhielt.

Gunderich ist also der König, Geiserich aber wird inzwischen vom ganzen Volk als der zweite Mann anerkannt, der kluge Halbbruder. Daß seine Mutter eine Germanin war, ist wenig wahrscheinlich; Prokopios und Sidonius betonen ihre niedere Herkunft, ihre Dienerinnen-Existenz. Das macht es auch unwahrscheinlich, daß sie dem stets verbündeten und treuen Alanenvolk entstammte, denn die Frauen raubten sich die Vandalen natürlich bei ihren Gegnern: auf einem Beutezug nach Mösien zum Beispiel oder nach einem der vielen Scharmützel mit nachdrängenden Sarmaten. Sie kann aber auch eine Provinzialrömerin von der Save, eine Dalmatinerin oder eine schöne Eurasierin gewesen sein. König Godigisel jedenfalls hat sie einen hochbegabten und kerngesunden Sohn geschenkt. Mühelos behauptet er sich als Jüngerer und unehelich Geborener neben König Gunderich – und das jahrelang –, und bald wächst ihm auch eine Aufgabe zu, die ihm offensichtlich besonders liegt: Er schafft den Vandalen eine Flotte.

Bis dahin ging freilich eine Reihe von Jahren ins Land, und es mußte einiges geschehen. 409 waren die Vandalen mit den Sueben und Alanen nach Spanien gekommen, 410 hatte Alarich in und um Rom für soviel Unruhe gesorgt, daß sich die Kaisermacht mit der neuen Situation auf der Iberischen Halbinsel nicht beschäftigen konnte, 411 wurden dann die sogenannten Föderatenverträge geschlossen, eine durchaus normale und oft geübte Praxis: Unter römischer Oberhoheit durften die eingedrungenen Völker, die hinauszuwerfen niemand stark genug gewesen wäre, in ihnen zugewiesenen Gebieten siedeln. Nicht ganz alltäglich war nur das Verfahren dieser Zuweisungen, denn die Römer bedienten sich, damit die Eindringlinge nicht gleich übereinander herfielen, des Losentscheids. Die Vandalen glauben wohl, mehr Land zu bekommen, wenn sie ihre Stämme getrennt aufmarschieren lassen. Darum tauchen an diesem Lostag die zahlenmäßig nur noch schwachen Silingen wieder auf und ziehen auch das beste Los: das heutige Andalusien, damals Baetica genannt und möglicherweise der Vandalen wegen zum arabischen Vandalusia geworden.

Die Hasdingen müssen sich mit den Sueben in Galicien

arrangieren; das ist das regenreiche Nordwestspanien, und jeder
ahnt, daß dies nicht gutgehen wird. Die Alanen aber müssen gar
geteilt werden, denn keine der zur Verfügung stehenden Landschaften ist groß genug, sie im Ganzen, als geschlossenes Volk
aufzunehmen, zumal sie als Reiter und Pferdezüchter besonders
viel Raum brauchen. Das Los schickt sie ins heutige Portugal
(damals Lusitanien) und gibt ihnen zusätzlich die Ebenen nördlich
von Cartagena mit diesem alten Hafen. Gautier folgert daraus, daß
die Alanen auch zahlenmäßig besonders stark gewesen sein müssen,
was auch zu der Tatsache paßt, daß sie am Rhein, trotz Absplitte-
rung einer Truppe unter dem Fürsten Goar, noch stark genug
waren, die Franken zu schlagen.

Die zwanzig spanischen Jahre der Vandalen sind trotz dieser
salomonischen Ausgangssituation eine Periode der Reibereien und
Kriege, weil um diese Zeit offenbar im ganzen unruhigen Europa
nur noch die Iberische Halbinsel einen gewissen Frieden und den
dafür nötigen Lebensraum verspricht. Mit anderen Worten: Die
Römer haben zwar weise gehandelt mit ihrem Losentscheid über
die Verteilung der vorhandenen, schwach besiedelten Gebiete, aber
sie hätten es dabei belassen müssen. Das aber taten sie nicht, sie
ließen vielmehr auch die Westgoten (gegen die der Kaiser ja
praktisch überhaupt nichts ausrichten konnte, wenn er sie nicht
nach Rom zurücklocken wollte), die eben in Südfrankreich
angekommen waren, nach Spanien ziehen – gleichsam mit der
Aufforderung: Dort sind ohnedies nur Barbaren, rottet sie aus,
dann gehört das Land euch.

Vielleicht wäre es auch zu diesem mörderischen Kampf aller
noch vorhandenen Germanen untereinander gekommen, zu einer
Selbstvernichtung, die man in Ravenna und Byzanz herzlich gerne
gesehen hätte, wäre nicht den besten Köpfen der Germanen doch
klargeworden, daß sie es ihren römischen und griechischen Gegnern
auf diese Weise allzu leicht machen würden: Der Suebenfürst
Hermerich, die Westgoten unter König Wallia, und Geiserich, sobald
er König war, fanden neue Wege.

Es ist wiederum der in Anekdoten schwelgende Gregor von Tours,
der uns im zweiten seiner *Zehn Bücher Geschichten* von einem neuen
Modus zur Austragung germanischer Streitigkeiten berichtet:

»Den Vandalen folgten die Sueben und nahmen Galicien ein.
Und nicht lange nachher erhob sich ein Zwist zwischen beiden
Völkern, weil sie so nahe beieinander wohnten. Als sie gerüstet
zum Kampf auszogen und zur Schlacht bereit einander gegenüberstanden, sprach der Suebenkönig so: ›Wie lange soll denn der
Krieg noch unsere Völker heimsuchen? Laßt doch, ich bitte euch,
nicht noch mehr Volk auf beiden Seiten umkommen. Hingegen
mögen zwei von uns mit ihren gewohnten Waffen auf den
Kampfplatz treten und unseren Streit untereinander ausfechten.
Wessen Dienstmann dann siegt, der nehme sich das strittige Land
ohne weiteren Kampf.‹ Diesen Worten stimmten alle zu, damit
nicht das ganze Volk falle von der Spitze des Schwertes. Zu jener
Zeit aber war König Gunderich schon gestorben, und an seiner
Stelle hatte Thrasamund [*Irrtum Gregors: Es muß heißen Geiserich!*]
das Reich erworben. Als nun die beiden Kämpen wie vereinbart
aufeinandertrafen, unterlag der Vandale. Da er gefallen war,
gelobte der Vandalenkönig, sein Volk zum Marsch zu rüsten und
Spanien zu verlassen.«

Da Gregor zwar vielerlei gehört und dies in sein reiches Werk
auch emsig eingetragen hat, aber eben darum nicht frei von
Irrtümern ist, stieß diese Anekdote bisher bei den Historikern auf
wenig Glauben. Man kann auch kaum annehmen, daß ein kühler
Kopf wie Geiserich den schweren Entschluß, sich mit seinem Volk
in Spanien zu behaupten oder es – dies war die letzte Möglichkeit –
nach Afrika zu führen, durch Sieg oder Niederlage eines einzigen
Kämpfers hätte entscheiden lassen. Hingegen steht fest, daß gerade
die Vandalen seit dem Auszug aus Dakien und Pannonien schon
schmerzliche, an die Substanz gehende Verluste erlitten hatten und
also durchaus geneigt sein mußten, kleinere, begrenzte Zwistigkei-
ten mit ihren Nachbarn, etwa die Auseinandersetzungen um ein
bestimmtes Tal, nicht in einen verlustreichen Volkskrieg ausarten
zu lassen, sondern lokal zu begrenzen. Dafür bot ein Zweikampf,
wie Gregor ihn schildert, eine durchaus nicht ungebräuchliche
Möglichkeit. Der Übergang von der Antike zum Mittelalter ist
durch eine Vielzahl solcher Kämpfe oder Ordale gekennzeichnet,
in deren Ausgang man ein Gottesgericht erblickte. Denn es konnte
ja, nach dem Glauben der inzwischen christlich gewordenen

Germanen, nur der obsiegen, dem der Himmel die Kraft dazu verlieh. Und ist dieser Kampf auch zweifellos nicht die eigentliche Ursache für den Auszug der Vandalen aus Spanien gewesen, so mag er dennoch sehr wohl stattgefunden haben und hat vielleicht einen größeren, blutigen Waffengang verhindert.

Der zweite König, der in dieser bedrängten Lage der germanischen Völker die Wege verließ, die Rom und Byzanz ihm vorgezeichnet hatten, war der Westgotenfürst Wallia, der – ein Usurpator vermutlich – nach kurzen, heftigen Auseinandersetzungen um die Thronfolge aufgetaucht war, ein großer Kämpfer, energisch und ohne Skrupel. Zunächst hatte er Alarichs Versuch wiederholen wollen, nach Afrika überzusetzen, hatte sich mit einer kleinen Elitetruppe den Weg durch das Gebiet der vandalischen Silingen gebahnt und von Tarifa, unweit Gibraltar, ein Vorkommando losgeschickt, das jedoch in Sturm und Wellen umkam.

Da das reiche Kornland somit unerreichbar schien, willigte Wallia in den kaiserlichen Plan ein, Spanien den dort bereits siedelnden Barbarenvölkern wieder abzujagen. Die Goten hatten sich den Vandalen gegenüber bisher stets als überlegen erwiesen, und die zivilisierten Silingen waren auch zahlenmäßig weit unterlegen; so hatte Wallia mit Andalusien wenig Schwierigkeiten. Einmal im Besitz dieser überaus fruchtbaren Landschaft, scheint er dann die Lust verloren zu haben, auch noch gegen die härteren Hasdingen anzutreten oder gar gegen das große Volk der Alanen, denen er zwar Cartagena entrissen hatte, die sich aber, mit den Hasdingen vereint, auf eine Rückeroberung dieser Gebiete vorbereiteten. Kuriere begannen zwischen Ravenna und Tarraco hin und her zu reisen. Dem Kaiser schienen Wallias schnelle militärische Erfolge vielleicht auch zu leicht errungen: Ein gotisches Gesamtspanien oder ein gotischer Übergang nach Nordafrika würde große Gefahr für das kaiserliche Italien und seine Versorgung mit Getreide bedeuten. Jedenfalls bot er Wallia Narbonne an, den bis dahin den Goten verweigerten großen Mittelmeerhafen, und dazu die Gallia Narbonnensis bis hinauf zur Loire, Land, in dem sich die Äcker inzwischen seit dem Durchzug der Goten hatten erholen können und wo die Römer schöne Städte hingebaut, reiche Weinberge angelegt hatten.

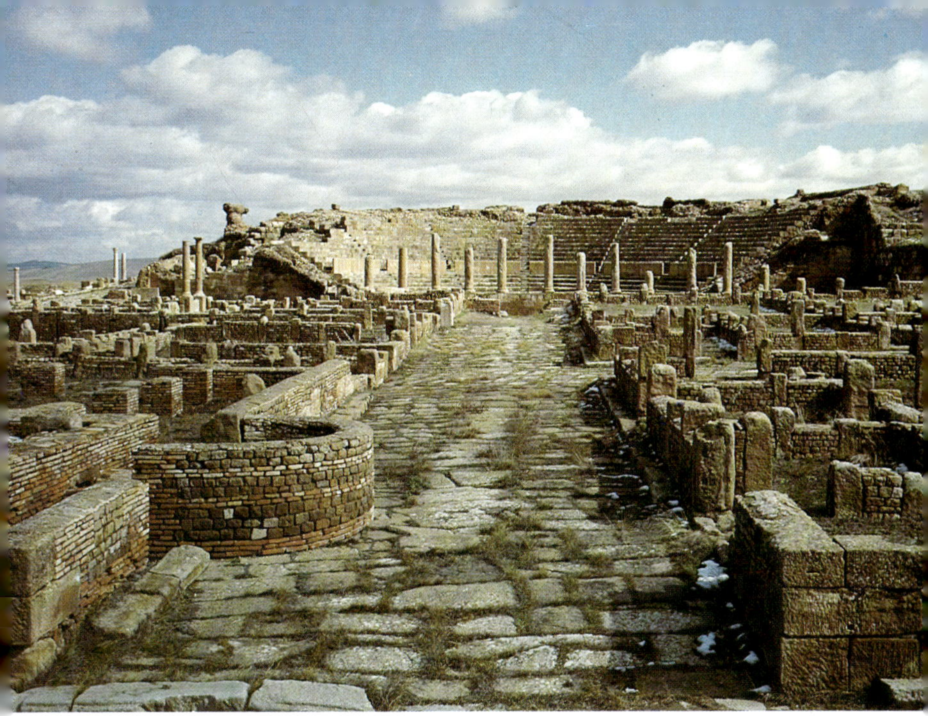

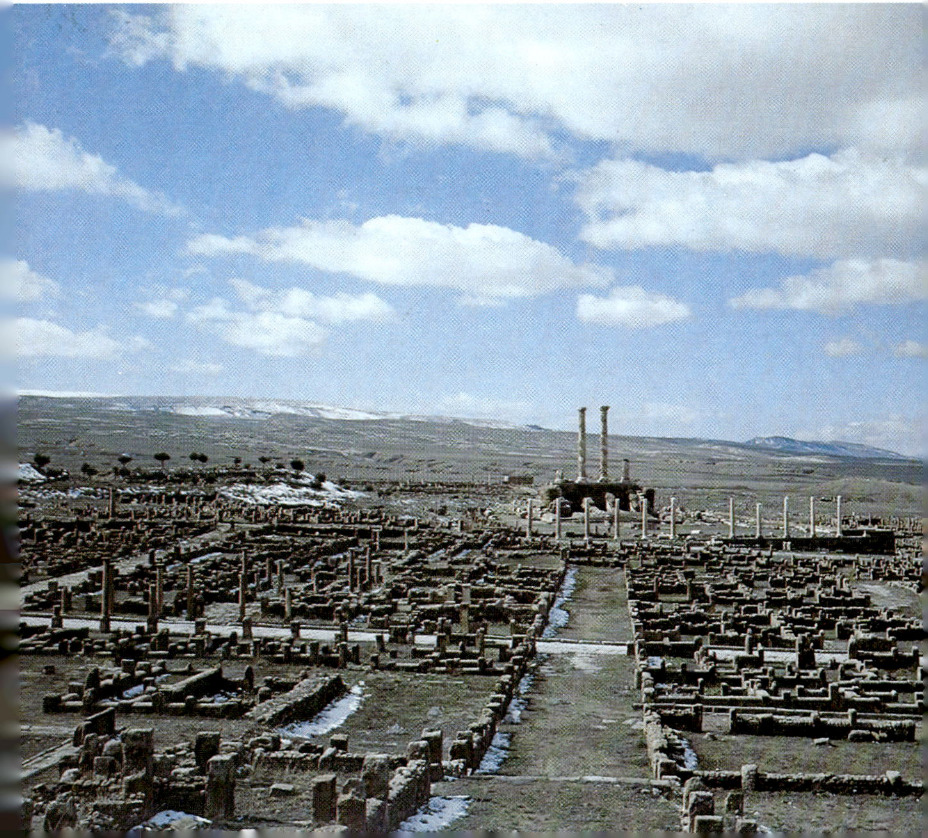

Timgad (Thamugadi), eine regelmäßig angelegte römische Garnisons-
stadt am Südrand des römischen Kolonisationsbereichs, wurde berühmt, als die sehr aktive Sekte der Donatisten sie zu ihrer Hauptstadt
machte. Heute zählen die Ruinen von Timgad zu den ausgedehnte-
sten und besterhaltenen Resten ganzer Städte, die wir aus römischer
Zeit besitzen.

Wallia jedenfalls zog ab, ging zurück über die Pyrenäen und begründete in der Sonnenlandschaft, die heute Languedoc und Roussillon heißt, das Reich von Toulouse.

Damit hatten die Germanen, wenn man so sagen will, einander gerettet. Das große Schlachten hatte nicht stattgefunden, aus dem nur die Römer Vorteile gezogen hätten, und es gibt sogar ein Sendschreiben, dessen Inhalt uns Bischof Hydatius von Aquae Flaviae und der Kirchenvater Orosius unabhängig voneinander und doch beinahe gleichlautend überliefern. Es ist ein Schreiben der Barbarenfürsten an den Kaiser nach Ravenna, das diesen möglicherweise niemals erreichte, aber immerhin den Sueben, Alanen und Goten zeigte, daß ihre Anführer die Lage durchschauten: »Wir bekämpfen uns gegenseitig«, heißt es darin. »Werden wir geschlagen, so haben wir ohnedies die Schlacht verloren, wenn wir aber siegen, so bist es letztlich du, der Kaiser, der den Nutzen davon hat, denn dein Vorteil ist es, wenn bei unseren inneren Kämpfen schließlich beide Teile zugrunde gehen.«

Es ist nicht erwiesen, ob Geiserich dieses Schreiben mitverfaßte oder mitunterzeichnete, aber er handelte nach der in diesen Zeilen zum Ausdruck kommenden Einsicht: Auffällig prompt, so als habe er nur darauf gewartet, Alleinherrscher zu werden und dann seinen Entschluß in die Tat umzusetzen, überquert er schon im Jahr nach seinem Regierungsantritt mit seinem Volk und den Alanen, die sich ihm angeschlossen haben, die Meerenge von Gibraltar nach Nordafrika. Dort ist er so gut wie unangreifbar, denn er hat sich schon in der Zeit, da er noch der Zweite nach Gunderich war, eine schlagkräftige Flotte aufgebaut; dort werden die Vandalen auch genug zu essen haben, denn Nordafrika ist seit Jahrhunderten die Kornkammer des Römerreiches; dort wird aber auch endlich Friede herrschen nach all den Jahren der Wanderschaft und den Enttäuschungen in jenem Spanien, das für allzu viele Wanderstämme zur Endstation geworden ist.

Geiserichs Entschluß wirkt aus heutiger Sicht verblüffend. Wir denken an Wilhelms, des späteren Eroberers, endloses Warten an der Kanalküste, ehe günstige Winde ihm die Invasion gestatteten, denken vielleicht auch an die schweren Verluste der deutschen und italienischen Transportflotten zwischen Italien und Nordafrika und

meinen darum, den Schiffen jener Zeit keine Chance geben zu
können beim Übersetzen nicht bloß einer Armee, sondern eines
ganzen Volkes mit all seiner Habe, seinem Wagenpark, seinen
Haustieren. Um zu begreifen, daß dieser Entschluß nicht von
ungefähr kam, sondern die von einem starken Herrscher bewußt
ergriffene letzte Chance eines mutigen Volkes war, müssen wir uns
vergegenwärtigen, daß die ganze lange Wanderung ja nicht purer
Raublust und Ländergier entsprang, sondern oft bitterer Not durch
Hunger oder Krieg. Als die Wanderscharen der Sueben, Alanen
und Vandalen zum ersten Mal an die Pyrenäenpässe gelangten und
dort abgewiesen wurden, soll sich zumindest ein Teil der Ent-
täuschten durch die Ebene der *Landes* nach Norden auf den Weg
gemacht und eine Invasion der britischen Insel vorbereitet haben:
Erst diese Gefahr habe die schnelle Kaiserwahl Konstantins III.
und sein promptes Eingreifen in Gallien zur Folge gehabt. Diese
These, die immerhin von dem Mommsen-Schüler Otto Seeck
vertreten wird, erklärt sich aus der Meervertrautheit der germanischen Völker, denen es nur recht sein konnte, eine Wasserstraße
zwischen sich und die nachdrängenden Hunnen zu legen.

Das, was Konstantin III. damals verhindert hatte, wollte
Geiserich nun ausführen, zwar nicht in Richtung auf jene Nordsee-
insel, deren Klima sich vermutlich nicht sehr vorteilhaft von jenem
der Vandalenheimat an der Ostsee unterscheiden würde, sondern
vom südlichen Spanien hinüber ins nördliche Afrika, dessen Berge
sich, von der andalusischen Küste bei Tarifa aus gesehen, überraschend hoch und zum Greifen nahe erheben. Der kriegerische
Wallia hatte die Silingen vernichtend geschlagen, nach manchen Quellen nahezu ausgerottet in Kämpfen, die zum Mör-
derischsten gehörten, was aus der ganzen Völkerwanderung berichtet
wird.

Der begabteste, aber unkriegerischste Vandalenstamm hatte
damit praktisch zu existieren aufgehört, und die im bergigen
Galicien vorerst noch verschont gebliebenen Hasdingen hatten um
420 die Baetica, das heutige Andalusien, gleichsam von ihren
Verwandten geerbt. Der Marsch dorthin führte sie durch das
alanische Portugal, denn die ebenfalls von Wallia geschlagenen
Alanen hatten 418, nach dem Tod ihres Königs Addax, keinen

Elfenbeintafeln aus dem 5. Jahrhundert, die der alten Hauptstadt Rom (links) das aufblühende Byzanz (mit dem Mauerkranz) gegenüberstellen. Die Tafeln befinden sich im Kunsthistorischen Museum, Wien.

neuen Monarchen mehr gewählt, sondern sich den hasdingischen Vandalen unter Gunderich angeschlossen.

Gunderich trug also, als er 420 durch Lusitanien in die Baetica zog, bereits den Titel *Rex Vandalorum et Alanorum*, dem aber erst Geiserich weltweiten Ruhm verschaffen wird. Im Besitz der reichen Landschaft Andalusien mit ihren langen Küsten bereitet Geiserich die Vandalen auf eine neue militärische und historische Rolle vor: Er führt sie zurück aufs Meer, er baut seinem Volk eine Flotte.

Spricht auch manches dafür, daß die Vandalen ihre Verbindung

zu Südschweden und den dänischen Inseln nie völlig verloren
haben, so beweist es doch einen tiefgreifenden und überraschend
geglückten Umerziehungsprozeß, wenn wir in den Annalen des
Jahres 425 lesen, daß vandalische Flottenvorstöße die Balearen
erreichten und Vandalenschiffe im Ostatlantik, vor den Küsten
Mauretaniens operierten.

Die Erklärung für diesen Wandel ist vielleicht einfacher und
liegt näher als alle Erinnerungen an fernes Wikingererbe, die man
in diesem Zusammenhang bemüht hat. Die Eroberungen der
Barbaren brachten vielen Bürgern des Römerreiches Leid und Not
der verschiedensten Art, solange die Kämpfe andauerten. In
Spanien jedoch sind die Vandalen Föderaten, das heißt: Ihr Land
wurde ihnen zugewiesen, kaiserlich sanktioniert, und seit sie nun
einen schwachen kaiserlichen Statthalter, den Magister Militum
Castinus, trotz seiner westgotischen Hilfstruppen vernichtend
geschlagen hatten, waren sie an Stelle der Römer die Herren des
Landes, haben die kaiserliche Oberhoheit abgeschüttelt und, wie
Ludwig Schmidt es ausdrückt, »den Schlendergang der Barbaren«
an die Stelle »der Scherereien mit dem kaiserlichen Fiskus« gesetzt.
Orosius hat uns dies voll väterlichen Verständnisses für das kleine
Volk der römischen Kolonien klargemacht, das durch die Barba-
ren-Invasionen nichts verlor und ein etwas freieres Leben gewann.
Die Vandalen hatten darum auf ihrem Marsch nach Süden nur
zwei Städte erobern müssen: Cartagena und Sevilla, vor welcher
Stadt König Gunderich fiel. Die anderen hatten ihnen bereitwillig
die Tore geöffnet, und auch die Fischerbevölkerung Andalusiens
hatte sich mit den neuen Herren schnell angefreundet. Auf das
damals noch unendlich ergiebige Meer mit seinen reichen Fisch-
gründen hat die einheimische Bevölkerung der Baetica ganz
bestimmt nie verzichtet, schon gar nicht, als mit den Hasdingen
aus dem rauhen Galicien ein großes Volk einströmte, das nun
miternährt werden mußte. Fischer befahren das Meer anders als
Seeräuber, aber die gemeinsamen Fangfahrten der Alteingesessenen
und der Zuzügler müssen eine erste Brücke der Verständigung
geschlagen haben. Außerdem wußte Geiserich zweifellos von
Wallias Versuch, die Meerenge zu überqueren, und wohl auch
vom Nordafrika-Traum des Alarich, der allerdings wenige Wochen

nach seiner unglücklichen Ausfahrt am Busento starb. Geiserich mußte also klar sein, daß er nicht sehr viel Zeit hatte. Die Rückkehr der Westgoten ins Roussillon gab den Vandalen eine Gnadenfrist, von der niemand sagen konnte, wie lange sie währen würde, und da die Goten mit Narbonne nun einen der größten Häfen des Mittelmeers ihr eigen nannten, konnten sie dort auf dieselben Ideen kommen wie Geiserich.

Während sich alles, was Geiserich von seiner Regierungsübernahme an tut, im vollen Licht der Geschichte vollzieht und uns von verschiedenen Zeitgenossen und wenig später lebenden Historikern berichtet wird, liegt seine gewiß bedeutendste und folgenreichste Tat im dunkeln: daß er in den fünf oder sechs Jahren, die sie nun wieder am Meer siedelten, aus seinen Vandalen wieder Seefahrer machte – nach vierhundert Jahren Bauerndasein und Reiterkriegen.

Im Licht des großen Entschlusses, der gewiß schon gefaßt war, erhalten die Raids zu den Balearen und die Streiffahrten längs der nordafrikanischen Atlantikküsten den Charakter von Tests. Gewiß dienten sie der Erprobung der Mannschaften, der Schiffe, ja, der Seefahrt überhaupt als tauglichem Mittel für eine neue Existenz der Vandalen, für jene Rolle, in der es ihnen tatsächlich gelingen wird, die Römer das Fürchten zu lehren. Denn die Römer waren zu keiner Zeit große Seefahrer; sie eroberten das Wald- und Sumpfland Germaniens, scheiterten aber kläglich an den friesischen Küsten. Und die größte Gefahr für das Römerreich war stets von den Raubflotten ausgegangen, von den Dalmatinern, den Kilikiern und vor allem von Sextus Pompejus, jenem ungebärdigen Sohn des großen Seestrategen und Caesar-Widersachers Gnaeus Pompejus, der von seinem Inselreich auf Sardinien und Sizilien aus um ein Haar selbst Augustus in die Knie gezwungen hätte.

Geiserich sprach, als er über den Aufbruch nach Afrika entscheiden mußte, wohl noch nicht das Lateinische, dessen Gebrauch für seine späteren Jahre bezeugt ist, sondern nur Vandalisch und Alanisch.

Von Sextus Pompejus, der beinahe genau dasselbe machte wie Geiserich und der sich ebenfalls in Spanien darauf vorbereitet hatte, von diesem großen Rebell gegen Rom wußte Geiserich vielleicht

nichts, aber die Inseln, von denen aus man das Mittelmeer beherrschen konnte, die waren Geiserich bekannt, ebenso bekannt wie
die Verwundbarkeit Roms zur See; denn diese große Stadt mußte
noch immer, wie zu Zeiten des Augustus, die Nahrung für den
Millionenplebs, das Brotgetreide für die schnell gärende Hefe des
Volkes, aus dem nahen Nordafrika heranschaffen.

Es scheint, daß über das damit vorgegebene Ziel zwischen den
Halbbrüdern Gunderich und Geiserich keine Einigung erzielt
werden konnte. Für Gunderich, den tapferen Haudegen, der sich
durch Gallien gekämpft hatte und der wie sein Vater in der
Schlacht fallen sollte, war die Vorstellung, gegen Rom anzutreten
und es mit Waffen zu schlagen, mit denen die Vandalen bisher
noch nicht gekämpft hatten, zweifellos schwer zu begreifen,
vielleicht auch einfach unrealistisch. Geiserich mußte seine Pläne
also jahrelang im stillen verfolgen, mit Hilfe von ein paar hundert
Männern, die sein Bruder entbehren konnte. Als Gunderich dann
aber vor Sevilla fiel, war Geiserichs Stunde gekommen, und der
Verwirklichung seines Plans, dem einzigen erfolgversprechenden
Zukunftskonzept der Vandalen, stand nichts mehr im Wege.

Unter den politischen Betrugsmanövern sind die am erstaunlich-
sten, die sich zweitausend Jahre lang immer aufs neue wiederholen,
obwohl sie schon beim ersten Mal durchschaut worden sind. Zu
ihnen gehört das Ins-Land-Rufen fremder Armeen, ein Vorgang,
den zu kaschieren nie gelingen kann, und doch wird es immer
wieder versucht: bestellte Invasionen, vorgebliche Invasionen,
künstlich erzeugte Unsicherheiten, damit ihre Urheber im trüben
fischen können. Die Senonen hatten Ariovist ins Land gerufen, die
Markomannen des Vannius die Jazygen, die Gallier den Soldaten-
kaiser Konstantin III. und so weiter bis zu jenem Dr. Seyß-
Inquart, der Hitler nach Österreich rief.

Es scheint, daß Geiserich und Gunderich eine ähnliche Einladung nach Nordafrika erhalten haben. Der Mann, der sie aussprach
und damit, wie man sich denken kann, sein eigenes Schicksal
besiegelte, ist eine der interessantesten Figuren des großen Dramas,
das man Weltgeschichte nennt: der römische Feldherr und
Statthalter Bonifacius, berühmt seit 413, dem Jahr der großen

Gotenschlacht von Massilia, bekannt aber auch als Briefpartner des Augustinus. Er hat diesen Karrieregeneral umworben, wie einst Bischof Optatus von Timgad in den Jugendjahren des Augustinus den afrikanischen Usurpator Gildo, der sich Rex Gildo nannte und von Rom abgefallen war. Augustinus war zu Bonifacius in eine Wüstengarnison gereist, weil ihm dieser Kommandeur gotisch-arianischer Hilfstruppen seiner braven katholischen Frau wegen der richtige Ordnungshüter zu sein schien und weil das christliche und römische Afrika diese Ordnung bitter nötig hatte angesichts der immer kühner werdenden Mauren.

Aber Bonifacius bereitete Augustinus eine tiefe Enttäuschung: Nach dem Tod seiner katholischen Frau heiratete er eine reiche arianische Erbin, umgab sich außerdem mit einer Anzahl von schönen Beischläferinnen verschiedenster Rassen und schien auch sonst jenem Rex Gildo nacheifern zu wollen, der sich im Angesicht Roms zum Herrn Afrikas aufgeschwungen hatte. Damals hatte Stilicho Rom beherrscht, und Gildos Herrlichkeit war von kurzer Dauer gewesen. Aus diesen Ereignissen klug geworden, die ja erst ein Vierteljahrhundert zurücklagen, trachtete Bonifacius nach soliden Verbündeten, die ihm gegen Rom den Rücken stärken könnten, denn dort gab es zwar keinen Stilicho mehr, aber immerhin einen Aetius. Daß Bonifacius den Römergeneral Castinus ebenso haßte wie die Vandalen, die diesen vernichtend geschlagen hatten, ließ dem nun arianisch verheirateten Offizier und Statthalter die in Andalusien regierenden vandalischen Halbbrüder als Verbündete erscheinen, und es war wohl im Jahre 426, daß jener Einladungsbrief nach Tarifa und Sevilla abging, in dem es etwa hieß: Kommt mit dem Vandalenvolk, setzt über die Meerenge, wir teilen das reiche Nordafrika in drei Teile für Gunderich, Geiserich und Bonifacius.

An diesem Vorschlag ist für uns zunächst bemerkenswert, daß Gunderich und Geiserich darin bereits als gleichberechtigte Fürsten angesprochen und mit gleichen Teilen der Beute gelockt werden, obwohl Gunderich, als die Unterhändler des Bonifacius nach Spanien reisen, offensichtlich noch am Leben ist. Man kannte also Geiserich schon, man wußte auch, daß ein amphibisches Unternehmen wie der Transport eines ganzen Volkes nach Afrika nur einem

Geiserich gelingen konnte – mochte er nun die Krone tragen oder
nicht – und daß er dafür mit einem Anteil am vandalischen Afrika
belohnt werden mußte, der dem des Königs selbst gleichkam.
Wichtig ist aber auch, daß Bonifacius es durchaus ernst meint; er
ist bedroht, er ist abgesetzt, er hat keine Wahl und muß sich, zum
Entsetzen des Augustinus, mit den *barbari* einlassen . . .

Obwohl die Situation des Bonifacius durch lateinische Quellen
recht gut belegt ist, obwohl es bereits vor der Vandaleninvasion
Strafexpeditionen gegen ihn gegeben hat und die Unabhängig-
keitstendenzen in den Kolonien des alternden Weltreichs zu
zahllosen ähnlichen Entwicklungen führten, bezweifeln führende
Vandalenforscher wie Ludwig Schmidt die ganze Bonifacius-
Intrige. Er hatte sich nämlich schon vor Beginn der vandalischen
Invasion mit Rom wieder einigermaßen arrangiert und wäre die
Geister, die er gerufen hatte, nur zu gern wieder losgeworden.

Wir bedenken oft zu wenig, daß man in alten Zeiten mit
anderen Zeiträumen rechnete, rechnen mußte. Als die Sendboten
des Bonifacius bei den Vandalen weilten, war die Versöhnung mit
Rom noch nicht in Sicht, und als sie dann kam, war es zu spät, den
Vandalen zu sagen: Bleibt lieber in Spanien – vor allem auch, weil
man ein ganzes Volk in seinen Dispositionen nicht dirigieren kann
wie einen Handwagen. Bonifacius hatte auch gar keine praktische
Möglichkeit mehr, die Invasion zu unterbinden, denn die Hypo-
these, daß der Übergang über die Straße von Gibraltar auf von ihm
zur Verfügung gestellten Schiffen erfolgte, ist überflüssig und
obendrein unwahrscheinlich. Bonifacius und alle andalusischen
Fischer hätten, selbst wenn sie sich zusammentaten, die 80 000
Menschen, die Geiserich folgten, nicht auf einmal bis Oran
verschiffen können. Christian Courtois hat früheren Forschern
vorgerechnet, daß angesichts der damals noch starken Schiffsbesatzungen dazu 2500 Wasserfahrzeuge hätten vereinigt werden
müssen, eine Flottenkonzentration, wie sie selbst die römischen
Kaiser nur einmal annähernd (2000 Schiffe unter Konstantin dem
Großen) zuwege gebracht hatten. Hingegen war es relativ einfach,
mit Hilfe der im südlichen Andalusien beschlagnahmten Fischerei-
fahrzeuge im Pendelverkehr binnen vier bis fünf Wochen Menschen, Waffen, Vieh und Gerät in den Raum von Tanger zu schaffen.

Damit wird aber die Mitwirkung des Bonifacius, Comes von Afrika, bei der Überquerung der Meerenge von Gibraltar entbehrlich, und jene umstrittene Einladung an Gunderich und Geiserich verliert an Bedeutung: Sie erscheint allenfalls als auslösendes Moment, weil sie die Vandalen über die Situation informierte, die sie in Afrika vorfinden würden. Daß die Vandalen nach Afrika gehen mußten, stand angesichts der ständigen Reibereien mit den Sueben und der latenten Bedrohung durch die nur kurzfristig abgezogenen Westgoten zumindest für Geiserich offenbar fest. In Spanien würde sein Volk im Dreifrontenkampf gegen Sueben, Goten und Römer niemals Ruhe finden; in Nordafrika brauchte es nichts anderes zu tun, als seine Flotte weiter auszubauen, und würde Ruhe haben.

Dazu kam die Überlegung, daß das reiche Nordafrika, das seit Jahrhunderten exportierte, ohne Güter in nennenswertem Umfang oder von besonderem Wert einzuführen, bis dahin von Invasionen verschont geblieben war, während man das übrige Europa als leergeplündert bezeichnen mußte. Niemand wußte das besser als die Vandalen. Und eben, weil sie auf ihrem langen Zug nach Westen soviel zusammengeraubt hatten und weil so viel beutegieriges Volk zum vandalischen Kern gestoßen war, glich die Armee mit ihrem gewaltigen Troß so, wie sie sich nun in Südspanien sammelte, für manche antiken Geschichtsschreiber einer Horde, ohne eine zu sein. Sie vereinte lediglich heterogene Elemente auch unter der Kriegerschaft, die auf etwa 20 000 Mann zu beziffern ist: Die starke Mitte bildeten die Hasdingen, weswegen sie auch den König stellten. Dazu aber kamen – wie stets, wenn es etwas zu holen gab – gotische Glücksritter aus der Baetica, die wenigen überlebenden Silingen und sogar verarmte romanisierte Bauern, die nach den zahlreichen Kriegen in Spanien keinen Sinn mehr darin sahen, weiter ihre Felder für andere zu bestellen.

Nur *ein* Volk fehlte, es war vielleicht sogar zurückgewiesen worden, als es sich anschließen wollte: der suebische Stammesverband unter König Hermerich. Geiserich konnte kein Verlangen hegen, seine Rivalen und einen zweiten König ins Land der Verheißung mitzunehmen. Daß die Enttäuschung über diese Zurückweisung, als Kränkung der früheren Wander- und Kampfgefährten verstanden, Ursache für den letzten, aber heftigen Suebenangriff vom Frühjahr 429 war, erscheint mir zweifelhaft. Hier wären Argumente der Individualpsychologie von jenen der Völkerpsychologie zu trennen gewesen, denn ein ganzes Volk reagiert doch nicht wie eine sitzengebliebene Jungfrau. Eher darf man wohl annehmen, daß die Sueben die Gunst des Augenblicks nützen wollten, als sie unter ihrem jungen Feldherrn Hermigar in die Bereitstellungen der Vandalen hineinstießen. Es gab keine günstigere Gelegenheit, sich die Schätze eines Plünderervolkes anzueignen, als den Augenblick, da seine Krieger sich bereits dem neuen Erdteil zugewandt haben, während der Troß noch auf die Einschiffung wartet. Auch war es natürlich wichtig, die kostbaren Landstriche der Baetica in Besitz zu nehmen, sobald die Vandalen sie preisgaben und ehe andere – etwa die in Spanien zurückgebliebenen Goten oder die geschlagene Truppe des Castinus – sie an sich brachten.

Damit scheint mir die suebische Dolchstoß-Aktion erklärt, die wohl auch Erfolg gehabt hätte, wären die Vandalen von einem tumben Recken geführt worden. Geiserich aber, an dem die Zeitgenossen vor allem seine außergewöhnliche Reaktionsschnelligkeit rühmen, handelt auch in dieser brisanten Situation rasch und entschlossen. Aus dem Blitzsieg seiner Krieger bei Merida im westlichen Andalusien spricht auch der Zorn über diese letzte bösnachbarliche Aktion der einstigen Waffengefährten. Die Sueben werden völlig aufgerieben und erholen sich nie mehr von dieser Niederlage. Ihr Feldherr, der vermutliche Kronprinz Hermigar, ertrinkt bei dem Versuch, sein Leben vor der Vandalenwut zu retten, in den Fluten des Guadiana. Geiserich kehrt mit seinen Kriegern in die Bereitstellungsräume zwischen Cartagena und Algeciras zurück; er ist nach diesem ersten großen Sieg als König in dieser Würde glanzvoll bestätigt worden.

Knapp zwanzig Jahre hatten die Vandalen in Spanien zugebracht, viel weniger als in Schlesien, weniger als in Dakien, ja, sogar weniger als in Pannonien, und doch hatten sich zwischen dem Oktober 409 und dem Mai 429 außerordentlich wichtige, in die Substanz des Volkes hineinwirkende Veränderungen ergeben. Man muß sich fragen, wieso es gerade in dieser kurzen iberischen Phase zu solchen Veränderungen kam und ob nicht auch sie eine Voraussetzung für die Gründung eines eigenen, außereuropäischen Vandalenstaates bildeten.

An die Stelle der engen Verbindung mit dem Bruderstamm der Silingen war die neue Union mit den Alanen getreten, einem sarmatischen Reitervolk mit starker Eigentradition, die sich in Afrika noch wiederholt neben die vandalischen Überlieferungen

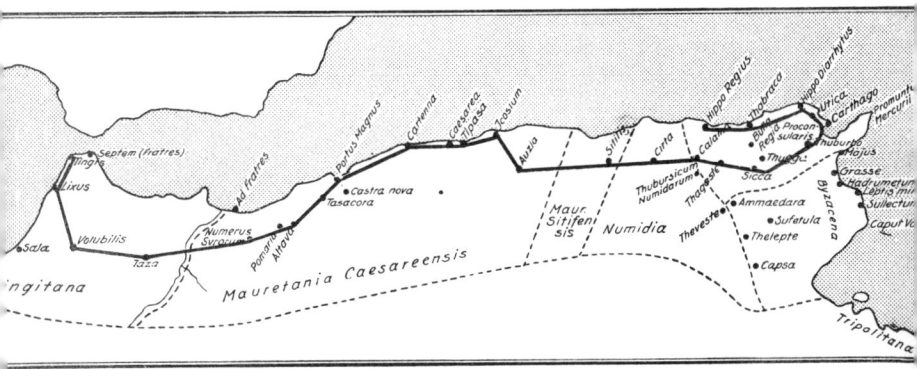

Das römische Nordafrika mit dem Marschweg der Vandalen und Alanen unter Geiserich.

schieben und das Gesamtbild der völkischen Existenz akzentuieren sollte. Mit den Silingen war aber auch der Stamm verschwunden, in dem die religiöse Überlieferung der Vandalen am lebendigsten geblieben war, während die Hasdingen, der Stamm des Fürstengeschlechts, nach einem antiken Chronisten bereits in Pannonien mit der Ulfilas-Bibel in den Kampf zogen, also Christen waren, und zwar arianische Christen. Auch dieses Faktum ist übrigens ein Beweis für die außerordentlich geringen sprachlichen Unterschiede zwischen dem Gotischen und dem Vandalischen. Die beiden großen ostgermanischen Völker hatten viel mehr miteinander gemeinsam als zum Beispiel Vandalen und Sueben, für die Gregor von Tours gelegentlich Alemanni schreibt und von deren Stammesnamen das heutige Wort Schwaben herkommt.

Die Vandalen brachen unter ihrem neuen König also zu einem

neuen Kontinent auf, sie hatten einen neuen Verbündeten, und sie
hatten auch in geistig-religiöser Hinsicht die Brücken zu ihrer
Vergangenheit, zum Zobten, zum germanisch-keltischen religiösen
Erbe mit seinen alten Riten abgebrochen. Auf der Fahrt von
Malaga zum Einschiffungshafen Tarifa passiert man heute die
Betonwüsten von Torremolinos und bald darauf das reizende
grüne Marbella. Hier liegt, unmittelbar hinter San Pedro de
Alcantara, mitten in einer eleganten Bungalowsiedlung, das
vermutlich älteste christliche Heiligtum des ganzen südlichen
Spaniens, die Basilika, in der die Familien der Vandalen um ein
gutes Gelingen des ihnen gewiß unheimlichen und unvorstellbaren
Unternehmens beteten. Welche Germanin wußte schon, wo Afrika
lag und was die Sippe dort erwarten würde? Zwischen hohen
Gittern, unter schattenden Bäumen, ruhen die Fundamente der
uralten Kirche im spanischen Boden, Steine, auf denen die Sonne
von Marbella spielt, und man würde viel darum geben, die Gebete
vernehmen zu können, die hier in der vokalreichen vandalischen
Stammesmundart zum spanischen Himmel stiegen. Diese Menschen müssen Geiserich ein unbegrenztes Vertrauen entgegengebracht haben, und sie mögen auch eingesehen haben, daß sie nichts
Besseres tun konnten. Denn den Rückweg antreten durch das
ausgeplünderte Europa, wie es die Hunnen zwanzig Jahre später
entschlossen tun werden, das vermochte dieses Volk nach über
hundert Jahren Wanderschaft nicht mehr auf sich zu nehmen.

Die kleinen Schiffe waren die erste Enttäuschung. Sippen
mußten sich trennen, manche Familie konnte nicht einmal ihr
ganzes Vieh mitnehmen. Am grauen Strand östlich von Tanger
währte es Tage, bis sie einander wiederfanden, und Wochen, ehe
sie die altvertraute Ordnung wiederhergestellt hatten, den gewaltigen Treck, wie er schon durch Gallien gezogen war. Die Kinder,
die in Gallien mit großen Augen das Morden mitangesehen hatten,
die waren jetzt Männer oder junge Frauen, und neue Kinderscha-
ren, hoffnungsvoll in Spanien in die Welt gesetzt, mußten nun ein
langes Wanderleben auf den steinigen Straßen des heißen nördlichsten Afrika ertragen.

Afrika war Europa zu keiner Zeit ähnlicher als während der
späten Kaiserzeit Roms. Die gleichen Verwaltungsgrundsätze

hatten hier Städte und Straßen entstehen lassen, die so unafrika-
nisch waren, wie man sich nur denken kann, aber das Straßennetz
hatte doch vor allem im marokkanischen Atlas keineswegs die
Dichte wie in Gallien oder auch in Spanien. Aber hier wollte
Geiserich ja auch nicht bleiben; er hatte absolut keine Lust, sich
nach Goten und Sueben nun die einheimischen Berberstämme auf
den Hals zu ziehen und mit ihnen um die schmalen fruchtbaren
Landstriche der Tingitana zu kämpfen, wie die westlichste Provinz
des römischen Afrika hieß. Die Vandalen wollten nichts als den
Durchzug, sie haben auch später, als Herren Nordafrikas und
Karthagos, hier keine nennenswerte Autorität ausgeübt und sich
von diesem fernen und schwer zu haltenden Land auch schon bald
wieder getrennt. Aber offenbar war es nicht ganz einfach, die
kriegerischen Einwohner der Ebenen südlich von Tanger von den
friedlichen Absichten zu überzeugen. Es gibt Berichte von
Kämpfen, die allerdings meist erst entbrannt sein mögen, als die
Versorgungskommandos des langen Zuges über Dörfer und
Herden herfielen. Denn 80 000 Menschen wollten ernährt sein.

Volubilis, dessen Ruinen sich an den Zerhounberg bei Moulay
Idriss lehnen, jahrhundertelang eine wichtige römische Provinzial-
stadt mit Tempeln und eindrucksvollen Mauern, war schon mehr
als hundert Jahre von den Römern aufgegeben und maurisch
geworden, als Geiserich sie mit seiner Armee erreichte. Straßen
hatten die Römer zu diesem westlichen Vorposten nicht gebaut,
aber es existierte auf Taza (Tasa) ein römisches Kastell, das den
Übergang mehr bewachte als beherrschte, was bedeutet: Es gab
einen Weg, wenn er den Vandalen auch das Letzte an Kraft und
Geduld abforderte.

Die emsige französische Forschung in Nordafrika hat inzwischen auch einige wenige Schriftdenkmäler über den Vandalenzug
in dieser seiner ersten Phase aufgefunden, und eine gewisse Anzahl
vergleichbarer Funde ist wohl auch noch zu erwarten, da sich nun
die Wegsamkeit der Strecke zwischen Volubilis und Taza herausgestellt hat, die für die Antike bezweifelt worden war. Man macht
also auch in Nordafrika die gleichen Erfahrungen wie in Europa:
Nur zu oft hat sich bei einem kühnen Alpenstraßenbau, bisweilen
sogar auf der Paßhöhe oder bei der Trassierung schwierigster

Passagen, herausgestellt, daß schon die römischen Straßenbauer zwar etwas rigoroser (weil sie ja für Zugtiere bauten), aber im Ganzen doch nicht weniger geschickt als wir heute, auch scheinbar unwegsame Strecken bezwangen.

Es besteht demnach kein Zweifel mehr, daß die Vandalen von Volubilis aus eine ostsüdöstliche Piste einschlugen, die sich durch den Gebirgseinschnitt von Taza auf Pomaria und Altaua zu durch sehr dünn besiedeltes und bisweilen ödes Gelände zog, aber eben noch erträgliche Schwierigkeiten für den Marsch selbst bot. Heute führen hier eine Eisenbahnlinie und eine Autostraße hindurch. Diese Wanderstrecke brachte für die Vandalen allerdings die größten Versorgungsprobleme mit sich und wurde in vergleichsweise hohem Marschtempo bewältigt: Die rund 700 Kilometer zwischen Tanger und Altaua wurden binnen 70, höchstens 80 Tagen zurückgelegt, wie eine in den dreißiger Jahren unseres Jahrhunderts von Joel Le Gall entdeckte und danach von deutschen und italienischen Forschern ebenfalls kommentierte verstümmelte Inschrift beweist. Sie gedenkt eines römischen Kolonialbürgers von Altaua, einer Stadt etwa hundert Kilometer südwestlich von Oran, die heute den französischen Namen Lamoricière trägt. Seit dem 3. Jahrhundert bestand in dieser ursprünglich den Berbern wichtigen Marktstadt ein Römerlager am mauretanischen Limes und wurde in nachvandalischer Zeit sogar Residenz eines Königreiches christlicher (!) Mauren. Die Inschrift, in der vom Schwerttod eines Römers im Kampf gegen die *barbari* die Rede ist, trägt ein Septemberdatum des Invasionsjahres 429, und es wäre wohl ein sehr seltsamer Zufall, wenn mit den *barbari* andere als die landfremden Einwanderer gemeint wären.

Diese Inschrift bleibt jedoch das letzte Lebenszeichen der Invasoren für geraume Zeit, denn nun, in der sogenannten Mauretania Caesareensis, wird die Besiedlung dichter; die Vandalen schwärmen aus, um ihren darbenden Treck zu versorgen, und versuchen vor allem an der Küste wieder Verbindung zu ihrer Flotte aufzunehmen, die ja wichtige Schutz- und Versorgungsaufgaben zu erfüllen hat.

Für die Kontaktaufnahme mit der Flotte boten sich an den Küsten des römischen Nordafrika nur einige wenige kleine Häfen an, weil die großen Hafenorte wie Hippo Regius oder Karthago noch nicht erobert waren. Cartennae, das heutige Tenes an der Straße von Oran nach Algier, fiel schnell in die Hände der Vandalen und gestattete den Versorgungsschiffen, mit der Landarmee in Verbindung zu treten. Ein weit größerer Fortschritt war die Einnahme von Caesarea (heute Cherchel, 96 Kilometer westlich von Algier am Meer gelegen), die Hauptstadt der mauretanischen Provinz gleichen Namens, eine Stadt von sieben Kilometern Mauerumfang und eben wegen ihrer Größe bis heute nicht vollständig ausgegraben.

In diesen Städten wußten die Einwohner nun schon, welches Unheil auf das bis dahin verschonte Nordafrika zukam. An Verteidigung scheint kaum jemand gedacht zu haben. Bonifacius verfügte, um seine einstigen Verbündeten abzuwehren, nur über eine verstreute und lächerlich kleine Streitmacht aus gotischen Hilfstruppen und trachtete, sich Karthago so lange wie möglich offenzuhalten, damit Hilfstruppen aus Italien dort landen könnten. Schatzfunde beweisen, daß die wohlhabenden Einwohner der Provinz vor den Vandalen verbargen, was immer sie in der Eile verstecken konnten, und einer der wertvollsten jemals in Nordafrika gefundenen Schätze, der vor allem Goldschmuck enthielt, kam im Jahr 1936 im ehemaligen Cartennae zutage, einer Stadt, in der herrliche Villen und ausgedehnte Domänen den Vandalen zeigen mußten, daß hier der Reichtum zu Hause war.

Dieser Reichtum weckte nach den Entbehrungen des Landmarsches die alte Gier aus dem Gallienzug, und es kam zu jenen Grausamkeiten, wie sie alle Wandervölker verübten, denen die Situation und der Mangel an Gegenwehr Zeit dazu ließ. Prof. Courtois hat versucht, die Vandalen von diesen Anklagen reinzuwaschen oder sie doch zu mildern; er betont, daß nur drei Mordtaten außerhalb des rein kriegerischen Geschehens zweifelsfrei erwiesen seien, darunter die an den Bischöfen Pampinianus von Vita und Mansuetus von Urusi. Für die Bischöfe hatte sich als verhängnisvoll erwiesen, daß Augustinus, das nun bereits anerkannte Oberhaupt der nordafrikanischen Christenheit, allen seinen Amtsbrüdern strikte befohlen hatte, die bedrohten Städte erst im letzten Augenblick zu verlassen, wenn sich alle anderen Christen der Stadt in Sicherheit gebracht hätten. Den Nonnen hingegen war die Flucht erlaubt, aber auf sie scheinen die Vandalen mit ganz besonderem Eifer Jagd gemacht zu haben, denn die Vergewaltigungen, wie sie von der gesamten Vormarschstrecke und bald aus dem ganzen römischen Nordafrika berichtet werden, sind so zahlreich, daß auch Courtois sie nicht bestreiten kann. Immerhin hat er eine päpstliche Verordnung entdeckt, in der ein feiner Unterschied zwischen den von Vergewaltigungen betroffenen Frauen gemacht wird: »Encore semble-t-il que certaines d'entre elles aient été prédisposées à la résignation«, das heißt, einige der überfallenen Frauen und Mädchen seien durchaus geneigt gewesen, sich in ihr Schicksal zu ergeben.

So erfreulich es ist, daß ein hervorragender französischer Gelehrter sich darum bemüht, Vorurteile gegen einen germanischen Volksstamm mit Hilfe genauester Prüfung der alten Quellen auszuräumen, so verkehrt sich dieser Versuch in sein Gegenteil, wenn er dabei über sein Ziel hinausschießt. Man hat die auffällige Schonung Roms im Jahr 410 durch die gotischen Eroberer unter Alarich, der sogar Todesurteile gegen Vergewaltiger verhängte, mit seiner Religion erklären wollen, mit der gleichen arianischen Religion, die als Begründung für die Grausamkeiten der Vandalen beim Einmarsch ins römische Nordafrika herangezogen wird (Ludwig Schmidt u. a.). Aber so natürlich es ist, daß man sich im Lauf einer langen Beschäftigung für seinen Gegenstand erwärmt, so sympathisch uns dieses unbeugsame Vandalenvolk auf der jahrhundertelangen Suche nach einem besseren Lebensraum geworden ist, so hat es doch wenig Sinn zu behaupten, sie hätten sich irgendwann und irgendwo aus dem Kriegsbrauch der Zeit herausgehoben, sich in Afrika besser betragen als die Kreuzheere, Caesarea mehr geschont als die Kreuzritter Byzanz oder Frundsbergs Landsknechte die Stadt Rom, sie wären weniger auf Beute ausgewesen als die Landungstrupps eines Francis Drake oder Cavendish. Zwischen Taza und Karthago ist während der Vandaleninvasion alles vorgefallen, was sich vorher und nachher jahrtausendelang ereignete, wenn Krieger in wehrlose Siedlungsgebiete einbrachen. Daß die Vandalen dabei grausamer vorgingen als andere Eroberervölker bis herauf zu den Spaniern zur Zeit der

Stilicho (365–408), neben Geiserich der berühmteste aller Vandalen: Als Reichsfeldherr Roms verteidigte er das Kaiserreich gegen starke Barbareneinfälle und war als einziger selbst Alarich gewachsen. Neben ihm seine Frau Serena, die hochgebildete Tochter des Kaisers Honorius und Lieblingsnichte Kaiser Theodosius' des Großen. Vor ihr steht Eucherius, einziger Sohn aus ihrer Ehe mit Stilicho, im Jahr 400 mit Galla Placidia verlobt, aber 408 ebenso ermordet wie seine Eltern, denen man die Absicht unterstellte, Eucherius zum Kaiser machen zu wollen (Elfenbein-Diptychon, um 400, heute im Domschatz von Monza).

Conquistadoren ist eine ebenso unbegründete Annahme wie das
Gegenteil, der *Ex-silentio*-Schluß, aus nur drei bezeugten Morden
zu folgern, daß sich keine weiteren ereignet hätten: Der namenlo-
sen Opfer gedachten die Chronisten eben nicht.

Völlig abwegig erscheint es mir auch zu sagen, die Vandalen
seien gegen die Zivilbevölkerung in Nordafrika so besonders
grausam vorgegangen (wofür es übrigens keine Beweise gibt), weil
diese römische Christen waren, die Vandalen jedoch Arianer. Gilt
das, so hätten die Vandalen schon in Spanien entsprechend wüten
müssen, wo sie sich nach dem Zeugnis zum Beispiel des kirchlichen Schriftstellers Orosius ausgezeichnet mit der Landbevölke-
rung vertrugen. Auch in Afrika hatte das kleine Volk überhaupt
nichts gegen die Vandalen einzuwenden, da diese sie vom drückenden römischen Joch befreiten. Genauere Forschungen im Ruinen-
bereich Nordafrikas, die von französischen Gelehrten durchgeführt
wurden, haben ergeben, daß der Reichtum der römischen Villen
und der Luxus in den Hafenorten keiner allgemeinen wirtschaftlichen Blüte entsprangen. Die bäuerliche Bevölkerung lebte in einer
ebenso armseligen wie unwürdigen Existenz dahin, bewirtschaftete
ohne Aussicht auf eigenen Wohlstand die ausgedehnten Domänen
und hatte an die vandalischen Eroberer herzlich wenig zu verlieren.

Heftige Gegnerschaft ergab sich nicht zwischen den Bauern und
den neuen Herren, sondern zwischen der arianischen Priesterschaft
der Vandalen auf der einen und dem bildungsmäßig überlegenen
christkatholischen Stadtbürgertum auf der anderen Seite. Das
hatten aber die Krieger, und vor allem die der Invasionszeit, gewiß
nicht zu verantworten. Und zu welchen Grausamkeiten, zu
welchen Sadismen es gerade dort kommt, wo weltanschauliche
Gegnerschaft die Kämpfe bestimmt, das haben uns christliche
Großgruppen bis auf den heutigen Tag nicht etwa in Afrika,
sondern im Herzen Europas überzeugend vorgelebt. Wenn das
Vandalismus sein soll, dann allerdings ist er unsterblich, man darf
ihn nur nicht König Geiserich in die Schuhe schieben.

Von kleinen Scharmützeln aufgehalten, nach allen Seiten
kämpfend, so rücken im Frühsommer des Jahres 430 die Vandalen
und Alanen auf die erste der wohlverteidigten Städte vor, auf
Hippo Regius, die Diözese des Augustinus.

Mit einem Mal schienen alle Wege nach Hippo zu führen. Östlich von Sitifi, das heute Setif heißt, verzweigte sich das bis dahin recht kärgliche Straßennetz, und das römische Afrika erinnerte die Wegsucher, die alanischen Vortrupps der großen Vandalenarmee, bereits ein wenig an das römische Europa, nur daß man unter Dattelpalmen dahinzog und durch ausgedehnte Olivenhaine. Sitifi, auf einer Anhöhe über der fruchbaren Ebene gelegen, zeigte den Vandalen, was sie erwartete, aber nichts verriet ihnen, wie lange sie noch würden kämpfen müssen . . .

Die heilige und die unheilige Stadt

Die Stadt Hippo Regius, an der Mündung des Flusses Seybouse ins Mittelmeer gelegen, war bereits sechzehnhundert Jahre alt, als die Vandalen sich ihr näherten. Die Phöniker hatten hier um 1200 v. Chr. eine Handelsniederlassung gegründet. Nach der Schlacht von Zama (202 v. Chr.), in der die Römer Hannibal eine vernichtende Niederlage bereiteten, war die Stadt, die sich nunmehr Hippo Regius nannte, von den mit Rom verbündeten numidischen Königen zur Residenz erhoben worden. Hippone, wie die Reste der Stadt heute heißen, liegt zwei Kilometer vom lebhaften und noch stark französisch wirkenden Bône entfernt und ist zu einem guten Teil ausgegraben. Am eindrucksvollsten sind, wie auch in Karthago, die Thermenbauten, die von den Arabern übrigens für eine große Kirche gehalten und als Kathedrale des *Augodjin* angesehen werden, wie sie den Heiligen von Hippo nennen. Daneben gab es ein Theater, das fünf- bis sechstausend Menschen fassen konnte, ein Forum, zahlreiche Tempel und ein Viertel mit vornehmen Villen. Nicht in diesem vornehmen Viertel, aber unweit davon, erhob sich seit etwa 330 eine christliche Kirche mit Baptisterium und Bischofswohnung.

Die Stadt war ihrer Anlage nach dennoch nicht römisch – offen, regelmäßig und übersichtlich wie etwa Thamugadi –, sondern punisch, mit unregelmäßig geschnittenen kleinen Plätzen und zahllosen winkeligen Gassen. Auch in den Dörfern des nahen Berglands, das heute Dschebel Enough heißt, herrschte die Erinnerung an das alte karthagisch-phönikische Reich noch vor; man sprach punisch, man erschlug die Priester, die Augustinus aus seiner Bischofsstadt dorthin missionieren schickte, und man gab allen Arten von Sekten Unterschlupf, von den wilden Circumcel-

lionen, die sich wegen ihrer völligen Enthaltsamkeit nicht fort-
pflanzten, sondern ihren Nachwuchs einfach raubten, bis zu der
kriegerischen Großsekte der Donatisten. Von zwei Bischöfen
geführt, die beide Donatus hießen, hatten sie strengere Kirchen-
zucht gefordert, waren im Jahr 316 von Kaiser Konstantin dem
Großen verboten worden und wurden seither verfolgt, was ihren
schwärmerischen Märtyrereifer jedoch nur steigerte.

In diese bizarre Welt, die mehr Afrikanisches als Antik-
Europäisches hatte, war Augustinus nicht hineingeboren worden;
seine Wiege stand im numidischen Tagaste, wo er am 13. November 354 als Sohn der später heiliggesprochenen Christin Monika
und eines Patricius, der bis an die Schwelle des Todes Heide
geblieben war, geboren wurde. Die Stationen seines Lebens sind
aus zwei hervorragenden Quellen bekannt: den Bekenntnissen
des Heiligen selbst und der für uns beinahe ebenso wichtigen
Biographie seines Zeitgenossen und Schülers Possidius, des
gleichfalls heiliggesprochenen Bischofs der numidischen Stadt
Calama.

Als junger Mann führte Augustinus das Leben eines Angehörigen der wohlhabenden römischen Oberschicht, ergab sich in
Karthago, dem Sündenbabel Afrikas, den Ausschweifungen und
war schon im Alter von achtzehn Jahren Vater eines Sohnes
namens Adeodatus. Aufkeimendes Interesse für religiöse Fragen
führt ihn in die Arme der Manichäer, einer auf den Perser Manes
zurückgehenden Sekte, die das Alte Testament völlig verwarf. Die
Manichäer setzten in Nordafrika ausgezeichnete Lehrer ein, von
deren Persönlichkeit sich Augustinus stärker angezogen fühlte als
von ihrer Lehre. Zur weiteren Ausbildung ging er dann jedoch
nach Rom, wo er als Lehrer der Rhetorik erste Lorbeeren erntet,
und endlich nach Mailand, wo der große Ambrosius den intelli-
genten jungen Heiden zum Christentum bekehrt und ihn am 24.
April 387 tauft. Vier Jahre darauf ergeht das bekannte Edikt des
Kaisers Theodosius, in dem die christliche Religion zur Staatsreligion erhoben wird, und im gleichen Jahr kommt Augustinus nach
Hippo, um dort ein Kloster zu gründen. Nach weiteren vier
Jahren, 395 also, wird er als Nachfolger des Valerius Bischof von
Hippo Regius.

In Nordafrika, aber auch in Byzanz und in anderen Zentren des jungen Christentums tobte damals ein heute nur noch den Fachleuten bekannter, unvorstellbarer Kampf um die Herausbildung der gültigen Lehre aus einer Reihe von Überlieferungen, die nur zum Teil authentisch waren, zum andern Teil geprägt durch die Persönlichkeiten der einzelnen Kirchenlehrer und Diskutanten.

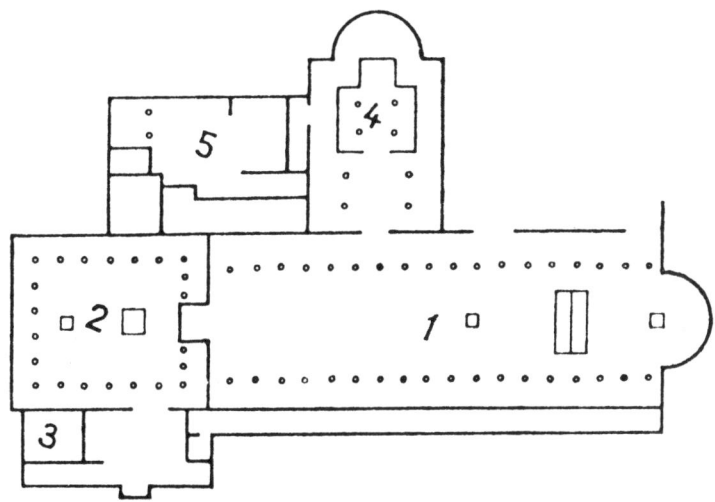

Die Basilika des Donatisten-Zentrums Thamugadi (1) mit dem Atrium (2), der Taufkapelle (3), einem weiteren Kapellenbau (4) und dem Haus des Donatisten-Hauptes Optat (5), der gegen Ende des 4. Jahrhunderts Bischof war.

Betrachtet man die Situation aus historischer Distanz, so muß man zugeben, daß etwa die Donatisten und ganz sicher auch die Arianer damals etwa die gleichen Chancen auf einen umfassenden Sieg hatten wie jene Richtung, die wir heute Katholiken nennen. Daß auch die Pelagianer oder die Manichäer geschlossene und attraktive Systeme zu bieten hatten, geht schon daraus hervor, daß beide Richtungen jahrhundertelang auch in anderen Kontinenten noch weiterlebten und blühten.

In den Donatistenkriegen hatten Bonifacius und Augustinus einander schätzengelernt, und als nun mit den Vandalen kaum zwei Jahrzehnte später eine neue furchtbare Gefahr für das christli-

che Nordafrika heraufzog, entsann sich Augustinus seiner Brief-
freundschaft mit dem *Comes Africae* und erbat von ihm den Schutz
der Stadt Hippo. Es kann auch umgekehrt gewesen sein. Bonifacius nämlich hatte als einzige verläßliche Truppe ein paar tausend
Goten; seine Römer, oder was man in Nordafrika so nannte, waren
ihm nämlich davongerannt, und die Bevölkerung des flachen
Landes machte erst recht gemeinsame Sache mit den heranrücken-
den Vandalen, wenn es galt, die reichen Villen zu plündern. Mit
einer Handvoll Soldaten konnte man sich aber in offener Feldschlacht keinesfalls behaupten, höchstens hinter den Mauern einer
zum Meer hin offenen Stadt wie Hippo.

Und so leisteten denn drei Festungen beherzten Widerstand
gegen die vandalisch-alanische Armee: Cirta beim heutigen Constantine, die hoch auf Felsen liegende und damit praktisch unein-
nehmbare Stadt des Massinissa, die Geiserich überhaupt nicht
interessierte und der er offenbar keinen Soldaten zu opfern
gedachte, weil sie ihm weder den Weg versperrte noch im maurischen Umland eine Gefahr darstellte; dann Karthago, das ferne
und mächtige Ziel des Eroberungszuges, gegen das Vandalentrupps
bereits vorsichtig ausschwärmten; und schließlich Hippo Regius,
die Stadt des heiligen Mannes, von dem Geiserich kaum je gehört
haben mochte, so berühmt dieser nun, in seinem sechsundsiebzig-
sten Lebensjahr, auch war.

Die Belagerung von Hippo begann im Juni des Jahres 430. Das
wissen wir so genau, weil Augustinus am 28. August 430, »drei
Monate nach dem Beginn der Belagerung durch die Vandalen«,
starb. Die Vita des Heiligen wird zu einem jener Glücksfälle für
die Vandalengeschichte, wie sie etwa die byzantinischen Diploma-
tenberichte im Falle Attilas sind oder die Existenz eines Ulfilas für
die Beurteilung des Gotenvolkes. Wir erfahren von Possidius, dem
gewissenhaften Biographen, wie sich Bischöfe und Kleriker aus
dem geplagten Land ins feste Hippo flüchteten, während Nordafrika vandalisch wurde und die Hoffnung sank, etwas dagegen
unternehmen zu können. Ehe sie flüchteten, hatten die Bischöfe
manches Wort- oder Briefgefecht mit Augustinus zu bestehen, der
ihnen befohlen hatte auszuharren, und wir besitzen die Zeilen eines
grollenden Amtsbruders, in denen es heißt: »Wenn wir bei

unseren Kirchen ausharren müssen, so vermag ich nicht einzusehen, was dies uns oder unserem Volk nützen könnte. Vor unseren
Augen würden Männer erschlagen, Frauen vergewaltigt, Kirchen
in Brand gesteckt und wir selbst zu Tode gefoltert, damit wir die
Verstecke von Reichtümern nennen, die wir gar nicht besitzen.«
Darum, nicht etwa aus religiösen Gründen, scheinen tatsächlich
Männer, bei denen man Reichtümer vermutete, von den Eroberern
auf etwa jene Weise gefoltert worden zu sein, die wir vor allem aus
dem Dreißigjährigen Krieg kennen: Man goß ihnen in den
aufgesperrten Mund allerlei scheußliche Flüssigkeiten, nicht selten
auch Meerwasser, woraus die Vandalen-Panegyriker immerhin
folgern konnten, daß die Hauptvormarschstraße in der Nähe der
Küste gelegen haben müsse . . .
Augustinus mußte nach langen Jahren des Kampfes gegen die
verschiedensten Irrlehren nun den augenscheinlichen Triumph der
Arianer mitansehen und den Untergang des römisch-christlichen
Afrika in einem Krieg, wie ihn bis dahin zwischen Alexandria und
Volubilis niemand erlebt hatte. »Der Gottesmann«, schreibt
Possidius, »sah ganze Städte durch Feuersbrünste zerstört, die
Bewohner verjagt oder vom Feind hingemordet, Kirchen ihrer
Priester und Diener beraubt, gottgeweihte Jungfrauen und Männer
der Enthaltsamkeit allerorts vertrieben. Einige von ihnen waren
den Folterqualen erlegen, andere durch das Schwert umgekommen.
Wieder andere hatten in der Gefangenschaft die Makellosigkeit der
Seele und des Leibes und die Reinheit des Glaubens eingebüßt und
schmachteten nun bei ihren Feinden in harter Sklaverei. Hymnen
und Gotteslob waren in den Kirchen verstummt, die fast allerorts
in Schutt und Asche lagen. Das feierliche, Gott gebührende Opfer
war an Seinen Weihestätten eingestellt. Die heiligen Sakramente
begehrte man nicht mehr, und wenn man sie begehrte, fand sich
nur schwerlich ein Spender.«
Die Organisation der Kirche war demnach zerschlagen, die
ersten Übertritte zum Arianismus befleckten, nach Possidius, nun
auch die Seelen jener, die bis dahin nur mit den Körpern gelitten
hatten. In dieser Hinsicht machten die spitzfindigen, in ihren
Glaubensdiskussionen hellhörig gewordenen Kirchenschriftsteller
jener Zeit ja sehr feine Unterschiede etwa in der *virginitas non*

animae sed corpore, und so manche Klosterinsassin mag damals
zuerst die eine, dann jedoch auch noch die andere verloren haben,
wenn sie als Haussklavin eines Vandalenkriegers zum arianischen
Glauben übertrat.

Natürlich war all dies Augustinus und den um ihn versammelten geflüchteten Bischöfen schon lange bekannt, ehe Hippo
eingeschlossen wurde. Als die Stadt auch vom Meer her nicht mehr
versorgt werden konnte, weil die vandalische Flotte sie abriegelte,
mögen nur noch Gerüchte mit Kurieren oder durch den Belage-
rungsring geschlüpften letzten Flüchtlingen in die Stadt gedrungen
sein. Augustinus sah jedenfalls sein Lebenswerk zerstört in einem
großen Krieg, den er, der die Christenheit nach dem Fall von Rom
noch einmal aufgerichtet hatte, nun nicht mehr mit wohlgesetzten
Worten in eine heilsame Erneuerung umdeuten konnte.

»Eines Tages«, berichtet Possidius, »saßen wir bei Tisch
zusammen und sprachen miteinander. Da sagte Augustinus ganz
unvermittelt: ›Ich möchte euch dies wissen lassen: In diesen Tagen
unserer Heimsuchung flehe ich um das eine zu Gott, daß er unsere
von den Feinden umlagerte Stadt befreien möge. Falls dies jedoch
nicht in seinem Ratschluß liegt, dann möge er wenigstens seinen
Dienern die Kraft geben, seine Fügungen zu ertragen, oder aber
mich aus dieser Welt nehmen.‹«

Die berühmte Stelle hat beinahe prophetischen Charakter, denn
die Art und Weise, in der Hippo befreit und doch auch wieder
nicht befreit, sondern einem seltsamen Stadttod überlassen wurde,
erscheint im Rückblick beinahe wie eine Fügung nach dem Willen
des Heiligen. Die Vandalen nämlich waren, ohne Belagerungsgerät
und angesichts der Notwendigkeit, ein ganzes Volk zu ernähren,
keineswegs imstande, mit nennenswerten Kräften und Aussicht auf
Erfolg gegen die mächtigen Mauern der Seestadt anzurennen.
Vermutlich war sie überhaupt nur eingeschlossen worden, um
Bonifacius und seine Goten unter Kontrolle zu haben, und die
Blockadeflotte vor der Flußmündung sollte die Landung einer
Entsatzarmee verhindern helfen.

Jedenfalls verging ein Jahr nach dem Tod des Heiligen, ohne
daß viel geschah, und die Ereignisse, die dann eintraten, hatten
Karthago zum Schauplatz, und Hippo spürte nur ihre Fernwirkun-

Der heilige Augustinus (Buchmalerei in einer *De Civitate Dei*-Handschrift aus dem 11. Jh.).

gen. Ohne daß irgendein Chronist sicher zu sagen wüßte, was sich eigentlich begab, ist Hippo im August 431 eine vandalische Stadt. Bonifacius ist nach Rom zurückgerufen worden, und die Vandalen haben dem hartnäckigen Gegner, der mit ein paar hundert Goten Hippo vierzehn Monate gehalten hatte, die Abreise gewiß so leicht wie nur möglich gemacht. Mit Bonifacius scheinen nicht wenige Einwohner der Stadt geflüchtet zu sein, entweder über See oder im vereinbarten freien Abzug, vielleicht aber auch durch die zeitweise gewiß schütteren Linien der Belagerer. Daß Hippo daraufhin niedergebrannt wurde oder auch nur teilweise brannte, wie man lesen kann, haben die Ausgrabungsfunde nicht bestätigt. Sicher ist auch, daß die wertvolle Bibliothek des Augustinus erhalten geblieben ist, was bei Brand oder Plünderung doch kaum der Fall gewesen wäre. An die Stelle des Bonifacius tritt als kaiserlicher Oberbefehlshaber in Afrika fortan Flavius Ardabur Aspar, eine kaum weniger interessante Persönlichkeit als Bonifacius, ein Mann, zeitweise mächtiger als der Kaiser, einer der besten Köpfe unter den Machtmenschen der Zeit und – ein Alane.

Sein Vater heißt Ardaburius, sein Sohn wird von Kaiser Justinian *Ardaburius gloriosae memoriae* genannt werden, und Aspar selbst ist unter den drei Kaisern, dem jüngeren Theodosius, dem energischen Markian und Leo I., stets einer der mächtigsten Männer, zeitweise überhaupt der Mächtigste im Reich und weit mehr, als sich in seinen Titeln *comes, consul, magister militum* ausdrückt. Dieser Aspar landet mit einer Hilfsarmee für die bedrohte und schwer heimgesuchte nordafrikanische Kolonie bei Karthago und veranlaßt damit – so muß man folgern – Geiserich, vor Hippo einen schnellen Frieden zu schließen. Bonifacius ist mit der Ankunft eines neuen Feldherrn abberufen und wird nach Rom zitiert. Geiserich legt ihm nichts in den Weg, er muß sich auf den neuen Gegner einstellen. Daß darum das bedrohte Hippo verlassen kann, wer will, wäre eine denkbare Bedingung dieser Übereinkunft, haben doch schon viele Städte, die sich so standhaft gegen die Belagerer wehrten, schließlich den freien Abzug ihrer Einwohner erreicht. Das wäre eine Erklärung für die seltsam plötzliche Lösung aller Konflikte um die heilige Stadt.

Damit verlagert sich das Geschehen nun nach Karthago, und während Bonifacius, dem die Vandalen kein Haar krümmten, in Italien seinem alten Rivalen Aetius gegenübertritt, kommt es vor den Mauern Karthagos zu den ersten Scharmützeln. Prokopios von Kaisareia, der gerne dramatisiert, spricht von gewaltigen Schlachten. Aspar hat dazu jedoch nicht die Soldaten und Geiserich zweifellos keine Lust. Für ihn beginnt nun, da er sich bereits als Herr dieses Landes fühlen kann, eine zweite, schwierigere Rolle: die eines Königs, dem das Heer auseinanderläuft, der seine Offiziere an der Landnahme und an den Römerinnen stärker interessiert sieht als an der Fortsetzung der Kämpfe. Und so muß Geiserich durch Schläue ersetzen, was ihm an Macht zu fehlen beginnt.

Der eindrucksvolle Eroberungsfeldzug der Vandalen und Alanen in einem zweifellos außerordentlich schwierigen und ungewohnten Gelände ist zwar offiziell noch nicht beendet, aber die Kämpfe um die drei Römerstädte, die sich noch wehren und von denen soeben eine kapituliert hat, hindern die Sippenhäupter nicht daran, schon mal nach dem besten Land Ausschau zu halten. Man kann es ihnen nicht verdenken; sie haben nicht, ein Dritteljahrhundert lang quer durch Europa ziehend, ihre Schlachten geschlagen, um dann am Ziel durch einen Schnelleren, Geschickteren auf einen Sandstreifen oder einen kargen Hügel abgedrängt zu werden. Landnahme ist ein großer Rausch und zugleich eine bittere Notwendigkeit, und gerade die Germanen haben diesen schicksalhaften und schicksal-bildenden Vorgang in späteren Zeiten hervorragend organisiert – auf Island zum Beispiel oder nach der Eroberung der britischen Insel durch die Normannen. Bei den Vandalen hören wir nichts von ähnlichen Maßnahmen, obwohl sie ja eigentlich auch können müßten, was die Norweger 300 Jahre später so perfekt beherr-schen. Aber Geiserich schuf zumindest eine sehr wichtige Voraus-setzung für den Übergang vom Krieg zur friedlichen Arbeit: Er arrangierte sich mit Aspar.

Eine fürchterliche Schlacht soll es vorher gegeben haben, an die allerdings niemand so recht glauben will, obwohl Prokopios, der Liebling aller Vandalen-Enthusiasten, sie uns, wenn auch ohne Ortsangabe, schildert. Indessen muß es doch zu einem Waffen-gang vor Karthago gekommen sein, vielleicht zu einem Ausfall, bei dem Geiserich eine beträchtliche Anzahl von Gefangenen machen konnte. Unter ihnen war ein sehr mutiger Mann, an dem Aspar gewiß viel lag: Markian, seine rechte Hand, Generalstabs-oder Kabinettschef, wenn man Aspars Stellung im Reich militä-risch *und* politisch sieht.

Markian, der spätere Kaiser, der energische Hunnengegner und Säuberer des byzantinischen Augiasstalls, ist Gegenstand einer Anekdote, die zwar offensichtlich erst entstand, als Markian tatsächlich Kaiser geworden war, die aber doch den Stempel der Wahrscheinlichkeit trägt. Prokopios, in seiner Anekdotenfreude ein prächtiges Bindeglied zwischen Herodot und Gregor von Tours, erzählt:

»Auf diese Weise nahmen die Vandalen den Römern Afrika
weg. Die Feinde aber, die lebend in ihre Hände fielen, machten sie
zu Sklaven und hielten sie so in Gefangenschaft. Auch Markianos,
der später, nach dem Tode des Theodosius, die Kaiserwürde
erhielt, war unter ihnen. Damals befahl Geiserich allen Gefangenen, sich im Königspalast einzufinden, damit er aufgrund einer
Überprüfung bestimmen könne, welchem Herrn ein jeder von
ihnen seinem Werte entsprechend dienen solle. So kamen sie unter
freiem Himmel [wohl im Hof] zusammen, und da es Mittag und
Sommerszeit war und alle unter der Hitze litten, ließen sie sich im
Schatten auf dem Erdboden nieder. Markianos jedoch kümmerte
sich nicht um Schatten, sondern hatte sich irgendwo auf den
Erdboden geworfen und schlief. Da schwebte plötzlich ein Adler
mit weit ausgebreiteten Flügeln über ihm und beschattete, indem
er sich schwebend in der Luft hielt, nur den Markianos. Geiserich,
ein sehr scharfsinniger Mann, sah vom Obergeschoß des Palastes
aus diesen Vorgang im Palasthof, vermutete sogleich göttliches
Walten und ließ den Markianos zu sich kommen. Über seine
Person und Stellung befragt, gab Markianos an, er sei der *domesticus*
des Aspar und gehöre zu seinen Vertrauten. Geiserich begriff nun,
was der Adler hatte sagen wollen, und indem er zugleich den
großen Einfluß bedachte, den Aspar in Byzanz ausübte, hielt er es
für denkbar, daß Markianos noch zur Kaiserwürde aufsteigen
werde . . . So verpflichtete ihn Geiserich eidlich, daß er, wenn es in
seiner Macht stehe, niemals die Waffen gegen die Vandalen
erheben werde. Unter dieser Bedingung kam Markianos frei und
konnte nach Byzanz zurückkehren, wo er nach des Theodosius Tod
späterhin den Kaiserthron bestieg [450]. Und während er sonst in
jeder Beziehung ein tüchtiger Herrscher war, bekümmerte er sich
nicht um die afrikanische Frage.«

Die Anekdote verdeckt eine Schlüsselbegebenheit, das heißt,
einen Vorgang, ohne den sich die weiteren Geschehnisse im
römischen und nunmehr vandalischen Afrika nicht verstehen oder
auch nur beurteilen lassen. Deswegen haben selbst angesehene
Universitätsprofessoren wie Gautier sich hinreißen lassen, einen
Dialog zu erfinden, wie er zwischen Geiserich und Aspar stattgefunden haben müsse. Ohne so weit zu gehen, möchte man doch

folgenden Ablauf für wahrscheinlich halten: Markian, dessen Mut
und Kämpferqualitäten allgemein bekannt sind und wenig später
eine Kaiserschwester in sein Bett locken werden, führte einen
Ausfall aus der Stadt Karthago, der sich die bei Hippo freigewor-
denen vandalischen Belagerungstruppen vielleicht allzusehr genä-
hert hatten. Die schnelle Reiterei der Alanen oder auch der
Vandalen schnitt den Römern den Rückweg in die Festung ab,
und damit war neben vielen anderen Gefangenen nun ein Mann in
der Hand Geiserichs, mit dem man, ohne sich eine Blöße zu
geben, die Gesamtlage erörtern konnte: der Domesticus, der engste
Vertraute des gegnerischen Befehlshabers, ein Mann zudem, der
dem Hof in Byzanz reserviert gegenüberstand und seine eigenen
Pläne und die Aspars über oströmische Allgemeininteressen stellte.

Nach Verhandlungen, die zweifellos schon 434 begannen, wurde im Februar 435 in Hippo Regius ein Frieden geschlossen, an
dem offenbar Flavius Ardaburius Aspar entscheidenden Anteil hat.
Rom sanktioniert, wie bisher schon so oft, was es ohnehin nicht
ändern könnte, einfach dadurch, daß es Vandalen und Alanen zu
Föderaten macht, als Föderaten akzeptiert. Sie sind fortan Verbündete, siedeln auf Land, das nur noch nominell römisch ist, und
erfreuen sich im übrigen so gut wie unbeschränkter Aktionsfrei-
heit. Es ist mehr selbstauferlegte Zurückhaltung, wenn Geiserich
mit der Ausdehnung seiner Piratenfahrten auf das Ostmittelmeer
zunächst noch zuwartet und sie erst aufnimmt, als das Föderatenverhältnis zum Kaiser in Byzanz ohnedies unglaubwürdig geworden ist. Im Grunde genommen ist der Vertrag die Besiegelung
einer römischen Niederlage, denn er wird einem Volk gewährt, das
nicht lang fragte (wie die Germanen bisher, zum Beispiel an der
Donaugrenze), sondern sich einfach nahm, was es haben wollte.
Die römische Expeditionsarmee kehrt mit Aspar und Markian
zurück nach Byzanz. Aspar, der mächtige Alane, und Geiserich,
Rex Vandalorum et Alanorum, haben Monate hindurch Zeit
gehabt, miteinander bekannt zu werden, sich ein Bild vom anderen
zu machen. Die geheime alanische Entente über das Ostmittelmeer
hinweg ist in diesen Monaten geschlossen worden, daran sind
Zweifel nicht erlaubt, sonst hätte sich das Schicksal des noch sehr
schwachen Vandalenreichs in Nordafrika ganz anders entwickelt,

sonst wäre das, was nun kommt, durchaus unerklärlich: Geiserichs
Handstreich gegen das christkatholische Karthago, Geiserichs
Piratenfahrten im Bereich des westlichen Imperiums, Geiserichs
fortgesetzte Abwehr aller Störversuche. Niemand weiß, wie
Geiserich von Aspar sprach, aber gewiß wäre es nicht falsch
gewesen, zu sagen: Unser Mann in Byzanz ...

Damit hätte nun der Frieden einkehren können, und die
Vandalen und Alanen haben im großen und ganzen wohl auch
Frieden gemacht und ihn genützt, denn man kann zwischen den
Zeilen der priesterlichen Berichterstatter lesen, daß es fortan
vandalische Herrensitze und ausgedehnte Güter gibt, daß die
Paläste sich mit römischem Personal schmücken und die Jugend
des Siegervolkes beginnt, sich nach Afrikas Genüssen umzusehen.

Aber es gibt in jedem Volk Menschengruppen, bei denen sich
der Seelenfrieden nicht automatisch einstellt, wenn sie unter
Palmen sitzen, kühles Sorbet schlürfen und die hübschen Landeskinder in ihr Bett ziehen – das sind die Fanatiker, die Eiferer, die
Asketen. Das Wort *Hütet euch vor den Asketen* war nirgends so
berechtigt wie in der römisch gewordenen Nordzone Afrikas, wo
ja schon vor Ankunft der Vandalen die blutigsten Glaubenskämpfe
getobt hatten. Ein Historiker von dem Ruf Eduard Gibbons ist der
Überzeugung, daß ein Gutteil der Grausamkeiten, die man den
einmarschierenden Vandalen in die Schuhe schiebt, in Wahrheit
von den durch die vorherige Verfolgung erbitterten Donatisten
verübt wurden, die den Katholiken wegen einiger Lehrsätze
blutige Schlachten lieferten und von ihnen aus dem gleichen
Grund schließlich ausgerottet wurden. Der Brite Gibbon also und
die Franzosen Courtois und Gautier meinen es durchaus gut mit
den Vandalen, vor allem Gibbons Deutung hat sehr viel für sich
und käme einer weitgehenden Exkulpierung gleich, hätte es nicht
auch bei den Vandalen Eiferer gegeben. Und nun, da Geiserich die
Macht hat, beginnen die arianischen Priester mit dem gleichen
traurigen christlichen Bruderzwist, wie ihn vor dem Eintreffen der
Vandalen die Katholiken unter Augustinus mit Buch und Schwert
geführt haben.

Dieser Haß vergiftete die innere Atmosphäre des Vandalenreiches und verhinderte die völlige Entente mit der Einwohnerschaft,

die an sich gegen die tolerante Vandalenverwaltung weit weniger einzuwenden hatte als gegen die harten römischen Steuereinnehmer. Indessen darf man wohl annehmen, daß die härtesten Glaubenskämpfe in den Städten tobten, einmal, weil sich die Vandalen die katholische Agitation auf ihren Gütern energisch verbaten, zum andern, weil das Landvolk ganz einfach außerstande war, die Spitzfindigkeiten der verschiedenen Lehrmeinungen zu begreifen, deretwegen man damals Hekatomben von Menschen umbrachte. Es war vielleicht edler, für einen Satz des Glaubensbekenntnisses zu morden als für einen von den Einwohnern verborgenen Goldschatz, aber es war auch zweifellos häufiger und hielt vor allem länger an. Zentrum dieser Auseinandersetzungen aber war nicht das zu weit westlich gelegene Hippo, sondern die Millionenstadt Karthago.

Vier oder fünf Jahre lang hat Geiserich von Hippo aus regiert, einer als Stadt akzeptablen Residenz, weshalb auch die Annahme, die Vandalen hätten sie niedergebrannt, mehr als unwahrscheinlich ist. Hippo war ein lebhafter Straßenknotenpunkt und hatte einen guten Hafen, was für die Vandalen von Jahr zu Jahr wichtiger wurde. Aber Karthago war einfach zu groß, war auch wirtschaftlich zu wichtig; die Million romanisierter Einheimischer und römischer Neubürger bedingten ein ungeheures landwirtschaftliches Einzugsgebiet bis tief hinein in die inzwischen vandalisch gewordenen Latifundien. Darum, nicht weil er selbst Wert auf diesen verschrienen Sündenpfuhl legte, der nur neue Probleme schaffen würde, marschierte Geiserich überfallartig in Karthago ein. Man schrieb den 19. Oktober 439 und hatte sich damit wieder einmal ans Dezennium gehalten, denn 409 waren die Vandalen nach Spanien gekommen, 429 waren sie nach Afrika übergesetzt, und nun, im zehnten Jahr seiner Königswürde, legte Geiserich sich die größte Stadt auf die Seele, über die je ein Germanenfürst geherrscht hatte – aus Rom hatten sie sich ja mit sichtlichem Unbehagen wieder aus dem Staub gemacht.

Ob die Stadt nun 700 000 Einwohner zählte oder eine Million oder gar mehr, sie verfügte jedenfalls über zehnmal soviel waffenfähige Männer wie das ganze Vandalenvolk, aber nicht einer von ihnen hob auch nur einen Stein auf, als die Vandalen anrückten.

Die römische Besatzung war im Vertrauen auf den Vertrag von
435 abgezogen, die Stadt fiel Geiserich in den Schoß wie ein reifer
Apfel – aber dieser Apfel war innen faul. Und Geiserich sah schon
sehr bald, daß er diese Stadt besser den Römern gelassen hätte,
umzirkt und abgeschlossen wie ein Krankheitsherd. Was konnte
seinem Volk schon Gutes kommen aus einer Metropole, in der die
Menschen nicht einmal vom Vandalensturm Notiz genommen

Eine der seltenen Münzen aus der Zeit des Geiserich, geprägt 439,
nach der Einnahme Karthagos. Die Kopfseite zeigt einen Gepanzer-
ten, vielleicht König Geiserich selbst.

hatten, in der sie alle sich in ihren Vergnügungen kaum stören
ließen und den Fremden, die nun mit ihren seltsamen Gewändern
und den langen Haaren zwischen ihnen herumgingen, nur
spöttische Blicke zuwarfen. Fünftausend hätte man versklaven,
zehntausend dieser Tagediebe allenfalls noch irgendwohin zur
Feldarbeit schicken können. Aber was sollte man mit einer Million
Menschen machen, die eine andere Sprache, einen anderen Glauben, eine andere Lebensweise hatten? Die Vandalen hatten die
Ehre, sie zu ernähren, und durften, wenn sie Glück hatten, ein paar
Steuern kassieren. Dafür aber würden sie es fortan mit dem
streitbarsten Klerus der ganzen Welt zu tun haben, mit den
Schülern der großen Kirchenlehrer, mit den geübten Debattenred-
nern der Konzilien, mit der höhnischen Überlegenheit eleganter

Silberne Saucenschüssel aus dem Esquilin-Schatz. Er wurde in Rom
vergraben, weder von Alarich noch von Geiserich entdeckt und kam
erst 1793 wieder ans Tageslicht. Venus und die beiden Putten geben
eine Vorstellung vom Reiz der heidnisch-christlichen Mischkunst des
4. Jahrhunderts.

Jünglinge, die das schwierige Latein mit der größten Selbstverständlichkeit handhabten, weil es trotz ihrer afrikanischen Herkunft eben ihre Muttersprache war.

Sie alle haben nur in Worten protestiert, als die Vandalen kamen; sie haben sich einem – wie es scheint – höchst angenehmen Leben hingegeben, durch das Karthago damals bereits außerordentlich bekannt war und gegenüber dem im Niedergang befindlichen Rom als die neue Hauptstadt des Westens zu gelten begann. Damit rückte Karthago freilich auch in die Schußlinie jener Autoren, die sich inmitten der großen Wende darum bemühten, Sinn und Ursachen dieses Wandels zu erfassen und zu ergründen, warum denn eigentlich all diese Germanen das Römertum in seiner Herrschaftsfunktion ablösten. Der vermutlich in Trier geborene Salvianus (400–470), Presbyter zu Marseille, widmet den einzelnen Germanenvölkern genauere Betrachtungen, um herauszufinden, worin ihre Überlegenheit über die Römer eigentlich bestand, und begleitet dabei die Vandalen, deren spanische Siege er bereits behandelt hat, bis nach Afrika und ins Sündenbabel Karthago, wo es seiner Meinung nach keine Art der Unzucht gab, die nicht von der Mehrzahl der Afrikaner betrieben würde.

»Wie wenige Weise gibt es«, ruft er angesichts der vandalischen Zurückhaltung über Karthago aus, »die das Glück nicht ändert, deren Lasterhaftigkeit nicht mit der Gunst des Schicksals wächst? Und deshalb ist es sicher, daß die Vandalen überaus maßvoll waren, wenn sie als Sieger ebenso blieben wie sie als Unterjochte gewesen waren. Es ist selbst in dieser Überfülle von Reichtum und Luxus keiner von ihnen ein Weichling geworden.« Ein Urteil, das leider für das nächste Jahrhundert nicht mehr zutrifft; der Untergang des afrikanischen Vandalenreiches wird die Folge sein.

Zunächst aber darf Salvianus noch weiterschwelgen als ein christlicher Tacitus, der an seinen Landsleuten verzweifelt ist: »Wer bewundert da nicht die Völkerschaften der Vandalen? Nachdem sie die reichsten Städte betreten hatten, wo diese Dinge [die Salvianus vorher ausführlich geschildert hat] allenthalben getrieben wurden, haben sie die Unsitten von sich gewiesen und den Genuß des Guten gesucht. Sie haben die Unzucht unter Männern

verabscheut, ja auch die mit Frauen, weswegen sie Lasterhöhlen
und Bordelle gemieden haben ebenso wie das Beilager und den
Verkehr mit Dirnen ... Sie befahlen sogar zwangsweise allen
Dirnen, eine Ehe einzugehen, und erfüllten so das Gebot des
Apostels, daß jede Frau ihren Mann und jeder Mann seine Gattin
haben solle.«

Salvianus hat es nicht mehr erlebt und Geiserich auch nicht, wie
dieser allzu verlockende Sündenpfuhl im Lauf der Generationen
selbst über die Enthaltsamkeit der Vandalen triumphiert, es
brauchten ja nur die Recken der Eroberung wegzusterben! Im
Unterschied zu Salvianus aber hatte Geiserich Phantasie genug,
sich vorzustellen, was kommen würde, und da er weitblickender
war als der Presbyter aus Marseille, tat er alles, um seine Soldaten
den Einflüssen von Karthago zu entziehen. Ob es einer Sonderge-
nehmigung bedurfte, die Stadt zu betreten, in der Art, wie sie im
Zweiten Weltkrieg die deutschen Landser vom gefährlichen Paris
fernhielt, wissen wir nicht; sicher aber ist, daß Geiserich seine
Leute zu beschäftigen verstand, und zwar auf eine ihnen höchst
angenehme und vertraute Weise.

»Damals, nach seinem Sieg über Aspar und Bonifacius, bewies
Geiserich bemerkenswerte Umsicht«, schreibt Prokopios von Kaisareia im ersten Buch seines *Vandalenkrieges,* »und festigte so im
höchsten Maß seine Stellung. Er fürchtete nämlich, die Vandalen
möchten sich, wenn abermals ein Heer aus Rom oder Byzanz
gegen sie heranrücke, nicht der gleichen Kraft und des gleichen
Glücks erfreuen; denn alle Menschendinge werden ja gewöhnlich
durch menschliches Eingreifen gestürzt und durch die natürliche
Schwäche des Körpers beeinträchtigt. So ließ sich Geiserich durch
seinen Erfolg nicht zum Übermut verleiten, seine Sorgen bestimmten ihn vielmehr, maßzuhalten, und er schloß daher mit Kaiser
Valentinianos *[gemeint ist Valentinian III., 425–455 Kaiser des*
Westreiches] einen Vertrag, wonach die Vandalen alljährlich Abga-
ben aus Afrika nach Italien senden sollten. Auch einen seiner
Söhne, den Honorichos *[= Hunerich],* stellte er aufgrund des
Abkommens als Geisel.«

Vielleicht hat kein Germane die Römer so richtig eingeschätzt
wie Geiserich.

Er gibt ihnen, was sie vor allem haben wollen: Verträge, Versicherungen, Schriftstücke, Verhandlungen, ja, sogar einen Prinzen als Geisel, wie es damals auch unter Germanen üblich war. Hinter dieser Fassade aber, beinahe vor den Augen der zwischen Rom und Karthago hin und her reisenden Diplomaten und Beamten, bereitete Geiserich jene Unternehmungen vor, die man ungestraft auch in Friedenszeiten durchführen konnte.

Mochte in Karthago ruhig der *Tribunus Voluptatum*, der »Sonderbeauftragte des Kaisers für die allgemeine Wollust«, seine Koffer packen und das Feld der vandalischen Polizei überlassen, wichtiger war es, daß die jungen Vandalen, jene, die beim Übersetzen von Spanien nach Afrika noch Kinder gewesen waren, sich in den Waffen übten und die Scheu vor den eleganten Römern verloren, die ihnen ihr Latein um die Ohren plärrten: Während die Flotte des Westreiches ohne Wartung verfaulte, rüstete Geiserich seine Schiffe auf, bemannte sie mit den abenteuerlustigen Söhnen des neuen Reiches, sah sich nach maurischen Rudermannschaften und nach Lotsen um. Europa war mit einem neuen Schrecken konfrontiert: Die Hunnen zogen durch den Balkan und beunruhigten das nördliche Italien. Niemand würde sich sonderlich darum kümmern, wenn Geiserich ein paar kleinere Vorstöße, gleichsam übungshalber, unternehmen ließ – nicht in die Gewässer des Ostreiches natürlich, wo ja eine gewisse Flottenmacht noch vorhanden war und Freund Aspar kein Ärger bereitet werden sollte, aber im nahen Westbecken des Mittelmeers, wo ein schwacher Kaiser durch Grausamkeiten ersetzte, was ihm an Macht fehlte.

Anfangs würden die Römer im unklaren darüber sein, welche Räuber hier aus heiterem Himmel und mitten in Friedenszeiten über die eine oder andere Küstenstadt hereinbrachen und schnell wieder das Weite suchten, ehe die Wachgarnisonen alarmiert waren; Piraten hatte es im Mittelmeer schließlich immer gegeben, seit den Zeiten Hannibals. Und dann, wenn Rom böse wurde, konnte man sich noch immer entschuldigen und ein paar weniger wichtige Beuteanteile nach Rom zurückschicken – das war die gute Sache wert, die Erkundung, die Ertüchtigung, die Vorbereitung der vandalischen Jugend auf den großen Kampf gegen Rom, den

Geiserich keineswegs den Hunnen allein zu überlassen gedachte. Ja, wäre nur die Entfernung nicht so groß, wäre Attila nicht so ein Fuchs und womöglich noch verschlagener als Geiserich selbst gewesen, man hätte sich zusammentun und diesem Popanz auf dem römischen Thron den Garaus machen können, der seine besten Generale selbst umbringen ließ . . .

Kein Kampf um Rom

Der Handstreich Geiserichs gegen Karthago hatte die Eroberung abgeschlossen. Cirta auf seinem Felsen verteidigte sich wohl noch, wurde aber mehr beobachtet als berannt. Der wüstenhafte Osten gegen Tripolis zu interessierte Geiserich nicht, im Raum des heutigen Tanger, seinem westlichsten Herrschaftsbereich, hatte er lediglich eine Flottenstation errichtet, nicht gegen die Römer, sondern gegen Germanen, die etwa seinem Beispiel folgen und die Meerenge überqueren wollten. Denn wenn Geiserich vor Byzanz einen gewissen Respekt hatte und Rom gegenüber einen steten Argwohn hegte – die Goten fürchtete er, sie hatten ihn und seine Vandalen noch bei jedem Zusammentreffen geschlagen, sie hatten sein Volk durch ganz Europa gejagt.

Der Abschluß des militärischen Geschehens, zumindest auf dem afrikanischen Kontinent, war der Augenblick, die innere Ordnung zu festigen. Geiserich hatte inzwischen einen vollständigen Überblick über Verteilung und Wert der eroberten Ländereien; er hatte in Karthago eine kleine Armee williger Hofschranzen vorgefunden, die eilfertig in seine Dienste trat, sich die Haare wachsen ließ und Vandalentracht bei den Schneidern bestellte. Mit ihrer Hilfe kam nun ein wenig Ordnung in die bis dahin mehr mit dem Schwert als mit der Feder abgesegnete vandalische Landnahme.

Der Vorgang war natürlich nicht neu. Überall dort, wo germanische Völker in römisches Kolonialland aufgenommen worden waren, hatten die Ansässigen ihren Grundbesitz mit den Ankömmlingen teilen müssen, die als Gegenleistung dafür militärische Aufgaben übernahmen. Nach diesem Prinzip ging noch zu Lebzeiten Geiserichs zum Beispiel Odoaker in ganz Italien vor, und im Jahrhundert darauf machte der große Theoderich daraus sogar eine Art Staatsraison als Basis eines germanisch-römischen Königtums von größter geschichtlicher und kultureller Bedeutung. Die Vandalen mußten diese Praxis aus Pannonien und Dakien ebenso kennen wie aus Spanien, aber obwohl Geiserich mit dem Römerreich einen Föderatenvertrag auch für Afrika geschlossen hatte, regierte er in den eroberten Gebieten zwischen Sitifi und Capsa als unumschränkter Herr und mit der größten Rücksichtslosigkeit.

Wir besitzen von diesem so wichtigen Vorgang, von der Ansiedlung der siegreichen Vandalen und Alanen auf Römergrund, leider keinen so umfassenden Bericht, wie ihn das *Landnamabok* für Island gibt (wo das zu verteilende Land allerdings unbewohnt war bis auf eine einzige vorgelagerte Insel, auf der irische Mönche lebten), und Geiserich teilt uns auch nicht den ganzen Umfang der Enteignungen mit, wie es etwa Wilhelm der Eroberer mit königlicher Desinvolture in seinem *Domesday Book* tat. Indessen kann es keinen Zweifel daran geben, daß die neuen Herren den Vorbesitzern nur die Wahl ließen, sich ungekränkt aus dem Staub zu machen oder als rechtlose Sklaven auf ihren Gütern zu bleiben; erst unter späteren Vandalenkönigen kam es zu Rückerstattungen von Teilbesitz.

Die römischen Grundeigentümer wurden also nicht besser behandelt als etwa die Sachsen Englands nach 1066, aber auch nicht schlechter, und Geiserich hatte für sein Vorgehen gute militärische Gründe. Er hatte bei der Eroberung zwar nur wenige Menschen verloren, aber viel mehr als seine 80 000 Vandalen und Alanen würde er auch in den nächsten Jahren nicht zur Beherrschung dieses sehr ausgedehnten Landes zur Verfügung haben, und ihnen stand allein in Karthago eine zehnfache Übermacht römischer und punischer Katholiken gegenüber. Die Vandalengüter mußten also rund um die gefährliche Stadt eine Art Sicherheitskordon bilden, denn man konnte schließlich nicht aus der fernen Mauretania Caesareensis Verstärkung heranholen, wenn es in Karthago gärte.

Die Provinz um Karthago trug, weil ein Prokonsul ihre Verwaltung geleitet hatte, die Bezeichnung *Proconsularis*, die sie im Volksmund auch ohne Prokonsul weiter behielt. Westlich davon lag Numidien, dessen Landwirtschaft für die Vandalen wichtig war und dessen fruchtbare Täler dereinst die vor Belisar flüchtenden Vandalen aufnehmen wird. Südöstlich von Karthago dehnte sich, mit dem Caput Vada weit ins Mittelmeer vorspringend, die ebenfalls reiche Provinz Byzacena mit so lebhaften Städten wie Sullectum, Telepte und Capsa. Hier, wo schon in den ersten Jahren

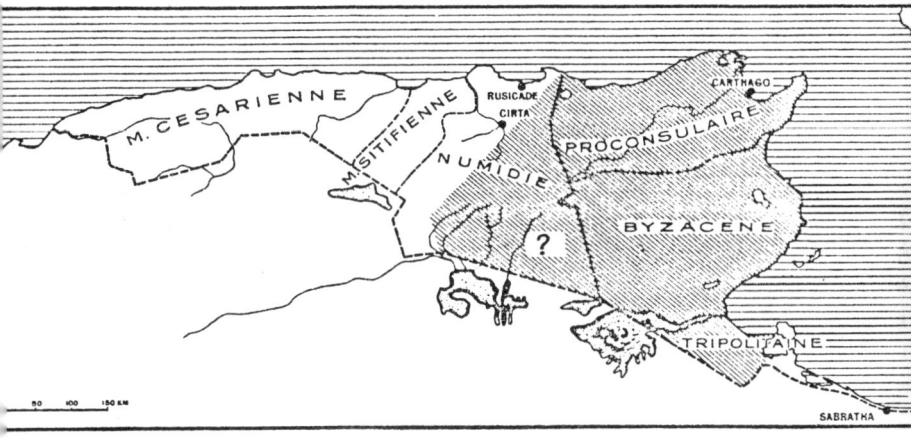

Die Kernprovinzen des Vandalenreiches in Nordafrika nach dem 442 geschlossenen AG MIT Byzanz: Tripolitanien, Byzacena, Proconsularis und Numidien. Die Vandalenmacht erstreckte sich jedoch noch weiter nach Westen, vor allem längs der Küste mit ihren befestigten Stützpunkten (nach Courtois).

der vandalischen Landnahme räuberische Kameltreiberstämme auftauchten, von denen bis dahin niemand etwas gewußt hatte, bekamen die gut berittenen und harten alanischen Wehrbauern ihr Land zugeteilt, um die eroberten Gebiete und die Hauptstadt gegen Südosten abzusichern.

Das Kernproblem blieb dennoch das viel zu große Karthago. Umgeben von gut organisierten vandalischen Tausendschaften unter je einem Chiliarchen behielt die Stadt dennoch ihr zahlenmäßiges Übergewicht. Denn wenn auch jede Tausendschaft der Vandalen zweihundert Waffenträger zu stellen hatte, was während der Wanderschaft eine schlagkräftige Truppe von 16 000

Mann ergeben hatte, so zeigte sich nun, in der seßhaften Existenz, daß diese an sich beträchtliche Anzahl von Kriegern sich in dem großen Land erschreckend schnell verteilte, als Macht verdünnte. Hingegen wimmelte es im Hafen von Karthago, diesem inzwischen ausgegrabenen und rekonstruierten Wunderwerk phönikischer Ingenieure, von Schiffsvolk, das halb und halb beschäftigungslos war, weil zunächst nur die Küstenschiffahrt wieder in Schwung gekommen war, der Fernhandel jedoch noch warten mußte, bis sich die Verhältnisse im Lande stabilisiert hatten.

Geiserich wußte sich unangreifbar, solange er seine Flotte kampfstark hielt. Für diese Flotte mußte es genügen, mit vandalischen Offizieren und Kerntruppen zu operieren, im übrigen aber auf dieses menschliche Mittelmeergebräu zurückzugreifen, wie es in jedem großen Hafen entsteht, mit Vätern, an deren undefinierbaren Visagen Dalmatiner, Kilikier und Ägypter ebenso mitgewirkt haben konnten wie Kreter, Sizilianer oder Katalanen, während die Mütter – um ein geringes bodenständiger – lediglich die karthagischen Ingredienzien verrieten: das noch immer an seinem Dialekt festhaltende Puniertum, die römisch-griechische Kulturschicht und die ersten Maureneinsprengsel aus den Bergen.

Ein Amaler hätte wohl einige Bedenken niederkämpfen müssen, ehe er sich mit dieser menschlichen Bouillabaisse auf den Kriegspfad begab, aber Geiserich war nicht nur kein Amaler, sondern nicht einmal ein vollbürtiger Hasding, und welcher Mischung seine Mutter ihre Schönheit und hohen Gaben verdankte, können wir schließlich nur vermuten. Also rekrutierte er, um Seeleute und Docker zu beschäftigen, vor allem aber, um den immensen Menschenbedarf der alten Seefahrt nicht aus dem kostbaren Bestand seiner vandalisch-alanischen Kernmacht entnehmen zu müssen. Denn die Flotte brauchte er, und diese Flotte brauchte neben den besegelten Transportschiffen für die Landungstruppen und die Beute auch nicht wenige schnelle Galeeren mit ihren zwei oder drei Reihen von Ruderbänken und den für den damaligen Seekrieg unerläßlichen Rudermannschaften.

Während wir die nutzlosen Prunkschiffe der alten Pharaonen bis in jede Spante und Planke haargenau kennen, ist sich die Forschung bis heute nicht einig darüber, ob Geiserich tatsächlich

Ruderschiffe verwendete oder ob er auch bei kriegerischen Ausfahrten unter dem alten lateinischen Segel fuhr, wie es die andalusischen Fischer über ihren Booten aufspannten. Wahrheitsfindung in der Geschichte und etwa in einem Strafprozeß ist aber doch zweierlei, und wir müssen nicht aus allem ein Problem machen, was uns nicht quellenmäßig belegt ist. Die Galeere als im Mittelmeer sehr verwendbares, schnelles und weitgehend windunabhängiges Kampfschiff blieb bis ins 18. Jahrhundert, also beinahe bis zum Übergang zur Dampfkraft, im militärischen Gebrauch. Noch der Sonnenkönig verurteilte Hugenotten zur Galeerenstrafe, die Malteserritter ließen gefangene Türken rudern und die Türken dafür gefangene Christen, kurz: Von den Seeschlachten der Antike bis an die Schwelle der Dampferzeit hat es im Mittelmeer Galeeren gegeben, und nur während der neunzig Lebensjahre des Geiserich sollten sie außer Gebrauch gekommen sein?

Gewiß, ein ferner Vorvater dieses Königs hatte auf einer dänischen Insel oder im südlichen Schweden nach Wikingerart das offene Meer mit Segeln befahren, aber darum war Geiserich doch kein Wikinger mehr, sondern ein Staatslenker, der durchaus unromantisch die Möglichkeiten seiner Zeit voll ausschöpfte. In Karthago hatte er zweifellos Hunderte von Handelsschiffen vorgefunden, die einen prächtigen Grundstock für die Bewegungen zur See boten. Um sie herum aber mußten die flinken Triremen für die Sicherheit der Flotte sorgen und die beim präsumptiven Gegner – den Kaisern in Ravenna und Konstantinopel – ja doch noch vorhandenen wenigen Kriegsgaleeren abwehren. Ohne Galeeren wäre vor allem der Rückzug mit der Beute stets ein Wettlauf mit dem Tod geworden, und dazu war die Beute zu wichtig . . .

Obwohl wir von dieser Konsolidierungsphase der vandalischen Herrschaft nicht allzuviel wissen – die Chronisten berichten ja lieber über dramatische Geschehnisse –, läßt sich doch mit Sicherheit erkennen, daß Geiserich mit außerordentlicher Umsicht zu Werke geht, daß er zunächst die defensiven Maßnahmen trifft, ehe er offensive vorbereitet, und daß er an allen Fronten Ruhe hält, an denen ihm dies möglich ist und nicht mit seinen Interessen

kollidiert. So geht er zum Beispiel hart gegen die Vorbesitzer der
nunmehrigen Vandalengründe vor, weil er diese zur Befriedigung
des inzwischen wohl etwas ungeduldigen Vandalen-Adels dringend
benötigt. Er läßt, als die Gefolgschaft zufriedengestellt ist, die
Kinder seines Halbbruders Gunderich umbringen, um die inzwischen herangewachsene legitime Nachkommenschaft aus dem
direkten Hasdingen-Stamm nicht weiter im Auge behalten zu
müssen.

Diese Maßnahme von unleugbarer Brutalität erklärt sich daraus,
daß er selbst als Konkubinensproß in dauerndem Nachteil gegen
alle Männer aus der Linie Gunderichs geblieben wäre; jede
Adelsopposition hätte sich auf diese Prinzen stützen können, jede
noch so kleine unzufriedene Gruppe hätte angesichts des Vorhan-
denseins der vollbürtigen Nachkommen gute Chancen gehabt,
Geiserich zu beseitigen. So ungeheuerlich dieser kalte Mord von
Halbwüchsigen uns heute auch erscheint, die christlichen Franken-
herrscher und viele andere europäische Könige bis zu Richard III.
haben nicht anders gehandelt; die Thronfolgegesetze legten gewaltsame Lösungen dieser Art eben immer wieder nahe.

Das größte Problem seiner Herrschaft, ja, des ganzen Vandalenreiches in Afrika, ging Geiserich nur zögernd an: die religiöse
Frage. Die so gut wie ausschließlich zur katholischen Gegenpartei
gehörenden Berichterstatter haben ihm im Religionskampf natürlich besonders genau auf die Finger gesehen und ihm gewiß nichts
durchgehen lassen. Man darf daraus folgern, daß uns alle gewaltsamen Maßnahmen, alles, was die Gegenseite für ungesetzlich und
brutal halten mußte, vollständig überliefert sind und eher das
verschwiegen wurde, was Geiserich in seinem Verhalten gegenüber
den Katholiken entlasten könnte. Trotz dieser außerordentlich
einseitigen Berichterstattung gewinnen wir den Eindruck, daß
Geiserich zwar seine Prinzipien wahrte, in seinem Vorgehen aber
auch auf diesem Territorium die gewohnte Vorsicht, ja, Behutsam-
keit walten ließ. Studiert man die Fülle der Angriffe, die von
wütendem Haß gezeichneten Berichte der in ihren Rechten
geschmälerten, in der Agitation behinderten und zum Teil aus
ihren Diözesen gewiesenen Bischöfe und anderen Kleriker, so
ergibt sich mit großer Klarheit, daß im Religionskampf des

Vandalenreiches Geiserich nicht der Angreifer, sondern der Angegriffene war, zumindest seit der Einnahme von Karthago.

Der Arianismus war für die Vandalen ein Stück Selbstbehauptung, der entscheidende Weg zum Selbstverständnis in einer Welt, die nun nicht mehr heidnische, sondern christliche Antike war, den Germanen aber immer noch in sehr vielem unendlich überlegen blieb. Die Gotenbibel des Ulfilas hatten die Vandalen schon in Pannonien im Kampf mitgetragen, weswegen es Unsinn ist, zu behaupten, Geiserich sei als Katholik geboren worden, später übergetreten und als Konvertit mit dem besonderen Haß der Überläufer gegen die Katholiken Afrikas ins Feld gezogen. Inmitten der suggestiven Übermacht einer lateinischen Welt war dieses Kleinod christlich-germanischer Sprachschöpfung zu ungeheurer Bedeutung gelangt; aber die wenigen Jahre seit Ulfilas hatten nicht gereicht, die Vandalen mit einem Klerus auszustatten, der an Bildung, Wortgewalt und gedanklicher Schulung den Gegnern auch nur einigermaßen gewachsen gewesen wäre. Nach den Kämpfen gegen Donatisten und Pelagianer, nach dem Training auf Synoden und Konzilien und der Schulung in der Dialektik eines Augustinus war die katholische Elite Karthagos allen anderen Richtungen, ob sie sich nun in Kleinasien, Italien oder Ägypten gebildet hatten, weit überlegen. Die kleine Gruppe arianischer Priester hatte gegenüber diesen Virtuosen der Polemik und der Debatten nicht die geringste Chance, sie beherrschten von Anfang an nur die Sprache des Schwertes.

Um Blutbäder zu verhindern, beschränkte Geiserich darum den Geltungsbereich der vandalischen Religion auf sein Volk und dessen Anhang, der sich aufgrund seiner Kleidung leicht erkennen ließ, und versöhnte seine eifernden Priester dadurch, daß er ihnen allenthalben Kirchen und Paläste freimachte für ihren Kult und ihre Lebensführung. Die Grenzen, die damit gesetzt waren, mögen von den Vandalen als den Siegern da und dort überschritten worden sein und gerieten ins Wanken, als sich aus Gründen der Opportunität zahlreiche Römer – zum Beispiel jene, die im Hofdienst standen – zur Wiedertaufe präsentierten. Geiserich verlangte, wie Beispiele allerdings für höhere Ränge zeigen, von seiner Umgebung das arianische Glaubensbekenntnis und ließ

selbst gute Leute ziehen, wenn sie dazu nicht bereit waren. Damit
übte er gewiß Druck aus, aber dies ist nun wirklich ein Druck-
mittel, das Europa bis heute in keinem Bereich seiner diversen
Verwaltungseinheiten losgeworden ist.

Ganz anders die Katholiken Karthagos und des ganzen eroberten Nordafrika. Sie befanden sich in der schwierigen, beinahe
unerträglichen Lage, trotz höherer Bildung, trotz ihrer wohlgefe-
stigten Überzeugung vom Besitz der Wahrheit, untätig bleiben zu
müssen, als die gewonnenen Positionen um schnödester Postenjä-
gerei willen abbröckelten, ganz zu schweigen von den tatsächlichen
Drangsalen, denen einzelne streitbare Bischöfe in ihren Diözesen
ausgesetzt waren. Niemand wird es verurteilen, daß aus solcher
Position zum Angriff angesetzt werden mußte, daß die Kirche sich
bedroht sah und im Gegenangriff die beste Verteidigung erblickte.
Geiserich hat, zum Unterschied von einigen seiner Nachfolger,
dieses Kräfteverhältnis stets richtig eingeschätzt. Er wußte, daß an
dieser Front keine Siege errungen werden konnten, und war daher
von Anfang an darauf bedacht, das Feuer klein zu halten, die
Gegensätze zu entschärfen. Er ließ die Wahl eines Bischofs für
Karthago zu, was ihm die Katholiken mit wütender Agitation
unter seinen Augen dankten, und griff nur dort ein, wo seine
Vandalen in Gefahr gerieten, der geballten und überaus geschickten Propaganda der gegnerischen Religion zu erliegen. Die Gefahr
wuchs, als die vandalische Jugend nach und nach des Lateinischen
mächtig wurde, während ja kein Römer dem vandalischen
Gottesdienst in gotisch-vandalischer Sprache folgen konnte. Daraus erhellt schon, daß die Missionare Katholiken waren, die
Mission die Mehrheitsverhältnisse nur zugunsten des zahlenmäßig
sowieso schon überlegenen katholischen Lagers verändern konnte.
»Damit war eine wesentliche Beschränkung für die Ausbreitung
des Arianismus gegeben, die im lateinischen Westen ohnedies
nicht allzu groß war. Die germanischen Könige scheinen sich
dessen bewußt gewesen zu sein. Im großen und ganzen haben sie
wohl für den Arianismus nichts anderes als seine Daseinsberechti-
gung verlangt.« (Gautier)

War hier also nur ein Abwehrkampf möglich, in der Hoffnung,
daß ein gefestigtes, dauerhaftes arianisches Königtum nach und

nach die Position der Katholiken erschüttern würde, so lag andererseits das Mittelmeer nun, da Karthago erobert war, verlockend offen vor der Mole, und die Erfolge, die Karthagos Römer ihm verwehrten, die konnte Geiserich gegen Rom selbst erringen.

Die vandalische Stillhaltephase gegenüber Rom endete mit den wachsenden Erfolgen der Hunnen, wenn auch eine Verabredung zwischen Geiserich und Attila nur für einen einzigen Feldzug anzunehmen, ja, von zeitgenössischen Autoren als feststehende Tatsache behandelt worden ist: für das Sizilien-Abenteuer der fünf oströmischen Feldherren.

Die Einnahme von Karthago war ohne einen Schwertstreich erfolgt, aber sie hatte die Vereinbarung verletzt, die zwischen Geiserich und Aspar geschlossen worden war. Daher wirkte sie wie ein Alarmsignal, wohl aber auch, weil Karthago eben keine gewöhnliche Stadt war, sondern seit dem Niedergang Roms besondere Bedeutung gewonnen hatte.

Als nun Geiserich ein halbes Jahr nach der Einnahme der Stadt aufzurüsten begann und im Frühjahr 440 eine große vandalische Flotte den Hafen verließ, erfaßte Angst und Schrecken die beiden römischen Reiche. Daß die Flotte auslief, hatten die Späher melden können, aber ihr Ziel war nicht in Erfahrung zu bringen gewesen, ein weiterer Beweis dafür, daß Geiserich wirklich ein hervorragender Organisator war; seine engsten Mitarbeiter waren verschwiegen, während alles, was man in Ravenna oder Konstantinopel vorbereitete, schon nach kurzer Zeit in allen Mittelmeerhäfen die Runde machte.

Diese Ungewißheit vergrößerte die Angst, und es ist bezeichnend für den Ruf, den Geiserich damals schon genoß, daß in Italien die Generalmobilmachung ausgerufen wurde, während man am Bosporus eilends alle Verteidigungsanlagen verstärkte. Sigisvultus, *magister militum praesentalis*, kommandierte die italienischen Heimattruppen in Abwesenheit des in Gallien kämpfenden römischen Reichsfeldherrn Aetius. Auch Sigisvultus war natürlich ein Germane, jemand anderen hätte man Geiserich erst gar nicht entgegengestellt; er ließ die Befestigungen von Rom ausbessern, aber noch hatte Geiserich andere Ziele: Er landete bei Marsala, dem damaligen Lilybaeum, zog plündernd durch ganz Sizilien und belagerte Palermo.

Das Ostreich, das über eine Flotte verfügte, die allerdings in erster Linie aus Transportschiffen bestand, entsandte nun endlich ein starkes Expeditionskorps nach Sizilien, das von nicht weniger als fünf Feldherrn befehligt wurde. Obwohl mindestens zwei von ihnen, nämlich Germanus und Arintheus der Jüngere, Germanen waren, richteten sie nichts gegen die Vandalen aus, sie vermochten nicht einmal die gut geführten Plünderergruppen zu stellen. Areovindus, der Ranghöchste unter ihnen, war schon zehn Jahre zuvor Konsul gewesen und nunmehr Magister militum, ein bejahrter Zauderer, der es sich auf Sizilien so lange gutgehen ließ, bis durch den Hunneneinbruch auf dem Balkan Byzanz in allerhöchste Gefahr geriet und die auf Sizilien erfolglosen Truppen an den Bosporus zurückkehren mußten.

Seit dieser auffälligen Koordinierung militärischer Großaktionen gegen Byzanz, die man ja nicht kurzerhand vom Zaun brechen konnte, hielt sich in beiden Römerreichen das Gerücht von einer *Entente cordiale* zwischen den zwei mächtigsten Räubern jener Jahre – zwischen Attila und Geiserich. Dabei hatten beide zu diesem Zeitpunkt noch gar nicht richtig gezeigt, was alles in ihnen steckte, aber wir wissen heute, daß das Gefühl die Kaiser und ihre Generäle nicht getrogen hat. Attila entledigte sich seines Bruders Bleda (seine unmittelbare Schuld an dessen Tod steht allerdings nicht fest), und Geiserich schlug, als seine Armee aus Sizilien zurückkehrte, zwei große Verschwörungen blitzschnell und blutig nieder. Die eine war unter seinen eigenen Leuten ausgebrochen, vielleicht, weil die Sizilien-Beute nicht nach der alten, von den Wanderzügen her üblichen Weise aufgeteilt wurde, sondern ein größerer Beuteanteil auf den nun im vollen Glanz seiner Macht übermütigen Geiserich (wie Prokopios es ausdrückt) entfiel. Die andere Verschwörung hatte der Römeradel von Karthago anzuzetteln versucht; von ihr ging offensichtlich die geringere Gefahr aus.

Wenn man auch nicht so ohne weiteres glauben kann, daß ein Mann wie Geiserich – nun etwa fünfzig Jahre alt – plötzlich übermütig wird, so steht doch fest, daß es sich um eine ernste Krise handelte.

Es soll soviel Vandalenblut vergossen worden sein wie in einem Krieg . . .

Es ist denkbar, daß bei der Niederschlagung dieser Verschwörung auch Gunderichs Witwe mit ihren Kindern ums Leben kam, denn wir kennen den Zeitpunkt dieses Gewaltaktes nicht, sondern wissen nur, daß sie in dem numidischen Fluß Ampsaga ertränkt wurde – die im ganzen germanischen Rechtsbereich häufigste Todesstrafe für Frauen. Numidien ist zwar von Karthago einige Tagesritte entfernt, aber es könnte sich ja um Ereignisse während der Flucht einer Verschwörergruppe gehandelt haben.

Eine weitere Bereinigung der Verhältnisse war durch den Friedensvertrag eingetreten, den Kaiser Valentinian mit Geiserich hatte schließen müssen. Geiserich wurde darin als selbständiger Herrscher anerkannt und blieb im Föderatenverhältnis nur für die westlichsten Teile seines Reiches, also die beiden Mauretanien und das westliche Numidien mit dem standhaften Cirta. Karthago und die umliegenden strategisch wichtigen reichen Provinzen bildeten ein unabhängiges Vandalenreich, ein Erfolg, den kein anderer Barbarenfürst gegen die Kaiser jemals erringen konnte: Selbst Alarich und Attila hatten sich römische Feldherrn-Insignien verleihen lassen und damit die Oberhoheit der Kaiser anerkannt. Geiserich hat nie nach solchen Ehrungen gestrebt; sein gesundes Selbstgefühl zeigt sich in diesem Friedensvertrag, der eiskalt auf handfesten Gewinn aus ist und in dem er sich, frei von allen Komplexen gegenüber Rom und Byzanz, nicht mit billigem Lorbeer abspeisen läßt.

Zu dieser entschlossenen Realpolitik paßt es auch, daß Geiserich diesen Frieden im wesentlichen einhielt. Hydatius berichtet zwar in seiner Chronik zum Jahr 445 von einem kurzen Überfall auf die gallische Küste, bei dem zahlreiche Familien geraubt worden seien; aber das war, wenn es sich überhaupt um Vandalen handelte, offensichtlich eine durchaus isolierte Aktion. Im Jahr 446 wurden über Aetius, den Geiserich schätzte, sogar Pläne hinsichtlich einer Verbindung zwischen der Familie Geiserichs und dem weströmischen Kaiserhaus geschmiedet, ohne daß wir Genaueres wüßten (eine entsprechende Anspielung darauf findet sich lediglich in einem Huldigungsgedicht des gallischen Poeten Merobaudus an Aetius.

Während diese Verbindung immerhin zustandekam, wenn auch erst Jahre später, ging eine andere hoffnungsvoll geschlossene Polit-Ehe spektakulär in die Brüche: Geiserichs Sohn Hunerich hatte eine Westgotenprinzessin geheiratet, um den Erbfeind milde zu stimmen. Aber die offenbar ihrem Volk treuer als ihrem Gatten Ergebene hatte angeblich einen Giftanschlag auf Schwiegervater Geiserich unternommen, so daß man sie leicht verstümmelt nach Gallien zurückschicken mußte. Es mag freilich auch ganz anders gewesen sein, Geiserich kann ein Bauchgrimmen in einen Mordanschlag umgedeutet haben, da ihm ja doch niemand zu widersprechen wagte, und Sohn Hunerich war damit frei für eine neue Ehe. Hier und in vielem anderen eröffnet die innere Geschichte des Vandalenreiches ein weites Feld der Spekulationen.

Klarer sieht man von dem Augenblick an, da die Vandalen aus ihren afrikanischen Schlupflöchern kommen und sich auf den heiligen Boden Italiens wagen, wo jeder Quadratkilometer seine Geschichte hat und wo eine kleine Armee von Chronisten alles beobachtet, was sich begibt. Freilich bedurfte es dazu einiger Vorbereitungen, denn Geiserich, gefürchtet und berühmt, war schon bei Lebzeiten zum Denkmal geworden und wollte sich nicht so ohne weiteres unter die wortbrüchigen Barbaren einreihen lassen, die wie Attila ihre Verträge nur hielten, solange es ihnen paßte.

Darum hatte Geiserich den großen Hunnenzug gegen Paris und Orléans nicht mit Truppen, sondern nur mit Geld aus seinem reichen Schatz unterstützt und immerhin den Erfolg geerntet, daß auf den Katalaunischen Feldern der Westgotenkönig fiel, dessen Tochter ihm einst das Giftsüppchen mischte.

Noch besser war, daß Kaiser Valentinian den Hunnenbezwinger Aetius einer Hofintrige wegen eigenhändig ermordete und sich damit, wie einer seiner Zeitgenossen es ausdrückte, mit der linken Hand die rechte abgeschlagen hatte. Am 16. März 455 wurde dann auch Kaiser Valentinian III. ermordet (man sieht, daß es unter den zivilisierten Römern nicht weniger blutig zuging als unter den Vandalen), und der Mörder, er hieß Maximus, zwang

Der heilige Augustinus (354–430) im Gespräch mit Felicianus. Miniatur in einer aus dem 11. Jahrhundert stammenden Handschrift des Klosters auf dem Mont Saint-Michel (heute in Avranches).

Aetius Flavius (390–455), Reichsfeldherr des westlichen Römerreichs und Befreier Galliens von den Hunnen.

die Kaiserinwitwe Eudoxia in sein Bett, während er die gleichnamige Kaisertochter mit seinem Sohn Palladius vermählte.

Das alles ging blitzschnell, vielleicht, weil Maximus ahnte, daß ihm nur eine kurze Regierungszeit vergönnt sein würde. Und tatsächlich schien Geiserich auf diese Entwicklung nur gewartet zu haben, die ihn von den Verpflichtungen des Friedensschlusses von 442 befreite – nach der unter allen Nicht-Römern üblichen Auffassung, daß solche Verträge zwischen einzelnen Männern und nicht zwischen Staaten geschlossen würden. Hinzu kam, daß bei dem brutalen Staatsstreich im Westreich hochgeborene Damen zu

Schaden gekommen waren, so daß die Fürsten, soweit sie dazu in
der Lage waren, sich aufgerufen fühlten, zum Schutze der Bedrängten einzugreifen. Da es gegen Kaisermacht wenig Abhilfe gab,
hatte eine enttäuschte Prinzessin wenige Jahre zuvor keinen
Geringeren als Attila zu Hilfe gerufen und damit einen Weltkrieg
entfesselt, und nun war es die Kaiserinwitwe Eudoxia, der man
einen solchen Hilferuf zumindest andichten konnte.

Somit geschah es unter Wahrung des schönen Scheins, daß sich die
Vandalenflotte im Frühling 455 in Bewegung setzte, vermutlich
schon wenige Tage nach dem Eintreffen der wichtigsten Nachricht –
daß gotische Offiziere des Aetius im Sold des Maximus ihren Herrn
gerächt und Kaiser Valentinian getötet hatten, als er – man weiß ja
stets ganz genau, was sich wann in Rom ereignet – am 16. März
455 auf dem Landsitz *Ad duas Lauros* beim dritten Meilenstein an
der Via Labicana einer Truppenübung beiwohnte. Eine kleine
Gruppe gotischer Offiziere, unter ihnen ein Optila und ein
Traustila, hatte sich auf den Kaiser gestürzt und ihn niedergesto-
chen, und von der ganzen exerzierenden Truppe hatte nicht *ein*
Mann das Schwert gezückt, um seinen Herrn zu retten. Das hatten
sie offenbar nicht geübt.

Ob Eudoxia mit diesem genauen Bericht auch einen eigenen
Boten nach Karthago entsandte und Geiserich herbeirief, muß
nach Lage der Quellen offenbleiben, vor allem weil – wie wir ja
schon in anderem Zusammenhang gesehen haben – solche »Einla-
dungen« seit jeher sehr beliebt waren. Grund genug hätte Eudoxia
allerdings gehabt, denn Maximus, der neue Herr, hatte sie nicht
nur mit Gewalt zu seiner Gemahlin gemacht, sondern ihr auch
nach der ersten Nacht höhnisch gestanden, daß der eigentliche
Mörder ihres Gatten er selbst sei, die Goten seien nur seine
Werkzeuge gewesen. Maximus hatte jedoch für sein Vergehen ein
Motiv, das selbst heutige Gerichte zumindest in Frankreich und
Italien milde stimmen würde: Valentinian hatte, als Maximus noch
Senator war, sich mit List und Gewalt die schöne Frau des Maxi-
mus gefügig gemacht, und sie war aus Gram über ihre Schmach
gestorben als »die letzte Lukretia Roms« (Gregorovius).

Geiserich interessierten diese Details kaum, er nutzte nur die
Gunst der Stunde, und da er – wie Jordanes sagt – bisweilen

schneller handelte, als andere dachten, erschien zum Entsetzen der Römer seine gewaltige Flotte urplötzlich vor Portus, dem damals wichtigeren Hafen Roms. Die Via Portuensis bot eine bequeme Einmarschstraße, und so konnte Rom noch im Mai, wenige Wochen nach dem Kaisermord, umzingelt werden. Sieht man von den heutigen Luftlandetruppen ab, so könnte auch ein modernes amphibisches Unternehmen kaum viel schneller durchgeführt werden, was beweist, daß Geiserich ein Erfolgsgeheimnis aller großen Heerführer zum Prinzip erhoben hatte: So sorgfältig er überlegte, so klug er plante, bei der Ausführung seiner Aktionen war er so schnell wie Caesar vor ihm und Kublai Khan oder Napoleon nach ihm.

Einen einzigen Aufenthalt hatte es bei seinem kurzen Marsch auf die Ewige Stadt gegeben: Am 31. Mai war Kaiser Maximus beim Versuch zu fliehen von burgundischen Söldnern gesteinigt worden, sie hatten ihn nicht einmal des blanken Stahls für würdig erachtet, und zwei Tage darauf zog Papst Leo I. aus der schutzlosen Stadt zum Lager des Geiserich und bat um Schonung für die Einwohner und die Bauwerke. Dabei versicherte er, es werde keinen Widerstand geben, es werde also auch nicht zu Kämpfen in den Straßen kommen, und somit könnten auch Feuersbrünste vermieden werden.

Leo I. der Große ging so einen schweren Weg nicht zum ersten Mal. Drei Jahre zuvor war er den Hunnen unter Attila bis nach Mantua (!) entgegengezogen, und die Legende erfand eine Vision, die es dem abergläubischen Hunnenkönig ratsam erscheinen ließ, die Bitten dieses offenbar zaubermächtigen Priesters zu erfüllen. Das mittlere und das südliche Italien waren daraufhin vom Hunnensturm verschont geblieben, Attila jedoch bald darauf gestorben. Geiserich war in seinem festen arianischen Glauben dem Papst wohl ohne geheime Furcht oder Bedenken entgegengetreten; an Blutvergießen hatte er weniger Interesse als an Sklaven und Geiseln, die man zu Geld machen konnte, und brennende Gebäude lassen sich schwer plündern. Die Vereinbarung mit Leo dem Großen entsprach also durchaus seinen Plänen, und daß es gelang, nicht nur die Vandalen, sondern auch die maurischen Hilfstruppen zur strikten Befolgung dieses Übereinkommens anzuhalten,

beweist die ungeheure Autorität, die König Geiserich überall
besaß.

Diese Sicherheit seiner Gewalt über Mauren wie Vandalen
gestattete Geiserich auch, für die systematische Ausplünderung des
großen Rom vierzehn Tage anzusetzen, eine Frist, in der jede
andere Truppe ihrem Herrn entglitten wäre, jeder andere Monarch
die Macht über seine Soldaten verloren hätte, wie das Beispiel der
Ausplünderung von Byzanz durch das Kreuzheer unter Dandolo
unwiderlegbar zeigt. Alarich konnte seine Goten drei Tage lang im
Zaum halten, das war schon viel, und es hatten sich Episoden
ereignet, die zeigen, wie nahe dennoch ein orgiastisches Chaos
bevorstand. Anders die Vandalen: Sie agierten mit der professionel-
len Ruhe moderner Mafiosi. Zug um Zug wurden die Straßen
abgegangen, die Wagen folgten, damit die Beute verladen werden
konnte, und endlose Kolonnen von Wagen und Karren rollten auf
der Via Portuensis zu den Schiffen, um deren Bäuche zu füllen.
Geschont wurde alles, was diesem Zweck nicht diente, und
Vergewaltigungen hätten nur einen unnützen Aufenthalt bedeutet,
führte man doch ohnedies zahllose wohlhabende Familien als
Geiseln weg, mit deren Frauen und Töchtern man sich in Afrika
ungestört und unbeobachtet würde vergnügen können, bis das
Lösegeld eintraf. Im Augenblick waren die goldenen und silbernen
Dinge wichtiger, ja, selbst kupfernes Hausgerät wurde mitgenom-
men, wohl von den bettelarmen Wüstenkriegern.

Geiserich ließ für seine neue Hauptstadt Säulen und vergoldete
Bronzeziegel abmontieren, auch Statuen, mit denen er sie zu
schmücken gedachte, wobei er aber das betreffende Schiff überlud,
denn es überstand als einziges den Sturm nicht, der auf der
Heimfahrt, als späte Rache herbeigebetet, die abziehenden Ketzer
heimsuchte.

»Die ruhige Forschung verdammt die triviale Fabel, daß die
Vandalen die Gebäude Roms zerstört haben. Kein einziger
Geschichtsschreiber, der nur irgend von dieser Begebenheit erzählt,
nennt auch nur ein einziges Gebäude, welches sie vernichtet
hätten. Prokopios berichtet nur, daß die Vandalen das Kapitol und
das Palatium ausplünderten; und es sind allein die späteren, voneinander abschreibenden Byzantiner, welche in allgemeinen Phra-

sen von einer Anzündung der Stadt und dem Verbrennen ihrer
Wunderwerke hören.«
Das sagt Ferdinand Gregorovius in seiner unübertrefflichen, an
Einzelheiten und besonnenen Urteilen so reichen *Geschichte der
Stadt Rom im Mittelalter*, aber die Fama hört nun einmal nicht auf
jene, welche die Sensationen dämpfen, sondern viel lieber auf die
anderen, die sie erfinden. Von allem, was die Vandalen unternahmen, zu Hause in Afrika oder auf ihren Zügen dorthin, gibt es
nichts, wobei sie sich so wenig vorzuwerfen hätten wie bei dieser
Ausleerung (so Gregorovius) der Ewigen Stadt. Der große
Theoderich und sein kunstsinniger Kanzler Cassiodor werden sich
noch gemeinsam um die Erhaltung der römischen Bauwerke
bemühen, was nicht möglich gewesen wäre, wenn die Vandalen sie
zerstört hätten, und wenn Rom schließlich in Trümmern liegt und
ein trostloses Ruinenfeld bleibt bis ins 16. Jahrhundert, so ist dies
das Ergebnis der viele Jahre währenden oströmischen Vernich-
tungskämpfe gegen die Gotenherrschaft, in denen die Stadt
wiederholt den Besitzer wechselte und tatsächlich zerstört wurde.
Und das gesamte Abendland beließ Rom in diesem Zustand, in
dem das Forum eine Kuhweide (Campo vaccino) war, so daß
gefühlvolle Besucher wie Wilhelm Heinse oder Franz Grillparzer
tief deprimiert wieder abreisten.
Aber Rom war zu allen Zeiten im Blickpunkt, die Ereignisse am
Tiber machten die Runde in der Welt, und wer bis dahin von den
Vandalen noch nichts gewußt hatte, der stimmte nun in jenen
Chor des Entsetzens ein, der in Gallien angehoben hatte. Wieviel
hatte die Welt schon gesehen an Grauen und Grausamkeiten; mit
welcher Selbstverständlichkeit hatten selbst die Kulturbringer der
Alten Welt, die Griechen, in eroberten Städten gehaust. Aber zwei
Wochen ruhiger und gründlicher Plünderung ohne Übergriffe in
der Stadt, die noch immer der Nabel der Welt war, besiegelten das
Schicksal der Vandalen in der Fama des Okzidents. Narses, der
Schlächter der Goten und Zerstörer der italienischen Städte, wird
aller Ehren teilhaftig werden, Geiserich hingegen bleibt der
Schrecken der Lehrbücher und der Antichrist der Kanzelredner. Als
er aus Rom zurückkehrte, mußte er den Katholiken seines Landes
verbieten, über Nebukadnezar und andere heidnische Tyrannen zu

predigen, weil er den Eindruck gewonnen hatte, mit all diesen
vorgeschobenen alttestamentlichen Scheusalen sei eigentlich er
selbst gemeint . . .

Am Rande sei vermerkt, daß die Vandalen zwar die menschliche
Beute recht umsichtig zu Geld machten und die Senatorenfamilien
nach einigen nicht sehr angenehmen Monaten in und bei Karthago
wieder freigaben, daß sie aber die geraubten Schätze, soweit es
kunstvoll gefertigte Kultgegenstände waren, durchaus in Ehren
hielten. Da wurde nicht uraltes Kunsthandwerk eingeschmolzen,
nur weil es aus Gold war, wie es die allerchristlichsten Herrscher
Spaniens mit dem Raub aus Alt-Mexiko und Cuzco taten, sondern
Jerusalems Tempelschätze, von den Römern an den Tiber gebracht,
wurden von den Vandalen so sehr geschont, daß Belisar sie später
in Empfang nehmen und nach Konstantinopel bringen konnte.
Ihre Spur verliert sich erst, als die Türken 1453 die Bosporus-Stadt
erobern.

Mit diesen Richtigstellungen ist keine Ehrenrettung beabsichtigt, nur das Charakterbild eines Königs soll zurechtgerückt
werden. Sowohl Attila als auch Geiserich sind ganz einfach zu
intelligent und auch zu wenig romantisch veranlagt, um sich
hinreißen zu lassen. Sie gebrauchen ihren Verstand für das, was
ihrem Volk und ihren Absichten nützt, sie sind gesunden Geistes,
gute Arbeiter auf hohen Posten und überlassen Haß wie Fanatismus den Intellektuellen.

Faszinierend ist es zu verfolgen, wie Geiserich diese Arbeit zu
nuancieren versteht und mit welchem perfekten Organisationsta-
lent er alles delegiert, was irgend jemand anderer für ihn erledigen
kann – zum Beispiel die rein kämpferischen Aufgaben, für die er in
seinem mutigen Sohn Gento einen ausgezeichneten Helfer an der
Seite hat. In der Verwaltung beginnt unter Geiserich jenes
kunstvolle germanisch-romanische Amalgam tragfähig zu werden,
das die späteren Könige dann noch gefestigt haben. Zu den
traditionellen germanischen Hofämtern – Seneschall, Marschall,
Mundschenk und Schatzmeister – gesellt sich als höchster Beamter
ein *praepositus regni*, in dem man eine Art Innenminister erblicken
darf. Er entlastete Geiserich weitgehend von den andauernden

Querelen mit dem katholischen Klerus und hielt ihm auch die stets unzufrieden nach härteren Maßnahmen verlangenden arianischen Geistlichen vom Leibe. Er hieß Heldica und hatte Anspruch auf die Anrede Magnifizenz; unter Geiserichs Sohn Hunerich finden wir einen Obad in gleicher Position. Diese hohe Stellung, die ausgezeichnete Rechts- und Verwaltungskenntnisse voraussetzte, war also mit Germanen besetzt, während für die unteren Beamtenränge vertrauenswürdige und rechtskundige Römer herangezogen wurden. Das konnte Geiserich zulassen, weil er als König die Möglichkeit hatte, in schwebende Prozesse einzugreifen und auch ergangene Urteile noch aufzuheben; er mußte es auch relativ häufig tun, denn die Römer in der Verwaltung neigten natürlich dazu, bei Streitigkeiten ihre Landsleute zu bevorzugen. Vandalische Notare rückten erst nach und nach in entsprechende Positionen auf; unter Hunerich begegnen wir ihnen schon öfter.

Ohne spezielle Verwendung, also gleichsam einsatzbereit auf aktuelle Aufgaben wartend, umgab ein kleiner Rat den König, nicht gerade Ritter der Tafelrunde, aber in ihrer Gesamtfunktion doch wohl ein Überbleibsel aus der germanischen Königshalle, wo die Getreuen an der langen Tafel ihre Meinung äußern konnten (selbst Attila hat diese formlose Möglichkeit, sich mit einem ständig amtierenden *Brain Trust* zu umgeben, von seinem gepidischen Schwager übernommen).

In diese Runde nahm Geiserich auch Nicht-Vandalen, sogar Nicht-Germanen auf wie zum Beispiel den Comes Sebastianus, Sohn (nach anderen Quellen: Schwiegersohn) des früheren Vandalengegners Bonifacius. Immerhin stellte er, soviel wir sehen können, eine Bedingung: den Übertritt zum arianischen Glauben, eine Maßnahme, die verständlich wird, wenn wir uns die eifrige und weltweite Konspiration vor Augen halten, die von den katholischen Bischöfen selbst aus ihren Verbannungsorten noch unterhalten wurde. Sebastianus war übrigens nicht bereit, diesen Treuebeweis zu liefern, und brachte sich damit um eine große Zukunft als Flottenkommandant. Auf welche Weise er von der Bildfläche verschwand, ist nicht völlig geklärt. Einige spanische Berater, die katholisch bleiben wollten, wurden hingerichtet!

Diese zentrale Haupt-Hofhaltung ergänzten die prinzlichen Hofhaltungen auf den offensichtlich höchst komfortablen, oft von wunderbaren Gärten umgebenen Besitzungen der nächsten Verwandten des Alleinherrschers. Ein erfolgreicher Flottenführer wie zum Beispiel Gento konnte auf diese Weise auch die Früchte seiner Aktionen selbst und ungeschmälert durch die überstarke Autorität seines Vaters genießen, weswegen es die übliche Vater-Sohn-Rivalität unter Geiserich nicht gegeben zu haben scheint. Um Thronfolgekämpfe ein für allemal auszuschließen, erarbeitete Geiserich die erste abendländische Thronfolge-Ordnung. Während ringsum die römischen Legionen ihre Lieblingsoffiziere auf den Schild erhoben und als Kaiser-Kandidaten präsentierten, bestimmte Geiserich, daß jeweils der Älteste des königlichen Geschlechts Anspruch auf den Thron haben sollte, ein Gesetz, das allerdings erst in seinem Testament publik gemacht wurde.

Die späte Veröffentlichung dieser anscheinend schon seit Jahrzehnten existierenden Thronfolge-Ordnung ist ein bemerkenswerter realpolitischer Schachzug dieses so langlebigen Monarchen: Sein Ältester, Hunerich, war mindestens ein Sechziger, und Geiserich konnte nicht wissen, ob dieser Sohn ihn überleben würde, war doch auch Sohn Theoderich bereits gestorben. Und der Jüngste, Gento, war durch seine Erfolge zur See beim Volk so populär, daß die alte germanische Königswahl aus dem Hasdingen-Geschlecht zweifellos ihm den Thron zuerkannt hätte, wäre er nicht bei einem seiner häufigen Raubzüge vor dem Feind geblieben. Das Thronfolge-Gesetz wurde also in einem Augenblick öffentlich bekannt, da es ohnedies keinen Zweifel darüber geben konnte, wer nach Geiserich herrschen würde, während es vorher vielleicht die Brüder gegeneinander aufgebracht hätte.

Ähnlich geschickt taktierte Geiserich auch im Finanzwesen, indem er seinen eigenen Clan offensichtlich verwöhnte, das kleine Volk, das die Versorgungsbasis darstellte, maßvoll besteuerte und die volle Härte der Steuerlast nur seine Gegner fühlen ließ: Das waren vor allem die reichen römischen Familien jener Provinzen, in denen nur wenige enteignet worden waren, und der katholische Klerus, der sich bis zur Errichtung des Vandalenreiches beinahe völliger Steuerfreiheit erfreut hatte. Als nach dem Sturz der Vandalenherrschaft wieder die (ost)römischen Finanzbeamten ihren Einzug hielten, stöhnte jedenfalls das ganze Volk Nordafrikas und bedauerte die Änderung der Verhältnisse.

Eine besondere Gruppe der wohlhabenden Nicht-Vandalen bildeten die Fernhändler: Griechen, Syrer, Juden und Armenier. Sie schonte Geiserich ebenso, wie das seine Nachfolger taten; erst im Endkampf um Karthago gerieten diese wichtigen Motoren der

Darstellung einer Seeschlacht des 5./6. Jahrhunderts. Beginn des Enterkampfes.

Wirtschaft selbst unter Druck, nachdem sie jahrzehntelang unbehelligt in ihren Villen am Meeresgestade gelebt und ihr Vermögen gemehrt hatten.

Eine so stark beachtete Aktion wie die systematische Ausplünderung der Stadt Rom mußte als Herausforderung des Kaisertums angesehen werden und konnte auch nicht ohne Folgen bleiben. Die Jahre zwischen 456 und 467 sind darum für die Virtuosität, mit der Geiserich die verschiedenen Möglichkeiten der Politik handhabte, kennzeichnender als alles Vorhergehende. Zunächst funktionierte die wichtige Rückendeckung noch, die Geiserich sich gesichert hatte: Kaiser Markian und sein allmächtiger Kanzler Aspar widersetzten sich jedem Hilfsersuchen aus Ravenna, verweigerten sich jedem Bündnis, das gegen die Vandalen gerichtet sein konnte, und entsandten, als es die Vandalenflotte zu arg trieb, einen hohen arianischen Geistlichen (!) als Unterhändler nach Karthago, der Geiserich in wohlgesetzten Worten zu einer gewissen Zurückhaltung ermahnen sollte.

Um so eifriger aber wurden die Unentschlossenen umworben, die Sueben in Spanien und die Klein-Machthaber in Gallien und Dalmatien, die sich ihrerseits von Rom unabhängig gemacht hatten (wenn es sich dabei auch stets nur um eine zeitlich und lokal eng begrenzte Selbständigkeit handelte). Mit dem suebischen Reichsfeldherrn Rikimer hatte Geiserich einen harten Gegner, mit dem unter seiner Patronanz Kaiser gewordenen Maioranus einen weströmischen Herrscher gegen sich, der einen Erfolg gegen die Vandalen dringend brauchte, um sich neben Rikimer zu profilieren. Nach Anfangserfolgen gegen kleinere vandalische Landungseinheiten – einmal sollen die Römer bei Korsika sechzig Schiffe weggenommen, ein anderes Mal bei Agrigent einen Schwager Geiserichs getötet haben – brachte Maioranus schließlich mehr als dreihundert Schiffe gegen Geiserich zusammen. Die Flotte soll den Vandalenkönig so eingeschüchtert haben, daß er Friedensfühler ausstreckte; bald aber zeigte sich, wofür er Zeit gewinnen wollte: Für Vandalengeld brachen die Sueben den Landfrieden in Spanien und zogen damit römische Truppen auf sich, die zum Marsch ins vandalische Afrika bestimmt gewesen waren. Infolge der vandalischen Blockade brach in der großen Stadt Rom eine furchtbare Hungersnot aus, und schließlich gelang Geiserich sein Meisterstück: Da die kaiserliche Flotte im Hafen von Cartagena nicht untergebracht werden konnte, ankerte ein Verband von mehr als zweihundert Schiffen vor der Küste bei Elche, geschützt durch das Kap, das heute Santa Pola heißt und einen Leuchtturm trägt. Hier pirschten sich Geiserichs Agenten – anders kann man sie schon wegen ihrer Handlungsweise nicht nennen – an die Flottenführer heran; vor dem niedrigen Schwemmland unter dem Kap lagen die Schiffe so deutlich vor ihnen, daß kaum eines übersehen werden konnte. Ein Gutteil der römischen Beute fand als Bestechungsgeld eine neue Verwendung, und dies verhieß den Kapitänen noch weit reichere Beute auf der Seite der Vandalen. Die von Maioranus

offensichtlich allzu schnell zusammengebrachte Flotte, die einige
unzuverlässige Elemente umfaßt haben muß, lief in ihrer Gesamtheit zu Geiserich über.

Auf den Flottenrest von Cartagena zurückgeworfen, konnte
Maioranus weder einen Angriff auf Karthago noch gar das
Übersetzen seiner Streitmacht nach Afrika riskieren. Der Kampf
gegen Geiserich war verloren. Übrigens hätte das Landungskorps
einen sehr entbehrungsreichen Marsch ins Vandalenreich vor sich
gehabt. Geiserich hatte nämlich auch die Mauren der westlichen
Provinzen mit Geld und Versprechungen für sich gewonnen, und
die hatten daraufhin alle Brunnen zwischen der Provinz Tingitana
(Tanger) und Cirta verschüttet oder vergiftet und Wegsperren
errichtet. Dank seiner Umsicht hatte Geiserich also weder vor der
Einnahme Roms noch nachher wirkliche Entscheidungskämpfe
liefern, nie seine Macht aufs Spiel setzen müssen.

Der große Admiral

Es ist noch nicht die letzte jener vielen Rollen, in denen König Geiserich vor uns hintritt, aber es ist die überraschendste. Mit zwanzig Jahren war er Heerkönig des großen Wanderverbandes der Vandalen und Alanen; mit dreißig führte er als junger Moses sein Volk über das Meer in das gelobte Land der Alten Welt, in die Getreide-Auen des nördlichen Afrika; mit vierzig erscheint er uns als unbeugsamer Verfechter jenes arianischen Christentums, das als die germanische Form des neuen Glaubens die halbe Welt erobert hat; und nun, da er mindestens siebzig Jahre alt sein muß, Anno 468, nötigen ihn zwei Kaiser, der des östlichen und der des westlichen Rom, an der Schwelle des Greisentums über sich hinauszuwachsen. Nach einem Jahrhundert, in dem es keine Kriegsflotten gab, haben die Imperatoren immerhin tausend Schiffe mit Soldaten beladen und gegen Geiserich geführt, und der Alte von Karthago kann ihnen nur die Stirn bieten, kann sein Reich nur retten, indem er mit seinen Galeeren einen Seesieg erringt, eine der größten Seeschlachten der Geschichte schlägt in einem Jahrhundert, in dem es sonst keine Seeschlachten gibt. Geiserich scheint nicht nur Menschen und Schiffen gebieten zu können, sondern auch den Dämonen der Lüfte.

Für jeden, der in diesem Jahrhundert Krieg führt – achthundert Jahre nach Alexander dem Großen, achthundert Jahre vor Dschingis Khan – ist »die Welt« wieder identisch mit dem Mittelmeerraum, und dieses flache Becken mit Buchten und Nebenmeeren, diese rissigen Küstensäume, sind aufgeboten, sich gegen Geiserich zur Wehr zu setzen, gegen den schon zur Legende gewordenen *Rex africanus,* auf dessen Korsarenschiffen dunkelhäutige Männer rudern und kämpfen, unter dem Kommando blonder Vandalen,

die so selbstverständlich zur See fahren wie in grauer Vorzeit längs
den Küsten der Nordsee. Und so, wie es jene Nordmänner, die
Wikinger, bald allenthalben tun werden, überfallen Vandalen und
Mauren gemeinsam die Hafenplätze im westlichen Mittelmeerraum
und gewinnen beutebeladen wieder die offene See, ehe die gotischen oder römischen Küstenwachen alarmiert sind und eingreifen
können. Noch gibt es – und zwar für viele Jahrhunderte – nichts,
was schneller wäre als ein Schiff.

Schrecken verbreitete sich an den Küsten im mildesten Licht des
Abendlandes. Der neue Gott der Liebe, der in die Tempel der alten
Götter Einzug gehalten hatte, schien machtlos gegen diese immer
neue Heimsuchung, die lautlos auf dem Wasser herankam und in
den Nebelbänken des anderen Morgens ungreifbar wieder verschwand.

»Aus diesen Gründen wollte Kaiser Leo die Vandalen bestrafen«, schreibt, voll Zutrauen zur kaiserlichen Macht und ihren
moralischen Verpflichtungen, Prokopios von Kaisareia. »Er sammelte gegen sie ein Heer, dessen Stärke, wie uns berichtet wird, an
die hunderttausend Mann betragen haben soll. Er zog auch eine
Flotte aus dem ganzen östlichen Meer zusammen und zeigte sich
gegen Soldaten und Matrosen sehr freigebig. Dazu bestimmte ihn
die Furcht, kleinliche Sparsamkeit möchte seinen Plan, die
Barbaren zu züchtigen, vielleicht gefährden.«

Männer und Gold also setzte das östliche Rom rücksichtslos ein,
aber als es um den Mann ging, der die ganze Operation dirigieren
sollte, meldete sich der unselige, später sprichwörtliche Byzantinis-
mus: Den Oberbefehl übertrug der Kaiser nämlich seinem
Schwager Flavius Basiliscus, einem Mann, der sich bis dahin
lediglich in Bulgarien leicht zu erringende Lorbeeren geholt hatte
und durch seine Geldgier stärker aufgefallen war als durch Feld-
herrntalente. Allerdings wußte man inzwischen auch in Byzanz,
daß es nicht genügte, dem siebzigjährigen Geiserich eine Flotte auf
den Hals zu hetzen. Gegen den Mann, der die Alte Welt von
seinen Küsten und Inseln aus beherrschte, bedurfte es einer
gewaltigen Zangenbewegung von Westen und Osten her und
zweier Kaiser, um diese Aktion zu führen.

Da gab es in Dalmatien einen erfahrenen Piraten namens

Marcellinus, einen Mann von besonderer Tatkraft, die er vermut-
lich einer günstigen illyrisch-römischen Blutmischung verdankte.
Er hatte jahrelang zwischen Inseln und engen Buchten eine Art
Privatkrieg für die eigene Tasche geführt, bis die angenehmen
Eilande, auf denen sich heute sorglose Touristen tummeln, eins
ums andere ihm zugefallen waren. Seither sahen sie nicht mehr
Rom als ihren Herrn an, sondern nur jenen Marcellinus. War ein
Seeräuber einmal so hoch gestiegen, so brauchte er den Strick nicht
mehr zu fürchten. Kaiser Leo in Byzanz hielt es damit nicht anders
als Königin Elisabeth I. mit dem Freibeuter-Admiral Francis
Drake: Der blutige Marcellinus, der Schrecken der Adria, schien
genau der richtige Mann, im westlichen Becken des Mittelmeers,
dort, wo es keine andere Macht gab als die Vandalen, eine kaiserliche Flotte gegen Geiserich zu führen.

Marcellinus dieses Kommando zu übertragen, war zweifellos
einfacher und klüger, als ihn zu fangen und zu hängen; im
Endergebnis würde es ohnehin auf dasselbe hinauslaufen. Dieser
eine Erfolg der geplanten Operation war also sicher: Der größere
Räuber würde den kleineren vernichten, und blieb dann auch das
westliche Mittelmeer vandalisch, so war die Adria doch auf diese
Weise den lästigen Freibeuter losgeworden.

Die erste Aufgabe, die diesem Marcellinus übertragen wird, löst
er auch recht elegant: Er bringt einen Griechen von hohen Gaben,
einen Senator namens Anthemius, sicher nach Rom, wo er den
Kaiserthron des Westreiches besteigt – sehr zum Mißfallen
Geiserichs. Denn diese Alte Welt, die sich in Sprache und Schrift,
in ihren Theatern, Pergamenten und Schulen noch immer griechisch-römisch und unendlich vornehm gebärdet, sie hat längst
barbarische Herren erhalten. Alarich und Attila haben sie mit ihren
Armeen durchmessen, und auch die Männer, die ihnen entgegen-
traten, waren keine Griechen mehr und keine Römer, sondern
Germanen oder Sarmaten. Ein paar feine Herren und ein paar
schöne Frauen bilden noch die alten Herrscherfamilien, die in
Intrigen exzellieren; doch die Heere führen in Italien der aus
gotisch-suebischem Fürstenstamm kommende Rikimer und in
Byzanz der Alane Aspar.

Warum also sollte Geiserich, König der Vandalen und Alanen,

sich diesen Senator vor die Nase setzen lassen, da doch einer seiner eigenen Söhne mit einer Kaisertochter vermählt war? Hatte sein Sohn dank dieser Heirat nicht einen hochgeborenen Schwager namens Olybrius, der Italien ebenso gut oder ebenso schlecht regieren konnte wie jener Anthemius, da die wahre Macht doch ohnedies bei Rikimer lag oder – um es ehrlich zu sagen – bei Rikimer, Geiserich und Aspar? Und diese drei waren oder fühlten sich so recht geschaffen, die Welt zu beherrschen, der eine ein reiner Germane und Enkel eines Westgotenkönigs, der zweite vom Vater Germane und von der Mutter Sarmate, der dritte aber reiner Alane aus den Steppen des Kaukasus.

Dagegen hatte Kaiser Leo freilich etwas zu setzen, das jedem Räuber imponiert: einen Kronschatz von mehr als 300 000 Pfund Gold. Mit 20 000 Pfund hatte Kaiser Konstantin die Hagia Sophia erbauen können, die Kirche der heiligen Weisheit in Byzanz. 130 000 Pfund – nach heutiger Kaufkraft etwa 100 Millionen DM – hatte Kaiser Leo in die Flottenrüstung und die Besatzungen gesteckt, und es war noch genug übriggeblieben, um weit östlich ausgreifend die Zange zu schließen: Unter den Feldherrn Heraclius und Marsus brach aus dem zu Ostrom gehörenden Ägypten eine Armee auf und marschierte auf dem Landweg nach Westen, gegen das vandalische Karthago.

Geiserich reagierte mit beleidigender Gelassenheit. Das westliche Becken des Mittelmeers hatten seine Schiffe in den letzten Jahrzehnten ohnedies leergeräubert, da war nicht mehr viel zu holen, und wenn Marcellinus, dieser stets hungrige Karst-Pirat tatsächlich Korsika oder Sardinien eroberte, dann würde er sich den Magen nur an bitterem Buchsbaumhonig verderben.

Hingegen bot die historische Stunde ihm, Geiserich, und seinen Raubschiffen eine großartige Chance. Gab Byzanz seine Neutralität auf, griff es endlich in den Kampf zwischen Rom und Geiserich ein, so brauchte der Vandalenkönig auch auf seinen geheimen Bundesgenossen in Byzanz, auf den mächtigen Alanen Aspar, keine Rücksicht mehr zu nehmen. Wir dürfen sicher sein, daß Geiserich und Aspar miteinander in Verbindung standen. Aspar hatte den Krieg gegen Geiserich nicht gewollt, ja, vielleicht hatte er vor der Ausfahrt sogar ein schicksalhaftes Gespräch mit Basiliscus geführt, denn sie waren beide keine Freunde des Kaisers und natürliche Verbündete, weil Aspar als Arianer niemals Kaiser werden konnte, der Kaiserschwager Basiliscus jedoch höchstens mit Hilfe Aspars und seiner Truppen.

Während sich im Hintergrund des großen Krieges diese Intrigen anspannen, sandte Geiserich seine Flotten ins Ostbecken des Mittelmeers, in räuberisches Neuland, gegen jungfräuliche Küsten. Seit Jahren in Sicherheit gewiegt durch die Neutralität zwischen Ostrom und Geiserich, hatten sich die griechischen Inseln für die Gefilde der Seligen gehalten und auch halten dürfen. Sie waren auf kein Unheil gefaßt, als die Vandalenschiffe in die Adria einbrachen und hinter dem Rücken des Marcellinus sein Piratenreich brandschatzten, hatten aber einen kleinen Aufschub dadurch erlangt, daß die Vandalen sich am Promontorium Taenarum, dem südlichsten Zipfel des Peloponnes, in einen Hinterhalt hatten locken lassen. Zwischen der Mythen-Insel Kythera und dem Lakonischen Meerbusen hatten die Räuber aus Nordafrika Haare lassen müssen, waren dann aber mit um so größerer Wut über Zakynthos hereingebrochen und hatten dort recht vandalisch gewütet.

Wir wissen im einzelnen wenig von diesen Überfällen, vermutlich, weil alle Küstenstädte des Mittelmeers im Lauf der Jahrhunderte zahllose solcher Heimsuchungen erdulden mußten und nicht jede Insel, jede kleine Stadt ihren Chronisten besaß. Auch daß da und dort vandalische Münzen gefunden wurden, vor allem in Korinth, gibt noch keine schlüssigen Hinweise auf die Ziele dieser Raubfahrten, denn Räuber bezahlen ja nicht, die Münzen müssen durch Händler dorthin gelangt sein. Im übrigen war das Verfahren denkbar einfach: Die Vandalenschiffe erschienen vor dem Hafen, ein Landungskommando wurde ausgesetzt, griff an und plünderte, während die Schiffe gegen See hin sicherten. Zu Land nämlich konnte schnelle Unterstützung für die Angegriffenen gar nicht herankommen. Mit der eilig zusammengerafften Beute, die vor allem aus Sklaven und Sklavinnen bestand, kehrten die Angreifer zu den Schiffen zurück. In der Regel gelang dies, nur bei Kainopolis am Vorgebirge von Tenaron kam es zu harten Gefechten, als

Kap Bon (Ras Adar), der Schauplatz von Geiserichs großem Seesieg über die angreifende byzantinische Flotte.

plötzlich Wachschiffe, um das Kap patrouillierend, auftauchten und den Räubern, die sich sicher glaubten, den Rückzug abschnitten.

Auf Zakynthos hatten die Einwohner sich mannhaft gewehrt und so viele der Eindringlinge getötet, daß die Vandalen zur Strafe nicht weniger als fünfhundert Vornehme als Geiseln mitnahmen, wie Prokopios uns berichtet. Weniger glaubhaft ist, daß diese fünfhundert Geiseln, die viel Lösegeld bringen sollten, auf hoher See in Stücke gehauen und ins Meer geworfen wurden; das nämlich hätte man auch schon in Zakynthos tun können.

Geiserich selbst hat an diesen Raubexpeditionen zweifellos nicht teilgenommen, dazu war Karthago mit seinen Katholiken, waren die Mauren und auch die lieben Verwandten zu unruhig, und was seine Unterführer fern der afrikanischen Stützpunkte an Unmenschlichkeiten begingen, wird noch anderthalb Jahrtausende allgemeiner Piratenbrauch bleiben – und im Binnenland nachgeahmt werden: Denken wir nur an den grausigen Einfall jenes Monsieur Carrier, der während der Französischen Revolution Tausende in der Loire ersäufen ließ, immer schön paarweise zusammengebunden zum Liebestod in den Wellen.

Im 5. Jahrhundert, dem Jahrhundert der Hunnen und der Vandalen, ist man längst nicht mehr so raffiniert wie Tiberius, wenn es ums Töten geht, und man hat – welch Aufgang einer neuen Zeit! – ein Medium entdeckt, daß die Bezeichnung eines besonderen Saftes in noch höherem Maß verdient als Blut: das Gold. Mit Strömen von Gold besänftigten die Römer einst Attila, als ihm eine Kaisertochter verweigert wurde, die ihn heiraten wollte, und mit Strömen von Gold löschte der alt und weise gewordene Geiserich das Angriffsfeuer, das griechische Feuer, das ihm aus drei Himmelsrichtungen entgegenschlug.

Marcellinus, der Schnellste, hatte freilich schon einige Erfolge errungen, er hatte die kleinen vandalischen Garnisonen auf Sardinien überrumpelt und »sich der Insel bemächtigt«, eine Wendung, bei der jene Historiker, die sie niederschrieben, wohl die Küstenlänge dieser Insel und ihre rauhe Natur nicht bedacht hatten. Selbst die Jeeps und die Hubschrauber der heutigen Carabinieri sind hier noch weitgehend machtlos; plötzliche Aktionen vermögen auf Sardinien herzlich wenig. Geiserich, der in Jahrzehnten endlich von Fischern und Hirten akzeptierte Eroberer, blieb Sardiniens Padre und Padrone, trotz der dalmatinischen Ruderschiffe in Olbia, im Golf von Tharrus und im äußersten Süden der Insel.

Bedrohlicher war schon, daß Marcellinus von Sardinien aus im afrikanischen Vorfeld der Vandalenstädte Truppen an Land setzen konnte. Dadurch würden wichtige Zentren der Macht wie Hippo Regius und Karthago zwischen zwei Gegner geraten und eingekesselt werden, marschierte doch auch Heraclius mit dem byzantinisch-ägyptischen Ostheer heran. Mit blanken Vandalenmünzen ließ Geiserich durch geheime Emissäre abermals Einheimische dingen, die sich in den Wüsten und an der Küste auskannten, und als die ersten Vorkommandos des Dalmatiners landeten, fanden sie nur vergiftete Brunnen vor, erlitten sogleich empfindliche Verluste und gingen entmutigt wieder an Bord. Damit waren sie zwar nicht von der Bildfläche verschwunden, aber sie konnten sich nun zumindest nicht mit jenen nordafrikanischen Raubstämmen verbünden, die sich jedem anschlossen, der die Machtverhältnisse zu ändern versprach. Sie mußten wieder aufs Meer hinaus und sich mit der Flotte des Basiliscus vereinigen; aus drei Gegnern Geiserichs waren deren zwei geworden.

Dennoch blieb Marcellinus gefährlich, um so mehr, als er Basiliscus aus dessen wohlüberlegter und vielleicht sogar mit dem Geiserich-Freund Aspar insgeheim abgesprochenen Passivität herausriß. Die Nähe des ehrgeizigen Freibeuters nötigte den vornehmen Basiliscus nämlich, die Rolle eines zufällig mit einem Flottenverband durch das Mittelmeer kreuzenden Kaiserschwagers aufzugeben und aktiv zu werden, und so eroberten die vereinigten Ost- und Westflotten die Insel Sizilien, die Geiserichs Metropole bedenklich nahe gegenüberlag.

Das war nicht nur ein Erfolg, den man stolz nach Byzanz melden konnte, das war auch eine prächtige Verhandlungsposition, die dem Basiliscus möglicherweise den peinlichen Waffengang ersparen konnte. Denn warum sollte er, lediglich zum höheren Ruhm Kaiser Leos, Geiserich besiegen, statt in geheimem Bund mit ihm selbst Kaiser zu werden?

Es kam zu einer jener Gesandtschaften, in denen der eigentliche geschichtliche Ruhm der Byzantiner besteht, denn sie waren weder große Krieger noch geniale Kulturschöpfer, daß sie aber Diploma-ten in die Welt gesetzt haben mit all den Facetten, die dieser Begriff bis heute aufweist, daran kann niemand zweifeln, der die Berichte dieser Gesandten kennt, Berichte, die gleichermaßen aufschlußreich sind für die Barbarenhöfe, an denen die feinen Grie-chen aus der Bosporus-Stadt akkreditiert waren, wie auch für den poli-tischen Stil des östlichen Rom und der griechischen Welt überhaupt.

Der Mann, den man zu Geiserich entsandte, hieß Phylarchos und war schon fünf oder sechs Jahre zuvor einmal bei Geiserich gewesen. Daß ein Mann gewählt wurde, der dem Alten von Karthago genehm sein mußte, läßt deutlich die Absicht erkennen, den Vandalen goldene Brücken zu bauen. Alles schien besser zu sein, als gegen sie Krieg zu führen, darüber täuschte sich zumin-dest Basiliscus nicht, der die Anfangserfolge auf Sardinien und Sizilien keineswegs überbewertete. Solange man nicht Geiserich selbst gegenüberstand, konnte von Krieg eigentlich noch gar nicht die Rede sein.

Geiserich also, das wird wieder einmal deutlich, besaß ein ungeheures Prestige, und noch mit siebzig Jahren fürchtete man ihn im ganzen Mittelmeerraum wie einen Dämon mit übernatürli-chen Kräften. Andernfalls hätten Marcellinus und Basiliscus nun aus einer Position der Stärke heraus verhandelt oder aber gar nicht verhandelt, sondern dem Mann, der die Machtverhältnisse der Alten Welt umgekehrt hatte, mit ihren hunderttausend Mann und elfhundert Schiffen schnellstens den Garaus gemacht. Doch man traute ihm alles zu, man ging ihm um den Bart, und Geiserich deutete dies alles natürlich richtig: Er schickte Phylarchos wieder über die schmale Meeresstraße nach Sizilien zurück und lehnte alle Friedensangebote ab: Der Krieg habe doch noch gar nicht richtig angefangen!

War Basiliscus tatsächlich »geldgierig und schwerfälligen Geistes«, wie einer seiner Zeitgenossen behauptete, so begannen für ihn nun schwere Zeiten, denn sein Gegner galt als der verschlagenste Fürst, der je auf einem Thron gesessen, und als der erfah-

renste Feldherr seiner Zeit. Und der byzantinische Reichtum half
nun auch nicht mehr weiter, denn die vielen Schiffe, die an die
Vandalen herangeführt wurden, mußten sich jetzt mit diesem
Unding von einer Flotte messen, in der Mauren und Germanen
höchst unterschiedlichen Aussehens und Charakters seit Jahrzehnten so verblüffend erfolgreich zusammenarbeiteten. Basiliscus, der
die große Chance seines Lebens wie eine drohende Gewitterfront
auf sich zutreiben sah, ließ allein noch der Gedanke an die Hilfe
aus dem Osten hoffen, denn in den Wüsten zwischen Ägypten
und Karthago, dort, wo Geiserich nur schwache Sicherungstrup-
pen stehen hatte, waren den Feldherrn Heraclius und Marsus einige
kleinere Erfolge zugefallen.

Daß indes ein anderer Wind wehte, bemerkte Basiliscus sofort,
als seine eindrucksvolle Seemacht sich von Siziliens Küste löste
und auf Nordafrika zuhielt. In der schmalen Meeresstraße konnte
sich der Flottenverband nicht voll entfalten, und die kleinen,
blitzschnell geruderten Dromonen der Vandalen schossen zwischen
ihnen herum wie Haie. Immer dann, wenn der große byzantinische
Verband durch Wind oder Strömungen ein wenig aus der Formation geriet und Basiliscus vollauf mit den notwendigen Manövern
beschäftigt war, schlugen die Vandalenschiffe zu, und es war
jedesmal, als schlügen sie spitze Zähne in einen trägen Riesenkörper. Die Einzelgefechte, in denen die von Bord zu Bord springen-
den Vandalen stets Sieger blieben, waren nicht dazu angetan,
Selbstvertrauen und Kampfmoral der Besatzungen zu heben, die
Kaiser Leo von allen Handelsschiffen im östlichen Mittelmeer
zusammengetrieben hatte. Schon nach der ersten Konfrontation
mit den Vandalen hatten diese Männer protestiert: Man lasse sie an
Land setzen, sie seien durchaus bereit, für ihren Kaiser oder auch
für die beiden Kaiser der Römerreiche in der Wüste zu kämpfen
und die Vandalen zu schlagen; aber zur See, auf den schwankenden
Planken, auf den Schiffen, von denen ein Entrinnen unmöglich sei,
im Rauch brennender Segel und glosender Taue sich gegen einen
Feind zu schlagen, der all dies als sein Tagwerk betrachte – damit
seien sie überfordert, das könne man ihnen nicht zumuten.

Basiliscus hörte und begriff, vermutlich hatte er nichts anderes
erwartet. Auch ihm setzten die Vandalen hart zu, denn schließlich

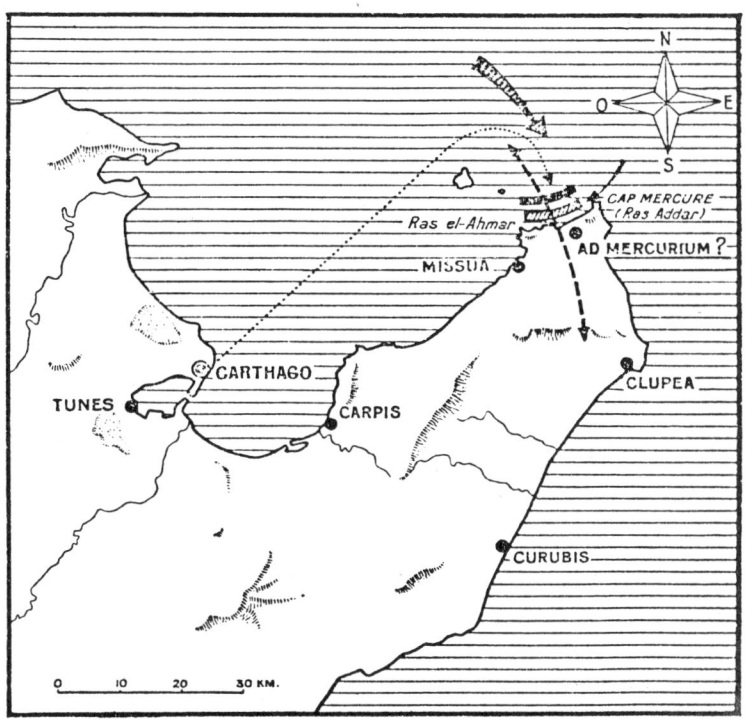

Skizze der Schlacht vor dem Kap Bon. Der große Pfeil bezeichnet die Windrichtung, der schwarze Bogen die Stellung der vandalischen Flotte (nach Courtois).

konnten sie ja bei ihren meist nächtlichen Überfällen auch einmal sein Admiralsschiff erwischen. Also fackelte er nicht mehr lange, suchte nicht zeitraubend nach dem günstigsten Landungsplatz, um seine hunderttausend Mann in Ruhe ausschiffen zu können, sondern lief auf das Promontorium Mercurii zu, ein Doppelkap am Osteingang des Meerbusens von Karthago. Das war nicht nur das nächste Ziel und ersparte der bedrängten Flotte einen weiteren Segeltag, es war auch eine sehr vorsichtige Lösung, so daß mancher Historiker späterer Zeiten annahm, Basiliscus habe diesen Platz in aller Ruhe und mit allem Vorbedacht gewählt. Dazu aber lag er doch zu weit vom eigentlichen Ziel der Operation, von Karthago, entfernt. Westlich davon hätte Basiliscus eine lange, flache Küste

gefunden, die zwar keinen Windschutz, aber hervorragende
Ausschiffungsmöglichkeiten bot. Dort an Land gesetzte Truppen
hätten Karthago sofort angreifen können, und die auf einer
Halbinsel liegende Hauptstadt Geiserichs wäre eine sichere Beute
geworden: nur ein Bruchteil der Verteidiger hätte sich über See
retten können, die Landseite, die Basis der Halbinsel, wäre leicht
vollkommen abzuriegeln gewesen.

Mit der Landung der Truppen beim heutigen Ras el-Ahmar,
nördlich des Städtchens Missua, war die Möglichkeit, Karthago
schnell und massiert anzugreifen, von vornherein vergeben. Zwar
lag die Flotte im Windschatten des Vorgebirges verhältnismäßig
sicher, aber die Ausschiffung ging an der Felsenküste nur sehr
schleppend vonstatten, und die gelandeten Truppen hatten einen
Marsch von mehr als hundert Kilometern durch ödes und brun-
nenarmes Gelände vor sich, auf dem sie vom Landesinnern her,
aber auch von der Seeseite vandalische Störangriffe fürchten
mußten. Ja, es war dem Feind sogar durchaus möglich, die
Entfaltung der ganzen Angriffsmacht zu behindern, denn die
Halbinsel, die am Promontorium Mercurii (dem heutigen Kap
Bon) endet, ist an ihrer Basis nicht viel breiter als dreißig Kilometer und obendrein so bergig, daß Geiserich auch mit verhältnismäßig schwachen Kräften den Vormarsch weit überlegener Truppen-
verbände hätte aufhalten können.

Mochte das Manöver auch nach überlegener byzantinischer
Taktik aussehen, nach einer Politik der Stärke und der guten
Ankerplätze, so bedurfte es doch nur eines Lufthauchs, eines
plötzlich aufspringenden Landwindes, um all diese Dispositionen
in ein Debakel münden zu lassen.

Geiserich gab sich zerknirscht. Wimmelte das Meer vor den
Fenstern seines Palastes nicht von den Segeln der Feinde? Hatte
sich nicht die ruhmreiche karthagische Bucht, die schon einen
Hannibal aussegeln sah, in das Aufmarschfeld einer neuerlichen
römischen Übermacht verwandelt? Gab es noch einen anderen
Hoffnungsschimmer als die Geldgier des Basiliscus, die Geiserich
zweifellos ebenso bekannt war wie die Tatsache, daß sein vorneh-
mer Gegner langsamer, wesentlich langsamer dachte als er selbst?

Eine Gesandtschaft machte sich auf. Von Geiserich zu Basiliscus war es ja nun nicht mehr allzu weit, und das war gut, denn die Unterhändler hatten schweres Gepäck. Geiserich selbst hatte aus den Raubzügen der letzten Jahre die schönsten Stücke zusammengesucht, wobei er allerdings mehr auf den materiellen, als auf den künstlerischen Wert der Gegenstände geachtet hatte. Mit dieser Kollektion geraubter Tempelschätze und Kirchengüter, vermehrt um Gold und Kleinodien aus geplünderten Palästen, ließen sich die Unterhändler bei Basiliscus melden.

Sie wurden gnädig aufgenommen und geduldig angehört, man war einander ja nicht fremd, und was frommte es denn, wenn Herren wie Basiliscus und Geiserich mit den Waffen aufeinander eindrangen, statt sich gütlich zu einigen!

Genau das, bestätigten die Gesandten, sei der Wunsch ihres Gebieters. Nur komme es ihn, nach beinahe einem Halbjahrhundert der Herrschaft und der Siege, hart an, sich zu unterwerfen. Kurz, Geiserich bitte zunächst um einen Waffenstillstand, um eine Kriegspause, um Inhalt, Form und Modalitäten seiner Unterwerfung unter die Kaiser Leo und Anthemius bedenken zu können.

Basiliscus gewährte fünf Tage, so lange brauchte er mindestens, um all die Kostbarkeiten zu befingern und zu beäugen, die Geiserich, dieser glückhafte Halbwilde, ihm hatte überreichen lassen. Fünf Tage, das war scheinbar nicht viel und doch, wie sich zeigen sollte, ein wenig zuviel, denn Geiserich schien auch mit den Elementarmächten im Bunde zu stehen. Während Basiliscus den kurzen Waffenstillstand als eine verdiente Pause genoß und sich in der Erwartung sonnte, daß auf den Waffenstillstand die Unterwerfung folgen werde, nützte Geiserich die kurze Spanne fieberhaft zu einem Schlag gegen die Machtbasis des Basiliscus, gegen die Flotte. Dazu mußte freilich der Wind umspringen, der Wind, der sich immer noch am Vorgebirge des wankelmütigen Gottes Merkur brach, der Ostseite Sturm und Brandung brachte und der Westküste, wo die Römerschiffe lagen, ruhiges Wasser und sommerliche Flaute.

In Houlgate an der französischen Kanalküste zeigt man noch heute einen alten Gasthof, in dem Wilhelm der Eroberer vor der Eroberung Englands monatelang auf günstigen Wind gewartet haben soll; vor ihm hatte in der gleichen Gegend auf die gleiche

Chance Caesar gewartet und nach ihm die Marschälle Moritz von
Sachsen und Richelieu gar anderthalb Jahre lang. Geiserich aber
hatte nur fünf Tage Frist, und der Wind, den er brauchte, setzte
tatsächlich am Abend des fünften Tages ein. Es war ein Westwind,
der über der Bucht von Karthago auf Nordwest drehte und in der
Nacht kräftig auffrischte. Was er vor sich hertrieb, auf Kap Bon
zu, war die zu breiter Angriffsfront aufgefahrene Vandalenflotte,
von Mauren gerudert, die im Verein mit dem Wind den Schiffen
eine beachtliche Geschwindigkeit gaben.

Zwischen den bemannten Schiffen wurden Geisterschiffe mitge-
schleppt, flache, große Kähne und leere Frachtensegler, die
schauerlich stinkendes Zeug an Bord hatten, buchstäblich Pech
und Schwefel, dazu leichtes Werg, das jeder Windhauch hochwir-
belte, und überdies noch ein wenig von jenem bengalischen Feuer,
wie es schon der große Alexander kennengelernt hatte, schwim-
mendes Öl, das sich brennend auf dem Meer ausbreitete.

Die Sonne war im Meer versunken, aber der Himmel im
Westen war noch hell, ja, feurig rot. Vor ihm lagen als niedrige
schwarze Silhouetten die unansehnlichen Vandalenschiffe, während
sich die römische Flotte im Widerschein des letzten Lichtes
prächtig ausnahm, eine wahre Armada, rot überhaucht, an den
Ankertauen leicht tanzend, weil die See an diesem Abend sonder-
bar bewegt war.

Die erste Botschaft Geiserichs empfingen die feinen Nasen der
Römer und der Byzantiner. Beißend scharfer Brandgeruch wehte
vom Meer heran und mengte sich störend in den Bratenduft der
Abendmahlzeit. Und plötzlich waren es nicht mehr die Odeurs, die
heranflogen, sondern vom Wind hochgewirbelte kleine Feuerbälle,
die sich im trockenen Takelwerk verfingen und es auflodern
ließen. Basiliscus beendete gerade sein Mahl; ein Feldherr schnelleren Geistes hätte sich wohl an einer Gräte verschluckt, aber der
bedächtige Kaiserschwager brachte alles zu Ende, Diner wie
Waffenstillstand, ließ Alarm läuten und trompeten und vermochten noch nicht an das volle Ausmaß des nahenden Unheils zu
glauben, als es auch schon da war.

Tausend Schiffe, auf dem blauen Mittelmeer in Formationen
aufgefahren, von Sizilien nach Karthago unterwegs auf einer

erprobten Handelsroute, das war so erhebend gewesen, daß jenes
neue Bild, wie es sich an diesem Sommerabend des Jahres 468 bot,
nicht die Wirklichkeit sein konnte. Der rote Sonnenglast und
Wolkenwiderschein, wie er auf den Schiffen lag, erstarb nicht; das
Abendgrau kam nicht, denn überall züngelten Flammen auf,
schnellten Segel aus abgebrannten Tauhalterungen, rollten sich
höhnisch zusammen und flogen schließlich, auf dem Wind
reitend, von Schiff zu Schiff. Noch ehe die Vandalen das erste
Römerschiff im Enterkampf erobert hatten, standen Hunderte der
kaiserlichen Schiffe bereits in Flammen.

Unter dem Vorgebirge eng gedrängt, bereiteten sie einander
selbst das unentrinnbare Schicksal. Bord an Bord liegend, bauten
sie Brücken für die Flammen, und die glühende Vernichtung fraß
sich über Decks und Segel hinweg von West nach Ost durch den
Wald der Masten. Die Schiffe des Marcellinus, die ein wenig
abseits ankerten, versuchten, dem Untergang zu entgehen, indem
sie die Ankertaue kappten und auf die offene See hinausliefen.
Doch die breitgefächerte Vandalenflotte empfing sie mit offenen
Armen und drückte sie an die eiserne Brust. Nur wer jedem
Kampf auswich und in der hereinbrechenden Nacht einfach das
Weite suchte, entkam nach Sizilien; alles andere wurde ein Raub
der Flammen, niedergekämpft oder gekapert.

Basiliscus verlor an diesem Abend etwa die Hälfte seiner
Mannschaften und mehr als fünfhundert Schiffe. Die übrigen
waren versprengt, die Kapitäne entmutigt, die Soldaten von jener
geheimen Wut erfüllt, wie sie den Krieger ankommt, wenn er sich
verraten fühlt. Sie alle hatten aus der Ferne Karthago gesehen, die
Vandalenmetropole mit den unermeßlichen Schätzen des Geiserich; wie oft hatte Basiliscus sie ihnen als Ziel gewiesen und als
Lohn ihres Kampfes. Und nun waren seine Schiffe in Feuer und
Rauch aufgegangen und nur er selbst hatte etwas von jenen
fabelhaften Schätzen an Bord seines großen Schnellruderers, der
sich dem Verderben rechtzeitig hatte entziehen können. Ja, wenn
nicht alles trog, so war die Trireme des Basiliscus gar nicht
ernsthaft verfolgt worden. Denn solche Feldherrn wünschte
Geiserich dem Kaiser zu erhalten; solange sie die Flotten und
Armeen gegen Karthago führten, blieb der König der Vandalen

nicht nur der Moses seines Volkes, sondern auch der größte Admiral
des Mittelmeers.

Eine der Grundfragen unseres Buches – die Frage, ob Geiserich
unter die großen schöpferischen Herrschernaturen der Antike
einzureihen sei – bleibt auch nach der Seeschlacht von Kap Bon
ungelöst, denn es war absolut kein Novum, daß eine unterlegene
Flotte einen übermächtigen Gegner mit Brander-Fahrzeugen angriff und damit die Ballung der Großflotte zum Desaster werden
ließ. 413 v. Chr. hatten die Syrakusaner sich auf die gleiche Weise
gegen die Athener gewehrt, und im Zweiten Punischen Krieg war
die Bucht von Karthago schon einmal Schauplatz eines Brander-
Angriffs gegen die weit überlegenen Römer gewesen. Neu an der
Seeschlacht von Kap Bon war die Entschlossenheit, die Kühnheit,
mit der Geiserich auf diese unbemannten, schwer zu dirigierenden
Feuermaschinen setzte, denn vor Syrakus war es nur ein einziger
Brander gewesen, der auf die Athener zutrieb, Geiserich aber setzte
nicht weniger als fünfundsiebzig Brander ein. Sie müssen ein
Inferno an Flammen, Rauch und Gestank erzeugt haben, und erst
die panikartige Flucht der auch nach diesem Angriff noch überlegenen Römerflotte machte den Sieg der Vandalen in diesem
Ausmaß möglich. Im Morgengrauen nach der Flammennacht sah
die Meeresstraße zwischen Afrika und Sizilien noch zahllose
Einzelkämpfe zwischen den verstört fliehenden Römern und den
sie verfolgenden Vandalen.

Geiserichs Sohn Gento, der einen der Schnellruderer befehligte,
enterte dabei ein römisches Kriegsschiff, das von dem Legaten
Johannes kommandiert wurde. Vandalen und Mauren hatten das
Schiff schnell in ihre Gewalt gebracht, einzig Johannes selbst
verteidigte sich noch in der schweren Kampfrüstung, die für
Landschlachten besser geeignet war. Er hatte acht Angreifer
getötet, als Gento ihn anrief und sein Prinzenwort dafür verpfän-
dete, daß Johannes in ehrenvolle Gefangenschaft käme: der Kampf
sei aussichtslos, Schiff und Schlacht seien verloren. »Dennoch«,
antwortete der Römer laut Prokopios, »ein Johannes wird niemals
in die Gewalt von Hunden kommen«, und sprang über Bord.

Dolchstoß-Diplomatie

Leo, Kaiser des Ostreichs, und Anthemius, von Ostroms Gnaden Herrscher der westlichen Reichshälfte, waren also gemeinsam gescheitert, und vielleicht ist es nur die Beschämung darüber, die alle sonst so emsigen Chronisten und Kriegsberichter gelähmt hat. Denn die Nachrichten über die Ereignisse der Jahre 467/68 sind erstaunlich dürftig, wenn man bedenkt, daß es sich um das größte Militärspektakel im Mittelmeerraum seit der Seeschlacht von Actium handelt. Freilich waren das damals andere Zeiten und andere Akteure gewesen, Octavianus Augustus und sein Admiral Agrippa auf der einen Seite, Kleopatra mit Antonius auf der anderen. Fast auf das Jahr genau ein Halbjahrtausend war seitdem vergangen, und vor allem die jetzt mitwirkenden Charaktere können den Niedergang der Alten Welt verdeutlichen: der käufliche Basiliscus etwa – um nur ein Beispiel zu nennen –, der heimlich gegen seinen kaiserlichen Herrn Politik macht und dabei noch reich wird; ihn rettet die Fürsprache Verinas, seiner Schwester, die ihren kaiserlichen Gatten milder stimmt, so daß der Verräter von Kap Bon mit einem demütigenden Bittgang davonkommt. »Basiliscus suchte nach seiner Ankunft in Byzanz als Schutzflehender Zuflucht in der Kirche Christi, des großen Gottes – Sophia heißt das Heiligtum bei den Byzantinern, denn dieser Beiname, glauben sie, passe am besten zu Gott. Prinzessin Verina erreichte auch seine Begnadigung, und so entging er zwar dieser Gefahr *[d. h. einem Hochverratsprozeß]*, konnte jedoch damals die Kaiserwürde nicht erlangen, derentwegen er das alles ins Werk gesetzt hatte.« (Prokopios)

Das also geschah im östlichen Rom. In Italien hatte Rikimer, der germanische Oberfeldherr der römischen Armeen, das Debakel

der byzantinischen Rivalen nicht ohne Befriedigung mit angesehen. Hinter Anthemius, dem Kaiser, den man ihm vor die Nase
gesetzt hatte, stand also keine nennenswerte Macht mehr, und es
gab in dem ganzen Schlamassel nach der demütigenden Niederlage
durch Geiserich nur noch einen einzigen Mann, der einen kühlen
Kopf behielt, der Mut hatte und dessen Energie folglich für
Rikimer gefährlich werden konnte: das war der Expirat Marcellinus. Er hatte ein Gutteil seiner Schiffe durch die lockeren Reihen
der Vandalen manövrieren können, vor Sizilien gesammelt und auf
dieser Insel eine Stellung bezogen, die Geiserich sich anzugreifen
hütete. Ließ man Marcellinus gewähren, so gab es bald einen
neuen Herrn Siziliens, einen tatkräftigen Kämpfer zu Land und zu
Wasser, der von dieser ungemein wichtigen Insel aus die Kornlie-
ferungen kontrollieren konnte, die Rom aus Nordafrika ja immer
noch erhielt.

Da dieser Dalmatiner bei aller Begabung doch ein Außenseiter
war und blieb, den die römische Generalität nie für voll genommen hatte, hielt es nicht schwer, einen Offizier zu finden, dem
dieser schnell Aufgestiegene ein Dorn im Auge war. Wer den
Dolch führte, der Marcellinus noch im selben Jahr (468) tötete, ist
eines der minder wichtigen Rätsel der Geschichte, bei jedem
Kriegsrat, bei jedem Mahl im Feldherrnzelt war dazu Gelegenheit.
Sicher ist nur, daß Rikimer damit den gefährlichsten seiner Rivalen
beseitigt hatte. Wenn Kaiser Anthemius den Krieg gegen Geiserich fortsetzen wollte – und das war keine Frage des Wollens,
sondern eher des Müssens angesichts der ständigen vandalischen
Raubzüge im westlichen Mittelmeer –, dann konnte er keinem
anderen als Rikimer die Armee anvertrauen, und genau darauf lief
Rikimers Strategie hinaus. Er brauchte für seine eigenen Ziele eine
für den Krieg gerüstete, ihm folgende Armee, und konnte
Anthemius ihm auch nur 6000 Mann zur Verfügung stellen, weil
es in Gallien wieder einmal unruhig geworden war, so reichten
diese Kohorten zwar nicht für einen Feldzug gegen Geiserich, der
auch mit 100 000 Mann nicht zu schlagen gewesen war, wohl aber
zu einem Staatsstreich hinter dem Rücken des biederen Anthemius.

Es gibt eben immer einen, der die Intrigen nicht durchschaut;
im Ostreich sind diese rechtschaffenen, an ihre Mission glaubenden

Herrscher längst ausgestorben, doch auf der italienischen Halbinsel taucht von Zeit zu Zeit noch einer auf, der an Roms große Zeiten denken läßt, und so ein Mann ist Anthemius, Schwiegersohn des Kaisers Markian, ein verdienter Feldherr, reich und populär. Aber er ahnt nicht einmal, welches Schicksal die listigen Mitbewerber um Macht und Ruhm ihm zugedacht haben. Er, der Würdigste unter ihnen allen, tappt nicht in die Fallen, die ihm gestellt werden – er schreitet hinein.

Kaiser Leo kann einen Mann wie Anthemius zu Hause in Byzanz ganz und gar nicht brauchen, dessen ganze Persönlichkeit ständig an den Ruhm des großen Markian erinnert, er ist gefährlich. Also wird er bei erster Gelegenheit weggelobt, wie man heute sagen würde, und zwar auf den Kaiserthron des Westreiches. Das ist eine Position, die auch der Würdigste oder gerade er nicht ausschlagen kann. Anthemius sieht darin sogar eine Umkehr der Geschichte und seine große Chance, denn er weiß sich frei von Korruption, von Gier und niedrigen Beweggründen und fühlt trotz vorgerückten Alters noch die Kraft in sich, dieses alte und bedrohte Reich von innen her zunächst moralisch und danach auch militärisch aufzurüsten, zu erneuern, wiederherzustellen. Einen geschichtlichen Augenblick lang glaubte sogar das Volk Italiens an diesen neuen Kaiser: Es war im April des Jahres 467, daß Anthemius in Rom einzog, und da als Sprecher der gallischen Provinzen der Dichter Sidonius Apollinaris an den Feierlichkeiten teilnahm, konnte die Nachwelt miterleben, wie das alte, vielgeprüfte Rom noch einmal Hoffnung schöpfte und dieser Hoffnung in großen Festlichkeiten Ausdruck gab.

Der Senat der Stadt, Abordnungen des Volkes und der Armee waren Anthemius drei Meilen weit entgegengezogen, um ihm die kaiserlichen Würden anzutragen, und am 12. April nahm er sie an. Rikimer, der Mächtige, wurde mit dem neuen Herrn dadurch versöhnt, daß im Rahmen der Krönungsfeierlichkeiten auch die Hochzeit stattfand, die ihn, den gotischen Königsenkel, mit einer Tochter des neuen Kaisers verband. Er war also nun kaiserlicher Schwiegersohn wie weiland Stilicho und mancher andere Germane, denn schöne Töchter hatten die alten Familien noch, nur die tatkräftigen Männer fehlten.

In der allgemeinen Euphorie dieser festlichen Tage ruhten in
Rom alle Geschäfte, selbst die Gerichte tagten nicht, und auf
Plätzen, in Stadien und Gymnasien schien die alte lateinische
Poesie urplötzlich wiederaufzuleben, denn geübte Rhetoren dekla-
mierten mit großen Gebärden Gedichte, in der alten heiligen
Sprache und nicht selten unter Anrufung der alten, inzwischen
unheilig gewordenen Götter. Und während die kräftigen Barbaren,
die diese Stadt, wenn auch in römischen Uniformen, beherrschten,
sich mit einemmal wieder als Fremdlinge zu fühlen begannen,
nahm das große Kaiserfest zum nicht geringen Befremden der
Kirche schlechthin heidnischen Charakter an, indem man die
berüchtigten Luperkalien aufs neue beging: Die *luperci* liefen nackt
um den Palatin, und die jungen Frauen, denen sie begegneten,
schlugen sie mit Riemen aus der Haut eines geopferten Bockes.
Faunus schien wiedererstanden mit diesem Hirtenfest aus den
Frühzeiten der Siebenhügelstadt.

Mochte die Kirche auch geneigt sein, angesichts der besonderen
Gelegenheit solche heidnischen Rückfälle zu übersehen und als
Zugeständnisse an die Stadtgeschichte zu verzeihen, so konnte es
keine Gnade geben gegenüber dem arianischen Ketzertum, das von
Byzanz bis ins südliche Spanien und ins nördliche Afrika sein
Haupt erhob. Anthemius, der neue Kaiser, war angeblich nicht frei
von Sympathien für die Arianer.

In seinem Gefolge, das er vom Bosporus mitgebracht hatte,
befand sich ein Mann namens Philotheus, der als Arianer bekannt
war und dem man doch nichts antun konnte, weil er sich der
Gunst des Kaisers erfreute.

Das waren bei allem Glanz der wiederhergestellten Kaiserherr-
lichkeit die Kümmernisse des Papstes Hilarius. Als Sardinier
kannte er die Vandalen, ja war eigentlich ein Untertan Geiserichs.
Sechs Jahre, ehe Hilarius den Papstthron bestieg, war Rom von
den Vandalen ausgeplündert worden, aber Hilarius gedachte nicht,
sich mit einem armseligen Rom abzufinden, sondern tat alles, um
zumindest der römischen Kirche ihren früheren Glanz wiederzuge-
ben. Ferdinand Gregorovius, gewiß ein unverdächtiger Zeuge,
berichtet in seiner schon klassischen *Geschichte der Stadt Rom im
Mittelalter:*

»Während sich der Staatsschatz in den von Anthemius betriebenen Rüstungen zum Kriege gegen die Vandalen erschöpfte, verwandte der Papst Hilarius große Summen zur Ausschmückung der Kirchen. Wenn wir dem Katalog seiner Weihgeschenke glauben dürfen, so befand sich die von Kaisern und Privaten immerfort beschenkte Kirche trotz der Plünderungen im Besitz unermeßlicher Goldquellen. Es ist dies wohl begreiflich; die Barbaren beraubten die Kirchen, aber deren Landgüter blieben, und weil diese überaus zahlreich waren, so mangelten die Einkünfte nicht. Die römische Kirche hatte bereits einen Landbesitz erworben, wie ihn nicht im entferntesten weder der Patriarch von Konstantinopel noch der von Alexandrien besaß. Sie war die reichste Kirche der Christenheit. Hilarius stiftete im Lateran, in Sankt Peter, in Sankt Paul und in San Lorenzo den kostbarsten Schmuck, mit welchem der vandalische Raub ersetzt wurde, und unsere Phantasie wird durch die Namen oder die Gestalt der Kunstwerke angeregt, uns die Künstler selbst im sinkenden Rom vorzustellen. Nach dem Fall der Götter und der Bildhauer schien sich im fünften Jahrhundert die Kunst in die Werkstätten der Juweliere, Erzgießer und Mosaikarbeiter gerettet zu haben. Man machte aus massivem Metall mit barbarischer Überladung Gefäße vielfacher Gestalt, Lampen und Leuchter, goldene Tauben und Kreuze, und schmückte sie mit Edelsteinen; man überzog die Altäre mit Silber und Gold; man zierte die Taufbrunnen mit silbernen Hirschen, stellte über den Konfessionen Bogen von Gold auf, die, von Säulen aus Onyx getragen, ein goldenes Lamm umschlossen. Während demnach Rom verarmte und verfiel, starrten die Kirchen von Schätzen, und das Volk, welches unvermögend war, Heer und Flotte zum Vandalenkrieg auszurüsten, sah die Basiliken mit märchenhaftem Schmuck von Gold und Edelsteinen angefüllt.«

Zunächst von diesem Glanz geblendet, hat Anthemius wohl sehr schnell erkannt, daß die Kirche nicht gedachte, die Kriegsrüstung gegen die Vandalen zu finanzieren. Kaiser Leo in Byzanz mußte seine Schatztruhen öffnen, und da sich auch das als unergiebig erwies, konnte dem scheinbar im Rachedurst entbrannten Rikimer nur ein letztes Aufgebot von sechstausend Mann zur

Verfügung gestellt werden, um die Waffenehre Roms wiederherzustellen und die Vandalen doch noch zu schlagen.

Aber Rikimer wählte einen zumindest recht ungewöhnlichen
Weg nach Nordafrika: Er führte seine sechstausend Soldaten nach
Mediolanum, ins heutige Mailand, und schlug dort, nahe seinen
germanischen Brüdern und Freunden, sein Feldlager auf. Hier saß
er günstig, um mit den Goten in Gallien, aber auch mit den
Völkern der Alpenländer und Pannoniens Verbindungen anzuknüpfen oder zu erneuern. Rikimer, den Enkel Wallias, kannten
sie schließlich alle; Anthemius, der glaubte, der Kaisermacht
wieder die alte Geltung verschaffen zu können, kannte niemand.
Ein blutiger Bürgerkrieg zwischen Rikimers Provinzen und dem
Rom des Anthemius stand bevor, ein Krieg, aus dem nur die
Vandalen Nutzen ziehen konnten und hinter dem offensichtlich
auch die Vandalen standen. Denn Rikimer, der schon so manchen
Kaiser auf den Thron gehoben und dann begraben hatte, kämpfte
natürlich auch diesmal im Namen eines wohlgeborenen Prinzen,
nämlich des Anicius Olybrius, Schwager des Geiserich-Sohnes
Hunerich und Nachkomme eines der erlauchtesten Geschlechter
des damaligen Rom, einer Senatorenfamilie, die sich schon seit
einigen Generationen zum Christentum bekannte.

Um Italien den Frieden und dem Volk die Hoffnung auf die
Wiederkehr glücklicherer Zeiten zu erhalten, legte die Kirche sich
ins Mittel und gewann einige ligurische Freunde Rikimers für eine
gemeinsame Friedensmission. An der Spitze der Männer, die auf
Rikimer einzuwirken suchten, stand eine der bemerkenswertesten
Erscheinungen des Jahrhunderts, der in der Stille und doch
unendlich segensreich wirkende Bischof Epiphanius von Pavia,
Abkömmling eines alten Patriziergeschlechts der Stadt und – wenn
er tatsächlich nur achtundfünfzig Jahre alt wurde, wie seine *Vita*
sagt – in jenem Schicksalsjahr 470 noch ein junger Mann in
hohem Amt. Epiphanius, der sich auch in den folgenden Jahren
aufopfernd um die Linderung vor allem der Kriegsnöte bemühte
und einmal sogar persönlich an den Burgundenhof reiste, um
sechstausend gefangene Italiener freizubitten, erreichte bei Rikimer
nur einen Aufschub der Feindseligkeiten. Im Jahr 472 kam es auf
Drängen Geiserichs dann doch zum Zug gegen Rom, zu dem

Oben: Das Amphitheater von Karthago, in dem neben zahlreichen anderen Christen die Märtyrer Cyprian, Perpetua und Felicitas den Tod fanden.
Unten: Reste von Damous el-Karita, der größten Kirche von Karthago. Sie wurde im 5. Jahrhundert erbaut und diente mit ihren elf Schiffen dem arianischen Kultus.

bewaffneten Versuch, Olybrius an die Stelle des Anthemius zu setzen.

Inzwischen war Kaiser Anthemius mit beachtlicher Unbeirrtheit darangegangen, sein Reich von Verrat und Korruption zu reinigen, ein Streben, das den Nachgeborenen zugleich Achtung und Kopfschütteln abnötigt, denn es mag Dringenderes gegeben haben, als einen gallischen Präfekten vor Gericht zu stellen. Immerhin führte Anthemius, dessen Krönung schon ein Augenblick wiedererstandenen römischen Glanzes war, damit auch den letzten großen Staatsprozeß, in dem der Senat der Ewigen Stadt als Kurie fungierte, ein Ehrfurcht gebietendes Spektakel auf dem Kapitol, von dem uns Sidonius viele Einzelheiten überliefert hat: Rundum herrschen Germanen und Alanen, in Rom aber, dem Herzen der Alten Welt, spricht man noch einmal Recht wie achthundert Jahre zuvor. Präfekt Arvandus hatte das ihm anvertraute Gallien nicht nur bedrückt und ausgepreßt, sondern auch geheime Verhandlungen mit Burgunden und Westgoten über die Teilung Galliens zwischen diesen beiden starken Germanenstämmen geführt. Es war sehenswert, wie der mächtige Mann noch vor Gericht seine volle Würde ausspielte, weiß gekleidet, in ehrenvoller Haft mit großer Bewegungsfreiheit gehalten, während die Ankläger gegen diesen hohen römischen Beamten sich in ihren schlichten Gewändern wie Bittsteller ausnahmen.

Aber der Senat sprach Recht ohne Ansehen der Person. Ein hochverräterischer Brief, den Arvandus stolz als von seiner Hand stammend anerkannt hatte, gab den Ausschlag für die Aberkennung der Ritterwürden, und in den Status der Plebejer zurückgestoßen, wurde Arvandus dann zum Tod verurteilt. Die Dreißig-Tage-Frist zwischen Schuldspruch und Hinrichtung genügte jedoch den einflußreichen Freunden des Präfekten, die Todesstrafe in Verbannung umzuwandeln. (Der Nachfolger des Arvandus, der sich in Gallien nicht besser benahm, wurde übrigens ebenfalls verurteilt und, da er keine gleich guten Fürsprecher hatte, dann auch hingerichtet.)

Der so rechtschaffen bemühte Anthemius ließ Rikimer allzunahe an Rom herankommen, es ist nichts über Abwehrkämpfe nördlich der Stadt bekannt, obwohl die Halbinsel doch schmal und

bergig ist und Anthemius auch mit zahlenmäßig schwachen
Abwehrkräften den Vormarsch des Gegners hätte aufhalten kön-
nen. Hilfe brachte nur abermals ein Germane: Der Gote Bilimer
hatte gallische Truppen übers Meer herangeführt und in die
Tiberstadt geschleust, als Rikimer mit seinen Ligurern und
Alpenvölkern bereits vor dem Salarischen Tor lagerte, also am
Nordabhang des Quirinalischen Hügels.

Anthemius hatte keine Chance mehr. Kaiser Leo im fernen
Byzanz hatte bereits 471, also im Jahr zuvor, mit Geiserich Frieden
geschlossen in einem Vertrag, der den Anthemius praktisch
preisgab und die stillschweigende Duldung des Olybrius auf dem
römischen Kaiserthron beinhaltete. Obwohl jünger als Geiserich,
hatte der Thraker, der einst Leo der Große heißen sollte, vor dem
Alten aus Karthago so gut wie vollständig kapituliert und den
Mann geopfert, der der Tiberstadt noch einmal den alten Glanz
eines einstmals großen Reiches verleihen wollte. Nicht Ostrom
und schon gar nicht Rom selbst kämpften für diese Idee, sondern
ein Gallier namens Bilimer mit seinen Legionen, weswegen es nur
ungefähr stimmt, wenn der nun entbrennende Waffengang als der
letzte Kampf zwischen Römern und Barbaren bezeichnet wird.

Rikimer hatte sich bis zum rechten Tiberufer vorgekämpft und
hielt von den berühmten Hügeln Roms zunächst Vaticanus und
Janiculus. Zwischen der Tiberinsel und der heutigen Engelsbrücke
trafen die Truppen aufeinander. Bilimer fiel, auf einer Brücke
kämpfend, und Rikimer erzwang den Zugang zur eigentlichen
Stadt, zum Kapitol und zum Palatinus, dem Allerheiligsten der
Kaisermacht. Während der Adel Anthemius unterstützt hatte,
scheint das zum Teil arianische Volk von Rom eher Sympathien
für Rikimer gehegt zu haben, der ja kein Unbekannter war.
Anthemius floh, wurde aber von dem Germanen Gundobad,
einem Verwandten Rikimers, verfolgt und eingeholt. Auf eine
Gefangennahme ließ man sich gar nicht erst ein, sondern schnitt
dem Unglücklichen, der nur das Beste gewollt hatte, kurzerhand
den Kopf ab.

Man schrieb den 11. Juli 472, einen der vielen dunklen Tage der
Tiberstadt, Beginn einer großen Plünderung, der dritten in diesem

Jahrhundert, denn Rikimer hatte seinen Germanen und Ligurern natürlich einiges versprechen müssen, um sie zu dem langen Marsch durch Italien zu bewegen. Da die Plünderer Arianer waren, schieben ihnen die katholischen Chronisten wiederum die absurdesten Untaten in die Schuhe, und zweifellos ließen es sich die Eroberer zwei oder drei Wochen lang recht gutgehen, was die Ernährung, den Suff und die Frauen betraf; es sind jedoch keine Zerstörungen an den Gebäuden der Ewigen Stadt bekannt geworden, lediglich ein Minerva-Tempel, also keine Kirche, sei in Flammen aufgegangen. Es erwies sich nun als günstig, daß Rikimer auf dem vatikanischen Hügel gelagert hatte, wo die meisten kirchlichen Gebäude beisammenstanden. Dort waren Rikimers Germanen Besatzer, nicht Eroberer gewesen, weswegen es nicht zu Ausschreitungen kam. Sankt Peter also, die ehrwürdige Apostelkirche, wurde trotz der allgemeinen Plünderung in der ganzen Stadt für diesmal verschont.

Das fremde Kriegsvolk, die vielen Toten und die sommerliche Hitze brachten jedoch ein anderes Übel mit sich, das schlimmer war als der Krieg selbst: die Seuchen, und unter ihnen wiederum, als schlimmste Geißel des Mittelalters, die Pest. Nach soviel Verrat und Untaten sorgte sie mit schwarzer Hand für eine Art ausgleichender Gerechtigkeit. Der in die verwüstete Stadt eingezogene neue Kaiser Flavius Anicius Olybrius fiel ihr nämlich ebenso zum Opfer wie der gewalttätige Rikimer, der seinen Triumph über Anthemius nur um wenige Wochen überlebte: Die Pest löschte schon am 18. August 472 sein Leben aus, an das uns nichts erinnert als die Zeichnungen von jenem Kirchenschmuck, den er in Sant'Agata in Suburra, der arianischen Kirche Roms, hatte anbringen lassen.

In dieser arianischen Basilika am Abhang des Quirinal wurde Rikimer zur letzten Ruhe gebettet, der Mann von germanischem Blut, der die größte Macht in Rom ausgeübt hatte; erst Theoderich wird ihn übertreffen, aber auch Theoderich wird nicht Kaiser sein. Gregorovius hat die Zeichnung noch sehen können, die jene Mosaiken festhielt, Arbeiten, die vermutlich Rikimer selbst angeregt, vielleicht sogar entworfen hatte: Ein bärtiger Christus mit langen Locken sitzt auf einer Erdkugel, in der Linken hält er ein

Buch, die Rechte hat er wie zum Gruß oder zur Mahnung
erhoben. Ihn umgeben die Apostel, unter denen vor allem Petrus
deutlich zu erkennen ist, der jedoch nicht, wie üblich, zwei
Schlüssel trägt, sondern nur einen.

Rikimers Ämter übernahm sein Neffe Gundobad, jener forsche
Reiter, der Anthemius verfolgte und ihm eilfertig den Kopf
abschlug; solche Taten verlangen ihren Lohn. Nach einem gotisch-
suebischen Fürsten herrschte damit nun ein Burgundenprinz über
die Streitmacht Roms, die allerdings ohnehin aus Germanen
bestand. Die Kaiser von Gundobads Gnaden braucht man sich
ebensowenig einzuprägen wie ihre Gegner, die von der energischen
Verina (der Gemahlin des trägen Basiliscus) aus Byzanz nach Rom
geschickt wurden. Allzu blutig scheint es bei diesen inneren
Kriegen zwischen der östlichen und der westlichen Hälfte des einst
so mächtigen Reiches jedoch nicht zugegangen zu sein, und die zur
Abdankung gezwungenen Herren, die sich einige Monate lang
hatten Kaiser nennen dürfen, wurden auch nicht mehr geköpft,
sondern erhielten ein Gnadenbrot als Bischöfe. »Die wiederholte
Verwandlung eines entthronten Kaisers in einen Bischof spricht
vielleicht für das hohe Ansehen, welches die bischöfliche Würde
genoß«, notiert Ferdinand Gregorovius nachdenklich, »doch nicht
gerade für den Wert, den man auf die geistlichen Eigenschaften
legte.« Ja, der Treppenwitz der Weltgeschichte wollte es sogar, daß
in dem einst so lieblichen Adriahafen Salona einer dieser zum
Bischof degradierten Kaiser dann einen Flüchtling aufnehmen
mußte, in dem er eben jenen Kaiser erkannte, der ihn einige
Monate zuvor verbannt hatte.

Salona, wo dieses Treffen der Exkaiser stattfand, war schon im
Altertum ein wichtiger Hafen und nur wenige Wegstunden von
jenem Split entfernt, das uns noch heute eindrucksvolle Antike
bietet: die ganze Altstadt von Split ist nämlich in den weitläufigen
Palast des Diokletian hineingebaut. Bei der Verbannung in den
Raum einer kaiserlichen Provinzialresidenz hatte man es also nicht
allzu böse gemeint mit den beiden Vertriebenen. Sie konnten
immerhin vor den Mauern lustwandeln, die ein Diokletian hatte
errichten lassen. Der Mann, der diese kaiserliche Abwanderung
nach Dalmatien bewirkte, muß bis dahin zu den Hintergrundfigu-

ren des Jahrhunderts gerechnet werden, spielte aber schon seit zwei Jahrzehnten und mehr eine bemerkenswerte Rolle. Er trug den griechischen Namen Orestes, stammte aber von einem Kolonial-Römer namens Tatalus ab, der sich irgendwo zwischen Donau und Save mit einem germanischen oder auch hunnischen Mädchen verbunden hatte. In diesem Durchzugs- und Siedlungsgebiet der aus dem Osten heranströmenden Goten und Hunnen war der aufgeweckte Orestes schließlich zum Geheimschreiber König Attilas aufgestiegen, hatte in der Geheimdiplomatie gegen Byzanz eine etwas undurchsichtige Rolle gespielt und war nach dem Mordanschlag Ostroms auf Attila in Ungnade gefallen, vielleicht sogar vor der drohenden Hinrichtung geflohen. Immerhin hatte er am Hunnenhof die Mechanismen der Macht und die Wege der Machtpolitik kennengelernt sowie die erstaunliche Schwäche des Römerreiches, vor allem in seiner westlichen Hälfte. Und dorthin hatte Orestes sich gewandt, hatte höhere Kommandostellen erhalten und zumindest einmal mit Geiserichs Vandalen die Klingen gekreuzt. Das war in Süditalien geschehen und hatte dem Fuchs von Karthago eine seiner wenigen Niederlagen eingebracht.

Seit jener Zeit waren Geiserich und der einstige Schreiber, der ihn schon aus der Korrespondenz Attilas kannte, Gegner im militärischen und politischen Spiel, und vielleicht ist es nicht zuviel gesagt, wenn wir behaupten, daß es dieser dunkle Ehrenmann aus der Save-Niederung war, der König Geiserich die schon zum Greifen nahe Herrschaft über das römische Westreich im letzten Augenblick noch entriß.

Nach dem Tod Rikimers und der Abreise Gundobads ins heimatliche Burgund gab es in und um Rom niemanden, der das aus Germanen und Sarmaten bunt gemischte Heer des Rikimer führen konnte. Der wilde Haufen stellte für die Hauptstadt eine ständige Bedrohung dar, weswegen schon einer der Kurz-Kaiser versucht hatte, ihn nach Gallien in Marsch zu setzen. Dorthin zog es jedoch keinen dieser Marodeure, und sie wandten sich an Orestes, der ihre Sprachen sprach und schreiben konnte, mit der Bitte, sich der Truppe anzunehmen. In jenen unruhigen Zeiten eine Armee zu haben, und sah sie noch so schlecht aus, das bedeutete eigentlich schon die Kaiserwürde oder zumindest kaiserliche Macht, waren solche Kaiser doch schon von einzelnen Legionen in Britannien oder Spanien oder im Orient auf den Schild gehoben worden. Also trug man auch Orestes die Kaiserwürde an: Damit wären alle Probleme gelöst, er würde die Soldaten, die ihn gekürt hatten, gewiß nicht nach Gallien oder in eine andere ferne Provinz abschieben.

Aber Orestes fühlte sich ebensowenig als Römer wie Stilicho oder Rikimer, das heißt, er war durchaus bereit, die Truppe zu führen, aber als Kaiser wünschte er nicht in die Geschichte einzugehen. Dafür schien ihm sein Sohn Romulus geeigneter, denn Orestes hatte dank seiner militärischen Würden in die Familie des Comes Romulus von Poetovio (Pettau, am linken Drau-Ufer) einheiraten können. Sohn Romulus war demnach der Enkel eines der höchsten römischen Beamten und erschien seiner Herkunft nach für das hohe Amt besser geeignet. Die Mühen und Gefahren dieses Amtes gedachte Orestes seinem noch sehr jungen Sohn ohnehin abzunehmen.

Um dieses Ziel zu erreichen, um den jungen Romulus als Kaiser durchzusetzen, mußte Orestes seine ungebärdige Truppe doch noch zu einigen kriegerischen Anstrengungen nötigen, und als am 31. Oktober 475 Sohn Romulus schließlich zum Kaiser ausgerufen wurde, nannte ihn seine Armee nicht nur mit zärtlichem Hohn Augustulus, also den kleinen Augustus, sondern fand auch, daß man sich in Orestes getäuscht habe. Das bequeme Leben, wie Söldner es nun einmal vorziehen, habe er ihnen jedenfalls nicht gebracht.

Kriegsmüde, nach Land und Ruhe verlangend, suchten diese Herumtreiber aus vielen Völkern, die Skiren, Rugier, Heruler und Sarmaten, nicht mehr den Kriegshelden, der mit ihnen hohe Ziele ansteuerte, sondern einen aus den eigenen Reihen kommenden energischen Mann, der ihnen Land und friedlichen Besitz garantieren konnte. Er wurde in dem kaiserlichen Doryphor Odoaker gefunden, einem Krieger von hohem Wuchs und edler Abkunft. Sein Vater war der Hunnenfürst Edekon, der übrigens gemeinsam mit Orestes manche diplomatische Mission durchgeführt hatte; die beiden kannten einander also von Attilas Hof, waren aber schon damals Rivalen gewesen. Edekon hatte eine Skiren-Prinzessin

geheiratet und im Völkerverband Attilas die Skiren geführt. Nach
dem Zerfall des Hunnenreiches war sein Leben nicht sonderlich
glanzvoll zu nennen. Aus der *Vita Severini* besitzen wir das
unschätzbare, weil unanzweifelbare Zeugnis vom Besuch einiger
christlicher Germanen bei dem damals an der niederösterreichi-
schen Donau weilenden heiligen Mann. Severin hatte schon damals
dem Odoaker königlichen Ruhm und eine Herrschaftsdauer von
dreizehn oder vierzehn Jahren prophezeit, und nun, im Jahr 476,
war es so weit gekommen – in unmittelbarer Konfrontation mit
Odoakers älterem und vielleicht auch klügeren Widersacher, dem
Patrizius Orestes.

Die Armee verlangte für sich ein Drittel alles bewirtschafteten
italienischen Bodens, sie wollten zur Scholle zurück. Orestes lehnte
ab, denn damit hätte er ja römische Untertanen an die Germanen
ausgeliefert, Römerboden zugunsten der Soldaten enteignet. Den
wütenden Aufstand der Armee führte Odoaker an, wurde zum
Herrscher ausgerufen und führte die Soldaten gegen die Städte
Pavia und Piacenza, in denen sich Orestes mit den ihm anhängen-
den Truppenteilen verteidigte.

»Odoaker aber überfiel mit dem Volk der Skiren den Patrizius
Orestes in Placentia *[nach anderen Quellen in Pavia]* und tötete ihn,
danach erschlug er Paulus, den Bruder des Orestes, in einem
Fichtenwald unweit von Ravenna. Er nahm diese Stadt, die
kaiserliche Residenz, mit Waffengewalt und setzte den Augustulus
ab, hatte aber Mitleid mit seiner Jugend und Schönheit und
schenkte ihm nicht nur das Leben und ein Landgut, sondern auch
eine Jahresrente von 6000 Goldstücken. Seinen Wohnsitz wies er
ihm in der Campagna an, wo er unbehelligt mit den Seinen
weiterleben konnte.« (Anonymus Valesianus) Aber auch Odoaker
strebte nicht nach der Kaiserwürde. Zwar ließ er sich vom veräng-
stigten Senat der Stadt Rom huldigen und nahm den Königstitel
an, wies aber Purpur und Kaiserdiadem zurück. Er traf auch keine
Anstalten, sein Königreich aus dem Verband des Römerreiches
herauszulösen und sich gegenüber dem Kaiser des Ostreiches, der
nun Zeno hieß, selbständig zu machen. Das große alte Reich blieb
also bestehen, nur daß es fortan als einzigen Mittelpunkt Byzanz
besaß. Italien war unter die Herrschaft eines Fürsten gelangt, der

wie Geiserich in sich jene Rassen vereinigte, die dem Römerreich
die Macht geraubt hatten: die Germanen und die Sarmaten.

Geiserich, so alt er ist, erkennt die Bedeutung dieses Wandels. Mit
einem Scharfblick, der Jüngeren alle Ehre machen würde, findet er
Odoaker, von dem er noch nicht allzuviel wissen kann, bereits aus
dem ganzen Gewirr der Möchtegern-Kaiser und der Kaisermacher
heraus und gelangt mit dem Mann verwandter Herkunft und
vergleichbarer Bedeutung überraschend schnell zu einer friedlichen
Lösung. Das Vandalenreich wird in seinem Bestand anerkannt, es
bleibt ein Reich der Küsten und Inseln vor allem des westlichen
Mittelmeers, weswegen die Balearen für seine Sicherheit ebenso
wichtig sind wie die Pithyusen, die heute niemand mehr so nennt,
weil die Inselnamen Formentera und Ibiza ungleich bekannter
geworden sind.

Auch die großen, schwer zu verteidigenden Inseln Korsika und
Sardinien mit ihren langen, ungeschützten Küsten garantiert
Odoaker dem Geiserich, mit dem er sich offensichtlich nicht
anlegen will, und nur über Sizilien wird länger geredet, denn diese
Insel ist für beide lebenswichtig, für Italien wie für den Herrn
Nordafrikas. Die Insel wird schließlich geteilt, ohne daß wir uns
angesichts der damals noch dünnen Besiedlung eine durchgehend
gezogene und etwa durch Wachtürme oder Pfähle markierte
Grenze auch im bergigen Insel-Inneren vorzustellen brauchen. Die
Nordhälfte mit dem wichtigen Hafen Messina bezieht Odoaker in
sein italienisches Königreich ein, die südliche Hälfte, welche die
Meeresstraße vor Karthago mitbeherrscht, bleibt vandalisch mit
dem von Geiserich als starker Flotten- und Handelsstützpunkt
ausgebauten Hafen Lilybaeum (im Stadtgebiet des heutigen
Marsala am Westrand der Insel).

Man hat in der Übernahme der Königsgewalt durch einen
Barbaren und im unrühmlichen Ende des weströmischen Kaisertums einen Erfolg, ja, den größten Sieg des Geiserich sehen
wollen, aber es spricht manches gegen diese ausgesprochen
retrospektive Betrachtungsweise. Natürlich ist es historisch gesehen ein Großereignis, wenn der letzte Kaiser Westroms, ein
schöner Jüngling mit dem Spottnamen Augustulus, nur noch das

Europa um 530, auf dem Höhepunkt der Germanenmacht: Nur die Basken (!) hatten ihre Unabhängigkeit behauptet.

Gnadenbrot jenes hunnisch-germanischen Heerführers ißt, der sich
in höherem Maß als seine gotischen oder suebischen Vorgänger das
Land tatsächlich unterwirft und aus eigener Kraft in Ravenna
herrscht. Es beginnt die Zeit des germanischen Italien, mit den
Landzuteilungen, mit dem gesetzlich geordneten Nebeneinander
von Germanen und Italikern, mit einer Waffen tragenden barbarischen Oberschicht und einem einheimischen Bauerntum, das um
des lieben Friedens willen alles auf sich nimmt, auch den Verlust
guter Äcker an die Eroberer.

Aber daß Geiserich diese Entwicklung begrüßte, ist nicht
anzunehmen. Zu unbesorgt hatte er in der langen Phase eines
schwachen Kaisertums die Küsten des westlichen Mittelmeers
plündern können, zu frei hatte er sich vor allem in jenem westlichen Meeresbecken bewegt, in dem keine starke Zentralgewalt
Flotten ausrüstete oder Alarmeinheiten auf die Beine stellte. Wenn
er so lange den östlichen Mittelmeerraum verschont hatte, so war
dies nicht etwa nur wegen seiner guten Beziehungen zu einflußreichen Alanen in Byzanz geschehen; er hatte ähnliche Beziehungen
zeitweise ja auch mit Rikimer unterhalten, ohne sich darum
nennenswerte Beschränkungen aufzuerlegen. Nein, das östliche
Kaisertum mit seinen doch beträchtlichen Machtmitteln war zwar
kein fürchterlicher Feind gewesen, aber doch stark genug, um
unbedachte Expeditionen wie jene in den Raum von Korinth
verlustreich zu gestalten, und auch die enge Adria hatten Geiserichs Raubschiffe bisweilen blockiert gefunden, wenn sie nach
Überfällen in Dalmatien reich beladen die Straße von Otranto auf
der Heimfahrt passieren wollten. Ein starker Herr Italiens nötigte
zu neuen Überlegungen, und dafür war Geiserich nun doch schon
ziemlich alt geworden. Ein Krieg gegen Odoaker, dem zu plötzli-
chem Ruhm aufgestiegenen König aus barbarisch-kräftigem Wur-
zelgrund, kam nicht mehr in Frage; das einzige, was Geiserich für
sein Volk noch tun konnte, war eine gütliche Einigung mit diesem
sehr zur Unzeit aufgetauchten neuen Machthaber.

Es ist ein Glück für die Vandalen, daß etwa zur gleichen Zeit
die Kaisermacht im Ostreich ins Wanken gerät. Noch ehe Odoaker in
Erscheinung tritt, ist Leo der Große in Byzanz gestorben, ein
Mann, der nicht die kriegerische Energie seines Vorgängers

Markian gehabt hat, aber einen Geist, der die altrömische Welt
noch zu umspannen vermochte, eine wahrhaft kaiserliche Welt-
sicht, aus der heraus er auf drei Kontinenten zu handeln verstand.
Nach seinem Tod mußten Wirren ausbrechen, denn Aspar, der
mächtige Alane, war einer Palastintrige zum Opfer gefallen und
mit dem Dolch im Rücken gestorben, und der unglückliche
Basiliscus, als Feldherr gescheitert und als Mann ein Spielzeug
seiner Gattin Verina, mußte wohl oder übel zu einem letzten
Versuch antreten, die Kaiserwürde zu erlangen. Zwischen ihm und
dem aus Isaurien stammenden Zeno wogte der Kampf annähernd
zwei Jahre hin und her, eben so lange, bis Odoaker sich in
Ravenna festsetzte: Basiliscus bestieg im Oktober oder November
475 den Kaiserthron, legte aber so unverschämte Geldgier an den
Tag, daß die großen Familien des Landes und vor allem die Spitzen
der Armee in diesem schon als Feldherrn gescheiterten Mann keine
Chance für das Ostreich zu erblicken vermochten. Als Zeno,
zunächst zwar geschlagen, mit einer neuen Armee gegen Byzanz
vorrückte, liefen die gegen ihn ausgesandten Generäle zu ihm über,
und Basiliscus fiel mit seiner Familie in die Hände des Gegners.

In Byzanz verfuhr man mit dem geschlagenen Rivalen zwar
nicht humaner, aber doch kunstvoll-komplizierter als die Barbarenfürsten im Kampf um Rom. Entweder stach man dem Gegner die
Augen aus, um ihn zur Herrschaft und zu weiterem Widerstand
unfähig zu machen, oder man setzte ihn der Gnade Gottes aus
unter Bedingungen, in denen eine Errettung tatsächlich ein
Wunder gewesen wäre. Basiliscus und alle seine Angehörigen
wurden ins Gebirge gebracht, nach Kappadokien, wo die Berge
Kleinasiens fast viertausend Meter erreichen. Weder Kleidung noch
Ausrüstung durfte den Verbannten mitgegeben werden, als sie im
Sommer 477 diesen letzten Weg antreten mußten, und schon im
ersten Bergwinter gingen sie denn auch elend zugrunde. »Vor
Kälte und Hunger nahmen sie dort Zuflucht zueinander«,
berichtet Prokopios, »und fanden, die Arme um ihre Liebsten
geschlungen, gemeinsam den Tod.«

Diese im ganzen doch unerwarteten Entwicklungen in West
und Ost erschwerten es Geiserich außerordentlich, sein Haus zu
bestellen. Jahrzehntelang konnte seine Politik davon ausgehen, daß

im Westreich schwache Kaiser herrschten, während das Ostreich
durch Leo den Großen mit konstanter Macht repräsentiert war.
Odoakers triumphale Neuordnung des ganzen italienischen Raumes, die Begründung eines germanischen Reiches auf römischem
Boden, verlangte ebenso eine neue Politik wie der Tod Kaiser
Leos, denn es war zwar kein Gesetz, aber germanischer Brauch, daß
der Tod des einen Vertragspartners auch die Verträge außer Kraft
setzte.

Mit der bewundernswerten Geschicklichkeit des Byzantiners
sorgte jedoch auch Kaiser Zeno schon durch die Wahl des
Unterhändlers für einen erfolgreichen Verlauf der Verhandlungen.
Er schickte Geiserich nicht irgendeinen gerissenen Levantiner übers
Meer, sondern den angesehenen Senator Severus, dessen hervorragende Charaktereigenschaften und große Fähigkeiten allgemein
bekannt waren. Um Geiserich weiter zu schmeicheln, wurde der
Senator zum Patrizius, zum »Schutzherrn von Rom«, ernannt.
Besonders interessant aber ist, daß man dem Vandalenkönig, der in
der gesamten kirchlichen Chronistik seiner Zeit als verschlagen,
hinterhältig und grausam geschildert wird, einen Ehrenmann,
einen Unterhändler mit bestem Ruf ins Haus schickt und ihn eben
dadurch versöhnen will. Das beweist nämlich, daß man in Byzanz
auch Geiserich für im Grunde rechtschaffen und als einen Mann
von Charakter ansah, dem man mit Roßtäuschertricks nicht
beikommen konnte.

Geiserich belastete die Verhandlungen zwar durch eine für ihn
typische Reaktion: Er ließ in dem Augenblick, da er von der
Abreise der Gesandtschaft erfuhr, seine Raubflotten schnell noch
einmal auslaufen, und zwar ins Ostbecken des Mittelmeers. Bis es
möglich sein würde, ihnen einen erfolgten Friedensschluß mitzuteilen, konnten sie noch eine beträchtliche Beute erzielen. Das
waren jene einträglichen Spielereien mit dem Datum von Verein-
barungen, wie sie die Nordafrika-Piraten noch jahrhundertelang
vorführen werden. Der alte Geiserich kannte das alles schon, und
seine sarmatische Seele vertrug sich darin recht gut mit der
germanischen Schwerthand.

Schließlich traf dann Severus doch in Karthago ein, und der
Vandalenkönig begegnete dem Mann, der sich »der Gestrenge«

nannte, mit bemerkenswerter Liebenswürdigkeit. Ein globaler Nichtangriffspakt, wie wir heute sagen würden, war das Hauptergebnis der Besprechungen, nur eben ein wenig allgemeiner gefaßt: Die beiden Reiche verpflichteten sich, nichts Feindseliges gegeneinander zu unternehmen. Damit verbunden war die Anerkennung des Vandalenreiches in seiner vollen Ausdehnung und mit allen insularen Besitztümern im Mittelmeer, eine Anerkennung als selbständiger Staat und Geiserichs als gleichberechtigter König dieses eigenständigen Staatswesens. Das hatte vor und hat nach Geiserich kein germanischer Herrscher eines anderen Volkes den Kaisern abtrotzen können – und Zeno war, als dies gesiegelt wurde, nicht nur Kaiser des Ost-, sondern auch des Westreiches. Nicht einmal Theoderich wird – obwohl er faktisch Alleinherrscher war – einen solchen Vertrag mit Byzanz abschließen.

Was Geiserich dafür geben muß, trifft ihn zweifellos nicht ins Mark, höchstens seinen Stolz. Den Katholiken muß er die freie Ausübung ihrer Religion gestatten, was noch hingehen mag, das katholische Volk hat den alten Arianer nie sonderlich beschäftigt. Aber die zeternden Bischöfe, die Geiserich an die Maurengrenze verbannte, wo sie eifrig missionieren sollten, die sehnen sich nach dem Wohlleben in ihren Diözesen am Meer und im alten afroromanischen Kulturland zurück, und da sie alle eifrig schrieben und über die stets bestfunktionierenden Geheimverbindungen nach Byzanz verfügten, hatte Severus ein dickes Bündel beredter Beschwerden in seinem Dossier, und Geiserich konnte nicht anders, als den Gemaßregelten die Rückkehr zu gestatten.

Das war bitter, denn die Eminenzen waren die gefährlichsten unter seinen Widersachern; sie konspirierten mit heiligem Eifer gegen die Vandalen, gegen den Arianismus und gegen die Königsmacht, aber da anders der Friede nicht zu erlangen war, willigte Geiserich ein: War er mit diesen Herren fertig geworden, die statt des Schwertes schließlich bloß die Feder führten, so würde es seinem Nachfolger wohl auch gelingen. Nur in Karthago selbst, im unmittelbaren Umfeld des Thrones und der Regierung, wollte er keinen katholischen Bischof sehen, so wie ja auch seine ganze Umgebung arianisch war. Die Wiederbesetzung des Bischofsstuhles von Karthago konnte Severus nicht erreichen.

In der Sklavenfrage zeigte Geiserich sich großzügig. Da seine
Raubflotten noch unterwegs waren und gewiß viele Gefangene
von den ägäischen Inseln mitbringen würden, gab er die Katholiken unter seinen Haussklaven entschädigungslos frei, gleichsam als
Ehrengeschenk an den Patrizius, der die Verhandlungen führte. Er
hatte diese frommen Schleicher mit den Büßermienen ohnedies
schon viel zu lange um sich. Und was die übrigen Sklaven in den
Städten des Vandalenreiches betraf, so gestattete Geiserich den
Freikauf, wenn die Familie, der die Sklaven gehörten, ihrerseits mit
der gebotenen Summe einverstanden war. Das klang ebenfalls
ungeheuer großzügig, sagte aber praktisch gar nichts, denn Sklaven
wurden gekauft und verkauft, man brachte sie nach erfolgreicher
Heimkehr der Raubschiffe auf die Märkte, wie es in Tunis noch
vierzehnhundert Jahre nach Geiserich der Brauch sein würde, und
wer am meisten bot, der erhielt eben den Zuschlag. War der Preis,
den Byzanz aufbringen konnte, zu gering, dann brauchten die
vandalischen Besitzer dieser Sklaven nur mit den Achseln zu
zucken und die Beute blieb im Land.

Die Jahre 474 bis 476 hatten demnach eine echte Krönung
dieses königlichen Lebenswerkes gebracht, freilich – wie stets,
wenn es um Großes geht – auch die Gefahr eines Scheiterns im
letzten Augenblick. Das, was Geiserich für seinen Staat und sein
Volk wollte, war eben nicht wenig, und es hätte sich ohne Risiko,
bis zum letzten Augenblick, nicht erreichen lassen.

Wenige Monate nach der letzten Übereinkunft, deren Partner
Italiens neuer Herr, Odoaker, war, schloß Geiserich im Palast zu
Karthago die Augen. Man hat über den Zeitpunkt dieses Todes
komplizierte Erwägungen und Berechnungen angestellt, weil seit
Attila ja kein Größerer in diesem Jahrhundert abgetreten war und
weil man sich sagen mußte, daß auch dieser Tod die Welt verändern würde. Daß es das Januarende des Jahres 477 war, steht fest.
Ob es tatsächlich der 25. Januar oder ein Tag davor oder danach
ist, das bleibe der Kalenderarithmetik überlassen; von Bedeutung
ist es nicht. Auch die Frage, ob Geiserich 79, 88 oder 91 Jahre alt
wurde, dürfen wir vernachlässigen angesichts der übereinstimmend
bekräftigten Tatsache, daß er rüstig, wachsam und klug blieb bis
zum letzten Augenblick.

ZWEITES BUCH

Der lange Kampf

*Das Erröten der Völker ist
nicht wie der Rosenschein
eines verschämten Mädchens,
es ist Nordlicht voll Zorn
und Gefahren.*
LUDWIG BÖRNE

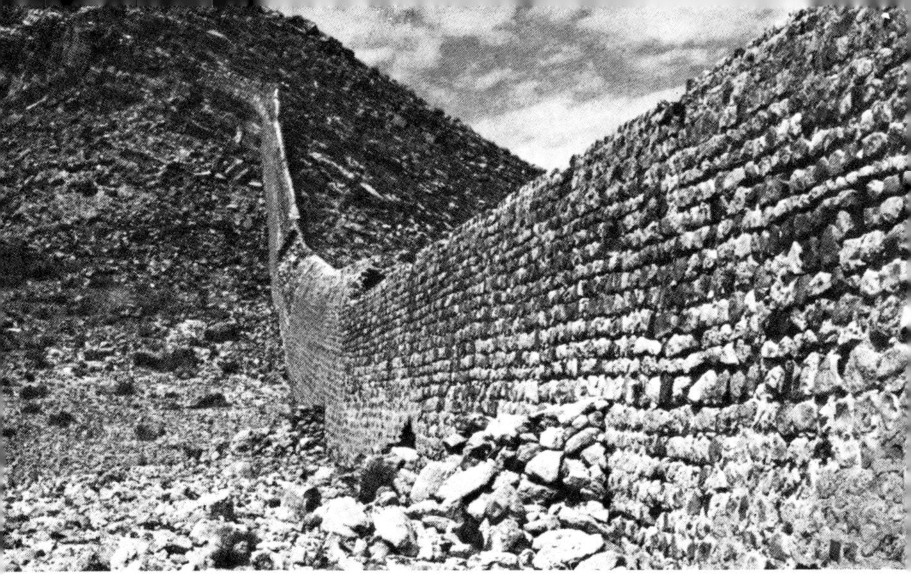

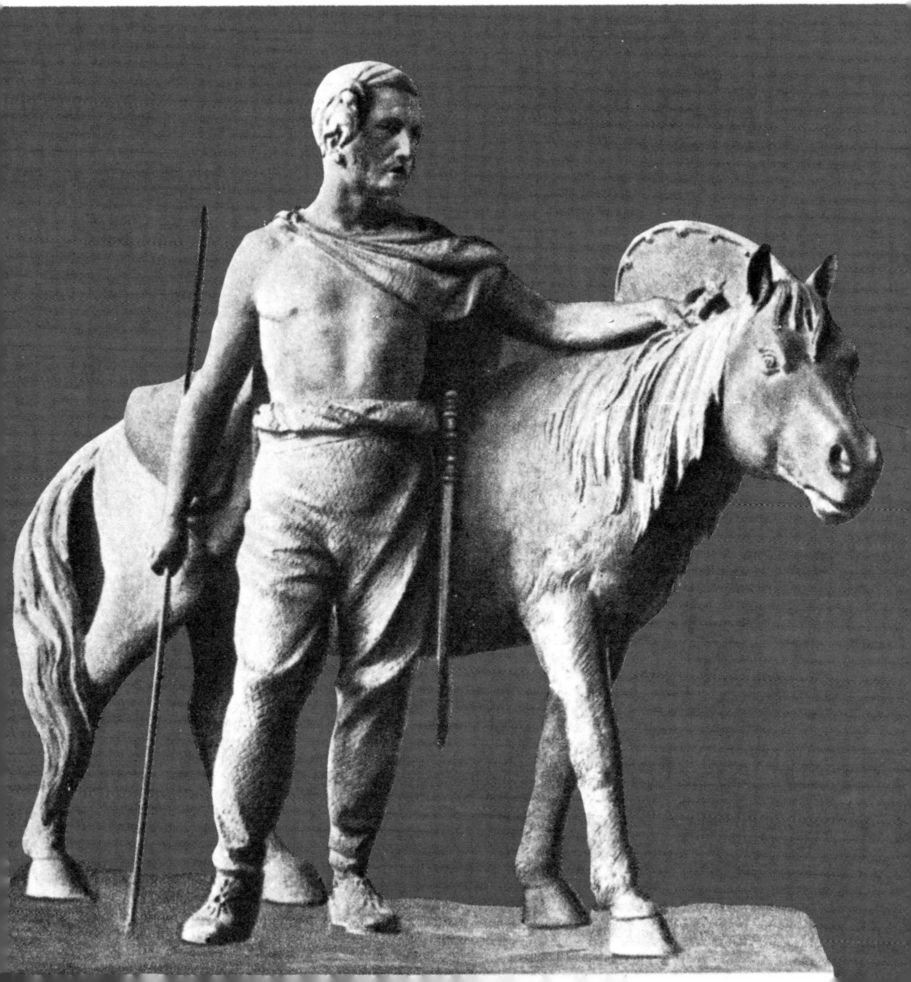

Oben: Bir Um Ali (Nordafrika), Teilstück der byzantinischen Abwehrmauer gegen die Mauren.
Unten: Vandalischer Reiter der Wanderepoche; das Obergewand hat er, wie in Schlachten üblich, abgelegt und ist mit Lanze, Schwert und Schild bewaffnet (Nach Funden gefertigtes Modell der Landesanstalt für Vorgeschichte in Halle a. S.).

Der König ist tot, das Volk aber lebt

War es ein *Volk?* War es *ein* Volk? Die Völkerwanderung hat ihren Höhepunkt zwar überschritten, aber abgeschlossen ist sie noch lange nicht. Völker verstehen sich im fünften nachchristlichen Jahrhundert anders als um Christi Geburt oder auch um das Jahr 1000, in dem diese Völker-Welt zum ersten Mal an ihren Untergang glauben wird. Die angestammte germanische Religion hat ihre Bindekraft verloren; die germanischen Götter sind vergessen, die Vandalengötter schon vor Jahrhunderten auf dem langen Wanderweg zurückgeblieben. An welche Heimat erinnern sich die Vandalen, welches der durchzogenen Länder wäre tief genug in ihr Bewußtsein gedrungen, in ihre Erinnerung eingegangen, um ihren Zusammenhalt zu begründen? Das ferne Ostseegestade, vor zehn Menschenaltern verlassen, gewiß nicht; Schlesien vielleicht eher, damals suchten die Stämme nach dem großen Aufbruch noch einmal die Gemeinschaft, das Einigende – aber wie lange ist das her, und wie viel ist seitdem geschehen!

Seit Dakien schon von den Alanen begleitet, haben die Vandalen diese seltsame Völker-Ehe aufrechterhalten, aus der schließlich ihr größter König hervorgehen sollte. Und als die Schiffe bereitlagen in Tarifa, da waren unter den 80 000 Menschen, die Geiserichs Schreiber gezählt hatten, neben den Vandalen nicht nur Alanen gewesen, sondern auch Westgoten, denen es in Spanien nicht mehr gefiel, und sogar ein paar Hundert romanisierte Iberer, die sich nach ihren Niederlagen gegen die Vandalen den Siegern angeschlossen hatten.

In Nordafrika war dann die stärkste Verwandlung eingetreten, denn die Vandalen trafen ja nicht auf leere Wüsten, die hätten sie wahrlich nicht aus Spanien herübergelockt, sondern auf blühenden römischen Kolonialboden, ein Getreideland mit wohlbestellten

Gütern und bevölkerten Städten. Hier waren die Provinzial-Römer
von unten her ins Vandalenvolk, das ohnedies schon vermischte,
hineingeschlüpft, und von außen waren jene Berber hinzugesto-
ßen, die unter der Sammelbezeichnung Mauren selbst gerade
allerlei Wandlungen durchmachten. Vergleichbares vollzog sich
damals auch in Spanien, wo eine iberische Bevölkerung romanisiert
worden war und schließlich eine germanische Oberschicht erhalten
hatte, und eine ähnliche Entwicklung kam auf Italien selbst zu, das
Kernland des großen Römerreiches, wo sich unter Odoaker und
erst recht unter Theoderich dem Großen etwas anbahnte, was
Geiserich in Nordafrika zu steuern versucht hatte. Unerhört also
war es nicht, eher könnte man sagen, daß es eine der Regeln der
Völkerwanderung war, ein Volk durch den Bund mit anderen,
einen Stamm durch den Zusammenschluß mit geeigneten Partnern
wanderungs- und eroberungstauglich zu machen. Sind die Hunnen
ein Volk gewesen oder ein Raubverband aus mongolischen und
Turkvölkern? Hatten auf den Katalaunischen Feldern die Völker
des Abendlandes gegen jene Mittelasiens gekämpft oder zwei
Völkerverbände gegeneinander um Europa?

Geiserich jedenfalls, der nun in seinen arianischen Himmel
aufgestiegene große Herrscher, hatte es sich nicht leichtgemacht,
hatte über seine Vandalen gewiß mehr nachgedacht als Attila über
seine Hunnen und Regelungen getroffen, wie wir sie wenige
Jahrzehnte später wiederfinden werden, nur daß eben Theoderich
seinen Cassiodor zur Seite hatte und Geiserich sich alles selbst
einfallen lassen und gegen den Widerstand eines superklugen
Klerus durchsetzen mußte.

So wie Theoderich nicht ins große, gärende Rom gehen,
sondern inmitten der Sümpfe im kleinen Ravenna bleiben wird, so
sammelt Geiserich seine Vandalen um sich als eine Hausmacht und
Schutzgarde, die es zusammenzuhalten gilt in einem breit am Meer
sich hinziehenden Vielvölkerstaat. In der Umgebung der Städte
lagen die schönsten und größten römischen Landgüter, zum Teil
verschwenderisch ausgestattete Herrensitze, die jenen im heimatli-
chen Italien in nichts nachstanden. Sie wurden den Offizieren, der
Herrenschicht der Vandalen und den Verwandten des Königshau-
ses zuteil, jenem Kern des Volkes, der sich bis zuletzt tapfer für ein

Königtum schlug, das in grauer Vorzeit einem Geschlecht zugefallen und in diesem erblich geblieben war. Und obwohl sich diese vielleicht nur tausend Familien ins gemachte Bett legen konnten, Häuser, Wirtschaftsgebäude und Kultur bereits vorfanden und nicht erst errichten oder dem Umland abringen mußten, ist dieser Kern des Vandalenvolkes doch von der Verweichlichung verschont geblieben, die sich unter Geiserichs Nachfolgern dann so verhängnisvoll bemerkbar machen sollte.

Ein anderes Verhängnis freilich hatte Geiserich selber heraufbeschworen: Da er die Vandalen für ganz verschiedene Aufgaben brauchte, da die Römer die Unterworfenen waren und die Feinde des Arianismus blieben, boten sich zur Ergänzung der Schiffsbesatzungen nur die Mauren an. Hundert Jahre vor Mohammed und der Hedschra handelt es sich natürlich nicht um jene »Mauren«, die wir aus der Geschichte der Kreuzzüge und der Reconquista in Spanien kennen, sondern um die ansässige nordafrikanische, von den Arabern noch nicht überfremdete Bevölkerung zwischen dem Atlasgebirge im Westen und Tripolitanien im Osten. Wenn wir statt Tripolis etwa Libyen geschrieben hätten, dann wäre schon das mißverständlich gewesen, denn im Altertum wurde noch ganz Afrika Libyen genannt, und Berber *(barbari)* nannten die Römer und die Byzantiner ziemlich unterschiedslos alle Einheimischen, die sie vorfanden. Vollends unentwirrbar wird die Fülle der Bezeichnungen zwei Menschenalter später sein, wenn dann tatsächlich die Mohammedaner kommen und ihre schreibfreudigen, vom großen Sieg der neuen Religion inspirierten Geographen die ersten eingehenden Nachrichten über das nördliche Afrika der Nachwelt überliefern werden.

Die vorarabischen Mauren der Vandalenzeit trieben nur geringe Küstenschifffahrt, weil Nordafrika über wenige günstige Häfen verfügt und weil seit Jahrtausenden hier fremde Seefahrer wie Phöniker, Punier und Griechen für den Handelsverkehr gesorgt hatten. Unter Geiserich wurde das nun anders. Die Mittelmeerschiffe jener Zeit brauchten starke Besatzungen, denn erstens wurde die Wirkung der Segelfläche stets durch Ruderer unterstützt, mindestens durch eine Reihe von Ruderbänken, gelegentlich aber auch durch Bi- und Triremen-Anordnung der Ruder-

bänke. Außerdem brauchte die Seekriegführung der Vandalen eine
große Zahl von Kriegern, denn die Überfälle durften ja nicht in
lange Kämpfe ausarten. Die Vandalenschiffe mußten überraschend
erscheinen, eine zureichend große Truppe landen und sich nach
dem Raub mit hoher Geschwindigkeit wieder entfernen. Solche
Operationen waren aus dem geringen Volksbestand der Vandalen
selbst nicht zu bestreiten, Kriegsgefangene aber waren allenfalls als
Ruderer einzusetzen und bedeuteten selbst auf diesem Platz ein
gewisses Risiko. Also wurden auch nichtrömische Einheimische,
die von Süden auf den alten Handelsrouten herankommenden und
in der benachbarten Wüste lebenden Mauren als Raubkrieger und
Raubschiffer angelernt – eine Notwendigkeit für Geiserich, ein
folgenschwerer Fehler aus historischer Sicht. Denn auch die im 7.
und 8. Jahrhundert hier auftauchenden mohammedanischen Araber waren noch keine großen Seeleute, sie lernten die Kunst der
Seefahrt und des Seeraubs von jenen Mauren, die durch die
seevertrauten Nordgermanen geschult worden waren, und seither
blieben die sogenannten Barbaresken – die Seeräuber-Sultanate von
Oran, Algier, Tunis und anderen Zentren – bis ins Dampferzeit-
alter eine ständige Bedrohung der christlichen Seefahrt und des
abendländischen Handels im Mittelmeerraum. In ihrem gesamten
Vorgehen, von den Überfällen bis zum Sklavenhandel und zum
Sklavenfreikauf, blieben die Sultane und Beys jenen Prinzipien
treu, die Geiserich im 5. Jahrhundert begründet hatte.

Zu dieser vielleicht wichtigsten Geldquelle des Vandalenreiches
kam noch ein gewisses Steueraufkommen aus dem Grundbesitz. In
diesem Punkt hatte Geiserich mit den altgermanischen Traditionen
gebrochen, die alles Gut dem Heerkönig zuerkannten, der dafür
dann alle anfallenden Kriegskosten zu bestreiten hatte. Geiserich
ist sich zweifellos klar darüber gewesen, daß mit Nordafrika der
Endpunkt der langen Wanderung erreicht war und daß man von
den Praktiken der Wanderexistenz zu neuen Ordnungen gelangen
mußte. Vorgemacht hatte ihm dies niemand, sein ordnender
Verstand mußte das Nötige und das Sinnvolle selbst entwerfen
und dieses Konzept dann gegen die verschiedensten Widerstände –
die auch von vandalischer Seite kamen – durchführen.

So waren die vandalischen Großen zum Teil ganz und gar nicht

darauf erpicht, unmittelbar unter Geiserichs Fittichen zu leben und
ihre Latifundien zu bewirtschaften. Der germanische Drang zur
Unabhängigkeit hätte im Verein mit dem Sieger-Selbstgefühl der
Vandalengrafen durchaus gereicht, feudale Herrschaften etwa an
den Rändern des Vandalengebietes aufzubauen, gegen Mauretanien, gegen Tripolitanien, gegen die Wüstenränder hin, wo so gut
wie unbegrenzter Raum zur Verfügung stand.

Geiserich aber hegte den begreiflichen Wunsch, die vandalische
Volkssubstanz nicht noch mehr zu schwächen, als dies im Lauf der
Jahrzehnte ohnedies bereits geschehen war: durch die Verluste in
den kriegerischen Begegnungen, durch die Vermischung mit
anderen Bevölkerungselementen, durch die Notwendigkeit, auf die
großen insularen Besitzungen wie Korsika und Sardinien starke
Vandalen-Kontingente zu schicken.

Rund um Karthago lagen also die den Vandalen zugeteilten
Güter, aber auch jene wertvollsten Ländereien, die der König sich
selbst und seiner Familie vorbehalten hatte. Eine zweite Gruppe
königlichen Grundbesitzes bildete, mit römischen Kolonisten
besetzt, eine randnahe Zone von eher wirtschaftlicher als politi-
scher Bedeutung. Da Geiserich auf die römischen Kolonisten keine
Rücksicht zu nehmen brauchte, waren diese Güter nach der
Eroberung nicht reprivatisiert worden, sondern in königlichen
Besitz übergegangen. Die auf ihnen lebenden römischen Bauern
verstanden sich als Pächter, die ihre Pacht wie eine Steuer an den
König unmittelbar entrichteten – eine Pacht, die, wie die katholischen Chronisten berichten, als sehr hoch empfunden wurde.

Aber es gab auch Grundstücke und Gebiete, an deren Erwerb
die Vandalen überhaupt kein Interesse hatten, das waren die
Ländereien, die sich gegen Mauretanien im Westen und gegen
Tripolitanien im Osten vorschoben, Land, das bei Kriegern als
besonders gefährdet gelten mußte und nach dem vandalischen
Verteidigungskonzept auch nicht geschützt werden konnte, weil
die Truppenstärken dafür nicht ausreichten. Rückte der Feind
heran, so wurde dieses nur teilweise von alanischen Wehrbauern,
überwiegend aber von Römern und Mauren bebaute und in ihrem
Besitz verbliebene Land unbedenklich geopfert, ja, man scheute
sich nicht, es für lange Zeit wertlos zu machen, zum Beispiel durch

die mörderische Übung der Brunnenvergiftung. Die Mauren im
Westen, die ja den Vandalen gelegentlich Waffenhilfe leisteten,
kamen dabei oft sogar besser weg als die römischen Kolonisten, an
denen Geiserich ja überhaupt nichts paßte: Sie waren in ihrem
katholischen Glauben für ihn ebenso gefährlich wie in ihren
politischen Sympathien, und darum kam es ja auch – nicht mehr
unter dem starken Geiserich, aber unter seinen schwächeren
Nachfolgern – zu ausgesprochenen Verfolgungen dieser Bevölke-
rungsgruppe.

Große Güter oder Waldgebiete, die schon unter den Römern
Staatseigentum gewesen waren, blieben es auch unter den Vandalen: Die großen kaiserlichen Domänen, die Geiserich ebenso
verpachtete wie seine römischen Vorgänger, und die unendlichen
Bergwälder Korsikas, die ja bis heute nicht viel von ihrer Wildheit
verloren haben. Sie waren so unzugänglich, daß Rom sie schon in
republikanischer Zeit *en bloc* als Staatseigentum erklären mußte,
weil eine Parzellierung und genauere Überwachung viel zuviel
Personal erfordert hätte. Geiserich, der noch viel weniger Menschen zur Verfügung hatte als die Konsuln und die Kaiser, hielt
sich an dieses Konzept, zog aber aus den korsischen Wäldern nicht
unbeträchtliche Gewinne und holte sich von Korsika ein Gutteil
des Bauholzes für seine Flottenrüstung.

Lasten, die Geiserich seinem Volk nicht aufbürden wollte,
mußten die Katholiken allein tragen; darum sehen wir in dem
ständigen Glaubenskrieg zwischen Römern und Vandalen weniger
Blut als Gold fließen. Neben den Geldstrafen für die Übertretung
von Religions- oder Kultverboten finden sich Zwangseinziehun-
gen von Hinterlassenschaften katholischer Bischöfe, aber auch ein
Bußgeld von nicht weniger als 500 Goldstücken, das jeder Bischof
entrichten mußte, wenn er trotz Verbannung in seine Diözese
zurückkehrte oder wenn ein Priester in den Rang eines Bischofs
erhoben und in seine neue Diözese eingeführt wurde . . .

In dieser Neigung zu Geldstrafen oder auch Naturalbußen
erkennt man die Tradition germanischer Rechtsprechung, in der
sogar der Totschlag durch das sogenannte Wergeld abgegolten
werden konnte. Das Auge um Auge, Zahn um Zahn der vorder-
asiatischen Gesetzbücher kannten die Vandalen jedenfalls nicht. Sie

hielten sich im übrigen in erstaunlich vielem an das römische Rechtssystem, und vor allem unter Geiserichs Nachfolgern gab es Gesetze und Verordnungen, die sich außerordentlich eng an die entsprechenden römischen Vorbilder anlehnten, weshalb die Beschwerden des Victor von Vita in seiner *Historia persecutionis Vandalicae* schon aus diesem Grund teilweise an die falsche Adresse gerichtet sind. Aber es gab natürlich im germanischen Recht und in den alanischen Rechtsüberlieferungen noch immer genug Leibes- und Schandstrafen, so daß ein Verbrechen keineswegs immer mit Geld- und Sachwerten gesühnt werden konnte.

Von den alanischen Strafen haben zwei auf die Chronisten einen besonders nachhaltigen Eindruck gemacht und in den folgenden Jahrhunderten das ganze vandalische Volk in Verruf gebracht: das Zu-Tode-Schleifen mit Pferden und das Skalpieren. Beide Verfahren haben die Alanen aus ihrer kaukasischen Heimat mitgebracht. Wenn sich das Lasso – ebenfalls eine alanische Mitgift – um einen Feind oder Verräter schlang, dann gab man dem Pferd die Sporen, und der Unglückliche wurde über Stock und Stein zu Tode geschleift. Als Hinrichtungsform ist das Anbinden an Pferde, die dann davongejagt werden, aus der Vandalenzeit in Nordafrika bezeugt, ebenso auch das Skalpieren. Für den Reiterkrieger, der sich vom Sattel aus eine Trophäe sichern wollte, war der schnelle Messerschnitt rund um die Kopfhaut des Besiegten ebenso natürlich wie das Hochreißen dieses grausigen Beutestücks. Die Trophäe, die Zahl der Skalpe am Sattel oder am Zaumzeug waren das Primäre, nicht die Bestrafung des Unterlegenen, der ja im Grunde kein Verbrechen begangen hatte. In den allgemeinen vandalischen Rechtsbrauch ist das Skalpieren darum auch nie übergegangen.

Hingegen halten sich germanische Rechtstraditionen konsequent unter allen Vandalenkönigen. Man findet sie im fernen Süden, an Afrikas Küsten, mit der gleichen Selbstverständlichkeit wie in der Deutschen Bucht, wo wohl zuerst germanisches Recht gesprochen wurde. Bei den Strafen spielen das Wasser und vor allem das Meer eine große Rolle. Verbrecher werden oft ertränkt, zum Beispiel, indem man sie in einem nicht mehr seetüchtigen Boot aufs Meer hinausschickt, also wie bei einem Gottesurteil den

Richtspruch den Elementen überläßt. Die Elemente selbst müssen nämlich den Tod herbeiführen, damit den König oder seinen Beauftragten keine Schuld trifft, keine Rache erreichen kann.

Das große Element Meer besitzt im germanischen Volksglauben auch eine gewaltige Reinigungskraft, die Fähigkeit, selbst die düstersten Verbrechen (etwa gegen die Religion) abzuwaschen und den ganzen Stamm von dem lastenden Unheil zu befreien. Ertränken ist denn auch die über katholische Priester und Spione der Kirche am häufigsten verhängte Strafe; niemand unter den Vandalen wollte sich mit dem Blut dieser immerhin geweihten Männer besudeln, die über geheime Kräfte verfügen oder ihren Gott zur Rache herbeirufen könnten. Es wird berichtet, daß ausgesetzte Kleriker trotz ihrer lecken Boote sicher die Küsten Italiens erreichten.

Germanisch sind auch die Schand- oder Ehrenstrafen, die sich etwa im mittelalterlichen Deutschland bis an die Schwelle der modernen Strafgesetzgebung hielten und sich in erstaunlicher Homogenität bei den verschiedensten Verfassern der germanischen Gesetzbücher wiederfinden, wo immer der Rechtsbrauch aufgezeichnet und angewendet wurde.

Die Strafe für alle, die in Vandalentracht einen katholischen Gottesdienst oder auch nur eine katholische Kirche besuchten, bestand zum Beispiel darin, daß dem oder der Überführten die Haare abgeschnitten, nicht selten auch in schmerzlicher Prozedur ausgerissen wurden; die katholischen Chronisten, die voll Entsetzen und Entrüstung über diese doch ziemlich symbolische Strafe berichten, erlebten leider nicht mehr, was achthundert Jahre später mit jenen geschah, die etwa einen Albigenser-Gottesdienst abhielten oder an ihm teilnahmen, die an einem Tisch mit einem Ketzer saßen oder ein verbotenes Buch besaßen. Die Schandstrafe des Skalpierens beschränkte sich übrigens auf Vandalen: Ihnen vor allem wollte man klarmachen, daß ihre Religion nun einmal der Arianismus sei und bleiben müsse.

Mittels Schandstrafen führte Geiserich auch den schweren Kampf gegen die Versuchungen städtischen Lebens, in denen er nicht zu Unrecht eine Gefahr für die Kampfmoral und die Schlagkraft des vandalischen Volksheeres sah. Das römische

Nordafrika war schon in den großen Jahrhunderten der Kaiserzeit ein sehr beliebtes Reiseziel für wohlhabende Römer gewesen, und von der Stadt Alexandria an der ägyptischen Küste wußte man im ganzen Imperium zu berichten, daß sie mit ihrem Nachtleben und der Skala der angebotenen Vergnügungen sogar die Metropole am Tiber übertreffe. Ähnlich ging es später in dem kaum kleineren Karthago zu, und die von ihren Raubfahrten erfolgreich heimkehrenden Vandalen und Mauren erzeugten im Vergnügungsviertel der Stadt durch ihren Lebenshunger zwischen zwei gefahrvollen Unternehmungen und die schnell verdienten und darum auch leicht ausgegebenen Gelder jene typische Euphorie, wie sie später auch noch in anderen Piratenhäfen der Alten wie der Neuen Welt anzutreffen ist.

Geiserich hatte gegen dieses Treiben mindestens ebensoviel einzuwenden wie die Gouverneure der Bahamas, Jamaikas oder der Ile Bourbon, und da er der König war, beschloß er einmal sogar, das ganze Viertel um den Caelestis-Tempel abreißen zu lassen! Es mag ihm nicht leichtgefallen sein, denn sein ganzes politisches Handeln zeigt die Tendenz, die Kraft der Vandalen nach außen zu richten und im Innern Ruhe zu bewahren. Aber dem Gewirr der uralten Gewölbe und Gassen, der miteinander verbundenen Kellergeschosse und Durchhäuser kam die königliche Polizei einfach nicht bei, und darum handelte Geiserich nicht anders als jene deutschen Besatzer, die dem Kriminellenviertel von Marseille mit gleicher Hilflosigkeit gegenüberstanden und darum das alte La Goletta sprengten, die verruchteste Quadratmeile der Welt . . .

Die Göttin Caelestis war als Schutzherrin der (Tempel-)Prostitution der heidnischen Götterdämmerung entgangen; das älteste Gewerbe hatte sich der neuen christlichen Religion in ihren beiden Spielarten als überlegen erwiesen und lebte im Umkreis dieses ehrwürdig-alten, in seiner archaischen Verruchtheit schon nicht mehr anstößigen Tempelbaus weiter, allen Verordnungen der arianischen Vandalenpriester zum Trotz. Die Straße der Göttin Caelestis war auch im vandalischen Karthago geblieben, was sie stets gewesen, und in den nahen Theatern – dem Odeon und dem Amphitheater – waren unzüchtige Darstellungen nicht auszurotten.

Es scheint, daß sich Geiserich um das, was die Punier und die Römer taten, nicht in dem Maße kümmerte wie um das Treiben seiner Vandalen, denen er einen Rest jener Tugenden zu erhalten trachtete, die schon Cornelius Tacitus an den Germanen gerühmt und den Römern als leuchtendes Beispiel vor Augen gehalten hatte. Mochten die Römer sich an das halten, was ihnen ihr dunkelhäutiger Rex Gildo vorgelebt hatte, die Vandalen hatten auf Geiserich zu hören. Dabei wurde – wie fast stets in der Geschichte der Sitten und des Rechts – der Ehebruch der Männer so gut wie gar nicht geahndet, allenfalls mit einer Geldbuße belegt, während über die Ehebrecherin jene Schandstrafen verhängt wurden, durch die auch der strenge Geiserich für erotisches Theater sorgte: Eine Frau, die ihren Mann betrogen hatte, wurde, wie uns Victor von Vita angelegentlich berichtet, zur Strafe dafür selbst nackt zur Schau gestellt. Unter König Hunerich findet sich auch die Strafe des Ritts auf einem Esel, der wir noch im deutschen Mittelalter begegnen, wenn die Ehebrecherin im kurzen Hemd oder nackt, verkehrt auf dem Esel sitzend und seinen Schwanz in der Hand haltend, durch die Stadt geführt wird, eine Strafe, die übrigens manchmal auch dem Hahnrei auferlegt wurde. In Karthago brachte der Esel als das Tier mit der legendären Potenz, das Tier des Gottes Priapus, eine pikante Note in den germanischen Strafvollzug.

Gerade bei Schandstrafen ließen die Könige nicht selten ihrer Phantasie freien Lauf, so daß hin und wieder eine Ehebrecherin aus dem Stand der freien Vandalin degradiert und zwangsweise einem armen Kolonisten angetraut wurde, weil sie der Ehe mit einem angesehenen Vandalen nicht würdig gewesen war; auch von einer Katholikin wird berichtet, die zur Ehe mit einem Kameltreiber gezwungen wurde.

Auffällig ist, mit welch überzeugter Naivität Geiserich selbst glaubte, eine typische Entwicklung, wie sie Seßhaftigkeit, Wohlleben und Klima begünstigten, durch obrigkeitliche Maßnahmen aufhalten oder neutralisieren zu können. Daß es durchgreifender Maßnahmen bedurfte, war ihm klar, und mit der Zerstörung des Tempelviertels – falls sie tatsächlich durchgeführt wurde – zeigte Geiserich schließlich auch, daß er für die Reinhaltung der Sitten bereit war, Opfer zu bringen. Ja, er sah sogar sich selbst gelegentlich als Geißel Gottes, als ein Werkzeug der Züchtigung, wie in jenem charakteristischen Ausspruch, daß seine Raubschiffe dorthin führen, wo sich ein Land versündigt habe. (»Wohin meine Schiffe fahren? Nach einem Land, dem Gott zürnt!« heißt es bei Salvianus in *De gubernatione Dei.*)

Mit dem Tod des starken alten Mannes aber hatte auch die Furcht vor seinem Puritanismus aufgehört, und die Ausschweifungen wagten sich so rasch wieder an die Öffentlichkeit, daß man daraus mit Recht schließen kann, daß sie unter Geiserich nur von der Bildfläche verschwunden, keineswegs aber wirklich ausgerottet worden waren. Eine Entwicklung setzte nun verstärkt ein, die schließlich zum Untergang des Vandalenreiches führen sollte, wenn sie natürlich auch nicht allein ausreichte, politische Verhältnisse umzukehren. Immerhin widmet Prokopios, der redselige Augenzeuge des vandalischen Niedergangs, der Verweichlichung dieses nordgermanischen Wandervolkes im Süden eine aufschlußreiche Seite in Kapitel II, 6 seines Buches über den Vandalenkrieg:

»Von allen uns bekannten Völkern sind ja die Vandalen am meisten verweichlicht, am abgehärtetsten aber die Maurusier *[Mauren]*. Denn seit der Eroberung Libyens *[durch die Vandalen]* nahmen ja sämtliche Vandalen Tag für Tag warme Bäder und hatten ihre Tafel mit den schmackhaftesten und besten Speisen besetzt, was Land und Meer eben bieten. Sie trugen reichsten Goldschmuck, dazu medische Gewänder, die man jetzt serische heißt *[d. h., die aus Seide waren]*, und brachten ihre Tage in Theatern, auf Rennbahnen und bei sonstigen Lustbarkeiten, am meisten aber mit Jagden zu. Außerdem gab es bei ihnen Tänzer und Schauspieler sowie zahlreiche Darbietungen für Aug' und Ohr, kurz alles, was bei Menschen Musik heißt und sonst als sehenswert gilt. Die Mehrzahl von ihnen wohnte in gut bewässerten und mit Bäumen reich bestandenen Lustgärten; bei jeder Gelegenheit veranstalteten sie Trinkgelage und übten sich eifrig in allen Techniken des Liebesgenusses. Die Maurusier hingegen wohnen Sommer wie Winter und zu jeder anderen Zeit in engen Zelten und können sich so weder gegen Schnee noch Sonnenhitze noch sonstige Unbilden der Natur schützen. Sie schlafen auf dem Erdboden, wobei sich die Wohlhabenden allenfalls ein kleines Fell unterlegen. Auch ist es bei den Maurusiern nicht herkömmlich, sich den verschiedenen Jahreszeiten entsprechend zu gewanden, sie tragen vielmehr jederzeit einen dicken Mantel und ein grobes Hemd. Ebensowenig kennen sie Brot oder Wein oder sonst etwas Schmackhaftes. Sie verzehren statt dessen Korn, Weizen oder Gerste, ungekocht und ungemahlen und nicht anders als die Tiere ...«

Man sieht, die wirksame Technik des Tacitus regiert noch immer, die antiken Autoren veranschaulichen ihre Aussagen durch die Gegenüberstellung, und sie charakterisieren uns auf diese Weise gleich zwei Völker, nämlich die Vandalen der Spätzeit nach Geiserich und die Mauren der Frühzeit vor Mohammed. Und wir ahnen schon, wie es ausgehen muß, denn die Armen und Harten müssen schließlich die Reichen, Weichgewordenen besiegen, das kann nach dem Lauf der Geschichte eben nicht anders sein, wo käme sonst auch die Moral hin.

Besonders ruinös für die vandalischen Sitten war offensichtlich die Stadt Karthago selbst, für die so mancher christliche Autor schaudernd den Rang eines zweiten Rom in Anspruch nimmt oder sie auch den größten Mittelmeerhafen nach Byzanz nennt. Wenn das stimmt, müssen wir dem Vandalenreich beachtliche wirtschaftliche Aktivitäten bescheinigen, denn Piraterie allein läßt noch keinen Hafen aufblühen. Und ein lebhafter Hafen war zu allen Zeiten und in allen Ländern stets auch ein Gelände der Versuchungen, weil Seeleute und Händler derlei eben an Bord ihrer Schiffe nicht finden konnten. Wo immer in großem Stil Handel getrieben wurde, haben selbst kirchliche Autoritäten oder strenge Obrigkeiten wie der Rat der Zehn von Venedig ein Auge zugedrückt; der Gast, der das Geld ins Land brachte und seine Waren hier feilbot, hatte schließlich Anspruch auf ein wenig Toleranz.

Man wird demnach nicht alles, was sich in der Weltstadt Karthago zwischen 450 und 530 zutrug, ausschließlich dem moralischen Niedergang der Vandalen zur Last legen können; schon die Römer und die fremden Händler haben sich zweifellos recht gern an dem unterhaltsamen Treiben rund um den Hafen beteiligt.

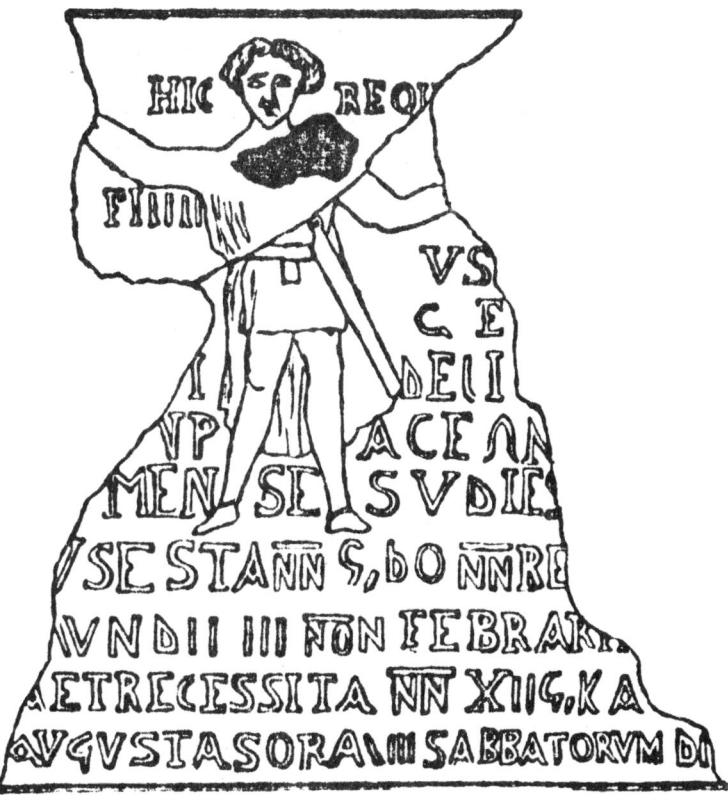

Vandalische Grabstele mit Mosaik aus dem Jahr 508. Der verstorbene Knabe ist in der Tracht der Erwachsenen dargestellt: lange, enge Hose, hemdartige Jacke oder Kittel und darüber die charakteristische Mantilla, dazu Gurt und Schwert (Tebessa, Numidien).

Den wenigen erhaltenen Mosaiken und Abbildungen auf Grabsteinen läßt sich entnehmen, daß die Römer nicht selten auch vandalische Tracht trugen. Die höheren Verwaltungsbeamten gingen stolz mit langem Haar wie die Germanen und in engen Beinkleidern. Die vandalische Oberschicht wiederum nahm das Lateinische zwar nicht als Umgangssprache an, begann es aber zu beherrschen. Das Volk blieb beim Vandalischen, und Griechisch scheint nur in kirchlichen Kreisen gesprochen worden zu sein. Die arianische Priesterschaft, wo immer sie herkam, beeilte sich,

Lateinisch zu lernen, wie uns die Polemiken zwischen Arianern
und Katholiken zeigen.

Die Gegensätze also befruchteten einander, und so schwierig es
auch ist, durch den Nebel von Haß und Polemik klar zu sehen, in
den die katholischen Chronisten die vandalische Wirklichkeit
einhüllen, so bringt uns eben diese haßerfüllte Abneigung gegen
ein ganzes Volk doch wenigstens eine Gewißheit: Alles, was wir an
Positivem über die Vandalen lesen, was gleichsam unwillkürlich
oder in anderen Zusammenhängen nebenher mit einfließt, darf
demnach besonderen Wahrheitsgehalt beanspruchen. Ludwig
Schmidt, der sich mit detektivischem Spürsinn durch die Wider-
sprüche der Quellen hindurchtastet, stellt zum Beispiel den
Grammatiker Fulgentius und den Dichter Dracontius einander
gegenüber. Fulgentius stellt wütend fest, die Vandalen seien
jeglicher literarischer Betätigung gegenüber so mißtrauisch, daß
einer schon auf die Folterbank gestreckt würde, wenn er bloß
seinen Namen zu schreiben verstünde. Dracontius hingegen
berichtet von einer Grammatikschule des Felicianus, in der Römer
und Vandalen einträchtig nebeneinander säßen und dem Vortrag
lauschten. Mit der Bildungsfeindlichkeit kann es also nicht so weit
her gewesen sein.

Auch die vielen Hinweise darauf, daß die Vandalen oft und
gerne ins Theater gingen, vertragen sich mit der behaupteten
barbarischen Unbildung und dem Haß gegen die Gebildeten
anderer Nationen nicht, denn es waren ja wohl nicht vandalische
Stücke, die in den Theatern aufgeführt wurden, sondern römische
oder griechische Gaukler hatten ihre alten Komödien für Karthago
aufbereitet. Selbst wenn es stimmt, daß die Vandalen mit Vorliebe
schlüpfrige Darstellungen auf der Bühne sahen, so unterschieden
sie sich darin doch keineswegs von ihren römischen Zeitgenossen
oder selbst den Römern der Augusteischen Ära, denn der große
Augustus hatte gegen das erotische Theater seiner Zeit nicht
minder eifrig angekämpft wie später Geiserich. Dauernder Erfolg
war beiden nicht beschieden: Schauspieler und Schauspielerinnen
der antiken Szene suchten den sicheren Erfolg beim großen
Publikum mit den gleichen Wagnissen, die auch heute die Theater füllen. Karthago und die Vandalen waren darin nicht

besser und nicht schlechter als Korinth, Athen, Rom oder Alexandria, was schon daraus hervorgeht, daß die gastierenden Truppen offensichtlich mit ihren Programmen vor allen Völkern des Mittelmeerraumes Erfolg hatten. Eine Pantomimin aus Makedonien wird besonders hervorgehoben, eine schöne Frau, die für das, was sie sagen wollte, offensichtlich weder des Griechischen noch des Römischen oder Vandalischen bedurfte, auch eine Saitenspielerin (Psaltria) mit großem Zulauf finden wir erwähnt.

Die Anthologie karthagischer Dichter, die uns diese Hinweise auf das Leben in der Vandalenmetropole gibt, könnte mit vielen ihrer lyrischen Stücke schon siebenhundert Jahre zuvor entstanden sein, allenfalls wäre dann eine Flötenspielerin an die Stelle einer Harfenistin getreten und eine Kastagnettentänzerin (wie wir sie schon aus dem alten Tartessos kennen) an die Stelle der Pantomimin. Hier geht es um unwandelbar Menschliches, das einem bestimmten Volk oder Stamm vorzuwerfen *eo ipso* sinnlos ist. Selbst die katholischen Märtyrer in der Arena sind nichts anderes als ein bedauerliches Zugeständnis der Vandalenkönige an die Schaulust ihres Volkes und der Römer, nordafrikanisches Nachäffen altrömischer Grausamkeiten, bei denen sich dann ein Hunerich oder Thrasamund als Nero fühlen mochte.

Wir gelangen hinsichtlich der Sitten der Vandalen also zu keinem eindeutigen Bild. Daß Geiserich sich um strenge Moral und beinahe puritanisches Leben seines Volkes bemühte, steht fest und ist mehrfach belegt; ebenso klar wird aber, daß seine Bemühungen keinen nachhaltigen Erfolg hatten. Das Volk wirklich zu erziehen, es gegen die Versuchungen des neuen, leichteren Lebens im nordafrikanischen Getreideparadies zu immunisieren, ist ihm offensichtlich nicht gelungen – aber warum sollte er auf einem Gebiet Erfolge erringen, auf dem so große Herrscher wie Augustus vor ihm oder Ludwig der Heilige von Frankreich nach ihm ihre eindeutigsten Niederlagen hinnehmen mußten? Im Kampf wider die Natur haben Herrscher und Kirchenfürsten stets nur Pyrrhussiege errungen in dem Sinn, daß nach überharten Maßnahmen, die Scheinerfolge brachten, die aufgestaute Vergnügungssucht, das Verlangen, sich auszuleben und zu genießen, um so ungehemmter losbrachen.

Die Krieger und der Geist

Im ganzen weiten Eirund des Mittelmeerbeckens sind die kriegerischen Großtaten der germanischen, romanischen und sarmatischen
Völker unablässig begleitet vom Geraune der Chronisten, vom
eifrigen Gedankenaustausch griechischer und römischer Kleriker
des neuen Glaubens, unter denen einige Dichter die Tradition der
großen heidnischen Poesie fortsetzen. Die künstlerische Kraft
dieser Spätlinge ist im allgemeinen nicht sonderlich eindrucksvoll,
ja, die größten Werke dieser Generation scheinen wir dem
Umstand zu verdanken, daß ihre Schöpfer jahrelang im Kerker
saßen und somit zur Konzentration, zur schöpferischen Muße
gleichsam gezwungen wurden – wie der große Boethius durch den
nicht minder großen Theoderich und der immerhin begabte Blossius
Aemilius Dracontius durch den Vandalenkönig Gunthamund.

Für den Historiker geht es aber gar nicht darum, ob auch im
5. und 6. nachchristlichen Jahrhundert der ewige Vorrat großer
Literatur nennenswert bereichert wurde, sondern um den schlichten Faktengehalt dieser Dichtungen, Briefe, Polemiken, Chroniken
und Jeremiaden. Darum sind einige durchaus als *diis minores* zu
qualifizierende Autoren seither der Vergangenheit und dem
Vergessenwerden entrissen und in den Rang der Unvergänglichen
erhoben worden, den sie – was die Tiefe ihrer Gedanken oder die
formale Gestaltung ihrer Arbeiten betrifft – in reicheren Jahrhunderten gewiß nicht erlangt hätten: der Offizier Ammianus Marcellinus zum Beispiel, ein hochgebildeter Herr, der uns nicht nur
große Schlachten höchst lebendig schilderte, sondern auch das für
die Vandalenherrschaft geradezu schicksalhafte Auftauchen des
Kamels in Nordafrika dokumentiert; der spanische Bischof Isido-
rus von Sevilla, in dessen umfangreichem Werk auch eine Menge

Die Eroberung Roms durch germanische Völker. Der Miniaturist, der das Bild um 1410 schuf, malte in die linke obere Ecke gleichsam zum Trost den heiligen Augustinus, der – nach dem Verlust der Ewigen Stadt an die Barbaren – Gottvater das Buch *Civitas Dei* überreicht.

Informationen über die Vandalen und den Arianismus zutage
gefördert werden konnten; dazu der eifernde Diakon Ferrandus,
dessen Schriften noch in ihren Irrtümern aufschlußreich für uns
sind, und endlich Victor von Vita, ein überaus engagierter
Chronist des vandalischen Jahrhunderts, der mit Plakatfarben malt
und dennoch die Fakten nicht zu überdecken vermag.

Sie alle und gut ein Dutzend weiterer Autoren gesellen sich
trotz ihrer von Haß, Wut und Tendenz verzerrten Darstellungsweise zu den großen Historikern der Epoche, den unschätzbaren
Augenzeugen wie Augustinus in seinem edlen Briefwechsel mit
dem Comes Bonifacius, zu Prokopios, der im Stab Belisars zum
Kriegsberichterstatter und letzten Sänger der Vandalenzeit wurde,
und zu Cassiodor, dem in einzigartiger Souveränität über Zeitgeist
und Zeitgenossen thronenden Kanzler Theoderichs und weisen
Kommentator, der sich gegen Ende seines Lebens in die Klostereinsamkeit zurückzog.

Ein Gutteil dieser schriftstellerischen Aktivitäten verdanken wir
der Tatsache, daß die germanischen Akteure meist einen anderen
Glauben hatten als die römischen oder griechischen Beobachter
und Interpreten des Tagesgeschehens. Die Polemik nämlich war zu
allen Zeiten der kräftigste Motor literarischer Produktion. Und
wenn auch die Germanen selbst nicht allzuviel Notiz von den
emsigen Schreibereien nahmen, so fühlten sich doch zumindest die
arianischen Kleriker verpflichtet, auf Angriffe zu antworten, denn
es ging dabei um sehr viel mehr als nur um die Vandalen: Es galt
schließlich, die Lehren des Arianismus gegen die Spitzfindigkeiten
aus dem orthodoxen Lager zu verteidigen.

In diesem Bereich der Auseinandersetzung kann freilich sehr
vieles nur noch religionsgeschichtliches Interesse beanspruchen,
oder nicht einmal das, aber in jede Seite, wann und wo immer sie
geschrieben wurde, floß doch stets auch ein wenig von den
Lebensumständen und von den politischen Konstellationen der
Zeit mit ein. Die vor allem in Briefen und Sendschreiben ablaufende, in großen Streitschriften kulminierende Polemik vermittelt
uns auch ein Bild vom Alltag der beteiligten Kirchenlehrer und
Bischöfe, und wenn es schließlich zum Prozeß kommt, so ist dieser
über das damals aktuelle konfessionelle Problem hinaus stets auch

ein Spiegel der herrschenden geistigen Verhältnisse überhaupt.
Verblüffend und bedauerlich ist nur das große Schweigen der
Wandervölker selbst. Sie nehmen sich inmitten dieser wortgewaltigen und beinahe weltumspannenden literarischen Aktivität so aus,
als wären ihre Schlachten Pantomimen und ihre Wanderungen
stumme Demonstration oder zur Artikulation unfähiges gewaltiges
Volksgemurmel. Die Tragödie rollt vor unseren Augen ab, aber
wir müssen mit den Kommentaren aus der Kulisse vorliebnehmen,
denn die Helden sind stumm.

Natürlich ist diese Feststellung, vom Hochsitz des 20. Jahrhunderts aus getroffen, nicht ganz richtig. Wir verwechseln das
Zeugnis mit dem, was es bezeugen könnte, und schließen vom
Fehlen der schriftlichen, auf uns gekommenen Beweise für das
literarische und poetische Dasein der germanischen Völker auf eine
wenn auch nur relative geistige Wüstenei, in der es erst fünfhundert Jahre später die ersten Oasen geben wird. Das ist ein Irrtum,
aber ihn als solchen erkannt zu haben, hilft uns nicht viel. Wir
wissen heute zwar, daß etwa am Hof Attilas, also zur Zeit auch des
Königs Geiserich, fahrende Sänger auftraten und vor der versammelten Runde der Herrscherfamilie und der Paladine von den
großen Kriegstaten der Hunnen und ihrer Verbündeten sangen,
und wir kennen, wenn auch von einem griechischen Diplomaten
aufgezeichnet, die herrliche Totenklage der Hunnen für ihren
großen König. Wir wissen, daß Geiserich beim Übersetzen nach
Nordafrika des Lateinischen noch nicht mächtig war, bald danach
aber sich dieser Sprache zu bedienen wußte und die Dolmetscher
nur noch einsetzte, um bei Verhandlungen mehr Spielraum, mehr
Ausweichmöglichkeiten zu haben (so wie ja auch Theoderich
zweifellos schreiben konnte, aber so tat, als könne er es nicht).

Das geistige Interesse vor allem der nach Geiserich kommenden
Vandalengeneration steht nicht in Frage, denn wenn auch die
Zeitgenossen ziemlich übereinstimmend betonen, daß die Vanda-
len durch ihr Wohlleben, durch das Versinken in Luxus und
Lebensgenuß an Kampfkraft eingebüßt hätten, so geht mit dieser
Krafteinbuße doch auch ein Zuwachs an geistigen Interessen
einher. Man kann nicht allabendlich das Theater besuchen, ohne
sich für die lateinische und griechische Literatur zu erwärmen,

und wenn auch die Badstuben ein Lieblingsaufenthalt der Vandalen wurden, weil sie zu jener Zeit die appetitlichste Form des Bordells darstellten, so haben doch auch die Symposien in diesem Rahmen dazu beigetragen, die Vandalen aus ihrer kriegerischen Karkasse herauszulocken und den altrömischen Lebens-, Denk- und Kulturformen anzunähern. Auch hundert solche Bäder mit den zugehörigen Streicheleien machen zwar aus einem Vandalenhauptmann noch keinen Lucullus, aber er überträgt das Erlebte und Erfahrene dann doch auf seinen eigenen Lebensstil und auf seine Familie, so daß eine ganze Reihe junger Vandalen der zweiten und dritten Generation sich in den Rhetorik- und Grammatikschulen von Karthago einfindet. Einem Enkel Geiserichs (den Hunerich allerdings hinrichten ließ) wird ausdrücklich nachgesagt, er sei in allen Wissenschaften sehr bewandert gewesen.

Das literarische und künstlerische Leben der Völkerwanderungszeit ist für uns zwar schwer greifbar, aber besonders anziehend, weil in der geistigen Begegnung der verschiedenen Völker und Kulturen Anregungen fruchtbar wurden, zu denen es ohne die große Wanderung kaum gekommen wäre. Der gewaltige Umwälzungsprozeß, der das große Römerreich entmachtete, brachte gegenüber der antiken Kunstübung zwar keinen wertmäßigen Zuwachs, aber er setzte an die Stelle einer in vielem epigonal wirkenden Spätkunst die neuen, zum Teil sehr reizvollen Motive aus der christlichen Glaubenswelt und der Heiligenverehrung.

Das germanische Volk, das in dieser weiträumigen und mindestens drei Jahrhunderte umfassenden Erneuerungsbewegung eine besondere Rolle spielte, waren die Goten, die aus dem Ostmittelmeerraum und auf der Krim nicht unbeträchtliche griechische Volkselemente in sich aufnahmen – eine Mischung von einzigartiger Fruchtbarkeit, der unter anderen bedeutenden Erscheinungen der Gotenbischof Ulfilas entstammt, der Verfasser der einzigartigen Gotenbibel und der große Vermittler zwischen germanischarianischem und griechisch-katholischem Christentum.

Zu solchen Entwicklungen ist es – leider – im vandalischen Nordafrika nicht gekommen. Der große Streit der Konfessionen hat zwar, nach einer sehr interessanten These des Vandalenforschers Ludwig Schmidt, die vandalische Sprache davor bewahrt, gegenüber dem Lateinischen völlig zurückzutreten und unterzugehen. Der Gegensatz zu den römischen und griechischen Kirchentheoretikern und Polemikern habe die arianischen Schriftsteller an der vandalischen Sprache festhalten lassen, und sie müßte eigentlich eben in dieser geschliffenen Polemik um komplizierte Sachverhalte und Denkformen eine bedeutende Entwicklung auch als Schriftsprache erfahren haben. Wir können dies nur bedauerlicherweise nicht recht beurteilen, da so gut wie kein umfangreicheres vandalisches Sprachdenkmal der Vernichtungswut des siegreichen katholischen Klerus entgangen ist. Der arianische Patriarch Cyrila, ein besonders fanatisch eingestellter Kirchenfürst, hatte sich auf einer karthagischen Kirchenversammlung sogar geweigert, Lateinisch zu disputieren, mit der Begründung, dieser Sprache nicht mächtig zu sein (was ihm allerdings widerlegt wurde).

Geiserich selbst scheint gegenüber dem Lateinischen, obwohl er es erst lernen mußte, keine grundsätzliche Abneigung gehabt zu haben; römische Untertanen konnten ihre Eingaben in dieser Sprache machen, und einem unbotmäßigen Denker namens Vincemalos verzieh der König die Auflehnung »seiner Zunge wegen« – also wegen seiner Meisterschaft im Lateinischen, wegen seiner Leistungen in der Sprache des Gegners.

Diese Sprache blieb, das bedarf keines Beweises, unzweifelhaft die stärkere. Man muß gar nicht den Druck der Vandalenkönige, die im Krieg schweigenden Musen und andere Selbstverständlichkeiten der Völkerwanderungszeit bemühen, um klarzumachen, daß kein Germanenvolk die ungeheure Überlegenheit dieser alten Kultur wettmachen konnte, die in tausenderlei Anwendungen weiterlebte und die wir schließlich bis heute nicht aus unserem Recht, unserer Verwaltung, unserem Denken verbannen konnten. Was das Abendland in fünfzehn Jahrhunderten nicht vermochte, konnte man den Vandalen in knapp hundert Jahren nicht abverlangen, und wenn man von dem einen – einzigen – Glücksfall des Gotenbischofs Ulfilas absieht, so blieben sie mit dem, was sich in und um Karthago an geistigem Leben entwickelte, hinter den Germanen Spaniens, des frühen Frankenreiches und der Goten des Theoderich nicht nennenswert zurück. Man darf durchaus annehmen, daß sich das Vandalenreich in Nordafrika etwa parallel mit dem Westgotenreich in Spanien entwickelte, wenn es auch nicht so lange Bestand hatte.

In den letzten Jahrzehnten der vandalischen Herrschaft in Nordafrika, vor allem nach der Beruhigung des Kirchenkampfes unter Gunthamund und Thrasamund, wurde das geistige Leben des Vandalenreiches zwar noch immer in erster Linie von den Unterworfenen getragen, von den seit der römischen Eroberung ansässigen Kolonialbürgern, Verwaltungsbeamten und christlichen Klerikern. Aber man gewinnt den Eindruck, als hätten die unter Hunerich so hochgehenden Wogen der religiösen Auseinandersetzung auch das gesamte geistige Leben aus der geduldeten Existenz in eine neue Ära gestiegenen Selbstvertrauens und schöpferischer Ansätze hinübergeführt. Nicht nur die Römer, sondern auch die zahlreichen gebildeten Vandalen, die sich des Lateinischen bedienten, hatten seit den letzten Regierungsjahren Geiserichs und verstärkt seit Hunerich, Gunthamund und unter Thrasamund erkannt, daß die bewegten Zeiten, die sie durchlebten, auch einen literarischen Nährboden abzugeben vermöchten.

Nach dem als Geisel mit römischer Kultur vertraut gewordenen Hunerich hatten vor allem Gunthamund und Thrasamund sich mit Dichtern und Gelehrten umgeben und Hofhaltungen ermöglicht, die sich von jenen in Ravenna und Konstantinopel nicht mehr grundsätzlich unterschieden. Und obwohl die kämpferischen Kleriker zweifellos nach wie vor die aktivsten Förderer einer geistigen Auseinandersetzung waren, so läßt sich inzwischen doch erkennen, daß die Dichter und Gelehrten auch weltliche Themen behandelten und nicht mehr ausschließlich römischen Familien entstammten. Die Eroberung von Karthago durch Geiserich liegt inzwischen zwei Menschenalter und damit drei Generationen zurück. Selbst die Väter der nun schreibenden Autoren sind bereits in Afrika geboren worden, und ein Vandalen und Römern gemeinsamer Bildungsweg hat sie auf das gemeinsame Leben unter vandalischer Herrschaft vorbereitet; eine neue geistesgeschichtliche Fermentation hat eingesetzt.

Leider entspricht die poetische Kraft der zur Verfügung stehenden Talente nicht dem großen Reiz des historischen Augen-

blicks. Kein vandalischer Ovid singt von der Begegnung mit den
hunderttausend Dattelpalmen von Capsa, und unter den etwa
fünfzig von Hunerich nach Korsika verbannten Bischöfen ist nicht
ein einziger, der neben dem täglichen Holzfällen für die vandalischen Flottenbauten noch Zeit fände, die rauhe Insel zu schildern,
wie es einst Seneca getan hat. Dennoch ist das Lamento der
eigentliche Motor dieser Literatur, die Klage über die Leiden, die
das Vandalenvolk den feinen Römern und den gottergebenen
Rechtgläubigen zufügt. Den Bischof Victor von Vita lassen wir
auf diesen Seiten als politische und religionsgeschichtliche Quelle
ohnehin häufig zu Wort kommen. Literarisch ist nur sein Porträt
des Heldenbischofs Eugenius von Karthago zu werten und die
beredte Schilderung einzelner Martyrien.

Bedeutender ist der Verseschmied Blossius Aemilius Dracontius,
ein wohlhabender Rechtsanwalt aus einer vornehmen Familie
Karthagos. Er hatte sich bereits einen gewissen Namen in der
Gesellschaft der Stadt und auch bei Hofe gemacht, als er die
Ungeschicklichkeit beging, einen fremden Monarchen – vermutlich den Kaiser des Oströmischen Reiches, der ja nominell auch
Teile Nordafrikas beherrschte – durch ein langes Huldigungsgedicht zu ehren. Die Beziehungen zu Ravenna waren zeitweise
gut, sogar verwandtschaftlich, aber Byzanz als der große potentielle
Gegner war schon als Schutzmacht der Katholiken von Karthago
unbeliebt, und der sonst als milde geltende König Gunthamund
warf Dracontius in den Kerker. Zerknirscht dichtete Dracontius
hier seine *Satisfactio,* eine lange, mit nicht eben überzeugenden
Argumenten gespickte Bitte um Vergebung, wobei auffällt, daß
König Gunthamund, an den sie doch wohl gerichtet war, nicht
ein einziges Mal namentlich angesprochen wird. Dracontius nennt
ihn *rex, princeps, regnator* und *dominus,* in einem Vers auch *rex
dominusque meus semper ubique pius,* wobei dieses letzte Wort
sicherlich nicht sosehr »fromm« bedeutet als eher »barmherzig,
milde« *(vestra pietas* – »Eure Barmherzigkeit«, so wie man später
»Euer Gnaden« schrieb). Einer der Gründe für die Anonymität des
Adressaten könnte sein, daß Dracontius in seiner Juristenvorsicht
nicht abermals durch eine Huldigung in Verruf geraten wollte,
etwa, wenn Gunthamund gestürzt wurde oder wenn dereinst

Byzanz die römischen Dichter zur Verantwortung zog, die mit den
Vandalen, wie man heute sagen würde, kollaboriert hatten.

Ebenfalls im Kerker entstand das anspruchsvollere Gedicht *De
laudibus Dei,* in dem er sich demütig mit Gottes Zorn auseinander-
setzt und schließlich das Erbarmen des Allmächtigen preist. Auf
diesem langen Gedicht basiert vor allem die literaturgeschichtliche
Wertung des einzigen namhaften Poeten aus dem vandalischen
Karthago. Als es einflußreichen Freunden schließlich gelang,
Dracontius freizubekommen, widmete er sich von nun an der
Dichtkunst intensiver als seinem Anwaltsberuf und versuchte,
antike Stoffe, wie sie bis dahin dem Theater vorbehalten waren, in
epischen Gedichten zu behandeln. Dabei begnügte er sich nicht
mit den zugänglichsten Vorlagen, sondern suchte nach entlegenen
Versionen der bekannten Mythen, um die alten Tragödien – die
Orestie zum Beispiel und den Medea-Stoff – mit neuen Hand-
lungselementen und Facetten versehen zu können. Das kleine Epos
Orestis Tragoedia ist zwar nur anonym überliefert, doch wird des
Dracontius Autorschaft nicht angezweifelt. Er hat seinen großen
Widersacher überlebt; wie es ihm aber nach 496 unter Thrasa-
mund erging, ob er etwa in Ehren bei Hofe weilen durfte oder ob
er es vorzog, Karthago zu verlassen, ist leider nicht bekannt.

Dracontius ist auch die bedeutendste Erscheinung unter jenen
Dichtern, deren Werke ein uns unbekannter Herausgeber im
6. Jahrhundert in einer Anthologie gesammelt hat, die für uns
mehr zeitgeschichtlichen als literarhistorischen Wert hat. Sie ist in
dem sogenannten *Codex Salmasianus* überliefert und beweist
zunächst durch Zahl und Vielfalt der Autoren, daß sich das
geistige und künstlerische Leben im Vandalenreich unter den
Königen Thrasamund und Hilderich ganz erheblich intensiviert
haben muß. Der Name des neben Dracontius am ehesten bestehenden Dichters dieser Auswahl ist uns leider unbekannt, und so hielt
man das große christliche Gedicht *Carmen ad Flavium Felicem de
resurrectione mortuorum* (»Lied an Flavius Felix über die Auferste-
hung der Toten«) lange Zeit für ein Werk des Tertullian (geboren
160 in Karthago). Schon das allein bestätigt, daß die Dichter der
Vandalenzeit das klassische Latein pflegten, wie es drei- bis
vierhundert Jahre zuvor geschrieben wurde. Sie sind darin auch

vielen Klerikern der Zeit, wie zum Beispiel dem Bischof Victor
von Vita, deutlich überlegen.

Flavius Felix, an den jenes religiöse Gedicht eines unbekannten,
aber begabten Autors gerichtet war, zählte ebenso zu den Beiträ-
gern der unter Hilderich gesammelten Anthologie wie ein Epi-
grammatiker namens Florentinus. Über das Leben der Künstler
wissen wir leider nicht mehr, als daß sie an der Wende vom 5. zum
6. Jahrhundert im Vandalenreich schrieben.

Etwas mehr Beachtung wurde dem Dichter Luxorius dadurch
zuteil, daß sich unter den etwa hundert erhaltenen Epigrammen,
die seinen Namen tragen, nicht wenige von beträchtlicher Obszö-
nität befinden (einige andere, die aus dem gleichen Grund
ununterzeichnet blieben, scheinen, dem Stil nach zu urteilen,
ebenfalls von ihm zu stammen). Dieser offensichtlich mit den
verschiedensten Lebensbereichen des betriebsamen Karthago wohl-
vertraute Poet überlebte die Könige Thrasamund, Hilderich und
sogar Gelimer; seine Spur verlieren wir erst nach der Eroberung
Karthagos durch Belisar. Die anrüchige Bandbreite seiner Produktion hat die Herausgeber seiner Epigramme nicht gehindert, ihn als
vir clarissimus et spectabilis zu bezeichnen; er muß sich also schon zu
Lebzeiten in Karthago großen Ansehens erfreut haben, und das,
obwohl er sich, im Unterschied zu seinem Abgott Martial, allerlei
Freiheiten herausnahm, vor allem im Metrum.

Peter Burmann der Jüngere (1714–1778), aus der berühmten
holländischen Gelehrtenfamilie des 18. Jahrhunderts, hat sich
dieses vielseitigen Autors besonders angenommen und ihn in seiner
Anthologia veterum latinorum epigrammatum ausführlich vorgestellt.
Spätere Editoren haben die Texte verbessert, aber über die Lebens-
umstände dieses offenbar ebenfalls aus der Oberschicht stammenden karthagischen Dichters nichts Neues oder Genaueres beizubringen vermocht.

Daß diese und ähnliche Kunstübungen ihre Wirkung auch in
vandalischen Kreisen nicht verfehlten, ja, daß die höhergestellten
Vandalen sich gelegentlich sogar bemühten, den Dichtern und
ihrer Ausdrucksweise nachzueifern, bestätigt uns der erhalten
gebliebene, von Versen begleitete Briefwechsel zwischen dem
Comes Sigisteus und einem Geistlichen namens Parthenius. Nicht

erhalten hat sich dagegen leider die Prosa des Maribad, eines arianischen Bischofs und Kirchentheoretikers vandalischen Geblüts, dessen Namen und Arbeiten wir nur aus gegen ihn gerichteten Streitschriften kennen. Sein Werk ließe sich lediglich bruchstückhaft aus Zitaten zusammensetzen, wie man es auch sehr scharfsinnig mit den geographischen Arbeiten des Pytheas von Massilia versucht hat. Im Falle Maribads würde sich die Arbeit jedoch nur lohnen, wenn er nicht Lateinisch, sondern Vandalisch geschrieben hätte und man auf diese Weise die geringen Bestände an vandalischen Sprachdenkmälern vergrößern könnte.

Wenn die Musen schweigen, so schweigen die Reporter offensichtlich erst recht. Und so wissen wir über die schlichten Dinge des vandalischen Alltags fast noch weniger als über die geistigen Höhenflüge der Zeit. Wer dachte damals schon daran, für uns festzuhalten, wieviel ein- oder ausgeführt wurde? Woher die hübschen Schmuckstücke kamen, die sich in den Gräbern fanden, und wer die Waffen herstellte, mit denen die Vandalen und Mauren gegen die Mittelmeerstädte in den Krieg zogen? Von Bergwerken wissen wir nur, daß sie betrieben wurden, können aber nicht einmal sagen, um was für Bergwerke es sich handelte. »Die Römer, selbst ohne industriellen Geist, konnten solchen auch anderen nicht mitteilen«, sagt Speck in seiner großen *Handelsgeschichte des Altertums*. Immerhin muß das Handwerk sich von Karthago aus über das dichtbesiedelte Land ausgebreitet haben, lagen doch zum Beispiel im Medscherda-Tal auf nur 550 Quadratkilometern sechs Städte; auch die 123 Bischofssitze Numidiens lassen einen Rückschluß auf die dichte städtische Besiedlung zu. Denn wenn die Römer auch in ihrer alten Feindschaft das einst punische Land nicht mehr groß werden ließen, so hatten sie es doch militärisch durchdrungen, verkehrsmäßig erschlossen und schon aus Sicherheitsgründen die Nomaden des südlich angrenzenden Bereichs zu seßhaften Bauern erzogen. Es gab also um die Städte herum ganze Kränze von Dörfern, die schließlich das Hauptausfuhrgut Getreide und das bis nach Rom geschätzte Obst anbauten. Nach der *Lex Manciana* führte das römische Nordafrika daneben noch Öl und Honig aus. Die Waffen, die sich die

Vandalen in einheimischen Werkstätten herstellen ließen, waren
also ein Novum und setzten die Existenz einiger Eisenhämmer und
den Weiterbetrieb jener Bergwerke voraus, die schon in punischer
Zeit Karthago versorgten. Einfuhren aus dem erzreichen Spanien
mögen Bedarfslücken ausgeglichen haben.

Nicht Kunst, aber Kunsthandwerk finden wir in der nordafrikanischen Hausindustrie, die sich mit erstaunlicher Konsequenz ihre
Vorzüge aus punischer Zeit, also siebenhundert Jahre lang,
bewahrt hatte, und manche Beschreibung karthagischer Handwe-
ben erweckt den Eindruck, als hätten sich die reizvollen Muster bis
heute nicht nennenswert geändert. Numidien, Mauretanien und
die einst römische Provinz Africa hatten starke Schafzucht und
versorgten Gewand- und Teppichwebereien mit ausreichenden
Mengen an Wolle. Buntgewirkte Decken, Kopfkissen und Teppiche waren im ganzen Römerreich beliebt, dazu Mäntel, die in den
Zolltarifen der Kaiserzeit häufig auftauchen *(Numidia negotia habet
variarum vestium)*, zum Teil mit Namen, die heutige Erzeugnisse
der europäischen Industrie führen (Tapetia Afra, Stragula Maura).

Billigere Textilien wurden aus der rund um Karthago angebau-
ten Baumwolle gewebt und aus Flachs; doch verdienen auch die
Fischernetze Beachtung, die mit großer Kunstfertigkeit hergestellt
wurden. Die vandalischen Seefahrer schätzten besonders die ungemein festen Taue aus dem zottigen Haar der Syrten-Ziege. Nur die
Purpurfärberei, einst der Ruhm und höchst einträgliche Spezialität
phönikischer und punischer Werkstätten, scheint in vandalischer
Zeit viel von ihrem Ruf verloren zu haben, als die Schneckenzuch-
ten des Königs Juba auf den Insulae Purpurariae (Madeira) vom
karthagischen Mutterland aus nicht mehr versorgt wurden. Die
letzten Purpurfärbereien der römischen Kaiserzeit sind aus der
Kleinen Syrte nachgewiesen; sie lagen also am Westrand des
vandalischen Herrschaftsbereichs und exportierten wohl eher nach
Italien als nach Karthago.

Die Kultur der Purpurschnecke und die Rolle, welche die
Purpurfärberei in der Wirtschaft des ganzen einst phönikischen
Afrika spielte, wirft die Frage auf, wieweit die Vandalen, die
immerhin hundert Jahre lang die Herren dieser Landstriche waren,
in die alten Kunstfertigkeiten hineinwuchsen, sie weiterpflegten,

aus ihnen Gewinn zogen. Die Konstanten alter Wirtschaftspolitik
waren beträchtlich; man darf vor 1500 mit ganz anderen Zeiträumen rechnen als heute, und das nicht etwa nur für Bergwerke oder
agrarische Produktionszentren, sondern auch für rein handwerkliche Traditionen – vor allem dann, wenn sie in Verbindung mit
lokalen Besonderheiten, mit seltenen Vorkommen der Grundmate-
rialien, aufgeblüht waren.

An der Ostsee hatten die Vandalen die uralte Kunst der
Bernstein-Schneiderei kennengelernt, eine Kunst, die die pruzzi-
schen Heimwerker seit etwa 1800 v. Chr. im Raum der Odermündung, der Weichselmündung und am Haff gepflegt hatten und
deren Erzeugnisse bis nach Rom exportiert wurden. In Nordafrika
stießen die Vandalen auf die ebenfalls auf eine lange Tradition
zurückblickende Steinschneidekunst der Garamanten und Troglodyten, zweier Völker oder Stämme, die schon Herodot achthundert
Jahre vor den Vandalen erwähnt und in einigen ihrer Gewohnheiten beschreibt: Die Garamanten waren ein kriegerisches Volk, die
Troglodyten – wie der Name sagt – Bewohner von Höhlensyste-
men im heutigen West-Libyen.

Zu den Rubinen und Granaten aus diesem Gebiet gesellten sich
als wertvolle Luxuswaren Straußenfedern und Elfenbein, die
ebenso wie die Edelsteine beweisen, daß der seit römischen Zeiten
bestehende Handel mit dem inneren Westafrika auch in vandalischen Zeiten nicht abriß. Ja, die wesentlich engere Verbindung
zwischen den Vandalen und den Mauren, die als Waffengefährten
immer wieder erwähnt werden, intensivierte natürlich auch den
Verkehr zwischen der Küste und dem Landesinneren, den die
Völker des Nigerbogens, wie zahlreiche Zeugnisse aus römischer
Zeit beweisen, seit Jahrhunderten aufrechterhielten. Die großen
Karawanen aus dem Raum von Timbuktu kamen zwar nur ein-
oder zweimal im Jahr nach Leptis Magna, Hippo Regius und vor
allem nach Karthago, aber diese Verbindung war regelmäßig und
erlitt nur während der Donatistenkriege *vor* der Vandalenzeit eine
Unterbrechung. Es scheint, daß die Vandalen aus diesen Kontak-
ten ein Gegengewicht gegen die Übermacht der griechisch-
römischen Welt gewannen; sie tauchten mit einem gewissen
Behagen in das Afrikanische ein und fühlten sich ihm enger

verbunden als der antiken Gegenwelt, aus der ihnen so viel
Verdruß erwuchs.

Eine gute Verbindung zum Hinterland der Küstenstädte war im
übrigen unerläßlich für das, was man heute Lebensqualität nennen
würde; in den Städten des einst römischen Afrika hatte man sich
nämlich seit geraumer Zeit an allerlei Bequemlichkeiten gewöhnt,
die auch die neuen Herren nicht missen wollten, wie zum Beispiel
das meist ausgezeichnete, aus dem Landesinnern über Aquädukte
herangeführte Wasser. Nichts wäre für kriegerische Nomaden
leichter gewesen, als den Vandalenstädten die Wasserzufuhr
abzuschneiden und damit Versorgungsschwierigkeiten, ja Seuchen
herbeizuführen. Karthago erhielt bestes Quellwasser aus dem
Raum des heutigen Dschebel Zaghwân und dem Dschuggar mit
Hilfe einer Leitung von annähernd 120 Kilometern Gesamtlänge.
Leptis Magna hätte gutes Flußwasser zur Verfügung gehabt, das
man nur aufzufangen und zu überdecken brauchte, dennoch wurde
Quellwasser aus den Bergen hergeleitet. Verecunda, Lambaesis,
Saldae (das heutige Bougie in Algerien), Thysdrus und andere
Städte hatten ihre eigenen Wasserleitungen, und wenn man heute
die archäologische Karte von Tunesien betrachtet, so ergeben sich
für Flächen von etwa 600 Quadratkilometern bis zu dreihundert
Ruinen – ein Beweis für die außerordentliche Durchdringung des
Landes mit Zivilisationsbauten. Trotz der Zerstörungen durch die
arabische Eroberung ist Nordafrika noch heute an Ruinen aus
römischer Zeit reicher als gleich große Areale in Italien, Frankreich
oder Spanien, wozu allerdings auch das trockene Klima beitrug.

Die Basis für den geistigen Austausch mit den Nachbarländern
lieferte in der Vandalenzeit in erster Linie der Handel. Die Vergnü-
gungsreisen, die noch in spätrömischer Zeit viele wohlhabende
und kunstbegeisterte Römer nach Nordafrika geführt hatten,
waren seit der Besetzung des Landes durch Geiserich aus der Mode
gekommen, der diplomatische Verkehr war nicht mehr so rege, das
Kommen und Gehen der Kleriker nur im Rahmen des kirchlichen
Lebens von Bedeutung. Am Handel waren die Vandalen jedoch
durchaus interessiert, weil er ihnen ohne besondere eigene Aktivitäten beträchtliche Einnahmen aus Zöllen und anderen Abgaben

brachte und weil er – wie überall auf der Welt – gleichsam von selbst wieder in Schwung gekommen war, als die Waffen schwiegen, als die neuen Herren sich etabliert hatten.

Im Gegensatz zu anderen Germanen wie etwa den tüchtigen Fernhändlern von Haithabu, Birka oder Nowgorod überließen die Vandalen Nordafrikas den eigentlichen Handel »Kaufleuten aus dem Osten«, wie die Quellen sagen, also Griechen, Syrern und Juden, unter die sich vielleicht auch der eine oder andere Armenier mischte. Alexandria, die große Rivalin Karthagos, hatte schon in den Zeiten des Kaisers Claudius eine so große Judengemeinde, daß der Kaiser sie ermahnen mußte, sich nicht durch Zuzug zu verstärken, um die ansässigen Griechen nicht zu reizen. In den folgenden Jahrhunderten war es zwischen den Juden und den ebenfalls sehr am Handel interessierten griechischen Kaufleuten Alexandrias zu so heftigen Auseinandersetzungen gekommen, daß eine Welle jüdischer Auswanderung in die übrigen Handelszentren des nördlichen Afrika einsetzte. Diese Abwanderung der Juden, die stets ein geistig aktives und zudem kosmopolitisches Element städtischen Lebens bildeten, hat zweifellos dazu beigetragen, daß Alexandria nach und nach hinter dem aufblühenden Karthago zurücktrat, vor allem seit »zum eingewurzelten Judenhaß der alexandrinischen Griechen sich der Fanatismus der Christen gesellte. Diesem doppelten Ansturm vermag die jüdische Kolonie kaum standzuhalten. Ihre weniger widerstandsfähigen Elemente werden von der neuen griechisch-christlichen Strömung hinweggespült, die innerlich gefestigteren aber schließen sich ab oder wandern aus.« (Dubnow)

So waren in den letzten Jahrhunderten der Kaiserzeit und in der Frühzeit der Vandalenherrschaft in zahlreichen nordafrikanischen Städten festgefügte jüdische Gemeinden entstanden, vor allem in Karthago, Utica, Naro und Caesarea, wo eigene Nekropolen festgestellt wurden und die Juden Synagogen erbauten. Eine bedeutende Rolle spielten sie auch in der Handelsstadt Hadrumetum, dem Endpunkt der Karawanenstraßen aus dem Sudan. Zumindest für Karthago steht fest, daß die jüdische Gemeinde mit ihrem intellektuell regen und der Bildung zugewandten Leben eine starke Anziehungskraft auch auf noch nicht christlich gewordene Römer

ausgeübt hat. Der Kirchenlehrer Tertullian mokiert sich an vielen
Stellen seiner Schriften über jene gebildeten Römer, die sich vom
Glanz des jüdischen Lebens blenden lassen und an ihm teilzuneh-
men versuchen, obwohl ihnen das eigentliche Wesen des Judentums und des jüdischen Daseins in der Diaspora völlig fremd sei
und auch nichts zu bieten habe – eine der aufschlußreichsten
Sentenzen aus der Frühzeit des nordafrikanischen Christentums, die
uns das Judentum als echte Alternative zeigt. Als die arianischen
Vandalen kamen, die sich schon in Spanien mit starken Judengemeinden auseinandergesetzt hatten, waren die Juden bereits gewarnt und hatten sich aus der Missionstätigkeit (die nie nennenswert
gewesen war) wieder völlig auf den Handel zurückgezogen.

Daß Karthago auch unter der Vandalenherrschaft eine Weltstadt blieb, mit einem intensiven geistigen Leben, mit Theatern,
Vergnügungsstätten und reichen internationalen Beziehungen,
verdankt die Stadt und verdanken die Vandalenkönige aber
zweifellos auch diesem Fortbestehen einer starken jüdischen
Kolonie, die sich im Aufleben des interkonfessionellen Kampfes
zwischen Arianern und Katholiken einer stillschweigenden Duldung erfreute.

Die Entwicklung, die in vandalischer Zeit zwischen Juden und
Christen einsetzte, nahm in gewissem Sinn bereits voraus, was sich
hundert Jahre später in Spanien zutragen und welthistorische
Folgen haben sollte. Die Arianer, durch ihren Gegensatz zu den
Katholiken atmosphärisch den Juden näherstehend, betrieben
weder im westgotischen Spanien noch im vandalischen Nordafrika
Judenverfolgungen; man vertrug sich einigermaßen, zumal die
Juden auf Gebieten tätig waren, die den gotischen oder vandalischen Edeling ohnedies nicht zu eigener Betätigung reizten. Die
germanischen Krieger beschäftigten sich weder mit dem Handel
noch mit dem Geldverleih, die Juden nahmen ihnen also keine
Geschäfte weg. Die nach Byzanz orientierten Griechen hingegen
waren in ihrem Erwerbsleben durch die Judengemeinden behindert, sie fanden viele gute wirtschaftliche Positionen durch die aus
Ägypten eingewanderten nordafrikanischen Juden besetzt und
verquickten in ihrer Ablehnung des Judentums religiöse Unduld-
samkeit mit Konkurrenzneid.

Als wenige Jahrzehnte nach dem Untergang des Vandalenreiches die ersten westgotischen Fürsten und schließlich auch Könige zum Katholizismus übertraten und dem Arianismus abschworen, verschlechterte sich die Lage der Juden in Spanien so entscheidend, daß sie sich keinen anderen Rat mehr wußten, als die Mauren aus Nordafrika zu Hilfe zu rufen, mit denen sie schon in der Vandalenzeit einträchtig zusammengelebt hatten. Berber und Araber überschritten die Meerenge von Gibraltar, schlugen die Westgoten, die, verstärkt durch Sueben und die letzten Vandalen, am Rio Barbate gegen sie antraten, und eroberten in schnellem Siegeszug zunächst das südliche, danach das mittlere Spanien über den Ebro hinaus bis ins Pyrenäenvorland. Hinter den vordringenden Angriffstruppen der Mohammedaner aber kamen die vertriebenen Juden wieder in die Städte zurück und sicherten diese für die Araber gegen westgotische Aufstände.

Die antikatholische Entente der Juden mit den Mauren und in gewissem Sinn auch mit den Arianern hatte sich bereits 150 Jahre vor diesen Ereignissen in den großen Handelsstädten des nordafrikanischen Vandalenreiches angebahnt. Die wütenden Ausfälle der katholischen Kirchenlehrer gegen die Juden heben sich – das können wir noch anhand der Texte eindeutig feststellen – auffällig von den milden Ermahnungen ab, durch die arianische Kirchenfürsten auf die Juden einwirken wollen. Hatten die Arianer auch die Königsmacht hinter sich, so waren es im ganzen Raum des Mittelmeeres, vor allem aber in den von Byzanz aus verwalteten Gebieten, doch die Katholiken, die auf Andersgläubige den stärksten Druck ausübten, seit »das Christentum unter Konstantin dem Großen zu einer Staatsreligion geworden war, um sich aus einer verfolgten Religion rasch in eine verfolgende zu verwandeln«. (Dubnow)

Hunerich, der Vielgeschmähte

Christian Courtois, der jüngste unter den nicht eben zahlreichen Vandalenforschern, vertritt mit größter Bestimmtheit die Überzeugung, daß Geiserich schon im Jahre 389 geboren worden sei. Bei seinem Tod war er demnach 88 Jahre alt. Hunerich, sein Ältester, hatte also außerordentlich lange auf die Machtübernahme warten müssen, und nicht selten hat sich gezeigt, daß eine so lange Vorbereitungszeit auf die Herrschaft sich nachteilig auf die eigentlichen Herrscherjahre auswirkt. Es war auch nicht so – wie lange Zeit irrtümlich angenommen wurde –, daß Gento Geiserichs ältester Sohn gewesen ist und Hunerich erst nach Gentos Schlachtentod zum Thronerben avancierte. Hunerich sah die Aufgaben eines Herrschers ein Leben lang vor sich – und daß sein Vater sie in geradezu biblischem Alter schließlich durch sein bloßes Da-Sein zu lösen schien, während ihm, dem neuen König, weder dieses unbegrenzte Vertrauen der Untertanen und der Nachbarn entgegengebracht wurde noch die widerwillige Achtung, ja Furcht, die Geiserichs Gegner dem großen König gegenüber empfanden.

Über die Kinder Geiserichs herrscht so viel Ungewißheit, daß wir nicht einmal zu sagen vermögen, ob die drei oder vier ehelichen Söhne und die eine Tochter von ein und derselben Mutter stammen und wer diese Mutter war. Nur die Tatsache, daß Hunerich noch auf spanischem Boden geboren wurde, scheint gesichert, und er war demnach, als er zur Herrschaft kam, kein junger Prinz mehr, sondern wohl ein Fünfziger.

Als Jüngling brachte er einige Jahre in Rom zu, als Geisel genommen aufgrund des Friedensvertrages von 435 oder 442, so wie ein Menschenalter zuvor auch Alarich und Attila als Geiseln am Kaiserhof aufgewachsen waren. Das bedeutete keinen Gefange-

Kaiser Justinian, der Vernichter des Vandalenreiches in Nordafrika
(Miniatur aus einer Handschrift der *Institutiones Justiniani*).

nenstatus; jedermann bei Hof war sich klar darüber, daß diese jungen Männer Prinzen waren und dereinst regieren würden, auch wenn es barbarische Dynastien waren, denen sie entstammten. Schon im Rom der Claudier hatte es Söhne aus den Fürstengeschlechtern der Provinzen gegeben, die zusammen mit den jungen Verwandten der Kaiser in den Palästen erzogen wurden.

Hunerich war also zweifellos besser mit dem römischen Leben und der lateinischen Kultur vertraut als sein Vater, der als unehelicher Fürstensohn jahrelang nur Feldherr eines Wandervolkes gewesen war und erst in Afrika zu freier Königsmacht gelangte. Hunerich mußte für diese Vertrautheit mit der gegnerischen Welt auch einen hohen Tribut bezahlen, denn Geiserich nötigte ihm eine diplomatische Ehe auf, und zwar mit der katholischen Kaisertochter Eudoxia. Damit diese Verbindung zustande kommen konnte, wurde die bestehende Ehe Hunerichs geschieden oder aufgelöst, und es ist denkbar, daß Hunerich unter diesem Eingriff in sein Privatleben um so mehr litt, als er solche Opfer ja nicht für den eigenen Thron brachte, sondern in einer unbedeutenden Prinzenrolle neben einem übermächtigen und langlebigen Vater.

Die zweite Ehe zeigt denn auch ganz deutlich, wohin die vandalische Politik der Jahrhundertmitte zielte und daß Geiserich auch seinen Ältesten für diese Neuordnung einzuspannen entschlossen war.

Eudoxia war, wir haben es schon gesagt, die Tochter Kaiser Valentinians III. und der Licinia Eudoxia, vermutlich 439 geboren und schon als Kind, zwischen 442 und 445, dem Prinzen Hunerich verlobt worden. Als am 16. März 455 Kaiser Valentinian III. starb, zögerte sein Nachfolger Petronius Maximus keinen Augenblick, sondern vermählte die inzwischen zur Jungfrau herangewachsene Prinzessin Eudoxia mit seinem eigenen Sohn Palladius – womit für Geiserich ein Kriegsgrund gegeben war. Die Eroberung und Plünderung Roms mit der Entführung der seinem Sohn versprochenen Eudoxia im Juni 455 wurde zum Jahrhundert-Ereignis.

Dennoch steht seltsamerweise nicht fest, wann es dann zur Hochzeit zwischen Hunerich und Eudoxia gekommen ist, doch darf man annehmen, daß Geiserich ebensowenig Zeit verlor wie

Petronius Maximus und seinen Sohn unmittelbar nach der
Eroberung der Ewigen Stadt mit der auf so handfeste Weise an ihr
Verlöbnis erinnerten Prinzessin vermählte. Dieses Jahr 455 würde
auch als einzige der verschiedenen Hypothesen zu der Bemerkung
des Theophanes (in seiner Chronik) passen, daß Eudoxia im Jahr
472 »nach sechzehnjähriger Ehe« aus Karthago entflohen sei.

Obwohl wir aus all diesen Quellen über das Seelenleben der
jungen Prinzessin und Königin herzlich wenig erfahren, müssen
wir doch versuchen, uns ein wenig in die Lage dieser in der Regel
hochgebildeten jungen Mädchen aus Byzanz oder auch aus
Ravenna hineinzudenken. Nicht wenige unter ihnen – zwei trugen
sogar denselben Namen wie diese Prinzessin – erlangten dank ihrer
Bildung und geistigen Fähigkeiten durchaus selbständige Geltung
in der Männerwelt der Antike, und auch für Hunerichs Eudoxia
muß mit Sicherheit angenommen werden, daß sie die Übersied-
lung aus einer römischen Residenz, aus einer griechisch-römisch
gebildeten Gesellschaft in die Atmosphäre des Vandalenhofes als
eine Art Verbannung auffaßte, auffassen mußte. Ihr Verlobter
Hunerich war wesentlich älter als sie, hatte bereits eine Ehe hinter
sich und scheint nach allem, was er als Herrscher tat, ein düsterer,
allzu ernsthafter, zu Grausamkeit und Härte neigender Mann
gewesen zu sein, wenn auch seine Intelligenz und Tatkraft nicht
angezweifelt werden können.

In der Zeit, da sich das altchinesische Kaiserreich um Frieden
mit den angriffslustigen Nomadenstämmen an seinen Westgrenzen
bemühen mußte, trat so manche der feingliedrigen und geistvollen
kaiserlichen Prinzessinnen den Weg in eines der Nomadenzelte vor
der Dsungarischen Pforte an, und nicht wenige herzzerreißende
Briefe und Gedichte zeugen von der Seelenlage dieser geopferten
Mädchen. So lebte Eudoxia in Karthago zwischen Kriegern, die in
Friedenszeiten den sinnlichen Genüssen frönten, dem Trunk, den
Frauen, den Zirkusspielen, und die vieles von dem verachteten, was
ihr bis dahin lieb und teuer gewesen war. Dazu kam, daß in ihre
Zeit an der Seite Hunerichs jene durch ihre Grausamkeit bis auf
den heutigen Tag schockierende Taten fallen, die Hunerich als
einen der großen Verfolger, als einen zweiten Herodes oder Nero
in die Geschichte eingehen ließen. Christian Courtois, jener

Forscher, der sich noch am stärksten bemüht, Hunerich gerecht zu
werden und sein Verhalten zu verstehen, deutet sogar an, daß
dieser König, ähnlich wie Nero, in den letzten Jahren oder
Monaten seines Lebens unter dem Einfluß einer schweren Erkran-
kung, vielleicht syphilitischer Natur, seinen Charakter verändert
habe und zu offenbar pathologischen Handlungen und Entscheidungen gelangt sei.

Auch das aber reicht natürlich nicht zu, die in zahlreichen
Einzelheiten eindeutig belegten und durch Jahre fortgesetzten
Grausamkeiten Hunerichs gegen Andersgläubige zu erklären oder
gar zu rechtfertigen. König Hunerich tritt uns aus allen Quellen,
die von ihm berichten, als einer jener Herrscher entgegen, deren
Leben unter einer ihrem Amt fremden Idee stand. Der religiöse
Fanatismus lenkte ihn, der *über* den Religionen seines Reiches
hätte stehen müssen, nicht nur von seinen wichtigsten politischen
und militärischen Aufgaben ab, sondern brachte ihm den Ruf eines
der großen Scheusale der Weltgeschichte ein.

Das erste Ziel seines Zornes waren nicht die Katholiken,
sondern die Manichäer. In jenen Jahrhunderten, in denen das junge
Christentum sich in seinen Lehren und Grundsätzen noch festigen
mußte, hatten einzelne Bewegungen, die wir heute als Sekten
qualifizieren, außerordentlichen Zulauf und damit auch politische
Bedeutung erlangt. Die Donatisten-Unruhen lagen vor der nordafrikanischen Vandalenzeit, die Manichäer aber machten etwa
gleichzeitig mit den Vandalen von sich reden, und wie stark ihre
Suggestion war, mag schon daraus hervorgehen, daß Augustinus,
der spätere Bischof von Hippo und große Kirchenlehrer, nicht
weniger als neun Jahre lang »Hörer« der Manichäer war und
zweifellos dank der außerordentlichen Intelligenz und geschickten
Logik der manichäischen Missionare sehr viel lernte.

Der Manichäismus war eine im 3. Jahrhundert entstandene
Lehre, die das Christentum mit persischen Elementen durchsetzte,
auf das Alte Testament ganz verzichtete und auch aus dem Neuen
Testament nicht alles übernahm. Was Augustinus anzog, war der
radikale Dualismus, die Annahme eines Reiches des Lichts
gegenüber einem Reich der Finsternis, woraus die Existenz des
Bösen in der Welt zureichend erklärt schien. Und das Böse hat

damals ja nicht nur Augustinus, sondern sehr vielen anderen Kirchendenkern zu schaffen gemacht. Denn die sinnenfrohe Welt des Heidentums hatte diese Trennung nicht gekannt, sie hatte darauf verzichtet, menschliche Grundtriebe wie die Sexualität zu verdammen, und hatte darum nicht jene innere Zwietracht in die Seelen der Gläubigen gepflanzt, mit der sich gerade im frühen Christentum die stärksten Charaktere immerzu herumschlugen. Der Manichäismus schien diese Grundfrage zu beantworten: Nicht Gott hatte in seiner Welt das Böse zugelassen, sondern das Böse war eben noch nicht völlig besiegt, es hatte seinen Teil an der Welt und mußte stets aufs neue bekämpft werden.

Eine Lehre, der ein Augustinus neun Jahre seines Lebens widmete, hatte Suggestivkraft genug, um vor allem die Arianer anzuziehen, ja, sie war für den Arianismus gefährlicher als das katholische Christentum, und darum ging Hunerich rücksichtslos gegen die Manichäer vor; sie hatten schließlich auch keinen Fürsprecher wie die Katholiken, hinter denen immer noch der wenn auch schwache Kaiser Zeno von Byzanz stand, und Zeno konnte die Ausrottung der Manichäer eigentlich nur begrüßen.

Über Einzelheiten dieser Verfolgungen ist nur wenig bekannt, denn die Manichäer besaßen keinen so wortgewaltigen Chronisten wie jenen Victor von Vita, der König Hunerich begeistert Beifall zollte, solange dieser nur Manichäer auf den Scheiterhaufen schickt, und der den gleichen König einen blutgierigen Tyrannen, eine Bestie nennt, als die ersten Katholiken den gleichen Weg gehen müssen. Diese Scheiterhaufen, die noch bis ins 17. und 18. Jahrhundert herauf brennen werden, zum Verderben Andersgläubiger und sogenannter Ketzer, wurden also schon von den Vandalen mit Fleiß entzündet, und zwar mitten in der Stadt Karthago, dort, wo Unter- und Oberstadt durch Wege und Treppen miteinander in Verbindung standen und ein steter Menschenstrom an der Hinrichtungsstätte vorbeizog.

Der Manichäismus, diese bis heute interessant gebliebene und mit einem besonders zähen Leben ausgestattete Version des Christentums, verschwand im Zuge der grausamen Verfolgungen aus dem Vandalenreich, wanderte wieder in Richtung Osten ab, woher sie gekommen war, und zog weiter nach Indien und China, wo sie später europäische Reisende des Mittelalters – Mönche, Kaufleute und Diplomaten – zu ihrer größten Verblüffung in höchster Blüte antrafen.

Als sich in König Hunerich dann die Überzeugung festigte, der Kaiser in Byzanz sei zu schwach, um sich für die Katholiken energisch einzusetzen, kamen auch diese an die Reihe. Die

Mosaik aus dem römischen Nordafrika mit Motiven aus den Christenverfolgungen des 2. Jahrhunderts (Amphitheater von Zliten, Tunesien).

Scheiterhaufen flammten wieder auf, und es scheint eine ganze Skala von Maßnahmen gegen die Katholiken gegeben zu haben, von der Vertreibung in die Wüste bis zu drückenden Abgaben und schließlich zum – allerdings seltenen – Märtyrertod. Denn Märtyrer wollte der arianische Klerus, dem Hunerich im wesentlichen die Durchführung seiner Verordnungen überließ, der Konkurrenzreligion nicht verschaffen. Das Bekennertum war damals noch so stark entwickelt, daß von jedem dieser Tode für den Glauben stärkste Impulse ausgingen.

Die für uns wichtigste Frage, nämlich die nach Charakter und Persönlichkeit dieses umstrittenen Herrschers, läßt sich aus den

Verfolgungsmaßnahmen, die er anordnete, und den Hinrichtungen, die er billigte oder gar befahl, zwar nicht schlüssig, aber doch weitgehend beantworten. Seine Opfer finden sich nämlich in allen Lagern, und dadurch wirkt Hunerich bisweilen wie ein Raubtier, das sich angegriffen fühlt und in seiner Angst Tatzenschläge nach allen Seiten austeilt. Auch die Korrespondenz des Königs erweckt – im Unterschied zu den Briefen, die Geiserich hinausgehen ließ – keineswegs den Eindruck, als verhandle Hunerich aus einer Position der Stärke heraus. Man muß also den Eindruck gewinnen, daß dieser König in der Innen- und Religionspolitik eine gewisse Entschädigung dafür suchte, daß er auf dem Gebiet der zwischenstaatlichen Beziehungen die Machtstellung nicht mehr halten konnte, die sein Vater für das Vandalenreich erkämpft hatte.

Seine ersten Maßnahmen gegen die Katholiken sollen darum auch nur Geld bringen, Geld, das Hunerich für die Flottenrüstung dringend benötigt, denn nichts ist kostspieliger, als eine Flotte schlagkräftig zu erhalten oder gar durch neue Einheiten zu ergänzen. Die Katholiken werden darum zunächst mit der Einziehung ihres Vermögens und mit Verbannung bedroht; als Hunerich schließlich proklamiert, der Besitz verstorbener Bischöfe falle der Krone anheim, erhebt sich Widerspruch aus Byzanz. Wenn es ums Geld geht, verstehen die Prälaten keinen Spaß. Kaiser Zeno protestierte, drohte Repressalien gegen die im römischen Ostreich lebenden Arianer an und sprach sogar von wirtschaftlichen Sanktionen.

Hunerich mußte sich also weniger spektakuläre Wege der Katholikenverfolgung überlegen und beschloß eine Umsiedlungsaktion; sein Land war schließlich groß genug. Die Schilderung dieses Exodus ist der wertvollste Teil in der sonst durch Schmähungen und Beschimpfungen in ihrem Zeugniswert geminderten Chronik des Victor von Vita, der, als einer von insgesamt 4966 Katholiken – Laien und Priestern, Männern und Frauen –, den langen Marsch nach Süden mitmachte.

Das Gebiet, das den fünftausend Unglücklichen zugewiesen wurde, lag im Raum der Gebirgspforte des heutigen Gafsa, in dessen Namen sich das antike Capsa noch leicht erkennen läßt, eine verkehrsreiche Oasenstadt, die mit Sfax und Gabès das südtunesische

Städtedreieck nördlich der großen Salzwüsten von El Djerid und El Fedjadj bildet. Die Stadt hatte dem listigen numidischen König Jugurtha 500 Jahre zuvor als Schatzkammer und Stützpunkt gedient, als er seinen Jahrzehnte währenden Krieg gegen Rom führte. Nach dem Sieg hatten die Römer Capsa wiederaufgebaut und als Kolonie verwaltet, so daß man nicht eigentlich sagen kann, Hunerich habe seine Katholiken in die Wüste geschickt. Aber Capsa war eine Oase; und Capsa zu verlassen und allein durch eine wasserarme, von Schlangen bevölkerte Wüste zu ziehen, um sich Karthago wieder zu nähern, war zwar nicht völlig ausgeschlossen, barg aber doch so große Gefahren, daß der König sich zumindest vor diesen fünftausend Gegnern einigermaßen sicher fühlen konnte.

Seit Diokletian alle römischen Provinzen verkleinert hatte, um die Verwaltung zu verbessern und zu straffen, war die Byzazena eine im ganzen wohlhabende und von den römischen Geographen positiv beurteilte Gegend, die südöstlichste des Vandalenreiches und somit dem oströmischen Herrschaftsbereich am nächsten gelegen. Eine Umsiedlung in den Atlas, ins Berbergebirge im Westen, hätte die Katholiken zweifellos härter getroffen und den meisten von ihnen den Tod schon auf dem Marsch gebracht.

Victor von Vita, gebürtiger Karthager, war im Jahr 483, als dieser Wüstenmarsch stattfand, noch nicht Bischof, aber bereits ein angesehenes Mitglied des karthagischen Klerus und machte den Zug in die Verbannung im Auftrag seiner Kirche mit, um zusammen mit anderen für die Verbannten zu sorgen und ihr Los zu mildern. Die Kirche antwortete also auf die obrigkeitlichen Maßnahmen mit einer gewissen Organisation und verhinderte dadurch das Schlimmste. Neben Victor bemühte sich vor allem der Bischof Cyprianus von Unizibira um die Unglücklichen, und als dritter namhafter Helfer wird Bischof Felix von Abirrita genannt. Im Heiligenkalender der römisch-katholischen Kirche erscheinen stellvertretend für die Opfer jener Vertreibung in die Wüste die Heiligen Cyprianus und Felix (mit Genossen, wie man sagen müßte) unter dem 12. Oktober.

Nach dieser Bewährungsprobe im Frühjahr 483 wurde Victor – wohl in Anerkennung seiner Verdienste um die Verbannten – zum Bischof von Vita bestellt. Hier hatte er dann die Muße, seinen

großen Bericht über die Verfolgungen der Katholiken unter
Geiserich und Hunerich zu verfassen, der bis heute die Haupt-
quelle für die Regierungszeit des Hunerich geblieben ist. Freilich
war Victor vorsichtig genug, seine die Jahrhunderte überdauernde
große Anklage erst nach dem Ableben des Königs, vermutlich im
Jahre 486, niederzuschreiben. Er war, nach Stil und Ausdrucksweise zu urteilen, keiner der hochgebildeten Kleriker seiner Zeit,
aber ein unschätzbarer Augenzeuge, der in seiner Bescheidenheit
auf persönliche Mitteilungen leider fast vollständig verzichtet. Wir
wissen von ihm selbst wenig, das große geschichtliche und
ergreifende menschliche Geschehen um ihn herum hat ihn offenbar
völlig ausgefüllt und von der eigenen Person abgelenkt.

Bald nach Victors Erhebung zum Bischof muß der zweite große
Schlag gegen die Katholiken erfolgt sein: das Religionsgespräch
von 484, zu dem König Hunerich zu Beginn dieses seines letzten
Lebensjahres eingeladen hatte. Am 1. Februar 484 sollten sich alle
katholischen Bischöfe in Karthago versammeln, um ihre Lehre
gegen die Häupter der Arianer in einem großen Streitgespräch zu
verteidigen. Diese Einladung war Hunerichs Antwort auf die
Proteste, die Papst Felix III. gegen die Vertreibung der Fünftausend von Capsa erhoben hatte. Felix war kein Papst, dessen Wort
man gering achten durfte. Er war von Odoaker eingesetzt worden,
also von einem arianischen Herrscher, dessen Machtbereich an den
Hunerichs stieß, und, ehe er auf den Stuhl Petri berufen wurde,
verheiratet gewesen – er gilt als Großvater des großen Papstes
Gregor I. Auf Ersuchen Felix' III. hin hatte Kaiser Zeno durch die
Entsendung des Ministers Uranius in Karthago interveniert, und
Hunerich hatte – vermutlich auf Anraten der arianischen Geistlichkeit – beschlossen, künftig auch mit geistigen Waffen zu kämpfen,
im Rahmen einer großen Diskussion. Vielleicht glaubte Hunerich
tatsächlich, daß nach diesem Gespräch nur noch die obsiegende
Kirche eine Zukunft haben würde, und sicherlich nahm er an, daß
der ihm so teure arianische Glaube die besseren Argumente auf
seiner Seite habe.

Schon um den Modus der Einberufung und den Kreis der
Teilnehmer kam es zu Auseinandersetzungen. Bischof Eugenius
von Karthago, der mutigste Gegner Hunerichs, hatte vorgeschla-

gen, Bischöfe aus der ganzen römischen Welt einzuladen und natürlich auch einen Vertreter des Papstes in Rom. Er hoffte dadurch den Zeitpunkt des Gesprächs, von dem er offenbar wenig Gutes erwartete, hinauszuschieben, wünschte aber zweifellos auch, Amtsbrüder um sich zu sehen, die keine Untertanen Hunerichs waren und daher ein offenes Wort riskieren konnten, ohne Strafverfolgung gewärtigen zu müssen.

Eugenius wird in den fünfundzwanzig Jahren seiner Tätigkeit als Bischof, ob in Freiheit oder in der Verbannung, zu einem ebenbürtigen Gegner der vandalischen Könige und der Arianer, so wie sein Vorgänger Deogratias einer der wenigen Bürger des Vandalenreiches gewesen war, der es gewagt hatte, sich gegen Geiserich zu stellen. Seit dem Tod des Deogratias hatte es darum keinen neuen Bischof von Karthago geben dürfen, und es bedurfte wiederholter kaiserlicher Demarchen, ehe sich Hunerich auf die Neuwahl eines katholischen Bischofs für die Hauptstadt des Vandalenreiches einließ. Er gestattete sie schließlich unter der Bedingung, daß Kaiser Zeno im Ostteil des großen Römerreiches allen Arianern völlige Religionsfreiheit gewähre – was wiederum der katholische Klerus von Karthago nicht wünschen konnte und darum lieber bereit war, auf die Bischofswahl zu verzichten. Aber das kleine Volk, die römische Unterschicht der Stadt, die sich sehnlichst einen Oberhirten wünschte, setzte schließlich die Bestellung des Eugenius durch, so daß Karthago im Jahr 480, nach 24 Jahren des Interregnums, wieder einen Bischof hatte.

Eugenius – nach dem Freiburger Theologen Paul Schleyer »ein Muster eines katholischen Bischofs« – kämpfte, soviel wir sehen können, von Anbeginn an zwei Fronten. Da die Kirche ihrer Güter beraubt worden war, galt es zunächst, durch eifrige Sozialarbeit das völlige Abgleiten in Armut und Hilflosigkeit zu verhindern. Eugenius genoß so hohes Ansehen, daß die Spenden, die in den vorangegangenen Jahren versiegt waren, wieder zu fließen begannen: Bei ihm war man sicher, daß jeder Solidus sinnvoll verwendet werden würde. Die andere Front barg mehr Gefahren, denn die Auseinandersetzung mit dem König war letztlich auch ein Kampf gegen dessen Religion, und wenn Hunerich selbst auch dem einen oder anderen Handel zugänglich gewesen wäre, die arianische Geistlichkeit unter ihrem Patriarchen Cyrila hatte die gnadenlose Vernichtung der Katholiken im Sinn.

Dies festzuhalten ist wichtig. Es reicht zwar nicht, um Hunerich reinzuwaschen, und das ist auch keineswegs beabsichtigt. Aber sein ganzer Charakter war – wie es übrigens auch Victor von Vita andeutet – von jenem Zweckmäßigkeitsdenken geprägt, das die kirchlichen Schriftsteller damals gerne Barbarenschläue nannten: »Hunirich ging zu Anfang seiner Regierung gemäß der den Barbaren eigenen Schlauheit *[subtilitas]* mit größerer Milde und Mäßigung zu Werke, namentlich unserer Religion gegenüber, so daß sogar an Orten, wo vormals unter König Geiserich die Veranstaltung geistlicher Versammlungen verboten war, dergleichen Zusammenkünfte des Volkes wieder stattfinden durften.«

Diese Orte waren die sogenannten Vandalenlose, also Wohnbereiche und Grundeigentum der etwa 100 000 Vandalen, unter denen Geiserich strikt jede Missionsarbeit für den Katholizismus oder auch den Manichäismus verboten hatte. Als unter Eugenius die Katholiken wieder mutiger und aktiver wurden, kam es auch erneut zu dieser von Hunerich zunächst nicht sonderlich beachteten, weil vermutlich seltenen und wenig energischen Werbung für den katholischen Glauben; auf Hunerichs Vorhaltungen, Eugenius möge die Vandalen aus dem Spiel lassen, antwortete der mutige Bischof, die Kirchen Gottes stünden jedem offen, und damit war der Krieg wieder entbrannt.

Das alles muß man wissen, um den besonderen Charakter dieser von Victor von Vita so farbig geschilderten Verfolgungen zu begreifen. Römer waren und blieben Römer, ihr Glaube interessierte Hunerich nicht sonderlich, so wie er schon Geiserich nicht interessiert hatte. Aber die ohnedies schmale Volksbasis der Vandalenherrschaft durfte nicht durch katholische Propaganda geschmälert werden. Das war vor allem in dem volkreichen Karthago, wo Hunderttausende von Nicht-Vandalen auf engstem Raum mit der vandalischen Oberschicht zusammenlebten, eine praktisch kaum durchsetzbare Forderung, und die Versuche, Unmögliches möglich zu machen, führten in Karthago wie so oft vorher und nachher zu grausamsten Maßnahmen:

»Als aber der König von dem Gottesmann solches zur Antwort

erhielt, ordnete er an, es sollten Büttel an unseren Kirchentüren aufgestellt werden. Wenn diese nun eine weibliche oder männliche Person in vandalischer Tracht eintreten sahen, setzten sie sofort kleine, mit Widerhaken beschlagene Stäbe an ihrem Kopfe an, wickelten die Haare um diese und rissen, indem sie gewaltsam anzogen, gleichzeitig mit den Haaren auch die ganze Kopfhaut ab. Manche verloren während des Vollzugs sogleich das Augenlicht, andere starben daran infolge des Schmerzes. Die Frauen aber wurden nach dieser Exekution mit geschundenem Haupte unter Voranschreiten eines Herolds durch die Straßen geführt, um sie der ganzen Bevölkerung zu zeigen.« (Victor von Vita)

Der Haß Hunerichs richtete sich also in erster Linie gegen die abtrünnigen Vandalen, in denen er Verräter sah, denn wenn auch zahlreiche Römer, die im königlichen Dienst standen, vandalische Tracht trugen, so brauchten sie sich ja, um ungefährdet ihre Kirche betreten zu können, nur vorher umzukleiden. Auch die grausame Strafe selbst war darauf abgestimmt, die Langhaarigen, also die Germanen, zu treffen, und es muß schon ziemlich schlimm um den Zusammenhalt dieser vandalischen Oberschicht bestellt gewesen sein, daß man so furchtbare Maßnahmen ersinnen mußte, um sie an einem Überlaufen zum Gegner zu hindern, das zunächst ja nur darin bestand, einen anderen Glauben anzunehmen. Victor von Vita gibt ein sinnfälliges Beispiel für Hunerichs Bemühen, das vandalische Provinz-Patriziat am Abfall zu hindern. Es geht um Dionysia, eine junge, schöne Frau vandalischer Herkunft, aber katholischen Glaubens:

»Der Unmensch, der gleich einer wilden Bestie nach dem Blute Schuldloser lechzte«, schreibt er, ». . . sandte in allen afrikanischen Landen entmenschte Schergen umher, so daß kein Haus und keine Stelle übrigblieb, wo nicht Jammergeschrei und tiefe Trauer anzutreffen gewesen wären, in dem keine Altersklasse, kein Geschlecht Schonung fand, ausgenommen diejenigen, die sich dem königlichen Verlangen fügten. Die einen mißhandelte man mit Stockschlägen, andere durch Aufhängen, wieder andere durch Brennen. Frauenspersonen, zumal vornehme, marterten sie unter Verletzung des Naturrechts vollständig entblößt vor den Augen der Öffentlichkeit. Eine davon will ich flüchtig und kurz erwäh-

nen: Es ist dies unsere Mitschwester Dionysia. Da die Peiniger
sahen, daß sie nicht bloß beherzt, sondern auch schöner sei als die
übrigen Frauen, so unternahmen sie es zuerst, sie mit Stockschlägen auf den nackten Körper mürbe zu machen. Als sie nun,
getröstet von ihrem Herrn und Gott, die Bitte vorbrachte ›Martert
mich, wie ihr wollt, nur entblößet meinen Schoß nicht‹, so
ergrimmten jene nur noch mehr und stellten sie entkleidet auf
einen erhöhten Standort, um sie so aller Augen preiszugeben. Als
nun unter den Rutenhieben das Blut in kleinen Bächen von ihrem
Leibe rieselte, rief sie mit Freimut: ›Ihr Handlanger des Teufels,
was ihr zu meiner Beschimpfung zu tun vermeint, das ist geradezu
eine Ehre für mich!‹ . . . Sie gewann durch ihr erhebendes Beispiel
fast ihre ganze Vaterstadt für Gott.«

Ihr Sohn Maioricus, ein Knabe, starb unter der Folter, ihre
Schwester Dativa, aber auch ein mit ihnen verwandter Arzt namens
Aemilianus und andere Personen ihres Kreises wurden verfolgt,
gemartert und zum Teil getötet.

Dionysia, die alle Martern überlebte, bestattete ihren Sohn auf
ihrem eigenen Landgut, wurde also offenbar nicht enteignet; die
Kirche führt sie, ihren Sohn und die anderen Opfer jener Verfolgung unter ihren Heiligen und feiert ihr Andenken am 6. Dezember. Um welche Stadt es sich dabei handelte, geht leider aus keiner
Quelle hervor, doch muß sie wohl zwischen Sibida und Cucus
gelegen haben, denn die Märtyrerdokumente dieser Verfolgungsak-
tion zählen auch noch andere Männer und Frauen aus diesen
Städten auf.

Die unter Geiserich zeitweise zur Ruhe gekommene große
Auseinandersetzung zwischen Arianern und Katholiken hatte also
das ganze Land erfaßt, und Hunerich beschloß – vielleicht eher aus
Ärger und Ungeduld denn mit besonderen Hintergedanken –, dem
Streit durch eine große Kirchenversammlung ein Ende zu machen.
Es kann auch durchaus sein, daß der neue arianische Patriarch
Cyrila, von Hunerich in die Enge gedrängt, diese Idee auftischte,
denn Hunerich hatte militärische und politische Schwierigkeiten
genug, um die pausenlosen Auseinandersetzungen der zwei großen
Bekenntnisse in seinem Staat als eine lästige, ja gefährliche
Behinderung seiner Aktivitäten zu empfinden. (Schließlich hatte

Hunerich zu Beginn seiner Regierungszeit sogar einen arianischen Patriarchen hinrichten lassen!)

»König Hunerich ließ dem Bischof Eugenius eine Verordnung zustellen, die am Feste der Himmelfahrt des Herrn in Anwesenheit eines Gesandten des Kaisers Zeno, namens Reginus, inmitten der versammelten Gemeinde verlesen werden sollte und die er durch Kuriere auch durch ganz [Nord-]Afrika versandte; sie hatte folgenden Wortlaut:

Hunerich, König der Vandalen und Alanen, an sämtliche Bischöfe, die sich zur Lehre von der Wesensgleichheit [des Gottessohnes mit Gottvater] bekennen. Bekanntermaßen ist schon mehr als einmal das Verbot ergangen, daß eure Priester innerhalb der Eigengüter der Vandalen irgendwelche gottesdienstliche Verrichtungen vornehmen, um die christlichen Seelen nicht durch Verführung zu Fall zu bringen. Nun hat sich aber herausgestellt, daß sich sehr viele von euch über diese Bestimmung hinwegsetzen und im Widerspruch zu Unserem Verbot innerhalb der Ackerlose der Vandalen Messe gelesen haben, indem sie geltend machten, sie hielten nur fest an der unverkümmerten Lehre des christlichen Glaubens. Weil Wir nun in den von Gott Uns verliehenen Gebietsteilen kein Ärgernis zu dulden gewillt sind, so tun Wir euch hiermit kund, daß Wir deshalb nach Gottes weisem Ratschluß und unter Zustimmung Unserer hochehrwürdigen Bischöfe Folgendes angeordnet haben: Daß ihr auf den kommenden 1. Februar mit Beiseitelassung jeglicher Ausflüchte der Furcht euch alle in Karthago einzufinden habt, um euch mit Unseren ehrwürdigen Bischöfen in einer Konferenz über die Glaubenslehre auseinanderzusetzen und den Glaubenssatz von der Wesensgleichheit, an dem ihr festhaltet, aus den Heiligen Schriften speziell zu erweisen, auf daß man danach ermessen könne, ob ihr [tatsächlich] den unverfälschten Glauben habt. Diese Entschließung haben Wir im gleichen Wortlaut allen deinen Mit-Bischöfen im ganzen Reich zustellen lassen. Gegeben unterm 20. Mai im siebenten Jahr der Regierung Hunerichs [d. h. 483].«

Die Bestürzung über diesen Erlaß war, wie Victor von Vita schildert, vor allem darum so groß, weil der Hinweis auf das Ärgernis der katholischen Mission in vandalischen Bereichen als

Ankündigung einer allgemeinen Katholiken-Vertreibung verstanden wurde. Da der König aber nichts anderes verlangte als eine große Disputation, war es schwer, sich seinem Wunsch zu widersetzen, und Eugenius konnte lediglich versuchen, Zeit zu gewinnen. Natürlich durchschaute jeder das Spiel des anderen, und Hunerich wurde von den Spitzfindigkeiten des Eugenius schließlich so gereizt, daß er alle weiteren Verhandlungen seinem Kanzler Obad, einem Vandalen, überließ. Eugenius strebte ein ökumenisches Konzil, eine aus aller Welt beschickte Kirchenversammlung, an, wie es deren gerade während des Arianerstreits ja schon einige gegeben hatte. Durch sie war der Arianismus in Europa bereits im 4. Jahrhundert praktisch besiegt worden, lebte aber bei den unabhängigen Gemeinschaften der Germanen noch weiter. Hunerich wiederum war an Glaubensdingen selbst weit weniger interessiert als an Ruhe und Ordnung in seinem Reich. Es ist durchaus möglich, daß er die Bischofskonferenz als eine nationale Synode auffaßte, bei der er seinen Gegnern ins Gewissen reden und ihnen durch einen gewissen Druck ihre Lage am Rand des Verderbens klarmachen wollte. Weder die bis dahin durchgeführten Maßnahmen noch die verhängten Strafen deuteten auf ein generelles Verbot des Katholizismus im Vandalenreich hin; es ging dem König, wie vor ihm schon seinem Vater, um die Abschirmung der Vandalen und ihres Lebensbereichs gegen die übermächtige Suggestion des Katholizismus, der durch die Menge seiner gebildeten Priester und den Eifer der damals noch sehr zahlreichen Bischöfe dem Arianismus offensichtlich drückend überlegen war.

Diese arianische Inferiorität zeigt sich auch sogleich, als die Vorbereitungen für die Versammlung beginnen. Mit Methoden, denen wir im Weltanschauungskampf auch aller späteren Jahrhunderte begegnen werden, schüchtern Hunerich und die Arianer diejenigen ihrer Diskussionsgegner ein, deren Geist, Bildung und Beredsamkeit am meisten zu fürchten sind:

»Der König aber, der nur auf Tücke sann, wollte von Vernunftsgründen nichts hören, sondern ging unter vielfältigen Scheinargumenten nur darauf aus, allen denjenigen Bischöfen, deren Gelehrsamkeit er hatte rühmen hören, durch mannigfaltige Verfolgung zuzusetzen. Bereits hatte er den Secundianus von

Vibianum in die Verbannung geschickt, nachdem er ihm 150 Stockschläge hatte geben lassen, desgleichen den Präsidius von Sufetula, der ein Mann von außerordentlichem Scharfsinn war. Auch über die ehrwürdigen Herren Mansuetus, Germanus, Fusculus sowie über viele andere verhängte er damals Prügelstrafen.« (Victor von Vita)

Das Mittel ist probat, die Methode bekannt, sie wird sich nicht ändern. Wer macht schon gern den Mund auf, wenn er vorher kennengelernt hat, was ihm nachher als Strafe blüht. Eben darum aber mußte etwas gefunden werden, wogegen die Stockschläge der Arianer machtlos waren: das Übernatürliche, das Unverwundbare, die Hand Gottes, die zu beflecken auch kein Arianer wagen konnte.

Unter den vielen Armen, um die der große Eugenius sich kümmerte, war auch ein bekannter, angesehener Bürger von Karthago namens Felix, Gegenstand der allgemeinen Anteilnahme, da er blind war. Die Aufregung vor der Versammlung, die hin und her wogende Propaganda hatten dem Mann einen Traum eingegeben, daß er sehend würde, wenn Bischof Eugenius ihn mit Wasser aus dem Taufbrunnen benetzte. Er erhob sich, ließ sich von dem Knaben, der ihn stets führte, zu Eugenius bringen und erreichte durch die eindringliche Erzählung seiner nächtlichen Visionen, daß Eugenius ihn am Morgen mit zum Taufbrunnen nahm. Dabei ist das Argument interessant, mit dem Eugenius sich – nach Victors Bericht – gegen den ganzen Vorgang verwahrte: Wäre er nicht ein so besonders sündiger Mensch, so hätte Gott ihn nicht gerade in diesen schwersten Zeiten der Kirche leben lassen. Schließlich, vor dem Taufbrunnen, vom unbändigen Glauben des Felix angesteckt, benetzte Eugenius die Augen des Blinden, und dieser wurde, nach Victors Bericht, tatsächlich sehend – ein Wunder, das sich vor aller Öffentlichkeit ereignet hatte, ein Wunder aber auch, das ganz offensichtlich an den Übertritt vom Arianismus zum Katholizismus gebunden war, den die Taufe bekräftigte. Auch die Arianer pflegten ja Katholiken, die zu ihnen kamen, abermals zu taufen. Das Ereignis, mitten in Karthago geschehen und von stadtbekannten Persönlichkeiten bezeugt, hatte eine starke propagandistische Wirkung, es wirkte zentral auf den Rangstreit der

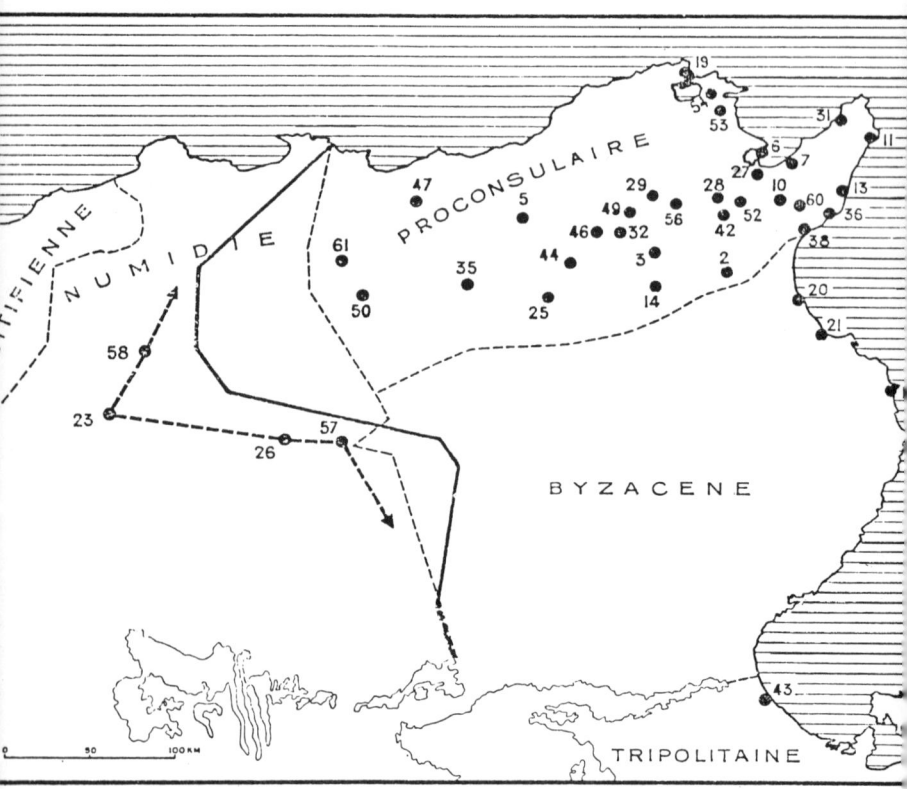

Diese von Courtois erarbeitete Liste zeigt die Diözesen, aus denen die Teilnehmer am Konzil von 525 kamen bzw. sich entschuldigen ließen. Da die schwarze Linie die Westgrenze des vandalischen Machtbereichs bezeichnet, ergibt sich, daß auch Bischöfe an dem Konzil teilnahmen, die dazu nicht gezwungen werden konnten, wie Florentianus aus Vicus Pacatensis (58), Januarius aus Mascula (26) oder Januarius aus Vegesela (57). Die weiteste Anreise hatte Bischof Gaius aus Tacapae, dem heutigen Gabès (43).

beiden christlichen Konfessionen ein, deren jede nur sich als wahrhaft christlich ansah. Man darf Victor von Vita glauben, daß die Arianer den nun mit dem Augenlicht (wieder?) begabten Felix in strenges Verhör nahmen und alles versuchten, um das Wunder zu entwerten; aber verschwinden lassen konnten sie einen Mann, den so viele kannten, denn doch nicht, und daß ein Kirchenmann

Im Jahre 534 besiegte der byzantinische Feldherr Belisar die Vandalen unter König Gelimer. Nach einer glanzvollen militärischen Laufbahn fiel er 562, einer Verschwörung gegen den Kaiser fälschlich angeklagt, in Ungnade, wurde seiner Ämter enthoben und seines Vermögens beraubt. Ch. W. E. Dietrich, ein Maler des 18. Jahrhunderts, stellte sich den verarmten „Belisar als Bettler" vor (Gemäldegalerie Dresden).

wie Eugenius ein Zauberer sei, das nahmen den Arianern die Karthager wohl kaum ab.

Nach solchen Vorspielen kann man sich denken, daß die Bischöfe jenem 1. Februar 484 mit einiger Besorgnis entgegenblickten. »Es fanden sich nicht bloß aus ganz [Nord-] Afrika sondern auch von vielen [vandalischen] Inseln die Bischöfe voll Bekümmernis und Herzeleid zusammen«, schreibt Victor und bestätigt uns damit, gleichsam als interessante Nebeninformation, die Existenz einer auch im Winter gut funktionierenden Schiffahrt zwischen Korsika, Sardinien, den Balearen, Pithyusen, Malta, Sizilien und Nordafrika.

Nachdem noch der wegen seiner Schlagfertigkeit von den Arianern gefürchtete katholische Bischof Laetus in den Kerker geworfen worden war (in dem er aber nicht vor Beginn der Konferenz starb, sondern erst im September 484, so daß sein Tod keinen Einfluß mehr auf das Verhalten der Teilnehmer haben konnte), ließ Hunerich alle Anwesenden in einer Liste verzeichnen. Diese sogenannte *Notitia provinciarum et civitatum Africae,* von königlichen Kanzleibeamten erstellt, ist eines der wichtigsten Dokumente des ganzen Jahrhunderts und führt rund 460 Bischöfe auf, darunter auch solche, die in maurische Gebiete verbannt gewesen waren und nach der Konferenz wieder in ihre Verbannungsorte zurückgeschickt wurden.

Die gegenüber heutigen Verhältnissen außerordentlich große Zahl der Bischöfe erklärt sich daraus, daß bis ins hohe Mittelalter, ja bis zur Französischen Revolution die einzelnen Diözesen verhältnismäßig klein waren. Im frühen Mittelalter sollte dadurch eine unmittelbare Verbindung zwischen Bischof und Gemeinde ermöglicht und die Missions- und Durchdringungsarbeit intensiviert werden. Die Großdiözesen, wie wir sie heute kennen, sind das Ergebnis verwaltungstechnischer Maßnahmen der Regierungen auch katholischer Länder im Einvernehmen oder mit widerstrebender Billigung des Heiligen Stuhls. Die versammelten Oberhirten von Karthago waren denn auch nach Bildung und Verantwortung mit Bischöfen unserer Zeit nicht zu vergleichen und benannten darum aus ihrer Mitte ein Verhandlungskomitee von zehn besonders beschlagenen Prälaten.

Ihnen traten die Arianer in einer Weise entgegen, die deutlich machen sollte, wer hier der Herr war und die Macht hatte und wer andererseits sich vor dieser Macht rechtfertigen sollte: »Cyrila ließ sich mit seinem Anhang an erhöhter Stätte einen stolzprunkenden Thronsitz zurechtstellen, während die Unseren daneben stehen mußten.« (Victor von Vita)

Auch das ist Regie, ja immer wieder empörender Kunstgriff. So wird tausend Jahre später der gelehrte Calvin, gepflegt, mit gestärkten Manschetten und Halskrause, kühl und wohlgenährt dasitzen, während man ihm Servet, nicht mehr und nicht weniger Ketzer als Calvin selbst, zur Diskussion gegenüberstellt, aus dem Kerker vorgeführt, nach Folterungen von Schmerzen gekrümmt, ungewaschen, unterernährt. Das nennt sich dann Religionsgespräch.

Es scheint, daß Hunerich selbst an langen Diskussionen gar nicht gelegen war; er wollte seine Gegner beisammen haben, ihnen die Leviten lesen, sie ein letztes Mal warnen und dann die zweifellos lange geplanten, harten Religionsverordnungen in Kraft setzen. Vermutlich taten ihm die Katholiken darum nur einen Gefallen, als sie, durch die Prachtentfaltung des Cyrila gereizt, den ersten Streit über diesen eitlen und rein intellektuell gesehen gewiß nicht gefährlichsten Gegner entbrennen ließen, indem sie seinen Rang als Patriarch anzweifelten. Das hatte mit dem Thema der eigentlichen Auseinandersetzung so wenig zu tun wie die Frage, ob Cyrila jemals Lateinisch diskutiert habe oder nicht. (Ein Streitpunkt, der nur für uns heute interessant ist, denn er beweist, daß Cyrila nicht Grieche oder griechischer Herkunft war, wie man gelegentlich lesen kann, sondern Vandale. Die Arianer hatten also einen eigenen, eigenständig gebildeten Klerus germanischer oder alanischer Herkunft, auf den sich die Könige stützen konnten, nicht etwa Schamanen, Druiden oder Medizinmänner, wie mancher Autor sie als diesen Barbaren angemessen empfindet.)

Obwohl Victor von Vita naturgemäß die katholische Partei vertritt und wir von ihm keine über den Dingen stehende Berichterstattung erwarten dürfen, geht aus seiner Schilderung hervor, daß es zu einer Debatte über die Wesensgleichheit von Sohn und Vater, also das theologische Kernproblem, bei dieser Synode in Karthago gar nicht kam. Man hatte sich über Cyrila die Kehlen

heiser geschrien, man hatte einander gegenseitig der Anmaßung
geziehen, war aber nicht zur Sache gekommen. »Die Unsrigen«,
schreibt Victor, »hatten dies vorausgesehen und deshalb ein
Schriftstück vorbereitet, das in vollkommen geziemendem Ton ihr
Glaubensbekenntnis mit zulänglicher Ausführlichkeit darlegte.
Dieses überreichten sie mit den Worten: Wollt ihr unseren Glauben
kennenlernen, so ist hier die Wahrheit, an der wir festhalten.«

Das war zweifellos eine Vorsichtsmaßnahme, denn Einzelbe-
kenntnisse in offener Versammlung oder gar im Feuer der Diskussion fallende, zu weit gehende Bemerkungen hätten für den
Redner verhängnisvolle Folgen haben können; eine Denkschrift
konnte man überreichen und danach das Weite suchen. Diesen
gewiß sehr vernünftigen Weg, sich einer brutalen Obrigkeit zu
entziehen, scheinen nicht weniger als achtundzwanzig der anwesenden Bischöfe gewählt zu haben, wenn man dem etwa ein Jahr nach
diesen Ereignissen verfaßten Kommentar zur *Notitia . . .* Glauben
schenken darf. Den eindeutigeren Zusatz *fug*(itivus) hat man
allerdings nur neben einem einzigen der Bischofsnamen entdecken
können.

Achtundachtzig weitere Namen sind mit dem Zusatz *prbt*
versehen worden (nach anderen Quellen: neunzig), und da beginnt
nun das große Rätselraten. Zwar zieht jener uns unbekannte, aber
eifrige Kleriker, der die *Notitia . . .* ein Jahr nach Hunerichs Tod
kommentierte, zuletzt eine Summe, in der er das neben den 88
oder 90 Namen stehende Siegel *prbt* deutet. Demnach würde *prbt*
die Abkürzung für *peribat* sein, und es wäre klar, daß die Herren –
was ihnen niemand verdenken kann – angesichts der Drangsale
und des starken obrigkeitlichen Drucks vom katholischen Glauben
abgefallen sind. Hunerich hatte dafür eine Frist bis zum 1. Juni
484 gesetzt. Nach diesem Tag wandte er dann das kaiserlich
römische Ketzer-Edikt gegen die Katholiken des Vandalenreiches
an. Das war nun wiederum jene Barbarenschläue, die sich stets die
besseren Argumente oder wenigstens den Schein der Rechtschaffenheit sicherte, das Wie-du-mir, So-ich-dir: Hatten die Kaiser
vorher die Arianer verfolgt, so wurde nun ein keineswegs von
Hunerich erdachtes, sondern eben kaiserliches Edikt umgedreht
und gegen die Katholiken angewendet. Aber es bedeutete für die

Bischöfe, die das Ketzer-Edikt aus eigener Praxis ganz genau
kannten, daß nun sie die Gejagten sein würden, und gerade das
wollten diese 90 von insgesamt 460 eben nicht auf sich nehmen.
Einzelne französische Forscher wie Henri Leclercq in seinem
Buch *L'Afrique chrétienne* und, auf ihm fußend, Gautier in seinem
Geiserich nehmen jedoch an, dieses *prbt* bedeute *probatus,* also etwa:
»Hat seinen Glauben bekannt, hat sich bewährt«, und gelangen damit
zu der Annahme von 88 Hinrichtungen. Dieses Blutbad unter
Bischöfen erwähnt aber nicht einmal Victor, der ihm vermutlich selbst
nicht entgangen wäre, ja, er sagt ausdrücklich, daß »wenigstens einer«
umgebracht wurde, das war der schon erwähnte Bischof Laetus von
Nepte. Außer ihm hat noch Victorianus, der Prokonsul von
Karthago, sein Leben verloren. Die *Acta Sanctorum,* die für jene fernen
Jahrhunderte ja noch keine besonders strengen Maßstäbe anlegen
können, verzeichnen zwar Laetus als Heiligen und Märtyrer, im
übrigen aber lautete die diesbezügliche Eintragung in Stadler-Heims
großem Heiligenlexikon:

»SS. *Donatianus, Praesidius et alii Ep. conf. et Mart. (6. Sept.).*
Die Heiligen Donatianus, Präsidius, Mansuetus, Germanus, Fusculus und Laetus waren Bischöfe und Bekenner des Glaubens in
Afrika. Alle diese mußten unter dem Vandalenkönig Hunerich,
einem Arianer, vieles erdulden und wurden aus ihren Sitzen
vertrieben; doch erlangte nur der hl. Laetus die Martyrkrone, während die übrigen nur als Bekenner des Glaubens verehrt werden.«

Auf der Lateransynode vom 13. März 487 waren 43 Bischöfe
ausschließlich damit beschäftigt, die Bedingungen festzulegen,
unter denen die unter Hunerich abtrünnig gewordenen Bischöfe
wieder in den Schoß der katholischen Kirche zurückkehren
durften. Bei den achtundachtzig oder neunzig der Kirche verlorengegangenen Bischöfen von Karthago hat es sich also doch wohl
eher um verängstigte, unter starkem Druck schwach gewordene
Prälaten als um Märtyrer gehandelt.

Es blieben der Treuen noch genug: Hunerich hielt sich zwar an
die selbstgesetzte Frist vom 1. Juni 484, bis zu welchem Tag jeder
für sich entscheiden könne, ließ dann aber die Arianer auf die
Katholiken los, und die wüteten gegen den Glaubensgegner
grausamer und boshafter als jede Obrigkeit. Selbst Ludwig

Schmidt, der in seiner sehr besonnenen Darstellung Hunerich wiederholt in Schutz nimmt, spricht davon, daß die Vandalen »die angedrohten Strafen mit der empörendsten Grausamkeit vollstreckten, ja, noch darüber hinausgingen«.

Daß Hunerich selbst bei dieser ganzen Großaktion eher politische denn religiöse Ziele im Auge hatte, geht daraus hervor, daß er den aus ihren Diözesen vertriebenen Bischöfen Gnade zusicherte, wenn sie auf seinen Sohn Hilderich als Nachfolger schwören würden. Nach der vandalischen Thronfolgeordnung stand Hunerichs Sohn nämlich erst an vierter Stelle; die breite Unterstützung des Prinzen durch die Katholiken des Landes hätte ihm jedoch einen Vorsprung gegenüber den Familien der Königsbrüder gesichert. Wie tief die Abneigung der Bischöfe gegen Hunerich war, geht daraus hervor, daß sie ihm selbst in diesem Fall, der für die Religion kaum von Bedeutung war, die Gefolgschaft verweigerten. Zwar konnten sie nicht wissen, welcher der möglichen Nachfolger der Kirche die größte Duldsamkeit entgegenbringen würde; aber sie sahen, daß Hunerich offenbar seinen Tod nahen fühlte (er starb tatsächlich wenige Monate später), und verwehrten ihm darum die Erfüllung dieses Wunsches. Victor von Vita hat uns geschildert, wie die königlichen Unterhändler zunächst eine Blankozustimmung zu einer geschlossenen (!) Rolle Papier verlangen, nach langem Drängen dann aber hastig einen Text ablesen, der Hunerich selbst wohl äußerst peinlich war, verging er sich damit doch an einem Gesetz seines Vaters und suchte dafür noch Unterstützung bei den Feinden der Staatsreligion:

»Der verfängliche Text lautete nämlich folgendermaßen: Schwört, daß ihr nach dem Ableben unseres königlichen Herrn seinen Sohn Hilderich zum König haben wollt und daß keiner von euch Briefe nach den überseeischen Landen richten will; wenn ihr euch hierzu durch einen Eid verpflichtet, will er euch wieder in eure Kirchen einsetzen.«

Damit war die Katze aus dem Sack. Es ging um die Thronfolge, und es ging um die staatsgefährdenden Verbindungen der schreibfreudigen Prälaten zum Kaiser in Byzanz. Das waren keineswegs barbarische Ansinnen oder Interessen. Noch eine Maria Theresia

hat für eine Korrektur der Thronfolgeregelung viele Tausende
ihrer Landeskinder auf den Schlachtfeldern sterben lassen, und
geheime Briefwechsel mit Staatsoberhäuptern anderer Länder
werden bis heute oft mit wesentlich härteren Strafen bedacht als sie
Hunerich über die fünfundzwanzig (nach anderen Quellen sechs-
undvierzig) standhaften Nein-Sager verhängte.

»Da entschlossen sich manche in ihrer ehrlichen Gutmütigkeit,
den Eid zu leisten, selbst im Widerspruche mit der göttlichen
Vorschrift, damit das Volk Gottes nicht hinterher sagen könne, die
Bischöfe selbst seien daran schuld, daß man ihnen ihre Kirchen
nicht zurückgegeben habe, weil sie nicht hätten schwören wollen.
Andere Bischöfe dagegen ... weigerten sich entschieden, zu
schwören ... da der Herr selber sage, du sollst überhaupt nicht
schwören [Matthäus 5, 34]. Nun sagten die Diener des Königs zu
ihnen: Diejenigen, die den Eid zu leisten beabsichtigen, mögen auf
die Seite treten. Als diese nun auf die Seite traten, notierten sich
die Schreiber, was er sagte und aus welcher Stadt er komme, gerade
so wie auch bei denen, die den Eid nicht leisteten; unmittelbar
darauf wurden beide Teile in Haft genommen.« (Victor von Vita)

Jene, die nicht geschworen hatten, wurden nach Korsika
deportiert, wo sie in schwerer Zwangsarbeit Bäume für den
Schiffsbau fällen mußten. Die anderen wurden zwar nicht, wie
ihnen zugesagt worden war, in ihren Diözesen wieder eingesetzt,
durften aber im Umkreis ihrer Bischofssitze leben und zum
Beispiel wie Bischof Faustus aus Praesidium Diolele (heute Hr
Somaa) ein Kloster gründen. In dieses durch Faustus bald berühmte Kloster südlich von Telepte trat später Fulgentius ein, von
dem noch zu sprechen sein wird.

Eugenius, der Wortführer der Katholiken und Verfasser ihres
Glaubensbekenntnisses, kam allerdings in eine besonders harte
Verbannung:

»Damals ließen die Bischöfe, Priester und sonstigen Geistlichen
der Arianer neben dem König und den Vandalen mit besonderer
Grausamkeit ihre Wut [an den Katholiken] aus. Erstere streiften
nämlich persönlich mit der ihnen unterstehenden Geistlichkeit,
mit dem Schwerte umgürtet, allenthalben umher, um die Katholiken zu verfolgen. Unter ihnen war ein Bischof namens Antonius,

grausam wie kein zweiter, der an unseren Glaubensgenossen Abscheulichkeiten verübte, wie sie sich gar nicht wiedergeben lassen. Seine Diözese lag am Rande der Wüste, gegen die Provinz Tripolis zu. Darum beschloß der gottvergessene Hunerich, der die Unmenschlichkeit des Antonius wohl kannte, den hochwürdigen Eugenius in eben diese Wüstenlandschaft zu verweisen. Als ihn nun Antonius in Verwahrung genommen hatte, hielt er ihn in so strenger Gefangenschaft, daß niemand Zutritt zu ihm erhielt, und arbeitete obendrein mit Tücke und vielen Quälereien auf den Tod des Bischofs Eugenius hin. Eugenius mußte in seinem rauhen, härenen Gewand auf dem bloßen Boden schlafen und erlitt in seinem greisen Körper schließlich einen Schlaganfall. Durch die Kunde davon in freudigste Stimmung versetzt, kam der Arianer eilig herbeigelaufen, und als er merkte, daß der Gottesmann seines Zustandes wegen nur lallen könne, flößte er dem ehrwürdigen Greis trotz seines Wehrens und Widerstrebens scharfen Essig ein ... Infolge dieses Essigtrinkens, das besonders bei dem erwähnten Leiden sehr schädlich ist [?], verschlimmerte sich der Zustand des Eugenius; jedoch kam ihm Christi erbarmende Gnade zu Hilfe und ließ ihn dennoch wieder gesund werden.« (Victor von Vita)

Eugenius muß wirklich von ziemlich robuster Gesundheit gewesen sein, denn obwohl er bei der Verbannung im Jahr 484 laut Victor bereits ein Greis war, kehrte er unter dem milderen Nachfolger Hunerichs, dem Königsneffen Gunthamund, auf den Bischofsthron von Karthago zurück! Hier wirkte er vor allem für die Begnadigung seiner verbannten Amtsbrüder und bemühte sich um die Wiedereinsetzung der in ihre Diözesen konfinierten und mit Amtsverbot belegten Oberhirten. Er ließ Gunthamund und dessen Nachfolger Thrasamund auch hinsichtlich der beschlagnahmten katholischen Kirchen keine Ruhe und erregte durch seine im höchsten Alter anscheinend besonders auffälligen Wunderheilungen und andere für Wunder gehaltene Handlungen so viel Aufsehen im vandalischen Afrika, daß selbst ein gebildeter und eher gutmütiger Herrscher wie Thrasamund ihn schließlich, um Ruhe vor ihm zu haben, nach Europa verbannte. »Hier starb er zu Albi am 13. Juli 505 im wohlbegründeten Rufe der Heiligkeit«, wie Paul Schleyer in seinem Eugenius-Artikel in *Herders Kirchenle-xikon* schreibt. Er muß ein wahrhaft biblisches Alter erreicht haben.

Hunerich hatte also, wie wir sagen würden, energisch durchge-griffen. Obwohl die Zahlenangaben der *Notitia* . . . keine überein-stimmenden Summen ergeben, nimmt die katholische Forschung doch an, daß etwa ein halbes Hundert Bischöfe nach Korsika verbannt wurde, auf jene bis heute in weiten Teilen noch erfreulich ursprünglich und damit auch ein wenig rauh gebliebene Insel, auf die schon die Römer prominente Unruhestifter wie Seneca abgeschoben hatten. Weitere dreihundert wurden ihres Amtes enthoben, aber offenbar darüber hinaus nicht verfolgt, so daß sie sich der Gemeindearbeit im stillen widmen konnten. Einige wenige Wortführer erlitten entweder den Märtyrertod in der Haft wie Laetus oder entgingen ihm nur knapp wie Eugenius. Von seiner Hauptsorge, dem Kampf um die Nachfolge, hatte die ganze Aktion Hunerich nicht befreit. Die Katholiken setzten offenbar auf Gunthamund, den schwächeren Neffen Hunerichs, der sich – offenbar mit Hilfe der Kirche – jenen Nachstellungen hatte entziehen können, durch die Hunerich mit bemerkenswerter Rücksichtslosigkeit die eigene Verwandtschaft dezimierte.

Am gefährlichsten erschien ihm sein Bruder Theuderik, denn dieser wurde durch seine hochintelligente Gemahlin beraten und zu ehrgeizigen Aktionen gedrängt und rivalisierte schon seit Jahren mit Hunerich, während der dritte der Brüder, der kampftüchtige Gento, noch zu Lebzeiten seines Vaters Geiserich gefallen war. Vor dem Brudermord schreckte Hunerich zurück, aber seine gefährliche Schwägerin stellte er wegen Hochverrats vor Gericht und ließ sie nach einer Verhandlung, deren Verlauf wir nicht kennen, ebenso hinrichten wie ihren Sohn. Sein Name ist uns unbekannt geblie-ben, Victor von Vita erwähnt jedoch seine hohe Bildung, so daß sich vermuten läßt, daß die Frau des Theuderik aus dem römischen Volksteil stammte. Hatte sie tatsächlich ernste Absichten auf den Thron – für ihren Gatten oder für diesen offenbar wohlvorbereite-ten Sohn –, so war dies ohne Billigung des mächtigsten Herrschers am Mittelmeer, also ohne Zustimmung des Kaisers Zeno, nicht möglich, und jeder noch so kleine Brief, den Hunerichs Leute

aufgefangen hatten, gab dem König bereits die Möglichkeit, sich
die ehrgeizige Schwägerin mit Hilfe eines politischen Prozesses
vom Hals zu schaffen.

Theuderik, durch die beiden Morde eingeschüchtert, ging
offenbar widerstandslos in die Wüste und starb noch zu Lebzeiten
Hunerichs unter unbekannten Umständen ebenso wie Godagis, der
älteste Sohn des Königsbruders Gento.

Es läßt sich heute nicht mehr feststellen, warum diese beiden
Prinzen sich die einzige neben den Vandalen militärisch zählende
Macht in Nordafrika nicht zunutze machten: die Maurenstämme,
die nach dem Tod des großen alten Herrschers sofort unruhig
wurden und Hunerich während seiner kurzen Regierungszeit mehr
zu schaffen machten als alle vierhundert Bischöfe zusammenge-
nommen. Die offenbar völlig eingeschüchterte Hasdingen-Sippe
ließ es sich auch gefallen, daß Theuderiks noch kindlicher Zweit-
geborener ebenso höhnisch auf einem Esel durch Karthago geführt
wurde wie die beiden erwachsenen Töchter Theuderiks und seiner
als Verräterin hingerichteten Frau. Das war eine jener Schandstrafen, durch die sich Hunerich die Mitbewerber um den Thron vom
Hals schaffte, weil sie nach solcher Entehrung für eine Herrscher-
rolle nicht mehr in Frage kamen. (Im Westgotenreich Spaniens
wurde wenig später ein König im Schlaf geschoren wie ein
Mönch, was seine Abdankung nach sich zog.) Die Verbündeten
seiner Verwandten, den alten Kanzler Heldica, der schon
Geiserich gedient hatte, und den arianischen Patriarchen Jukundus,
schonte Hunerich hingegen nicht – sie wurden öffentlich hingerichtet.

Dieser große Prozeß, ein radikales Aufräumen mit der Opposition, ihren Stützen und Verbindungen, scheint Hunerich ein für
allemal freie Hand gegeben zu haben. Theuderik und Godagis
hielten, angesichts der ständigen Todesdrohung, Frieden in der
Verbannung und starben dort – wie Ludwig Schmidt annimmt –
eines natürlichen Todes, können aber ebensogut fern von der
Hauptstadt, in der nichts geheim bleiben konnte, von einem
Mordkommando getötet worden sein. Gunthamund jedenfalls, der
jüngere Sohn Gentos, war gewarnt und tauchte so vollständig
unter, daß man meinen möchte, er habe sich ins Ausland retten

können und sei erst nach dem Tod Hunerichs wieder nach Karthago zurückgekehrt.

Vielleicht hätte Hunerich energischer nach ihm gesucht, wären nicht die unruhigen Mauren in immer bedrohlicheren Angriffen nahe an die städtischen Zentren des Vandalenreiches herangekommen. Wir besitzen in der ganzen Geschichte Beispiele dafür, daß starke, schon bei Lebzeiten legendenumwobene Persönlichkeiten vor allem bei Naturvölkern ein Ansehen genießen, das über die tatsächlichen Machtmittel dieser Herrscher weit hinausgeht; so war auch Geiserich von Berbern und Mauren im allgemeinen als Autorität akzeptiert worden.

Das ist eines von vielen, bis in unsere Zeit heraufreichenden Beispielen, die uns auch zeigen, daß das, was bei primitiven Völkern als Größe bezeichnet wird und eine imposante Persönlichkeit ausmacht, oft erstaunlich wertfrei ist. Geiserich imponierte den damals auf einer noch sehr niedrigen Kulturstufe stehenden Mauren aus Gründen, die mit seiner Geltung in der mittelmeerischen Welt nur sehr wenig zu tun hatten, und vermutlich hätte auch ein größerer Nachfolger, als Hunerich es war, es sehr schwer gehabt, sich das Charisma des großen Alten von Karthago zu eigen zu machen.

»Während Honorichos [Hunerich] über die Vandalen regierte, führten diese nur mit den Maurusiern [Mauren] Krieg. Aus Furcht vor Geiserich nämlich hatten diese sich zuvor ruhig verhalten, fügten aber gleich nach seinem Tode den Vandalen viel Schaden zu und erlitten auch ihrerseits Übles genug.« (Prokopios)

Die härtesten Gegner der Vandalen saßen in den Bergen, die wir heute Aurès-Massiv nennen, also südlich von Constantine, wo der Dschebel Chelia bis zu einer Höhe von 2400 Metern aufsteigt. Hier hatten schon die Römer schwere Kämpfe zu bestehen und darum das Militärlager Timgad angelegt, dessen imposante Ruinen wir noch heute besuchen können (südlich der Straße von Batna nach Khenchela, etwa eine Autostunde östlich der Ruinen von Lambaesis und Markouna). Das damals noch dicht bewaldete Aurès-Gebirge bot räuberischen Nomaden stets eine sichere Zuflucht, das ist so bis in die Zeit der französischen Kolonialverwaltung

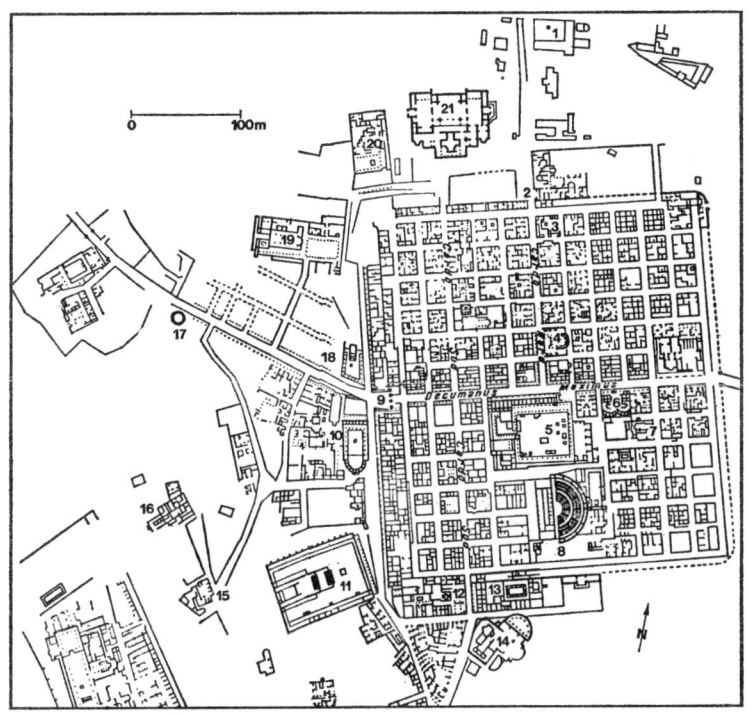

Plan von Timgad: 1 Museum 2 Nordtor 3 Kleine Nordthermen
4 Bibliothek 5 Forum 6 Ostmarkt 7 Kleine Ostthermen
8 Theater 9 Trajansbogen 10 Markt des Sertorius 11 Kapitol
12 Haus des Sertorius 13 Haus des Hermaphroditen 14 Große
Südthermen 15 Thermen des Kapitols 16 Westthermen 17 Brunnen 18 Tempel der Stadtgenien 10 Donatisten-Basilika 20 Neue
Thermen 21 Große Nordthermen.

geblieben, und Hunerich konnte dort, wo schon die Römer über
einen Gürtel von Militärlagern nicht hinausgelangten, auch kein
Erfolg beschieden sein. Courtois, der Timgad eine besondere
Studie gewidmet hat, sagt: »Zwar war die römische Durchdringung dieser Landschaften tiefer, als man es bis vor kurzem vermutete, aber der Aurès selbst blieb, trotz der Römerstraßen, die ihn
durchquerten, außerhalb des romanisierten Gebietes. Man zog es
vor, die dort ansässigen Bergstämme einigermaßen in Schach zu halten, und riskierte nicht den Versuch, sie wirklich zu assimilieren,

da man die großen Schwierigkeiten eines solchen Unternehmens
ebenso erkennen mußte wie die geringen Aussichten auf ein
positives Ergebnis. Die Lösung, die sich für den Aurès anbot,
bestand in einer Reihe von Befestigungen, die um dieses Rebellen-
land einen ehernen Gürtel schlangen. Diese von den Kaisern aus
dem flavischen Haus begonnene Politik blieb die des Römischen
Reiches und wurde auch in späteren Zeiten fortgesetzt«, also über
die Vandalenkönige hinaus bis zur byzantinischen Herrschaft in
Nordafrika.

Nicht alle Römerlager konnten die Vandalen mit ihren verhältnismäßig schwachen Kräften besetzen. Thabudeos, Badias und ad
Majores im Süden des Aurès hatten von vornherein keine Aussicht,
gehalten zu werden; um die gegen Westen zu gelegenen Lager
Mesarfelta und Calceus stand es nicht viel besser. Um so wichtiger
waren Mascula (Khenchela), Thamugadi (Timgad) und Lambaesis
(Lambèse) im Norden des Gebirgsmassivs, jene Städte, die in der
ruhmreichen Geschichte der *III. Legio Augusta* so oft genannt
werden wie – in Kämpfen gegen die gleichen Völker – später die
Stützpunkte der Fremdenlegion. Daß die Vandalen diese vorgeschobenen Positionen nicht aufgaben, daß vandalische Krieger
dort die Grenze verteidigten, wo Jahrhunderte zuvor Kaiser Trajan
die ersten 250 Kolonisten siedeln ließ und die Legionäre eine Stadt
nach Plan aus dem Boden gestampft hatten, ist immerhin bemerkenswert.

Spätestens seit dem Jahr 256 hatte Timgad – offiziell Colonia
Marciana Traiana Thamugadi genannt – einen Bischof; das
Christentum war also selbst bis hierher gedrungen, und bald
darauf, unter den Kaisern Valerianus oder Diokletian, hatte auch
diese Stadt schon ihre Märtyrer. Während der Kämpfe gegen die
Donatisten war Timgad eine Zeitlang die Metropole dieser
weitverbreiteten Sekte gewesen, und im Jahr 397 hatte hier sogar
ein Donatisten-Konzil stattgefunden. Das alles zeigt, bis zu welch
hohem Grad Rom auch entlegene Teile des großen Reiches zu
zivilisieren verstand, ja, in welch bedeutendem Maße selbst das
militärisch kaum gesicherte Vorland des Reiches an der allgemeinen Entwicklung dieses Großstaates, an Kultur, Wirtschaft und
Verkehr, seinen Anteil hatte.

Nun, unter Hunerich, wurde die Stadt, die als Zentrum der Donatistensekte reges geistiges Leben besessen hatte, schließlich eine Beute der Mauren aus dem Aurès. Zwar hatten die Vandalen, als der Aurès unruhig wurde, in aller Eile die Befestigungen instand zu setzen versucht, aber es fehlten die Legionäre, es fehlte auch die geschlossene Kette von Befestigungen, die den Bergnomaden die Macht Roms vor Augen geführt hatte. Timgad ging zweifellos bereits unter Hunerich verloren, wurde dann von den hunnischen Truppen Belisars zurückerobert und teilweise wieder aufgebaut. Noch mitten im 7. Jahrhundert, also kurz vor dem gewaltigen Eroberungszug der Mohammedaner durch Nordafrika, baute das östliche Rom hier eine Kapelle und andere bescheidene Gebäude, so daß man weiß: Das einst kaiserliche und dann vandalische Thamugadi, die südlichste Position des Reiches von Karthago gegen die Bergstämme, war noch immer bewohnt, wurde von Christen gehalten, die allerdings weder Donatisten noch Arianer waren, sondern Katholiken.

Elfhundert Jahre schlummerte Thamugadi-Timgad nach der arabischen Eroberung, bis James Bruce, wohlhabender Weinhändler und britischer Konsul in Algier, im Jahr 1765 die ausgedehnten Ruinen der Stadt betrat wie ein Dornröschenschloß, Ruinen, von denen nur die höchsten wie der Trajansbogen, das Kapitol und das Theater aus Schutt, Sand und Buschwerk aufragten. 1880 begannen dann, nun unter französischer Ägide, die wissenschaftlichen Ausgrabungen, die am Nordrand des Aurès eine Stadt wiedererstehen ließen, die immerhin hundert Jahre lang auch eine Vandalenstadt gewesen war.

Die seither überschaubaren Abmessungen der alten großen Militärstädte Lambaesis oder Thamugadi zeigen uns, daß Hunerich und vielleicht das vandalische Organisationsvermögen überhaupt mit dem Römererbe überfordert waren. Man weiß, daß Hunerich viel für den Ausbau von Hafenanlagen tat, daß er die Flottenrüstung vorantrieb, daß er die vandalischen Inseln im Mittelmeer fest an Karthago band und keine nennenswerten Gebiete verlor. Das Aurès-Massiv aber mit seinem nördlichen Vorfeld ging verloren, eine wilde Berggegend, die ja auch die Römer nicht erobert, sondern nur zerniert hatten. Bedenklich war daran, daß die nun frei nach Norden ausschwärmenden räuberischen Nomaden auch die Verbindungen zwischen Karthago und der sogenannten Tingitana gefährdeten, also dem westlichsten Reichsteil, dem Hinterland von Tanger. Wenn damals tatsächlich die Landverbindung nach der Tingitana verlorenging, begann bereits unter Hunerich der Zerfall des innerhalb von nur zehn Jahren errichteten vandalischen Großreichs in Nordafrika.

Hasdingen-Dämmerung

Mit einem Mal verstummen die schreibfreudigen Kleriker. Das große Ungeheuer, die schweifende Bestie, der blutgierige Antichrist ist tot. Die phantasievollen Äußerungen klerikalen Abscheus, die Hunerich einen vielbeachteten Abgang sicherten, lassen sich auf seinen ganz offensichtlich milder gearteten Nachfolger Gunthamund nicht anwenden, weswegen das Lamento merklich leiser wird und die Nachrichten über diesen neuen König ungleich spärlicher fließen. Allein Hunerichs Tod hat die Federn der Bischöfe und Äbte des nördlichen Afrikas in emsigere Bewegung gesetzt als die ganze immerhin an die zwölf Jahre während Regierungszeit des Gunthamund; der Himmel mußte den großen Verfolger mit den fürchterlichsten, kaum ausdenkbaren Krankheiten heimsuchen, mußte den Sünder von Würmern auffressen lassen, damit er bereits in seinen letzten Erdentagen einen Vorgeschmack von dem erhalte, was ihn im tiefsten Inferno erwarten würde.

Hunerich, noch auf europäischem Boden geboren, mag als Mittsechziger gestorben sein; er war der einzige Sohn des großen Geiserich, der zur Regierung gelangte, und hatte, um seinem eigenen Sohn Hilderich die Thronfolge zu sichern, unter seiner Verwandtschaft so nachhaltig gewütet, daß einzelne Vandalenforscher von einer Revolte des Hunerich gegen das Hausgesetz des Geiserich gesprochen haben. Hunerich hatte dabei immerhin die Thronfolgegewohnheiten zahlreicher anderer Völker auf seiner Seite, bei denen die Macht in der direkten männlichen Linie vererbt wird, auch wenn Brüder und geeignete Brüderkinder vorhanden sind.

Die brüderliche Nachkommenschaft des Theuderik hat den

Onkel nicht überlebt, dafür hatte der nicht nur gegen Bischöfe
entschlossen vorgehende König schon beizeiten gesorgt – durch
eine Hinrichtung und eine Vertreibung. Den ältesten Sohn seines
Bruders Gento hatte Hunerich ebenfalls in die Wüste geschickt: Er
hieß Godagis und war wohl nach dem bedeutenden König
Godigisel genannt worden. Hunerich hatte es dem Neffen mit
dem verheißungsvollen Namen nicht gestattet, an das große Erbe
anzuknüpfen, sondern auch ihn in einem Verbannungsort sterben
lassen, den wir nicht kennen. Offensichtlich hatte die unruhige
Maurengrenze des Vandalenreichs an befestigten Exilstädten keinen
Mangel. Man mußte sich fragen, ob unter all diesen geopferten
Hasdingen, Prinzen aus altem Herrschergeschlecht und teilweise
hochbegabt, ein neuer Geiserich gewesen wäre, klug, verschlagen
und entschlossen genug, es sowohl mit den Mauren als auch mit
dem östlichen Rom aufzunehmen. Etwa zur gleichen Zeit wie die
Vandalen geraten nämlich zwei andere Eroberervölker der Wande-
rungsepoche nach historisch bedeutsamen Erfolgen und weltbewe-
genden Siegen in eine tiefe Krise: die den Vandalen stammver-
wandten Ostgoten und die den Alanen nicht unähnlichen Hunnen. Während aber Hunerich, König der Vandalen und Alanen,
wie er sich nannte, die ohnedies nicht allzu breite Führungsschicht
dezimierte und es einem nicht eben gewaltigen Heer unter Belisar
leichtmachte, das Vandalenreich zu zerschlagen, standen im
ostgotischen Italien und auf dem hunnischen Ostbalkan auch nach
dem Tod der Größten, auch nach Theoderich und Attila, neue
Führer von zum Teil heldenhafter Energie und leidenschaftlicher
Kraft auf, die den Byzantinern noch jahrzehntelang zu schaffen
machten.

Gunthamund also, für die zwölf Jahre von 484 bis zum
September 496 König der Vandalen und Alanen, hat das Kämpfer-
blut seines Vaters Gento in den Adern, vielleicht nicht mehr so
kräftig, wie dies bei Godagis, seinem älteren Bruder, der Fall
gewesen war, und möglicherweise durch eine andere Mutter mit
beeinflußt. Gento war ja der Seefahrer unter den Geiserich-Söh-
nen gewesen, er hatte am Vorgebirge des Mercurius gekämpft
und manche Raubexpedition in den Weiten des Mittelmeers
geführt, er hatte die erste Wahl gehabt unter allen erbeuteten

Erfolgreicher als die Vandalen waren in ihrem Widerstand gegen die römisch-byzantinischen Armeen die Berber des Aurès-Gebirges. Das zerklüftete Kalkplateau mit seinen an die Felsen geklebten Siedlungen ließ sich bis in unsere Zeit stets leicht verteidigen.

Frauen und Mädchen, und da·jeder seiner vier Söhne sich von den andern dreien unterscheidet, da vor allem der stille Gunthamund und der glanzvoll regierende, hochbegabte Thrasamund ganz offensichtlich verschiedenes Elternerbe haben, müssen ·wir in diesem Fall die Kargheit der Quellen besonders bedauern. Die geistlichen Chronisten beschäftigten sich offenbar höchst ungern mit den Frauen der vandalischen Oberschicht, und wenn gar eine Königskonkubine als Beute eingebracht worden war, dann wird sie in den Annalen überhaupt mit eisiger Verachtung gestraft, mochte sie auch dort, woher sie stammte und wo man sie geraubt hatte, eine Prinzessin gewesen sein. Nur an ihren Früchten vermögen wir die letzten Hasdingen zu erkennen . . .

Gunthamund muß sich – vermutlich wider Willen – zwei kontinentalen Problemen widmen: den Mauren an den Grenzen des Vandalenreiches und den Katholiken innerhalb dieser Grenzen.

Zweifellos noch unter Hunerich war Thamugadi verlorengegangen und damit die Kernbastion der Verteidigungslinie, die, noch aus römischer Zeit stammend, gewiß mehr als nur symbolische Abwehrkraft hatte. Prokopios berichtet zwar, daß Geiserich Befestigungen hatte schleifen lassen; aber gesehen hat er nur jene, die auf dem Anmarschweg des Belisar lagen, also östlich von Karthago, und daß Geiserich in diesem Grenzraum zur byzantinischen Macht so handeln mußte, ist klar: Er hatte nur die Wahl, die weit in die Wüste vorgeschobenen altrömischen Befestigungsanlagen Tripolitaniens entweder selbst zu besetzen und zu halten oder aber sie zu zerstören, damit sie keinem heranmarschierenden Feind als Stützpunkte dienen konnten.

An der Maurenfront war die Lage anders. Hier waren die Städte noch bewohnt und, nicht zuletzt dank der römischen Katholiken, mit vielen Banden an Karthago gebunden. Die berühmte *Notitia* . . . nennt für die sogenannte Prokonsularische Provinz 54 Bischöfe, in Numidien deren 125, in der Byzacena 107, in den beiden Mauretanien zusammen 164, in Tripolitanien jedoch nur deren 6. Das ist überdeutlich. Geiserich hatte zwischen sich und Byzanz einen Streifen leeren Landes gelegt, während die Verbindungen nach Westen, bis nach Tanger hin, gewahrt blieben und erst unter Hunerich gefährdet erscheinen. Wie wäre es auch anders

Bald aber sollte sich das Blatt wenden. Die Siege der Vandalen
erwiesen sich als Überraschungserfolge, wie sie auch die Korsaren
auf Sizilien wiederholt errungen hatten; gegen die gut organisierte
Landmacht der Ostgoten waren die Landungstruppen auf die
Dauer jedoch ohne wirkliche Chance. Gunthamund mußte seine
Krieger zurückrufen, Sizilien ging beinahe völlig verloren, und
selbst der Tribut, den Ravenna bis dahin an Karthago gezahlt
hatte, gleichsam für die Duldung der Anwesenheit gotischer
Krieger und Schiffe auf Sizilien seit dem Übereinkommen zwischen Geiserich und Odoaker, wurde nun eingestellt. Die Einstel-
lung von Tributzahlungen aber war in jenen Zeiten immer ein
sicheres Zeichen dafür, daß man den bisherigen Empfänger der
Zahlungen nicht länger fürchtete. Die Vandalenmacht hatte also
offensichtlich unter Gunthamund weiter an Bedeutung und
Prestige verloren.

Derlei konnte natürlich auch den Mauren nicht entgehen. Das
politische Klima im Landesinnern, vor allem an der Südgrenze des
vandalischen Reiches, verändert sich merklich und schließlich
vollständig, nicht etwa nur im fernen Aurès-Gebirge, sondern auch
in der Byzacena, also dem südlichen Vorland von Karthago. Hier
treten eigenartige Verhältnisse ein, die nun wirklich der Atmosphäre an einer der alten Wehrgrenzen gegen die Türken oder die
Janitscharen gleichen. Die Einzelgehöfte werden befestigt, ja zu
kleinen Burgen ausgebaut, die Dörfer mit Wehranlagen umgeben,
damit diese Gemeinden sich halten können, bis aus der nächsten
Stadt Hilfe kommt. Die vandalischen Garnisonen waren hier also
die willkommenen Retter vor den Raubüberfällen der Mauren. Der
alte Abscheu des christlich-römischen Landes gegen die arianischen
Eroberer ist geschwunden. Der Feind steht im Süden, die Barbaren
sind nun die Maurusier und nicht mehr die germanischen Herren.
Nicht immer waren die Vandalen schnell genug zur Stelle,
manches Landgut wurde verwüstet, und vor allem die Reichen
begannen abzuwandern, versuchten, ihren Besitz loszuschlagen.

E. F. Gautier, der in seinem Geiserich-Buch all diese Vorgänge
aus afrikanischer Sicht deutet, berichtet dazu von einem höchst
aufschlußreichen Fund aus dem Jahr 1928, zu einer Zeit also, da
die französische Präsenz in Nordafrika noch nicht gefährdet

erschien und Paris sich mit seinem ganzen wissenschaftlichen Prestige der Nordafrika-Archäologie annahm. Am 21. September 1928 präsentierte ein Monsieur Albertini der Pariser Académie des Inscriptions et Belles Lettres einen ganzen Berg kleiner Holztäfelchen, auf die mit Tinte Kaufverträge geschrieben waren, nicht mit der heute üblichen Ausführlichkeit natürlich, aber doch so vollständig, daß sich erkennen ließ: Hier wurden in großem Stil Grundstücke, Gehöfte und Landgüter abgestoßen. Nur ein einziger Vertrag bezog sich auf eine Ölpresse.

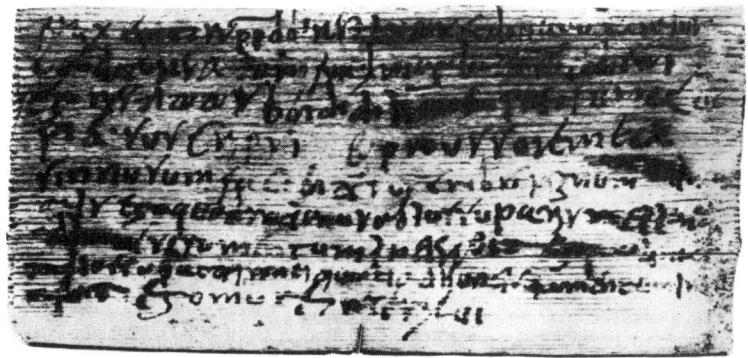

Kaufvertrag über ein Grundstück. Tinte auf Holz, aus der Zeit der Landflucht wegen der Maurenangriffe gegen vandalische Siedlungen.

Alle diese Täfelchen waren in einem Tongefäß wohlverwahrt gewesen, und der Mann, der aufgrund dieser Urkunden wohl noch Zahlungen zu erwarten hatte, wollte sie bei seiner eigenen Flucht vor Entdeckung schützen, indem er sie am Fuß einer Grundstücksumfriedung in den Boden versenkte. Offenbar rechnete er mit baldiger Rückkehr, wie schon nach manch anderem maurischen Raubzug. Aber entweder gelang es diesmal nicht mehr, die Mauren zu vertreiben, oder der Verkäufer wurde selbst auf der Flucht getötet; jedenfalls hat er die Urkunden über seine Forderungen nie wieder abgeholt.

Damit ist uns durch Zufall ein winziges Zipfelchen dieser

Fulgentius erscheint uns also als einer jener reichen Söhne aus
alten Familien, die sich mit den Vandalen arrangiert haben und
ihre Tracht tragen und die auch an jenem fröhlichen Leben in
Karthago teilnehmen, das keineswegs nur den katholischen Bischöfen ein Dorn im Auge war, sondern schon König Geiserich.

Die Wandlung des jungen Mannes stößt daher zunächst auf
berechtigte Skepsis, wird als Laune eines Nichtstuers der *jeunesse
dorée* angesehen, und Fulgentius muß seine ganze Beredsamkeit
aufbieten, um in einem Kloster Aufnahme zu finden:

»Damals lebte ein berühmter Bischof, Faustus mit Namen, der
wegen des katholischen Glaubens nicht fern von seinem Bischofs-
sitz verbannt worden war. Gegen viele Bischöfe nämlich hatte die
listige Bosheit des tyrannischen Verfolgers Hunerich diese Anord-
nung getroffen, daß sie in unmittelbarer Nähe ihrer Heimat die
Unbequemlichkeit der Fremde ertragen sollten, um sie so schneller
zur Verleugnung Gottes zu verleiten.«

Es ist nicht ganz leicht einzusehen, was an einer Verbannung
innerhalb des Heimatbezirks so listig und boshaft sein soll; hätte
Hunerich Korsika gewählt, so wäre zweifellos auch diese Ortswahl
kritisiert worden. Jedenfalls lag das von Faustus gegründete
Kloster nur wenige Wegstunden südlich von Telepte, der Heimat-
stadt des Fulgentius, nahe beim heutigen Hr Somaa.

»Zu ihm nun kam Fulgentius – denn er war gut mit ihm
bekannt – voll freudigen Eifers und offenbarte ihm vertrauensvoll
den Wunsch seines Herzens. Da aber jener wußte, daß Fulgentius
ein höchst weltliches Leben geführt habe, trug er Bedenken, seinen
Versprechungen Glauben zu schenken.«

Faustus macht dem jungen Mann einige für uns recht interessante Vorhaltungen. Er weist ihn auf die rauhe Kleidung aus
billiger Webe hin, die er fortan würde tragen müssen, auf die
schlecht zubereiteten und einförmigen, oft auch schwer verträgli-
chen Speisen. Und schließlich fordert er eine Probezeit, in der
Fulgentius schon als Laie ein einfacheres Leben führen soll. Die
Unterschiede in der Lebensweise zwischen der vandalischen Oberschicht und dem Landleben auf den Dörfern oder in den Klöstern
müssen also beträchtlich, ja prinzipieller Natur gewesen sein. Es
handelte sich um zwei Welten, und nur in der einen paktierten die

gebildeten Römer mit jenen Vandalen, die sie im Jahrzehnt der
Eroberung noch allgemein als Barbaren angesprochen und angesehen hatten.

Aber der später noch oft gerühmten Beredsamkeit des Fulgentius gelingt es, die Bedenken des Faustus auszuräumen; der Abt
gewährt die Aufnahme ins Kloster, obwohl er offenbar ganz genau
weiß, worauf er sich damit einläßt. Es geht auch nicht sehr lange
gut. Der den anderen Brüdern an Intelligenz und Bildung weit
überlegene, vom Feuer der Begeisterung erfüllte Fulgentius wird
zunächst nur als unbequem empfunden, als Scharfmacher gleichsam: Man denkt unwillkürlich an Abaelard in seinem südbretoni-
schen Verbannungskloster, wo ihn die aus ihrer Ruhe aufgestörten
Mönche sogar vergiften wollten. Derlei ist im vandalischen
Nordafrika nicht nötig, die Könige sorgen schon von sich aus für
Druck und Gefahr, und gerade, als Faustus den allzu Eifrigen an
ein kleines Kloster losgeworden ist, wo man ihm bereitwillig die
Abtswürde anbietet, bricht die neue Katholikenverfolgung unter
König Thrasamund über sie alle herein:

»Der Abt Felix nahm ihn mit Freuden auf; und da er sich an
Tugenden mit ihm nicht messen zu können glaubte, übertrug er
ihm Titel und Amt des Abtes. Voll Liebe zur Demut lehnte
Fulgentius das ehrenvolle Amt ab, und erst nach langem Wettstreit der Frömmigkeit nahm er das edle Joch auf sich, die Kloster-
gemeinde zu leiten . . . Auch blutige Kriege vermochten Felix und
Fulgentius, die beiden Freunde, nicht mehr zu trennen. Als die
Provinz durch den plötzlichen Einfall einer Barbarenhorde [d. h.
der Mauren] in Unruhe versetzt wurde und sie sahen, daß das
zeitliche Heil nur in der Flucht zu finden sei, nahmen sie ohne
Verzug die Mühe der Auswanderung auf sich. Nach einem
wohlerwogenen Plan zogen sie weit weg in eine Gegend, wo sie,
ohne den Ausbruch einer kriegerischen Verwicklung befürchten zu
müssen, in völliger Sicherheit ein Kloster bauen konnten. Die
erhabenen Führer des himmlischen Heeres brachen also ihr
geistliches Lager ab und zogen gemeinsam, begleitet von der Schar
ihrer Mönche, durch unbekannte Gegenden Afrikas . . .«

Erinnern wir uns an den Mann, der seine Besitzurkunden in
einem Tontopf vergrub in der Annahme, bald wieder in diese

die Arianer Schmerzen zu. Da warf, bevor man sie festnahm, der Abt Felix einige Solidi, mit denen er den dürftigen Unterhalt der Brüder bestritt, in seiner Furcht aufs Geratewohl weg und überließ sie dem Schutz Gottes. Herrliches Wunder der göttlichen Macht: Keiner sah die weggeworfenen Goldstücke, keiner durfte den Armen den Unterhalt wegnehmen.«

Die beiden werden geschlagen und gefangengesetzt, wobei Felix für den zarten Fulgentius bittet, der keine Schmerzen ertragen könne. Der Arianer kehrt sich freilich nicht daran, scheint schließlich jedoch einen Wink von oben bekommen zu haben, da beide, Fulgentius wie Felix, aus bekannten Familien stammen:

»Er wagte nicht, sie noch länger in seinem Hause festzuhalten, ließ sie jedoch in schimpflicher Weise kahlscheren, ihnen alle Kleider wegnehmen und sie dann nackt und mittellos aus seinem Hause treiben. Aber weder das Abscheren der Haare noch ihre Nacktheit trugen ihnen Beschämung ein, im Gegenteil: Die durchlittenen Mißhandlungen schmückten die beiden Männer, die der Unterstützung durch die göttliche Gnade sicher sein durften, mit den Merkmalen des ersten Bekenntnisses für den Glauben. Sie verließen das Haus dieses arianischen Priesters also wie die Stätte eines ruhmvollen Kampfes, mit den Lorbeeren eines herrlichen Sieges geschmückt. Als sie auf jenes Feld zurückgekehrt waren, wo man sie gefangengenommen hatte, fanden sie die Goldstücke, die Abt Felix in jener Bedrängnis weggeworfen hatte, vollzählig wieder. Fröhlichen Herzens nahmen sie diese an sich und kehrten unter innigem Dank an Gott zu ihren Brüdern aus dem Kloster zurück, die inzwischen in der Nähe auf sie gewartet hatten.«

Die einfachen Mönche waren also nicht behelligt worden, sondern nur die beiden predigenden und unter Arianern für den Katholizismus werbenden Äbte. Fulgentius scheint damals gewisse Möglichkeiten zu einer Wiedergutmachung ausgeschlagen zu haben, weil er weitere Konflikte mit den zwischen Sicca und Karthago besonders dicht beisammen lebenden Arianern fürchtete:

»Da er wußte, daß die Erhaltung seines Lebens für die Guten nötig sei, verließen Fulgentius und Felix, um nicht ein zweites Mal eine ähnliche Gewalttat von seiten der Häretiker zu erleiden, jene Provinz [*Proconsularis*] und kehrten schnell in die Gegend in der

Nähe der eigenen Provinz *[Byzacena]* zurück; denn lieber wollten
sie die Mauren zu Nachbarn haben, als die Belästigungen der
Arianer zu erdulden.«

Diesem Entschluß folgte die Gründung eines Klosters in der
Nähe des damaligen Bischofssitzes Mididi, heute Henchir Meded,
nahe der Maurengrenze. Neben dem unzugänglichen Aurès-Massiv
waren inzwischen offenbar auch die bis zu 1400 Metern Höhe
aufsteigenden Monts de Tebessa (moderner Name) zu einer jener
Regionen geworden, in denen die Vandalen keine Truppen mehr

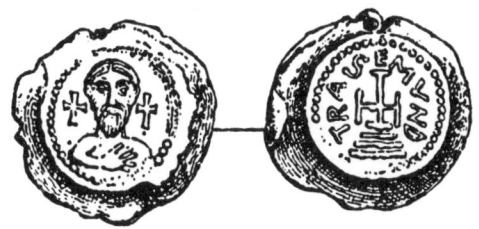

Siegel des Vandalenherrschers Thrasamund mit Brustbild und Namen.

operieren ließen. Auch hier beherrschten die Mauren das Feld.
Obwohl wir sehr wenig über die staatliche Organisation dieser
Wüsten- und Bergstämme wissen, kann man doch sagen: sie
scheinen gemeinsam zu handeln, gewisse Kontakte zu pflegen und
sich auf den nicht mehr fernen Tag vorzubereiten, an dem sie sich
geschlossen gegen die Vandalen erheben werden. Der erste, der
ihnen in offener Feldschlacht entgegentreten muß, ist König
Thrasamund, ein Herrscher, der ganz andere Dinge im Sinn hat,
als sich mit Kamelreitern anzulegen.

Thrasamund ist der dritte Sohn des Geiserich-Sohnes Gento,
von einer unbekannten Mutter geboren und nach übereinstimmen-
der Aussage aller Quellen ein schöner, hochgewachsener Mann von
angenehmen Manieren und höchster Bildung. Tatsächlich lassen
seine Bemühungen um Klarheit in der religiösen Frage eigenständiges Denken erkennen, eine durchaus individuelle Wahrheitssu-
che von großer Ehrlichkeit, die zu Gesprächen und Polemiken mit
den stärksten Geistern der Gegenseite führt, vor allem aber mit
Bischof Fulgentius, dem Thrasamund allerdings nicht gewachsen ist.

Entmutigt von der virtuosen Spitzfindigkeit eines Gesprächspartners, von dem er vielleicht menschliches Verständnis und Hilfe
erhofft hatte, schickt Thrasamund den aus seiner Diözese Ruspe
nach Karthago berufenen Dialektiker wieder in seine Stadt zurück.
(Wo dieses Ruspe genau lag, ist leider noch nicht zweifelsfrei
ermittelt, wenn auch einzelne bedeutende Nachschlagewerke das
antike Ruspina mit Monastir gleichsetzen, der heiligen Stadt
Tunesiens und Geburtsstadt des heutigen Staatschefs Habib
Bourgiba.)

Thrasamund, bei Cassiodor Transimundus und gelegentlich
sogar Thrasaricus geschrieben, hat sich seine hohe Bildung in
Karthago erworben, was einmal mehr beweist, daß die vandalische
Oberschicht nun vollends in die übernommenen römischen, ja
wohl auch die griechischen Bildungsmuster hineingewachsen ist
und, was noch schwerer wiegt, sie auch nicht mehr verachtet.
Dennoch bleibt Thrasamund natürlich eine Herrschergestalt zwischen zwei Welten. Er ist und bleibt Germane und Arianer, er
hängt diesem Glauben eifrig und hingebungsvoll an, wenn er sich
auch feinerer Methoden des religiösen Kampfes bedient als sein
Onkel Hunerich. Nur in den ersten Tagen seiner Regierung, als er,
im September 496 auf den schwachen Gunthamund folgend,
schärfer durchgreifen mußte, ist es zu harten Verfolgungen
gekommen. Zugleich aber gilt Thrasamund, ohne daß uns längere
Aufenthalte in Byzanz, Athen oder Rom bezeugt wären, selbst aus
gegnerischer Sicht als ein hochgebildeter Mann, der sich etwa mit
Fulgentius ganz gewiß nicht in vandalischer Sprache auseinandergesetzt hat. Man denkt an Friedrich II., den Staufer aus Palermo,
der die arabische Kultur der Erzfeinde so sehr in sich aufnahm, daß
der Papst in ihm ein Werkzeug des Antichrist sehen zu müssen
glaubte, und wir begreifen an Thrasamund und seiner Persönlichkeit jenes Karthago am besten, das immer noch eine Weltstadt der
Antike ist, obwohl die Vandalen nun schon sechs Jahrzehnte lang
in ihr herrschen.

Minder hart, minder bedenkenlos und als Herrscher auch
minder bedeutend, rückt Thrasamund für seine Zeit doch deutlich
in die Nähe des großen Theoderich, der wenige Jahre nach
Thrasamunds Regierungsantritt seinen Einzug in Rom hält, aber

das schwer zu nehmende Ravenna zu einem echten Mittelpunkt des italienischen Ostgotenreiches ausbauen wird. Theoderich ist zweifellos die größte aus der Begegnung der Sphären hervorgegangene Herrschergestalt, ein Mythus schon zu Lebzeiten, ein Unvergessener und Unvergeßlicher nach Dutzenden ost- und weströmischer Kaiser, die neben ihm zu Gnomen schrumpfen. Dieser Theoderich war von allen zeitgenössischen Germanenfürsten der einzige, der ein zukunftsweisendes Gesamtkonzept besaß: ein Bündnis der germanischen Reiche auf altem Römerboden, besiegelt durch Verwandtschaft und Verschwägerung und damit stillschweigend gegen die einzige nennenswerte Konkurrenzmacht gerichtet, die es noch gab, gegen Byzanz und seinen Kaiser.

Theoderich hat, wie heute feststeht, Odoaker eigenhändig ermordet – das Erschlagen eines Waffenlosen kann man wohl kaum anders nennen. Dieser Mord zu Beginn seiner Herrschaft sowie die Hinrichtung des großen christlichen Denkers und edlen Römers Boethius im Dezember 524 sind Verbrechen, die das Wirken dieser großen Persönlichkeit verdunkeln und ihn in die Düsternisse seiner Epoche hinabziehen, in der – wie Hunerich, aber auch die fränkischen Könige beweisen – der Königsmacht kaum moralische Grenzen gesetzt waren. Dennoch kann es keinen Zweifel daran geben, daß die enge Verbindung zu diesem in Italien sich bildenden germanischen Machtbereich die einzige ernsthafte Chance der Vandalen bedeutete, ihr Reich gegenüber den Bedrohungen aus dem Osten und aus dem Süden zu behaupten. Eine gewisse Gefahr bestand auch darin, daß die Westgoten in Spanien Schwierigkeiten hatten und sich ihnen durch ein Vordringen nach Afrika zu entziehen suchten. Hier hatte das Bündnis zwischen Thrasamund und Theoderich zum ersten Mal entscheidende Auswirkungen: Theoderich warnte die Westgoten vor dem afrikanischen Abenteuer und schuf vollkommenen Frieden an dieser westlichen Front der Vandalen, als er im Jahr 507 die Vormundschaft für seinen Neffen Amalarich übernahm und damit auch das Tolosanische Reich der Westgoten.

Unterpfand dieser vandalisch-ostgotischen Beziehungen war die Ehe, die Theoderich zwischen seiner Schwester Amalafrida und Thrasamund gestiftet hatte. Diese Verbindung entsprach der

friedlichen Koalitionspolitik Theoderichs: Er selbst heiratete eine
Schwester des Franken Chlodwig und vermählte seine Töchter mit
westgotischen respektive burgundischen Königen. Darum diente
auch Theoderichs Schwester Amalafrida dieser Bündnispolitik,
sobald ihr erster, uns namentlich nicht bekannter Mann gestorben
war. Auch Thrasamund hat eine erste Gemahlin verloren, die ihm
keine Kinder geboren hatte, so daß Amalafrida hoffen durfte, ihre
Kinder aus dieser Ehe auf einem Thron zu sehen. Für die Eheschließung war das Jahr 500 mit festlich-verheißungsvoller Rund-
zahl gerade recht, und mit großen Zahlen prunkte man auch, als
die Theoderich-Schwester übers Meer nach Karthago kam: Nicht
weniger als tausend gotische Ritter, vollbürtiger Schwertadel des
Ostgotenreiches, begleiteten sie, dazu fünftausend bewaffnete
Knechte. Wären diese sechstausend Kämpfer in Karthago geblieben, so hätte Belisar wohl einen schweren Stand gegen die ostgo-
tisch-vandalische Macht in Nordafrika gehabt. Aber es scheint, daß
ein Gutteil dieser Geleitmacht nach den Feierlichkeiten wieder
nach Italien zurückkehrte.

Kaum minder wichtig war die Mitgift: der seit alters her
bedeutende Hafen Lilybaeum auf Sizilien mit seinem Umland, also
die Gegend um das heutige Marsala. Hier fand sich sogar ein
Grenzstein aus jenen fernen Zeiten mit der Inschrift:

FINES

INTER

VANDA

LOSET

GOTHOS

Man darf wohl annehmen, daß es Thrasamund war, der gerade
Lilybaeum als Mitgift vorgeschlagen oder erbeten hatte. Ob die
Eheschließung selbst auf ein vandalisches Ersuchen zurückgeht,
wie Prokopios es darstellt, oder auf der Linie der ostgotischen
Gesamtpolitik gegenüber den anderen Germanenreichen lag und
also auch Theoderichs Wünschen entgegenkam, ist eine Frage, die
sich nur schwer wird beantworten lassen. Zumindest um 500, als
sich diese Verbindung anbahnte, kam sie zweifellos beiden
Herrschern gleichermaßen gelegen; Thrasamund herrschte schon
einige Jahre länger als Theoderich und entfaltete eine neue

vandalische Machtpolitik, und Theoderich hatte eben erst Odoaker beseitigt, die Alleinherrschaft angetreten und die Auseinandersetzung mit dem römischen Teil seiner Untertanen begonnen.

Er besaß im Unterschied zu Thrasamund keine nennenswerte Flotte und konnte folglich nichts Klügeres tun, als zu versuchen, eine möglichst feste Partnerschaft zwischen Karthago und Ravenna herzustellen. Sie mußte nach Westen, auf Franken und Westgoten, beruhigend wirken, nach Osten aber, also gegen Byzanz, als stumme Warnung vor Übergriffen in die autonome Sphäre der beiden Herrscher. Die tausend Ritter werden darum wohl nicht ganz ohne Grund als *Doryphoren* bezeichnet, was im allgemeinen mit Leibwächter übersetzt wird; Prokopios war demnach der Meinung, daß Theoderich seiner Schwester eine adelige Leibgarde mit auf den Weg ins Vandalenreich gegeben habe, eine kleine, aber schlagkräftige Hausmacht, die wohl auch die ostgotische Politik unterstützen sollte – denn Amalafrida war klug, und Theoderich hatte gewiß damit gerechnet, daß sie ihren Gatten im Sinn der gesamtgermanischen Politik ihres Bruders beeinflussen werde.

Obwohl sich verschiedene Schriftsteller der Zeit persönlichen Umgangs mit Thrasamund rühmen, seine Hofhaltung preisen und mit ihm in dauernder Korrespondenz stehen wie der stets um besonders ausgefallene Worte bemühte Bischof Ennodius von Pavia, sind wir nicht darüber unterrichtet, warum Thrasamund seinen wichtigsten, seinen einzigen bedeutenden Verbündeten in mindestens zwei gravierenden Fällen vor den Kopf gestoßen hat: Im Jahr 508 hatte eine byzantinische Flotte, mehr aus kirchlichem denn aus politischem Grund, Streit mit Rom begonnen, Überfälle auf süditalienische Städte zu unternehmen. Da hätten die Vandalen von Lilybaeum und von Karthago aus natürlich eingreifen und dem Gegner den Rückzug abschneiden müssen, denn die Übernahme eines so wichtigen Flottenstützpunkts auf Sizilien bedeutete zweifellos auch, daß die Vandalenschiffe für die Sicherheit dieser Küstenregion sorgen würden. Aber Thrasamund ließ seine Flotte nicht auslaufen. Er unterhielt sogar recht gute Beziehungen zu Kaiser Anastasios I., in dem er eine Art Geistesverwandten sah. Anastasios hatte nämlich schon vor seiner Thronbesteigung die ärgsten Schwierigkeiten mit der Kirche gehabt, galt als

Ketzer (was damals, angesichts eines Halbdutzends verschiedener christlicher Lehrmeinungen, durchaus nicht selten war) und hatte beinahe an allen Fronten zugleich zu kämpfen: im Norden gegen die Bulgaren, im Osten gegen die Perser, im Südosten gegen die Araber und im Westen gegen den schnell erstarkten Theoderich. Ludwig Schmidt vermutet ein regelrechtes Geheimbündnis zwischen den beiden Katholikengegnern Thrasamund und Anastasios, aber es ist nicht einzusehen, warum dieses sich gegen Theoderich richten sollte, der ja ebenfalls kein Katholik war, sondern trotz seines arianischen Glaubens den Katholizismus lediglich duldete.

Wie auch immer, Thrasamund hatte in einer kritischen Lage, als die Ostgoten in Südfrankreich engagiert waren und die byzantinischen Schiffe ihnen auf den Leib rückten, den Schwager im Stich gelassen, und wenige Jahre später nahm er sogar einen gefährlichen Feind des Theoderich in Karthago auf. Theoderich hatte nämlich seine älteste Tochter Thiudigoto – eine Konkubine hatte sie ihm geboren – an Alarich II., König der Westgoten, vermählt; aus dieser Ehe war jener Amalarich hervorgegangen, für den Theoderich als Vormund und Beschützer eine Art Oberherrschaft über die Westgoten ausübte. Eben das aber versuchte ein Halbbruder des Amalarich zu durchkreuzen. Er hieß Gesalich, war von Alarich II. ebenfalls mit einer Konkubine gezeugt worden und ein tüchtiger Kämpfer. Diese oft sehr kräftigen und begabten unehelichen Söhne stifteten schon damals in der Geschichte manche Unruhe, und so nahm es Theoderich seinem Schwager und Verbündeten, dem Vandalenkönig Thrasamund, außerordentlich übel, daß er den westgotischen Thronbewerber Gesalich in Karthago gastlich aufgenommen und mit beträchtlichen Summen unterstützt hat.

Der erste dieser beiden Zwischenfälle oder Bündnisbrüche liegt ziemlich im dunkeln. Niemand weiß, warum Thrasamund seine Flotte nicht auslaufen ließ, denn selbst wenn er gerade Ärger mit den Mauren hatte, ein paar Schiffe, die in den Maurenkämpfen ja keine Rolle spielten, wären doch wohl entbehrlich gewesen. Es scheint, daß Theoderich damals den Patrizius Agnelli als Sondergesandten nach Karthago reisen ließ, um Thrasamunds Gründe kennenzulernen, aber nicht einmal der schreibfreudige Cassiodor hat sie uns überliefert.

Um so wortreicher nimmt sich dieser köstlichste aller Geheimschreiber der Meinungsverschiedenheit an, die nun wegen des Westgoten Gesalich zwischen Theoderich und Thrasamund ausgebrochen ist. Vor allem wegen der Gastfreundschaft für Gesalich und wegen der finanziellen Unterstützung eines Aufrührers muß sich Thrasamund langatmige Vorhaltungen gefallen lassen, von denen er natürlich wußte, daß sie nicht von Theoderich stammten, sondern von Cassiodor. Theoderich hatte höchstens einen kurzen Wutausbruch gehabt und vielleicht mit der Faust auf den Tisch geschlagen, Cassiodor aber schrieb und schrieb.

Da auch Thrasamund seinen Gewährsmann im Ostgotenreich hatte, nämlich den schon erwähnten Magnus Felix Ennodius, Bischof von Pavia, wußte er ganz genau, wie er sich zu verhalten hatte. Er richtete seine Antwort nicht so sehr an Theoderich als vielmehr an Cassiodor, der ihm (in der Rolle Theoderichs) geschrieben hatte: »Was kann man von Fremden gewärtigen, wenn Verschwägerte also handeln? Wohin ist deine Weisheit gekommen, mit welcher du andere über ihre Pflichten zu belehren pflegtest?« Das ließ erkennen, daß da eine alte Wunde noch nicht vernarbt war, daß Thrasamund irgendwann den Cassiodor gekränkt und belehrt haben mochte. Also wurde der reiche Vandalenschatz inspiziert und eine Delegation mit ein paar ausgesucht schönen Stücken nach Ravenna abgefertigt, um dem Entschuldigungsschreiben des Thrasamund mehr Gewicht zu verleihen.

Die schönen Geschenke aus dem zusammengeraubten Schatz anzunehmen, das allerdings konnte sich Theoderich – der die Insignien der Kaiserwürde aus Byzanz erwartete – nicht erlauben; vielleicht hob hier auch Cassiodor mahnend den Finger, der Mann, der seinen Herrn in jahrzehntelanger konsequenter Arbeit zum *Arbiter* des Abendlandes hochstilisierte. Jedenfalls kamen die Gesandten mit ihren Geschenken wieder nach Karthago zurück und hatten eine lange, wohlgedrechselte Epistel im Gepäck, in der es unter anderem hieß, daß es dem großen Theoderich keineswegs um Geschenke gehen könne, denn reich sei er ja selbst. Lediglich der Rechtsstandpunkt habe geklärt werden müssen, und das sei nach der Rechtfertigung Thrasamunds durch seine Gesandten nunmehr geschehen. »Wenn aber ein König sich entschuldigt, dann ist damit jeder Grund für weitere Beschwerden entfallen.« Der Kampf der Positionen ist vorüber, Thrasamund, der Barbar aus dem germanischen Nordafrika, hat Flavius Aurelius Magnus Cassiodorus, dem Mann aus Sizilien, seine Reverenz erwiesen, jenem Cassiodor, dessen Urgroßvater schon Geiserich bekämpft hatte, dessen Großvater mit Attila verhandelte, dessen Vater dem Theoderich Sizilien in die Hände spielte. Ein Römer, wenn auch nicht aus Rom, sondern einer Kolonialfamilie Syriens entstammend, steht letztmals neben den großen Geschlechtern der Amaler und der Hasdingen, die in diesem Jahrhundert das Schicksal Europas in Händen halten.

Aber es ging ja gar nicht mehr um Europa. Sehr zur Unzeit waren die Randvölker des einst so mächtigen Reiches beinahe gleichzeitig erwacht, gerade als man meinte, durch die Integration der Germanen das alte Imperium gerettet zu haben. Das Mittelmeer hatte eben nicht nur nördliche Küsten, und während Anastasios I., vom Dogmenstreit fanatischer Prälaten umkläfft, sich mit schwindenden Kräften gegen Perser und Sarazenen wehren mußte, schlossen sich an den Grenzen des Vandalenreiches die Mauren zusammen.

Diese Zusammenschlüsse der verschiedenen Maurenstämme werden von den Beobachtern der Vorgänge – vor allem von Prokopios und dem nordafrikanischen Dichter Corippus – als die Wurzel allen Unheils bezeichnet, das über Nordafrika hereinbrach, denn die Mauren verschwanden ja nicht mit den Vandalen, sie blieben und machten den Byzantinern das Leben schwerer als die letzten Vandalenkrieger. Die moderne Vandalenforschung verdankt sehr viel jener leider nur kurzen Epoche, als Frankreich in Nordafrika nicht nur kolonisierte, sondern mit außerordentlichem Geschick auch für französische Bildung und Forschung warb.

Danach sind vor dem 5. Jahrhundert maurische Bündnisse mit planvollen militärischen Aktionen nicht in Erscheinung getreten. Festere Stammesorganisationen zeigen sich zwar im Aurès-Gebiet und im fruchtbaren Hodna-Land, das sogar gelegentlich als »Reich« bezeichnet wird. Im ganzen aber funktioniert noch jenes patriarchalische System, wie es die Römer begründet haben und wie Geiserich es ausbaute: Die Nomadenhäuptlinge, aber auch die

Fürsten seßhafter Maurenstämme, erhalten eine Art Investitur
durch die Vandalenkönige, in denen die Mauren die Nachfolger
der Kaiser sehen. Diese Investitur macht sich bezahlt, denn die
Waffenbrüderschaft mit den Mauren bringt diesen reiche Beute
und viele Sklaven, unter denen vor allem die weißen Sklavinnen
aus europäischen Raubzielen sich in der Wüste größter Beliebtheit

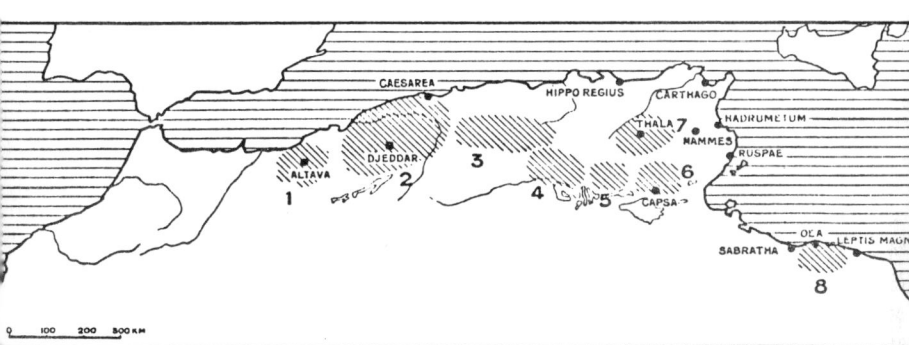

Die schräge Schraffur veranschaulicht ungefähre Ausdehnung und
Verteilung der Berber-Reiche im römisch-vandalischen Nordafrika
des 5. und 6. Jahrhunderts. Im Osten, nahe dem vandalischen Macht-
zentrum, sind die Berber-Reiche noch klein und küstenfern, in Mauretanien schiebt sich das große Djeddar-Reich auf breiter Front bis
zum Meer vor und bedroht Kaisaea. Aus dem mit Nr. 8 bezeichneten
Reich trug König Kabaon seinen folgenschweren Angriff gegen die
Südostflanke der Vandalen vor; Nr. 4: das nie bezwungene Berber-
Fürstentum im Aurès-Gebirge (nach Courtois).

erfreuen. Das ausweglose Schicksal dieser Unglücklichen, die nicht
losgekauft werden konnten wie die Gefangenen in den Vandalenstädten, beschäftigte offensichtlich weder die christlichen Könige
von Karthago noch die in ihren Streit verbissenen arianischen oder
katholischen Priester.

Fürst Guenfan, vor allem aber sein Sohn, »der wilde Antalas«,
organisieren die ersten größeren Bewegungen der Mauren nach den
vereinzelten Überfällen, von denen wir schon aus der Lebensgeschichte des Fulgentius und der Anekdote von den hölzernen
Besitzurkunden wissen. Mit Antalas hat sich als erster der Dichter
Flavius Cresconius Corippus beschäftigt, der wenige Jahre nach der

Vandalenzeit den von ihm sehr verehrten, im übrigen aber umstrittenen kaiserlichen Feldherrn Johannes auf seinen Zügen gegen die Mauren begleitete. Das Hexametergedicht, in dem die Taten des Johannes gefeiert werden, ist mit seinen etwas ungelenken Versen zwar keine große Dichtung, aber eine unschätzbare Geschichtsquelle, die sich als außerordentlich zuverlässig erwiesen hat. Während Antalas offenbar noch rüstete, hatte sich jedoch ein anderer Maurenfürst bereits zum Losschlagen entschlossen, nämlich der Tripolitaner Kabaon, der also nicht vom Süden oder Südwesten her, sondern aus dem Südosten Karthagos zum Angriff ansetzte und zwar, wenn wir Prokopios glauben wollen, schon in den letzten Jahren Thrasamunds:

»Ein gewisser Kabaon war Scheich der um Tripolis wohnenden Maurusier, ein Mann von reicher Kriegserfahrung und großem Scharfsinn. Als dieser Kabaon erfuhr, daß die Vandalen [*vermutlich im Zuge einer Strafexpedition*] gegen ihn marschierten, unternahm er Folgendes: Zuerst befahl er seinen Untertanen, sich jeglichen Unrechts und aller Schwelgerei im Essen, insbesondere aber des Umgangs mit Frauen zu enthalten. Dann legte er zwei Verschanzungen an, von denen er die eine selbst mit sämtlichen Männern bezog, während er in die andere die Frauen einschloß. Todesstrafe aber drohte jedem, der es wagen würde, die Verschanzung der Frauen zu betreten. Hernach schickte er Kundschafter mit folgendem Auftrag nach Karthago: diese sollten, sobald sich die Vandalen auf ihrem Feldzug an einer [*katholischen*] Kirche vergingen, die Dinge ruhig beobachten, doch wenn dann die Feinde den Platz verlassen hätten, sollten sie das Heiligtum wieder in einen guten Zustand versetzen. Er soll, um dies zu erklären, hinzugefügt haben, daß er den Gott der Katholiken zwar nicht kenne, aber wenn dieser so mächtig sei, wie man ihm berichtete, dann werde er die Vandalen gewiß für jeden Frevel fürchterlich bestrafen.«

Prokopios war noch nicht im Vandalenreich, als die tiefen Zerwürfnisse zwischen bedeutenden Bischöfen wie Eugenius, Fulgentius oder auch Victor von Vita auf der einen und den Vandalenkönigen auf der anderen Seite offenbar wurden. Sein unabhängiges Zeugnis beweist uns also die *Entente cordiale* zwischen Mauren und Katholiken, die um so leichter zustande

kommen konnte, als die Mauren ja noch nicht durch den Islam
fanatisiert waren. Und es ging dem schlauen Kabaon natürlich
nicht nur um göttliche Vergeltung, sondern vor allem um den
Eindruck auf die starken katholischen Gemeinden in der Byzacena,
durch die das Vandalenheer gegen Kabaon heranziehen mußte.
Die Rechnung scheint im wesentlichen aufgegangen zu sein. Die
Vandalen betrugen sich auf dem Vormarsch wie alle durchziehen-
den Armeen, sie stellten ihre Pferde unter, wo es eben ging, sie
zwangen die Einwohner der Katholikendörfer und erst recht die
hierher verbannten Priester zu allerlei Dienstleistungen, und wenn
die Herren Krieger endlich wieder abgezogen waren, kamen die
Emissäre des Kabaon aus ihren Verstecken, beteiligten sich
verständnisvoll am Reinigen der Kirchen und trösteten die
Priester. Als es dann zum Kampf kam, hatten die Vandalen die
erste kriegerische Begegnung mit Kamelen . . .

»Kabaon steckte in der Ebene eine kreisförmige Fläche ab und
stellte ringsum als Schutz dafür seine Kamele etwas schräg auf;
dabei wählte er, von der Front her gerechnet, eine Tiefe von etwa
zwölf Tieren. Kinder, Frauen und sonstige Nichtkämpfer ließ er in
die Mitte des abgesteckten Platzes bringen, wo auch die Schätze
niedergelegt wurden; das kampffähige Männervolk hingegen bezog
zwischen den Füßen der Tiere hinter den Schilden Stellung. So
baute sich dichtgeschart die Schlachtreihe der Maurusier auf, und
die Vandalen wußten nicht, wie sie die Lage meistern sollten.
Denn sie waren keine sehr guten Speerwerfer und hatten auch nur
wenige Bogenschützen, und sie verstanden sich vor allem nicht
darauf, solch eine seltsame Phalanx massiert anzugreifen. Sie waren
allesamt Reiter und gebrauchten im Reiterkampf in der Regel ihre
Lanzen und das Schwert. Infolgedessen konnten sie von fern gegen
die Mauren nichts ausrichten, und als sie nahe genug heran waren,
um etwas zu tun, da scheuten die Pferde vor dem Anblick und
dem Geruch der Kamele und waren nicht an den Feind zu bringen.
Da nun die Maurusier, aus ihrer guten Deckung heraus, in großer
Zahl Pfeile gegen die Pferde und Reiter der Vandalen abschießen
konnten, mußten die Angreifer schließlich die Flucht ergreifen,
ohne etwas ausgerichtet zu haben, und die nachsetzenden Maurusier gaben vielen von ihnen von den hohen Kamelen herab den Tod.

Einige gerieten auch in Gefangenschaft, und nur wenige Vandalen dieses Expeditionskorps gelangten wieder nach Hause. Solch eine Niederlage mußte König Thrasamundus von den Maurusiern hinnehmen . . .«

Nichts deutet darauf hin, daß die Vandalen feige gewesen wären; ihr Angriffsmut aber zerbrach an einer neuen Technik, und während Kabaon seine Späher den Vandalen entgegengeschickt hatte, während die Mauren Verbündete im Rücken der Vandalen besaßen und die Gewohnheiten des Gegners genau kannten, hatten die Krieger des klugen, gebildeten und schön gestalteten Königs Thrasamund es offensichtlich für unter ihrer Würde gehalten, sich über ein paar ungewaschene Kameltreiber näher zu informieren. Die Kameltreiber-Nomaden, wie Gautier sie nennt, werden auf diese Weise noch manchen Sieg über höher organisierte Völker erringen, denn: »Diese sonderbare Taktik ergibt sich aus dem unbeweglichen Charakter des Tieres. Ein Kamel ist kein Pferd. Man legt wohl ungeheuer weite Wüstenritte auf ihm zurück, aber am Tag der Schlacht reitet man nicht auf seinem Rücken zur Attacke, dazu ist es zu langsam und zu apathisch. Zum Kampf wird abgesessen; das Tier wird an den Füßen gefesselt oder zum Niederkauern gebracht, und der Kämpfer ficht in seinem Schutz. Diese Taktik der Kameltreiberstämme ist seit jeher die gleiche. Sie erscheint in der Kriegsgeschichte Afrikas zum allerersten Mal unter Thrasamund, dem Enkel und dritten Nachfolger Geiserichs . . . Das Überraschungsmoment hat bei der Niederlage der Vandalen mitgespielt: Niemals noch war man in Afrika einem Krieg gegen Kameltreiber begegnet . . . Die Züchtung und Verwendung des Kamels hat den Nomadenstamm der Kameltreiber ins Leben gerufen, der sich zu einer kriegerischen und unberechenbaren Völkerschaft entwickelte; eine furchtbare Neuerscheinung.« (E. F. Gautier in seinem *Geiserich)*

Ruinart und andere Kommentatoren des Prokopios haben die Meinung vertreten, daß Thrasamund bald nach dieser Niederlage gestorben sei, vermutlich aus Gram und Ärger darüber, daß seine edlen Krieger von einer Bande von Kameltreibern besiegt worden sind. Das hat sich inzwischen als unrichtig herausgestellt. Nach der Gesamtlage des Reiches kann es sich bei dem Unternehmen gegen

Kabaon nur um eine begrenzte Aktion mit wenigen Soldaten gehandelt haben, so wie ja auch bei Überfällen in der Byzacena stets die Alarmtruppen der Vandalen gerufen wurden und meist schnell zur Stelle waren. Es entsprach durchaus den militärischen Gepflogenheiten dieses Raumes, Räuberscharen dadurch einzuschüchtern, daß man sie nicht nur abwehrte, sondern sie bis in ihre eigenen Wohngebiete verfolgte, um ihnen die Stärke des Gegners zu zeigen (was bei Überraschungsangriffen der Nomaden nicht immer möglich war). Die Mauren waren eine ständige Beunruhigung, bereiteten kleinen und häufigen Ärger, aber es ist nicht einmal gewiß, ob sie tatsächlich die Ostwest-Straße über Thamugadi dauernd in ihrem Besitz hatten, solange Thrasamund herrschte. Auch die Pharaonen hatten sich schon gegen Wüstennomaden wehren müssen und nach ihnen die Römer; die Gefahr war bekannt, ebenso aber auch, daß diese Stämme nicht darauf abzielten, den angegriffenen Staat selbst zu vernichten. Sie hätten damit die Kuh geschlachtet, an deren Milch sie sich inzwischen schon gewöhnt hatten.

Aber Thrasamund hatte natürlich beobachtet, wie geschickt die Propaganda eines Kabaon und vielleicht auch anderer Scheichs auf eine Zusammenarbeit mit seinen Gegnern im Land, mit den Katholiken, abzielte, und so ergibt sich nun gegen Ende der Regierungszeit des Thrasamund die seltsame und unter Hunerich noch unvorstellbare Situation, daß sich zwei militärische Kräfte des nördlichen Afrikas um die geistige Hauptmacht dieses Raumes bemühen, um die katholische Kirche mit ihrer hervorragenden Organisation, ihren nach Hunderten zählenden Bischöfen und den vielen Klöstern.

Fulgentius ist inzwischen zum Sprecher der katholischen Opposition avanciert. Als Bischof von Ruspe geweiht, regiert er eine große Hafenstadt, die nach Ägypten und auch nach Byzanz hin offen ist, so daß sie uns beinahe als eine Enklave im Vandalenreich erscheinen will oder gar als ein Brückenkopf des Katholizismus im Herzen des Arianismus. Kennzeichnend für seine Autorität ist, daß er nach seinem Amtsantritt von der Kanzel herab um einen Bauplatz für ein neues großes Kloster bitten kann und daß diese simple Bitte genügt: Posthumianus, ein reicher und angesehener

Bürger von Ruspe, bietet der Kirche einen herrlichen Bauplatz
an, nahe einem Hain, wie geschaffen für ein Kloster, in das nun
Abt Felix mit seinen so lange heimatlosen Mönchen einziehen
kann.

Bald darauf wird jedoch Fulgentius verhaftet und nach Karthago gebracht, und die ihm hier entgegenschlagende Liebe und
Verehrung, die vielen Spenden für das junge Kloster von Ruspe
zeigen dem König, daß dieser Mann gefährlicher ist als selbst
Kabaon. Fulgentius wird auf ein Schiff gebracht – die Vita deutet
an, daß es dabei zu »Martern an Leib und Seele« gekommen sei –
und nach Sardinien deportiert, wo sich bereits eine ganze Anzahl
älterer Bischöfe aus dem Vandalenreich zusammengefunden hat.
Fulgentius, dem Weihealter nach der Jüngste, wird Sekretär der
Kongregation, die, nach manchen Deutungen der Zahlenangaben
in der Vita, sechzig, hundertzwanzig oder gar zweihundert Prälaten
umfaßt haben soll. Die erste Zahl ist die wahrscheinlichste.

Da die Verbannung offensichtlich nur die Spitzen der Kirche
betroffen hatte, gab es in Calaris, dem heutigen Cagliari, keine
Mönche, und Fulgentius mußte, um die Keim-Zelle eines Klosters
bilden zu können, zwei Bischöfe überreden, sich zu ihm zu
gesellen. Ferrandus deutet in der Vita an, daß dies nicht ganz
einfach gewesen sei angesichts der Spannungen innerhalb der
Gemeinschaft der Verbannten, aber auch angesichts der Rangstrei-
tigkeiten und Eifersüchteleien, wie sie in solchen Gemeinschaften
kaum ausbleiben. Das Haus, in dem Fulgentius seine Mitbischöfe
zu einem klösterlichen Leben vereinigt hatte, »war damals das
Orakel der Stadt Calaris«, schreibt Ferrandus. Das heißt, Fulgentius hatte es verstanden, sich aus den Querelen herauszuhalten, und
genoß selbst unter den Älteren den Ruf eines gerechten und
unbestechlichen Oberhirten von persönlicher Untadeligkeit.

Als Thrasamund schließlich, von seinen verschiedenen politischen Rückschlägen dazu gedrängt, den Dialog mit den Katholiken suchte, konnten ihm Freund und Feind wohl kaum einen
anderen Gesprächspartner namhaft machen als Fulgentius, und der
inzwischen zur Autorität gewordene Bischof durfte abermals nach
Karthago kommen. Fulgentius, offenbar ein Mann von unbändi-
gem Temperament und glühendem Glaubenseifer, benützte auch

diesen Aufenthalt in der Hauptstadt sofort zu hemmungsloser Werbung für seinen Glauben. Offensichtlich waren die Katholiken in Karthago selbst den strengsten Beschränkungen unterworfen, denn als Fulgentius kam, vom König gerufen und dadurch zunächst unangreifbar, setzte plötzlich ein starker Zustrom von Katholiken ein, die bis dahin keine geistliche Ansprache gehabt hatten. »Darum begann · Fulgentius in seiner Herberge, die rechtgläubigen Katholiken, die zu ihm kamen, sorgfältig zu unterweisen ... Denen, die sich hatten wiedertaufen lassen, zeigte er den Weg, ihren Irrtum zu bereuen, und söhnte sie aus mit der Kirche; die anderen warnte er, ihre Seelen nicht um irdischer Vorteile willen zu verlieren. Solchen, die er nahe am Abgrund des Verderbens wußte, redete er mit sanften Worten zu ... und andere, die durch seine Worte gestärkt waren und das Salz seiner Gelehrsamkeit verkostet hatten, machten sich mit aller Zuversicht an die Widerlegung der arianischen Häresie. So war es die wunderbare Wirkung der Gnade, daß durch einen einzigen Priester, dessen Weisheit der König auf die Probe stellen wollte, die Zahl der Erleuchteten in Karthago sich mehrte und durch Vermittlung des Verfolgers selbst der katholische Glaube eher Zuwachs erhielt denn Schaden erlitt.«

Das ist, allen verehrungsvollen Wendungen zum Trotz, deutlich genug. Die Wiedergetauften, das waren Arianer. Fulgentius hatte sich also keineswegs auf Katholiken beschränkt, wenn er seinen Glauben predigte, und er scheute sich nicht, mitten in Karthago, in einer Herberge, in der er auf Einladung des Königs wohnte, die heimlichen Katholiken der Stadt gegen diesen König aufzuwiegeln. Thrasamund erfuhr zwar von all diesen Vorgängen, ließ Fulgentius jedoch nicht verhaften, sondern stellte ihm eine Schrift über den Arianismus zu, die Fulgentius widerlegen sollte. Fulgentius antwortete mit der erhaltenen Schrift *Contra Arianos. Liber unus ad decem obiectiones decem responsiones continens.* Die zehn Antworten auf ebenso viele Fragen des Königs erweisen – zusammen mit seinen anderen Streitschriften – Bischof Fulgentius als bedeutendsten katholischen Theologen seit Augustinus; sie sind für uns aber auch wichtig, weil wir aus ihnen die Argumentationen des Thrasamund erschließen können. Die Schriften der Arianer wurden leider als Ketzerpamphlete verbrannt, so daß sich der ganze Streit aus heutiger Sicht ziemlich einseitig ausnimmt. Thrasamund wiederum zeigt sich in seinem Diskussionsbeitrag als ein wissenschaftlich interessierter Monarch und überzeugter Arianer, erkennt aber schließlich die Überlegenheit des Fulgentius an und überläßt den weiteren Dogmenstreit dem vandalischen Bischof Pinta. Gegen ihn nun zieht Fulgentius noch rücksichtsloser vom Leder, Pinta ist schließlich kein König, und *Adversus Pintam* ist eine jener harten polemischen Schriften, die am Gegner kein gutes Haar lassen. Abragila, ein anderer gelehrter Vandale, kommt nicht viel besser weg, beweist uns aber immerhin, daß die Auseinandersetzung, die noch unter Hunerich vorwiegend mit recht gewaltsamen Methoden geführt wurde, nun auch auf breiter Front mit geistigen Waffen ausgefochten werden kann.

Die Vandalen sind ihren Gegnern zwar nicht überlegen, aber sie sind brauchbare Diskussionspartner, und das ist schon sehr viel. Das daraus zu erschließende Bildungsniveau der vandalischen Oberschicht scheint dem germanischen Bildungsstand im italienischen Ostgotenreich gleichwertig gewesen zu sein. Dank der Notwendigkeit, den unermüdlich angreifenden Katholiken Nordafrikas die Stirn zu bieten, haben die Vandalen aus eigener Kraft eine Intelligenzschicht hervorbringen müssen, deren weder Theoderich in Ravenna noch die Westgotenherrscher in Toulouse oder Toledo im gleichen Maß bedurft hatten. Man schrieb zwar Lateinisch und nicht etwa das bibeltauglich gewordene Gotisch des Ulfilas, aber man kreuzte die Klingen auf dem gleichen Podium mit den besten Geistern der Zeit.

Angesichts des starken Zulaufs, den Fulgentius in Karthago hatte, fiel es dem arianischen Klerus nicht schwer, den König von der Gefährlichkeit seines Diskussionspartners zu überzeugen. Vielleicht bat man Thrasamund sogar ausdrücklich, die durch Briefe und Antworten relativ zeitraubende Prozedur der Wahrheitsfindung abzukürzen, oder Thrasamund hatte mit seinem scharfen Verstand die Unvereinbarkeit der Standpunkte erkannt. Jedenfalls mußte Fulgentius, der wohl schon an eine Wende seines Schicksals geglaubt hatte, noch einmal den Weg in die Verbannung antreten. Ferrandus zitiert in diesem Zusammenhang eine arianische Bittschrift an den König, von der wir allerdings nicht sagen können, ob es sich um den Originalwortlaut oder nur um eine sinngemäße Wiedergabe handelt:

»Vergeblich strengst du dich an, o König; dein Eifer nützt nichts. Die Lehre des Bischofs Fulgentius hat solchen Einfluß gewonnen, daß er bereits eine beträchtliche Zahl deiner Priester *[d. h. also: arianischer Priester!]* wieder in die Kirche aufnimmt. Wenn du darum nicht bald unserer Religion zu Hilfe kommst, wird sie ins Wanken geraten, und alle, die von uns getauft worden sind, werden, wenn sie öffentlich mit der katholischen Kirche ausgesöhnt sind, die Wesensgleichheit *[von Vater und Sohn]* predigen ... denn für alle *[katholischen]* Bischöfe ist die Anwesenheit dieses Fulgentius eine große Ermunterung zur Standhaftigkeit.«

Die Art und Weise, wie die neuerliche Verbannung des wortgewaltigen Bischofs ins Werk gesetzt wurde, spricht dafür, daß von ihm tatsächlich beträchtliche Gefahren für den Arianismus in Karthago ausgingen. Niemand erfuhr von seiner Abreise; in tiefster Nacht wurde er auf ein Schiff gebracht, das Kurs auf Sardinien nehmen sollte, aber vier Tage lang hielt kräftiger Nordwind den Segler im Hafen von Karthago fest, und die Bevölkerung hatte Zeit, von Fulgentius Abschied zu nehmen. Sie strömten in Scharen zum Hafen, beichteten und empfingen aus seiner Hand die Kommunion. Der Vorgang, von Ferrandus berichtet und nicht anzuzweifeln, ist außerordentlich, bezeichnend für die Lage Thrasamunds, aber auch für seine Methoden. Ein simpler Polizeikordon hätte Fulgentius isolieren können, aber selbst diese Maßnahme, vor der heute wohl kein demokratischer Staat mehr zurückscheut, wurde nicht ergriffen. Fulgentius konnte gleichsam unter den Blicken des Königs und seiner religiösen Gegner seine tagelange Demonstration fortsetzen und sich mit einer Bemerkung verabschieden, die sich durch die bald folgenden Ereignisse als Eingeständnis des Hochverrats erweisen wird:

»Dort *[an Bord seines Schiffes]* sagte er, vom Heiligen Geist und von der Prophetengabe erfüllt, dem Juliateus, einem sehr frommen Mann, der von großer Trauer und von Schmerz über den Weggang des seligen Bischofs erfüllt war: Weine nicht länger! Wir *[die verbannten Bischöfe]* werden bald zu euch zurückkehren; ihr werdet uns wiedersehen, sobald die Freiheit der katholischen Kirche wiederhergestellt ist. Aber bewahre, ich bitte dich, dieses Geheimnis für dich, das meine heiße Liebe zu dir mich hat offenbaren lassen.«

Hätte es sich um eine echte Prophezeiung gehandelt, so wäre es nicht nötig gewesen, darüber zu schweigen. Fulgentius bereut, daß er sich diese Mitteilung hat entreißen lassen, die sich nur auf das geheime Einverständnis der Verbannten mit dem Papst und der mächtigen katholischen Partei zu Byzanz beziehen kann, deren politische, ja, militärische Aktivität Kaiser Anastasios bereits am eigenen Leib verspürt hat und die schließlich das Vandalenreich vernichten wird.

Bei strahlendem Wetter – so Ferrandus – kehrt Fulgentius nach Cagliari, also ins südliche Sardinien, zurück, und wir erfahren nun ein wenig mehr vom Leben der Verbannten, wenn auch nicht so viel, wie wir gern wissen möchten; Sardinien scheint jedenfalls eine besondere Rolle in der Geschichte des Vandalenreiches zu spielen.

Fulgentius hatte aus Karthago Mönche mitgebracht, das heißt, eine ganze Reihe von vandalischen Untertanen sind ihm freiwillig ins Exil gefolgt. Auf Sardinien, das ja immerhin vandalisches Hoheitsgebiet war, brauchte er dann keine andere Erlaubnis als die des Oberhirten Primasius von Cagliari, um ein neues, größeres Kloster zu errichten, in dem er nun nicht mit einigen wenigen Amtsbrüdern, sondern mit ihm ergebenen Mönchen zusammenlebte. Die vierzig Mönche mußten zunächst lernen, daß sie auf allen irdischen Besitz zu verzichten hatten (was den Bischöfen nicht so leicht beizubringen gewesen war), daß sie Fulgentius unbedingten Gehorsam schuldeten und alle gleiche Ansprüche an die Gemeinschaft hatten.

Gestützt auf dieses Kloster, setzte Fulgentius zu neuen Aktivitäten an. Ein großes Sendschreiben nach Karthago schürte die Hoffnung auf das nahe Ende der Ära Thrasamund, nach der, wie alle Kundigen wußten, der in Byzanz im engsten Kontakt mit Katholiken erzogene Hilderich König werden würde, und bereitete den Umschwung auch durch emsige Konspirationen vor, von Ferrandus »vertrauliche Briefe voll geistlicher Erbauung« genannt, gerichtet »an Personen, die in Sardinien oder in Afrika wohnten, hauptsächlich aber an römische Senatoren und angesehene und ruhmwürdige Witwen und Jungfrauen«.

Die Damen hatten dabei für das nötige Geld zu sorgen, ohne das man ja auch damals nicht Politik machen konnte. Der theologische Streit um die Herrschaft oder Alleinherrschaft des Katholizismus wurde in dieser Zeit durch eine der bedeutendsten Arbeiten des Fulgentius fortgesetzt, durch seine sieben Bücher gegen die Pelagianer. Die an sich schon auf der Synode von Karthago im Jahr 417 verurteilte Lehre des britischen Mönchs Pelagius war durch den gallischen Bischof Faustus erneut ins Gespräch gekommen und hatte vor allem in Byzanz Aufsehen erregt. Daß Fulgentius von dort aus zu einer Erwiderung angeregt wurde, beweist die enge Zusammenarbeit des katholischen Klerus über Grenzen und Meere hinweg. Die pelagianische Lehre – die bemerkenswerterweise die Erbsünde leugnet und die natürlichen Anlagen des Menschen bei richtigem Gebrauch als hinreichend für die Erlangung der Seligkeit ansieht – hatte nach der überlegenen Abfertigung durch Fulgentius keine Chance mehr. Der Bischof von Ruspe tritt damit in seinem Kloster von Cagliari in die Fußstapfen des großen Augustinus, und Nordafrika erweist sich wieder einmal als die entscheidende Fermentationsstätte des jungen Christentums.

Der ganze Vorgang, der durch die Konzentration so vieler Prälaten in Cagliari ebenso geistesgeschichtliche wie politische Bedeutung erlangt, ist singulär und nur mit dem viel späteren Exil der Päpste in Avignon zu vergleichen. Während Thrasamund in Karthago und Umgebung vakante Bischofssitze nicht wieder zu besetzen gestattete, sammelte sich eine katholische Exilmacht auf jener Insel, die für das Mittelmeer schon lange besondere Bedeutung hatte. Sextus Pompejus herrschte hier unangreifbar neben einem so mächtigen und entschlossenen Gegner wie Octavianus, dem späteren Augustus, und auch die Vandalen scheinen in Sardinien zeitweise so etwas gesehen zu haben wie eine Fluchtburg. Geiserich jedenfalls hat diese Möglichkeit ins Auge gefaßt, aber nicht die Vandalen unter ihren schwachen letzten Herrschern werden sie nutzen, sondern jene Ostgoten, denen Narses freien Abzug über das Meer gewährt. Das große und geheimnisvolle

Eiland, auf dem schon geflüchtete Punier sich ein neues Leben aufbauten und das die Römer niemals vollständig eroberten, erlangt in den Schicksalsjahren des Vandalenreiches die Bedeutung einer konspirativen Basis in zentraler Lage.

Wie viele Verbannte sich nun in Cagliari zusammengefunden haben, um auf den Tod Thrasamunds, den Umschwung in Karthago oder gar den Untergang der Vandalenherrschaft zu warten, ist nicht sonderlich wichtig. Nimmt man zu den sechzig Bischöfen die vierzig freiwillig mit Fulgentius gegangenen Mönche hinzu, so hat man schon die Zahl hundert und kommt damit in die Nähe der Ziffer 120, die Victor, Bischof von Tunes (?), in seiner von 444 bis 566 reichenden Chronik zum Jahr 497 nennt. In ihren Verbindungen mit der Außenwelt wurden die Verbannten offensichtlich weder behindert noch nennenswert kontrolliert. Papst Symmachus (498–514) sandte ihnen jedes Jahr Geld und Kleidung nach Cagliari, und es scheint auch nicht sonderlich schwierig gewesen zu sein, von Sardinien aus in angenehmere Exilorte zu entkommen. Einer der aus Karthago verbannten oder geflüchteten Bischöfe erwählt sich eine Insel bei Sizilien für seinen Lebensabend, und die Vandalen lassen ihn auch dort ungeschoren, obwohl sie ihn ohne Schwierigkeiten auf einer ihrer Raubfahrten hätten aufgreifen können. Der berühmte Eugenius aber, mit dem sich schon König Hunerich jahrelang herumgeschlagen hatte, siedelte ins sichere Gallien über. Gregor von Tours, dem die Könige und andere historische Fakten bisweilen durcheinandergeraten, der sich in kirchlichen Dingen aber größerer Genauigkeit befleißigt, gibt uns sogar den Text eines langen Schreibens, mit dem Eugenius diese Diaspora der Katholiken Afrikas als den Weg zum Sieg und zur Seligkeit preist:

»Betrübet euch nicht, meine Brüder und Söhne und meine Töchter im Herrn, um meine Abwesenheit, denn ich werde, wenn ihr treu an der katholischen Lehre hängt, in keiner Ferne euch vergessen und auch nicht durch den Tod von euch getrennt werden. Wisset, daß – wohin mich auch die Kämpfe dieses Lebens noch verschlagen mögen – doch die Palme des Sieges mir bleibt. Gehe ich in die Verbannung, so leuchtet mir vor das Beispiel des Evangelisten Johannes.«

Die kaiserlichen Gegner der Vandalen auf Goldmünzen: oben Markian (450–57), unten Anastasios (491–518).

Die Häupter der Exilkatholiken verstanden sich also als Apostel, und Inseln wie Korsika, wohin Hunerich die Bischöfe zum Holzfällen geschickt hatte, oder Sardinien, wo sie unter Thrasamund ein erträgliches Los hatten, erschienen ihnen als ein neues Patmos. Eugenius freilich, der wohl am meisten zu fürchten hatte, ging nach Gallien, er hatte – wenn man Gregor von Tours glauben will – nämlich das Henkerschwert schon einmal im Nacken gespürt und war erst im letzten Augenblick begnadigt worden. Am Grab des Eugenius in Albi sollen sich noch bis in die Zeit des Gregor von Tours, also bis zum Ende des 6. Jahrhunderts, zahlreiche Wunder ereignet haben. Das Grab wurde demnach von Gläubigen besucht und scheint eine Wallfahrtsstätte geworden zu sein.

Wir erleben es in den Diskussionen unserer Tage, daß Menschengruppen in ungeklärten Verhältnissen für eine Unruhe sorgen, die in keinem vernünftigen Verhältnis zu ihrer Zahl und ihrer Bedeutung steht: religiöse Minderheiten in Nordirland, die völkische Minderheit der Palästinenser im Vorderen Orient oder die nach Holland verpflanzten Molukker veranschaulichen uns die Wirkung, die von den hundert oder zweihundert Exulanten aus dem Vandalenreich ausgehen mußte, und daß es schließlich diese in ihren Briefen, Sendschreiben, Klagen und missionarischen Bemühungen nicht erlahmenden Kleriker waren, die den großen Waffengang zwischen Byzanz und Karthago herbeipredigten, sollte uns bis auf den heutigen Tag zu denken geben.

Am Bosporus hatte sich mittlerweile ein Wandel vollzogen. Ein Feldherr aus dem illyrischen Bauerntum hatte sich in den inneren Kriegen unter Kaiser Anastasios so große Verdienste erworben, daß der alte und müde Monarch ihn im Mai des Jahres 518 als Justin I. zum Kaiser krönen ließ. Während Anastasios in seiner Abneigung gegen die Katholiken dem Vandalenreich und König Thrasamund freundschaftlich nahegekommen war, leitete Kaiser Justin I. eine radikale Wende in der byzantinischen Politik ein und nahm Verbindung mit Papst Hormisdas (514–523) auf. Das erfüllte nicht nur Theoderich mit Argwohn und ließ in Rom jene die Ostgotenherrschaft bekämpfende Partei entstehen, als deren berühmtestes Opfer Boethius das Leben lassen mußte, sondern schuf auch den Verbannten des Vandalenreiches, also Bischöfen und Kirchenlehrern in Sardinien und anderen Exilorten, einen neuen, kräftigen Rückhalt, der keineswegs nur geistiger Natur war.

Die rebellierenden Bischöfe nahmen ihrerseits unverzüglich das Gespräch mit dem neuen Herrn am Bosporus auf, wie ein erhaltener Brief Kaiser Justins an den Papst vom 17. November 519 bezeugt. Aus ihm geht hervor, daß die Exilkatholiken durch ihren Sprecher in Konstantinopel – vermutlich den Bischof Possessor – auf eine Aktion gegen Thrasamund drängen. Justin, der gleich nach seinem Regierungsantritt eine Verhandlungsdelegation nach Karthago entsandt hat, will jedoch abwarten, was sich auf friedlichem Weg erreichen läßt, und nichts unternehmen, ehe ihm die Berichte seiner Gesandten vorliegen.

Obwohl man heute weiß, daß Kaiser Justin unterschätzt wurde, wenn ihm die Historiker lediglich militärische Tugenden zuschrieben, so steht doch fest, daß den ungleich stärkeren Verstand sein energischer Neffe besaß, der bereits seit 518 praktisch mitregierende Flavius Petrus Sabattius, der 527 als Justinianus I. den Kaiserthron besteigen wird.

Dies jedoch erlebt Thrasamund nicht mehr. Trotz der wachsenden inneren Schwierigkeiten, trotz der Niederlage gegen die Mauren der Byzacena und Tripolitaniens, hat er sein möglichstes getan, das Reich zu festigen und seine Städte zu verschönern. Von allen Vandalenkönigen hat keiner so viel gebaut und wiederaufgebaut wie Thrasamund, und es paßt durchaus nicht in das traditionelle historische Bild der Vandalen, daß ganze ausgedehnte Römerstädte ihr Wiedererstehen diesem Herrscher verdanken.

Nicht nur die Poeten fanden in ihm einen König, wie sie ihn sich wünschten, sondern auch die Architekten und Baumeister. Die alten Befestigungen der Römer gegen die Mauren wurden – reichlich spät, aber doch – ausgebessert, die Hafenanlagen erweitert und erneuert, sein eigener Palast zu einem Wunderwerk germanisch-römischer Architektur auf afrikanischem Boden ausgestaltet. Wieweit er in seinem Herzen noch so fühlte wie der Heerkönig Geiserich, unter dem die Vandalen wanderten, übers Meer zogen, sich ein Land erst erkämpften, wird sich mangels schriftlicher Zeugnisse von der Hand dieses hochbegabten Monarchen wohl nie mehr sagen lassen. Er hatte viel von Rom in sich aufgenommen und sich einer immerhin christlichen Lehre voll verschrieben, dem arianischen Christentum der germanischen Völker. Die alten Traditionen der Silingen und Hasdingen, die Fürstengräber rund um den Zobten und in Ungarn, das alles ist für Thrasamund schon sehr, sehr fern.

Immerhin empfängt er, als er sein Ende nahen fühlt, in alter Hasdingen-Tradition den Thronfolger Hilderich, eben jenen Sohn des Hunerich und der Eudoxia, den sein gewalttätiger Vater mit Hilfe eines Staatsstreichs unter Umgehung der Söhne Gentos auf den Thron bringen wollte. Für den Triumph, nun doch noch zur

Herrschaft zu kommen, ist Hilderich inzwischen zu alt geworden, alt, friedlich und versöhnlich, selbst der Sterbende scheint mehr Kraft zu haben als dieser greisenhafte Erbe. Am 6. Mai 523, so hat man nach Jahren, Monaten und Tagen seiner Regierungszeit nicht übermäßig sicher errechnet, stirbt König Thrasamund, der Glänzende, der letzte Vandalenkönig, den man noch als wirklichen Herrscher bezeichnen kann.

Die letzten Könige

Den Gesandten des Kaisers Justinus I. präsentierte sich die Vandalenresidenz Karthago prächtiger denn je zuvor. In der größten Stadt Afrikas, nach Rom und Konstantinopel der drittgrößten am Mittelmeer, waren unter Thrasamund alle Wunden vernarbt, die Geiserich ihr geschlagen hatte, als er sie belagerte, eroberte und schließlich dann auch noch aus Prüderie ihres Vergnügungsviertels beraubte. Als letzte von mindestens drei großen Kirchen der Arianer war unter Thrasamund die Basilica Palatii Sancta Maria errichtet (vollendet um 510) und das Villenviertel Alianae zu einer komfortablen Residenz für den König aus- oder wiederaufgebaut worden. Der Palast wurde, wenn man den Dichtern der Zeit glauben darf, völlig neu errichtet, eine große Thermenanlage aus römischer Zeit prächtig instand gesetzt und nach den persönlichen Wünschen des Herrschers ausgestattet.

Da diese Bautätigkeit ebenso wie die Prachtliebe des Thrasamund uns mehrfach bestätigt werden, hat die Forschung sich bemüht, den gepriesenen Ort Alianae ausfindig zu machen, aber nicht einmal der mit den Örtlichkeiten genau vertraute Courtois gelangte zu irgendwelchen Anhaltspunkten. Einen gewissen Hinweis geben arabische Berichte aus der Wende vom 9. zum 10. Jahrhundert. Abu Zayd al Balkhi (um 850 bis Oktober 934), ein arabischer Gelehrter und Reisender, der als der Begründer der klassischen geographischen Schule der Araber gilt, kam spätestens 400 Jahre nach dem Tod Thrasamunds nach Karthago, das zu diesem Zeitpunkt bereits islamisch war, und schreibt: »Das Thermenschloß *[Dermesch]* erhebt sich in mehreren Stockwerken, die auf Marmorpfeilern von ungeheurer Dicke und Höhe ruhen. Auf dem Kapitell einer dieser wuchtigen Säulen sah ich zwölf

Männer um einen mit Speisen und Getränken wohlbestellten Tisch sitzen.« Da nichts schwieriger zu verlegen ist als Wasserleitungen und Wasserbecken möchte man annehmen, daß unter dem ins Altrömische verliebten Thrasamund die imposanten Thermen des Antoninus Pius wieder instand gesetzt wurden. Sie lagen unweit des luftigen, für Wohnzwecke besonders geeigneten Hügelhangs, wo die kühlen, von der See her wehenden Winde die Hitze hinwegnahmen. Für die Scirocco-Tage gab es in den Thermen besonders kühle Ruhekammern.

So angenehm diese Örtlichkeiten also waren, nach 26 Regierungsjahren schlug auch Thrasamunds Stunde, und Hildericus, auch Hilderich und sogar Hildimer genannt, fand sich am Sterbelager seines Vorgängers ein. Seine Eltern Hunerich und Eudoxia hatten im Jahr 456 geheiratet, so daß Hilderich an diesem so lang erwarteten Tag möglicherweise sechsundsechzig, aber wohl mindestens sechzig Jahre alt war. Die Thronfolgeordnung des Geiserich bescherte den Vandalen also einen bejahrten Herrscher nach dem anderen, und das zu einem Zeitpunkt, wo die erwachenden Mauren und das erneuerte oströmische Reich unter jungen Herrschern auf Machtausweitung drängten.

Thrasamund wußte zuviel von Hilderich, um sich Illusionen zu machen. Vor allem mußte ihm klar sein, daß dieser Sohn der Eudoxia, der in Byzanz gebildet worden war, die Katholiken schätzte und die ohnedies bedrängten, lediglich in der Defensive wütenden Arianer vollends zur Sekte reduzieren würde. Es ist darum glaubhaft, daß Thrasamund, gleichsam als Unterpfand für die Designierung, sich eidlich versichern ließ, Hilderich werde die Religionspolitik des Vorgängers fortführen und die Katholiken nicht wieder in ihre Positionen einsetzen, wenn er König geworden sei.

Diese selbstverständlichen Formulierungen einer Nachfolge-Verpflichtung gaben den scharfsinnigen katholischen Beratern Hilderichs die Möglichkeit, den Eid zu umgehen. Vermutlich war schon vorher alles abgesprochen, sonst hätte schließlich Fulgentius bei seiner zweiten Abreise nach Sardinien nicht so sichere Ankündigungen seiner Rückkehr machen, nicht so schlüssige Hinweise auf einen Gesamtwandel in Karthago geben können. Da Hilderich als Herrscher an seinen Eid gebunden war, wurden die von den Katholiken gewünschten Maßnahmen mit größter Eile ins Werk gesetzt, *bevor* Hilderich noch gekrönt und als König inthronisiert worden war. Tricks dieser Art hat es seit Fulgentius bis heute immer wieder gegeben, sie sind keine Erfindung der Jesuiten. Im Vandalenreich jedoch leiteten sie eine Entwicklung ein, die hier in Afrika ebenso sicher in den Untergang führte wie wenig später im Westgotenreich: Die ihrer gegen Rom und Byzanz standhaft verteidigten Religion nun beraubten germanischen Reiche verloren ihren inneren Halt und ihre geistige Selbständigkeit innerhalb einer unruhig gewordenen Welt. Die übermächtige Identität von Römertum und Katholizismus besiegte das arianische Germanentum, noch ehe die ersten Truppen aus Byzanz heranmarschierten.

Diese letzte Phase in der Geschichte des Vandalenreiches wird nach den Schul- und Geschichtsbüchern mit einem Sieg des Römerreiches enden, dessen glanzvoller Wiederhersteller als Triumphator in Ost und West vor uns steht und jahrhundertelang die Begeisterung der Studienräte einheimsen darf. Aber es ist ein Pyrrhus-Sieg und zugleich ein typisch byzantinistischer Irrtum über die Gesamtsituation. Daß zwei große christliche Bekenntnisse sich gegenseitig aufreiben ist ebenso verhängnisvoll wie der Bruderkrieg zweier großer europäischer Kulturvölker, der Germanen und der Römer, auf dem Boden Afrikas, der keinem von ihnen gehört. Und so ist es denn auch kein Römer, sondern ein junger einheimischer Viehdieb, der Häuptlingssohn Antalas, der König Hilderich aus dem Sattel hebt . . .

Seit 517 etwa, also schon im letzten Jahrfünft der Regierung Thrasamunds, gab der junge Antalas bei verschiedenen räuberischen Überfällen Proben seines Mutes. Es war offensichtlich, daß die Weisheit seines Vaters Guenfan nicht auf ihn gekommen war. Guenfan hatte sich bemüht, die Maurenstämme der südlichen und südwestlichen Byzacena friedlich zu einigen und, gestützt auf diese verstärkte Macht, von den Vandalen einvernehmlich bessere Weidegebiete und Handelsbedingungen zu erlangen – ein Verfahren, das ziemlich genau dem entspricht, das die Germanen dreihundert Jahre zuvor an den nordöstlichen Grenzen des Römerreiches angewendet hatten. Antalas aber, dessen Kindheit angeblich schon von schrecklichen Vorzeichen erfüllt war, suchte den Kampf, die blutige Auseinandersetzung, und wenn sich dieser Impetus auch im wesentlichen erst gegen die Römer richten sollte, die nach den Vandalenkönigen die Macht in Nordafrika übernahmen, so wurde das erste Opfer des Antalas doch König Hilderich, der seinen Gegenspieler vermutlich nie zu Gesicht bekommen hatte.

Dabei hatte König Hilderich nach der Meinung seiner katholischen Berater alles getan, um den inneren Frieden wiederherzustellen. Er ließ die verbannten Bischöfe wieder nach Nordafrika zurückkehren und in ihre Diözesen einsetzen, womit diese bis dahin auf Sardinien konzentrierte, besonders gefährliche Irredenta fürs erste beschäftigt war und jedenfalls nicht mehr gegen das vandalische Königtum aktiv werden konnte. Sogar die Wiederbesetzung des Bischofsstuhls der Hauptstadt wurde gestattet, und wir wissen aus einer Lebensgeschichte des Papstes Hormisdas, daß ein Prälat namens Bonifatius noch im Jahr 523, im Todesjahr des Thrasamund, als Bischof von Karthago geweiht werden konnte. Dies geschah allerdings in einer Kirche, die ein wenig außerhalb der Stadt am Meer lag, an der Stelle, wo nach der Tradition 200 Jahre zuvor der Märtyrer Agileus bestattet worden war. Die Hauptkirchen im engeren Stadtgebiet blieben im Besitz der Arianer.

Agileus aber, obwohl schon lange tot, bedeutete für die unter Hilderich so schnell zum Sieg gelangte katholische Kirche noch immer sehr viel: Über seinem Grab hatte nicht nur Augustinus gepredigt: mit Agileus war auch die Gemeinschaft der Märtyrer beschworen worden, die unter den römischen Kaisern und den vandalischen Königen für das Christentum gelitten hatten, jenes Christentum, als dessen einzige rechtmäßige Vertreter sich die Katholiken ansahen. Da unter Hilderich keine neuen Martyrien zu erwarten waren (es sei denn, er würde Arianer umbringen lassen . . .), wurden die Toten vergangener Epochen auf den Schild erhoben, und es waren schließlich genug, deren man sich noch entsann: Da waren, allen voran, Perpetua, eine junge Frau aus vornehmem Geschlecht, und ihre Sklavin Felicitas, über die der Prokurator Hilarianus das Urteil *ad bestias* gesprochen hatte. Am 17. März 202 wurden sie vor den 50000 Menschen des Amphitheaters, nackt in Netze gehüllt, mit einigen Leidensgefährten den

wilden Tieren vorgeworfen – die beiden Frauen seltsamerweise
einer wilden Kuh, die jede nur einmal hochwarf und dann von
ihnen abließ. Im Spoliarium gaben ihnen Gladiatoren den Gnaden-
stoß. Noch im selben Jahrhundert begann bereits die Legendenbil-
dung, aber auch die bildliche Darstellung dieser tatsächlich ans
Herz greifenden Geschichte. Perpetua gebar im Kerker eine
Tochter und hatte nicht nur gegen die Römer, sondern auch gegen
die Überredungsversuche des eigenen Vaters zu kämpfen, der sie
kniefällig abzuschwören bat, und was der rührenden, im ganzen
gut verbürgten Einzelheiten mehr waren.

Hilderich konnte gegen diese Wendung nichts haben; die
harten Maßnahmen der Vandalenkönige gegen die Katholiken
verblaßten angesichts jener fernen, aber im Unterschied zur
jüngsten Vergangenheit völlig unprovozierten Gewalturteile des
heidnischen Römertums, und zugleich meldeten damit die Katholiken ihren Anspruch an, dieses inzwischen zum Ruhmestitel
gewordene Erbe nunmehr anzutreten.

Im engsten Umkreis des Königs sah man immer mehr gebildete
Katholiken; die Vandalen und die römischen Arianer verloren an
Einfluß. Die vandalische Hauptbegabung, das Kriegführen, zählte
unter dem gealterten, müden Monarchen nicht viel, er überließ die
Armee und die Waffentaten einem Verwandten namens Hoamer.
Daß es sich dabei um einen echten Hasdingen handelte, scheint
festzustehen: Hilderichs Vater Hunerich hatte mindestens zwei
Söhne, wenn nicht mehr, und diese hatten wiederum Nachkom-
men. Hoamer dürfte also ein Neffe des Königs gewesen sein, wie
sein späteres Schicksal ebenfalls bestätigt: Hätte er nämlich zum
Clan Gentos gehört, so hätte Gelimer ihn gewiß weniger grausam
behandelt.

Dieser Hoamer, zweifellos jünger als Hilderich, wenn auch
nicht mehr jung, führte die Vandalen in der unaufschiebbar
gewordenen Auseinandersetzung mit den Mauren und scheint
diese auch einige Jahre lang einigermaßen im Zaum gehalten zu
haben. Als im Jahr 525 das große Konzil der afrikanischen Kirche
nach Karthago einberufen wird, sind die Wege so sicher, daß nicht
nur zwei Bischöfe aus Tripolitanien anreisen können, wo doch Kabaon seinen großen Sieg über Thrasamunds Reiterei errungen hatte,

sondern auch Prälaten aus den beiden Mauretanien und aus Numidien. Die Prokonsularische Provinz rund um Karthago und die Byzacena waren natürlich am stärksten vertreten, aber auch Turris Tamalleni im Süden der Byzacena und drei Diözesen im unmittelbaren Aurès-Vorland entsenden ihre Vertreter, so daß wir um 525 das Vandalenreich – vom Verlust der Verbindung nach Tanger abgesehen – noch intakt antreffen. Nur im äußersten Westen Mauretaniens gärt es bereits, die Bischöfe der sogenannten Mauretania Caesareensis westlich der heutigen Stadt Algier müssen sich entschuldigen, und zwar *dura belli necessitas,* unter Hinweis auf die kriegerischen Wirren.

Was nun kommt, handelt Prokopios in wenigen Sätzen ab, der ganze Hilderich scheint ihn nicht sonderlich zu interessieren: »Nun bestieg Ilderichos, der Sohn des Honorichos und Enkel Geiserichs, den Königsthron. Er zeigte sich gegenüber seinen Untertanen leutselig und sehr mild, bedrückte weder die Christen *[d. h. die Katholiken]* noch sonst jemanden, war aber in der Kriegführung so schlaff, daß er von ihr nicht einmal etwas hören wollte. Die Feldzüge der Vandalen leitete jedenfalls sein Vetter*[?]* Oamer, ein ausgezeichneter Soldat, der von seinen Leuten auch Achilleus genannt wurde. Unter diesem Ilderichos *[d. h. während seiner Herrschaft]* erlitten die Vandalen gegen die byzakenischen Maurusier, über die Antalas gebot, eine Niederlage.«

Wie es dazu kam, daß ein mit einem so hohen Ehrentitel ausgezeichneter Heerführer gegen die halbwilden Mauren unterlag, schildert uns in Hexametern der schon erwähnte Flavius Cresconius Corippus, obwohl auch er kein Augenzeuge der Begebenheiten war: Für ihn ist dies alles nur Vorgeschichte seines großen epischen Gedichts auf den byzantinischen Feldherrn Johannes, der »im Gespräch mit seinen Offizieren den Blick auf die Geschichte der letzten Jahrzehnte Libyens *[d. h. Afrikas]* zurücklenkt«: Danach hatte eine größere Alarmeinheit der Vandalen unter Hoamer versucht, den Mauren nach einem Überfall den Rückweg mit der Beute abzuschneiden. Als Ort des Überfalls kommt nach allem, was wir über Antalas wissen, das Gebiet zwischen den heutigen Städten Tebessa und Gafsa in Frage, wo ausgedehnte Vandalengüter lagen und wo es auch bedeutende christliche Zentren wie zum

Beispiel Telepte gab. Beim Auftauchen der vandalischen Reiterei wich Antalas nach Westen, ins Bergland, zurück und hatte vermutlich nur die Absicht, sich diesem im freien Feld zweifellos überlegenen Gegner zu entziehen. Und die Vandalen, die genau beobachtet wurden, gaben sich eine gefährliche Blöße. Von der langen Verfolgung erhitzt und durstig, lagerten sie in bergigem, für die Pferde sehr schwierigem Terrain und schickten einen Gutteil der Mannschaften obendrein zum Wasserholen weg. Selbst wenn das Gebiet zwischen den Monts des Nementcha und dem Djebel Onk damals noch nicht so wasserarm war wie heute, muß das ein zeitraubendes Unternehmen gewesen sein, das die Kräfte der Vandalen zersplitterte. Die Mauren überfielen zunächst die Dagebliebenen, die ohnedies erschöpft und nicht sehr zahlreich waren, und warfen sich dann auf die mit den Wasserschläuchen beladenen zurückkehrenden Reiter, die sofort zersprengt wurden und gegen die ortskundigen Verfolger keine nennenswerte Chance mehr hatten. Nur eine entschlossene Kerntruppe konnte sich unter Hoamers Führung durchschlagen und vandalisches Gebiet erreichen.

Im Abstand von fünf oder sechs Jahren hatten die Vandalen also zwei schwere Niederlagen gegen die Mauren erlitten. Aus der ersten hatte niemand eine Lehre gezogen, vielleicht, weil König Thrasamund bald darauf starb und eine Umorganisation der Armee darum Projekt blieb. Nach der zweiten Niederlage jedoch entschloß sich eine starke vandalische Partei zum Handeln, wobei Ludwig Schmidt in einer sehr umsichtigen Analyse klargemacht hat, daß diese Niederlage gegen Antalas nicht die Ursache der nun einsetzenden Revolte war, sondern nur auslösende Funktion hatte. Es war die Gesamtlage des Königreiches ebenso wie der am Hof eingetretene Umschwung, der die überwiegend arianisch gesinnten Vandalen gegen den katholischen Hilderich aufbrachte, und daß nun auch der tüchtige Hoamer eine Schlappe hatte hinnehmen müssen – der Mann, der offenbar die wahre Macht im Staate repräsentierte –, das bot die Möglichkeit, den König selbst zu stürzen. Nicht nur sein Katholizismus, sondern auch seine kriegerische Untüchtigkeit machten nun dem ganzen Volk augenfällig, daß er das Vandalenreich nicht mehr führen konnte.

Die Argumentation Ludwig Schmidts, an sich schon überzeugend, läßt sich noch durch die Überlegung ergänzen, daß – wären die Mauren die einzige Ursache der Revolte gewesen – wohl eher eine Heeresreform das richtige Mittel gewesen wäre. Da Hilderich bei der unglücklichen Begegnung mit Antalas die Truppen ja nicht selbst geführt hatte, war er zunächst auch nicht kompromittiert. Ein neuer Oberkommandierender hätte versuchen können, den Reiterkriegern ihre germanischen Kampfgewohnheiten abzugewöhnen und sie auf diesen neuen, gefährlichen Gegner besser einzustellen. Aber es war eben anders, und es gab auch schon

Das Monogramm des letzten Vandalenkönigs, Gelimer.

einen Prinzen, der auf seine Stunde wartete – lange wartete, weil ja Geiserich mit seinem Ancennitätsgesetz sie alle in die Thronfolge einbezogen und damit zum Warten verdammt hatte. Dieser Prinz war Gelimer, ein Enkel des kriegerischen Gento, ältester Sohn des Gelaris mit einer ungenannten, wohl kaum aus königlichem Geblüt stammenden Gemahlin.

Die Quellen nennen den neuen König (530–533) Gelimer, Geilimer, Geilamir und Geilamer, und Corippus, der seinen Lieblingsfeldherrn herausstreichen möchte, spricht von Gelimer mit Vorliebe als von einem Tyrannen. Als solcher gebärdet Gelimer sich auch zunächst, indem er Hilderich und Hoamer und wohl noch andere Nachfahren Hunerichs gefangensetzt, darunter auch einen Bruder des Hoamer, der uns nur aus der schon erwähnten Anthologie spätlateinischer Dichtung unter der Vandalenherrschaft bekannt ist und Oageis geheißen haben soll. Während Ludwig Schmidt es für möglich hält, daß die Dichter in ihrer poetischen Freiheit (H)Oamer und (H)Oageis verwechselten und damit also nur *ein* erfolgloser Heerführer ins Gefängnis geworfen wurde, für den zwei verschiedene Namen überliefert sind, sehen wir uns heute doch zu vielen Hinweisen auf diesen Bruder des

Hoamer gegenüber, um ihn lediglich als ein Schemen, aus Verwechslungen geboren, abtun zu können. Eine Namensähnlichkeit bei Brüdern begegnet uns in germanischen Fürstensippen nicht selten, sie ist ein Nachklang jenes Doppelkönigtums, wie es sich keineswegs nur bei germanischen Wandervölkern findet, sondern auch bei Sarmaten und Hunnen.

Oageis erscheint in griechischen Quellen als Euageis, wird als Anführer gegen die Mauren genannt (wobei es sich nicht um jenen Kampf in den Bergen handeln muß, in dem sein Bruder die schwere Schlappe erlitt) und besaß im vandalischen Villenviertel von Karthago einen offenbar berühmten Garten. Die Anthologie spricht von ihm mit den Worten *De horto domini Oagesis, ubi omnes herbae medicinales plantatae sunt,* also vom Garten des Hochwohlgeborenen Oageis, in dem alle nur denkbaren Heilkräuter gezogen werden – ein bemerkenswertes Hobby für einen Kriegsmann. Der auch gegenüber anderen Gebieten der Wissenschaft offenbar aufgeschlossene Oageis pflegte vertrauten Umgang mit den Dichtern, sie kannten seine Frau und seine kleine Tochter und widmeten dem frühverstorbenen Mädchen ein Epigramm.

Gewiß wäre es ein Irrtum anzunehmen, daß diese Verflechtungen zwischen der Herrscherfamilie und den Römern erst durch die neue Politik zustande kamen, die Hilderich noch vor seiner Krönung proklamiert hatte; auch Thrasamund hielt ja schon engen Kontakt mit den Trägern des geistigen Lebens im Vandalenreich und galt selbst als hochgebildet. Aber der vertraute persönliche Umgang mit römischen Literaten und Künstlern, der ganze neue, nach Byzanz und Rom orientierte Stil des höfischen Lebens unter Hilderich konnte auf eine vandalische Nationalpartei, auf eine militärische Opposition aus dem Gento-Clan zweifellos als Provokation wirken – vor allem in dem Augenblick, da die Niederlagen gegen die Mauren den Eindruck entstehen ließen, über all dieser Schönrednerei und Liebedienerei gegenüber dem Kaiser würden die ureigensten Interessen des Reiches vernachlässigt und die unmittelbaren Gefahren nicht beachtet.

In der nun unvermeidlich gewordenen Konfrontation zwischen den zwei Linien der Hasdingen, jener Hunerichs und jener Gentos, hatte Gelimer als der Jüngere, als der Nicht-Kompromittierte

zweifellos die überwiegende Zahl der Vandalen auf seiner Seite.
Aus der Nähe des Königs Hilderich verdrängt, von den glatten
Manieren der gebildeten römischen Höflinge in ihr Barbarentum
zurückgestoßen, hoben sie voller Trotz Prinz Gelimer auf den
Schild, ein Vorgang, den Ludwig Schmidt treffend so kommen-
tiert: »Die ehrgeizigen Bestrebungen Gelimers und der Volkswille
kamen einander entgegen.«

Eine gewisse Unsicherheit herrscht hingegen über die Reaktion
des Kaisers Justinian auf die Ereignisse, denn so gut wir auch über
die militärischen Vorgänge während der Regierungszeit des Gelimer informiert sind, so unverständlich ist eigentlich der Ausbruch
des Krieges selbst, in dem schließlich das Vandalenreich zugrunde
gehen sollte – eines Krieges, der Justinian nicht viel mehr ein-
brachte als die Ehre, die endlosen und zur Erfolglosigkeit verurteil-
ten kriegerischen Auseinandersetzungen mit den Mauren nun aus
der eigenen Tasche bezahlen zu müssen. Denn soviel war schon seit
Thrasamunds Niederlage gegen Kabaon klargeworden: Wer immer in Karthago herrschen wollte, trat ein blutiges Erbe an.

Die erste byzantinische Reaktion auf den Sturz des Hilderich
wirkt so versöhnlich, daß schwer einzusehen ist, warum sie falsches
Spiel sein sollte und eine Zumutung, deren Ablehnung sicher war
(Schmidt). Justinian schlug vor, den ohnedies schon alten Hilderich nominell auf dem Thron zu belassen, als einen Schattenkönig,
neben dem Gelimer die tatsächliche Macht ausüben sollte. In dieser
Situation hatte Justinian selbst zehn Jahre zugebracht, zehn
weltgeschichtlich bedeutsame Jahre, die bewiesen, daß man herrschen kann, ohne auf dem Thron zu sitzen. Er wußte also, wovon
er sprach, wenn er Gelimer einen solchen Vorschlag machte, und
eine entehrende Zumutung konnte darin schon wegen dieser
Parallele gewiß nicht erblickt werden.

Gelimer, ein Urenkel Geiserichs, hat jedoch leider nichts von
dessen diplomatischen Fähigkeiten geerbt und reagiert tatsächlich
barbarisch. Da nun Gefahr besteht, daß Byzanz sich einmischt und
versucht, die (offenbar sehr kleine) Partei Hilderichs durch Druck
von außen zurück an die Macht zu bringen, wird Hoamer im
Gefängnis geblendet. Das ist die brutalste aller möglichen Methoden, um einen Prinzen für die Thronfolge untauglich zu machen.

Sie wird fortan von Konstantinopel bis Kiew, von den byzantinischen Kaisern bis zur Goldenen Horde noch sehr oft angewendet werden, und sie bringt einen Zug sadistischer Dekadenz in das Bild dieses letzten Vandalenherrschers und nimmt ihm ein für allemal die Chance, als ein vandalischer Totila oder auch nur Teja im Gedächtnis zu bleiben. Auch Oageis und der alte Hilderich werden fortan sehr streng bewacht, weil Gelimer ihre gewaltsame Befreiung oder eine Flucht nach Bestechung der Wärter fürchtet.

Justinian, der in seinem eigenen großen Reich noch immer keinen wirklichen Frieden hat, korrespondiert indessen geduldig weiter. Die 60 Bischöfe auf Sardinien und ihre Abgesandten am Bosporus haben ihm gezeigt, wie nützlich es sein konnte, einflußreiche Verbannte ihrem Herrscher endgültig zu entfremden und im Exil zu einer aktiven Opposition aufzubauen. Will Gelimer den alten Hilderich partout nicht mehr auf dem Thron belassen, so soll er ihn in Gottes Namen nach Byzanz schicken, damit der ehrwürdige Greis dort die richtige Pflege genieße und in Frieden sterben könne. Und der blinde Hoamer sollte ihn natürlich begleiten, der sei ohnedies keine Gefahr mehr für Gelimer.

Nun wird es Gelimer zu bunt. Auf die erste Einmischung hat er überhaupt nicht geantwortet, vielleicht hat ihn auch die Revolte selbst noch zu stark beschäftigt. Nun aber diktiert er einen Brief, der Justinian zeigen soll, daß sich auch ein Vandale nicht für dumm verkaufen läßt. Mögen die in Byzanz sich großartig mit den Gesetzen auskennen, bei den Vandalen hat noch immer das Volk das letzte Wort – und dieses Volk, das weiß Gelimer hinter sich. Wenn *König Gelimer an Kaiser Justinian* schreibt, so ist darin nichts mehr von jener Unterwürfigkeit, wie sie im Regierungsstil des Hilderich gelegentlich zum Vorschein kam (etwa, wenn er, der König des souveränen Vandalenreiches, Silbermünzen mit dem Bildnis von Kaiser Justinus prägen ließ). Gelimer beruft sich auf das alte germanische Volksrecht, einen untüchtigen, für die Existenz des Volksganzen gefährlichen Führer abzusetzen; und nach der Absetzung sei er, Gelimer, auch nach der Alters-Nachfolgeordnung des Geiserich der nächste am Thron gewesen. Es habe also absolut keine unrechtmäßigen Handlungen gegeben, und im übrigen würden die Vandalen sich gegen jeden Versuch, diese

Vorgänge durch Machteinwirkung von außen zu beeinflussen, energisch zur Wehr setzen.

So ließ freilich ein Justinian nicht mit sich reden. Fortan war der Krieg beschlossene Sache, zumindest für den Kaiser in Konstantinopel. Aber ein Kaiser ist im 6. Jahrhundert nicht mehr das, was Augustus oder Tiberius waren. Justinian ist zwar seit einigen Jahren Alleinherrscher, aber der Perserkrieg hatte nur mit Mühe im Jahr 532 beendet werden können, und sehr eindrucksvoll war dieser Sieg auch nicht gewesen. Die Kassen waren leer, und das ein Dutzend Jahre nach dem Tod des sparsamen Anastasios, der so ausgezeichnet gewirtschaftet und einen so reichen Kronschatz hinterlassen hatte. Dazu kam, daß von allen denkbaren Verwicklungen keine so wenig Erfolg versprach wie der Krieg gegen die Vandalen. Von Byzanz aus gesehen handelte es sich dabei um einen Haufen bis an die Zähne bewaffneter Barbaren, deren ungeheure Flotte schon in Friedenszeiten Schrecken genug verbreitete und die schließlich auch die gewaltige Armada Kaiser Leos, die tausend Schiffe unter Basiliscus, geschlagen hatten. Was war denn zu holen bei diesen über ein paar hundert Meilen Wüste herrschenden Kriegern? Welchen Sinn konnte es haben, die Germanen aus Nordafrika zu verjagen, solange in dem ungleich wertvolleren und näheren Italien ebenfalls Germanen herrschten?

Man muß sich heute fragen, wie es möglich war, daß alle diese Argumente unbeachtet blieben, obwohl sie doch ein sehr einflußreicher und kluger Mann, der Feldherr Johannes aus Kappadokien, im Kronrat vorgetragen hatte. Das Land zeigte auch keinerlei Enthusiasmus für diesen Krieg, nur in den Städten, wo die katholische Geistlichkeit stärkeren Einfluß hatte, ließen sich die Leidenschaften gegen die arianischen Ketzer aufputschen, und dieses religiöse Moment gab dann auch den Ausschlag.

Da die Vernunftgründe gegen den Feldzug sprachen, mußten die katholischen Bischöfe auf die Emotionen abzielen und mit übernatürlichen Kräften zu Werke gehen, das heißt, sie nahmen ihre Zuflucht zu Wundern, und da Justinian ebenfalls den Krieg wollte, kamen ihm diese Legenden – ob er nun selbst an sie glaubte oder nicht – gerade recht, um den Meinungsumschwung im Kronrat und in der Bevölkerung herbeizuführen. Es ist darum

gar nicht so wichtig, ob es nun der Märtyrer Laetus war, der dem
Kaiser im Traum erschien und ihn mahnte, die bösen vandalischen
Ketzer möglichst bald über die Klinge springen zu lassen, oder ob
der Bischof Possessor aus Karthago von Gott selbst nach Byzanz
entsandt worden ist, um dort zum Krieg zu treiben. Wenn es
gegen die Ketzer ging, war der Friede plötzlich nichts mehr wert,
dieser Friede, den Geiserich und die Vandalen trotz gelegentlicher
Raubzüge im ganzen doch durch viele Jahrzehnte bewahrt hatten
in einer Welt, in der West- und Ostgoten, Franken und Römer,
Perser und Sarazenen in einem fort übereinander herfielen. »Es
unterliegt jedenfalls«, schreibt Ludwig Schmidt, »keinem Zweifel,
daß die katholischen Geistlichen überhaupt, insbesondere aber
natürlich die afrikanischen, die von dem Thronwechsel das
Schlimmste für sich befürchten mußten, alle Hebel in Bewegung
gesetzt haben, ein kriegerisches Einschreiten zugunsten ihres
Glaubens herbeizuführen.«

Trotz aller Kriegstreiberei wäre aber vielleicht die Furcht vor der
Vandalenflotte stärker gewesen als der Ketzerhaß, hätte nicht
Gelimer selbst die prächtige Gelegenheit ungenutzt verstreichen
lassen, das Ostgotenreich in Italien und Sizilien auf seine Seite zu
ziehen oder wenigstens zur Neutralität zu verpflichten. Die
Ostgoten nämlich waren auf den abgesetzten Hilderich ganz und
gar nicht gut zu sprechen, so daß ihnen die Revolte des Gelimer
eigentlich willkommen sein mußte. Hilderich hatte – eine der
wenigen energischen Aktionen seiner Regierungszeit – Amalafrida,
die Witwe seines Vorgängers, einkerkern lassen, weil sie der
katholikenfreundlichen Politik Hilderichs ablehnend gegenüberstand und eine Annäherung an ihren arianischen Bruder Theoderich lieber gesehen hätte. In einer Großaktion von erstaunlicher
Perfektion, die zweifellos nicht Hilderich leitete, sondern der harte
Hoamer, waren alle Goten am Vandalenhof umgebracht worden
(woraus sich freilich ergibt, daß der größte Teil jenes 6000 Mann
starken Hochzeitsgefolges inzwischen wieder nach Italien zurückgekehrt sein mußte). Die kluge und energische Amalafrida, die
zweifellos noch einflußreiche Freunde am Hof hatte, vermochte
aus dem Kerker zu fliehen und wollte Schutz bei den Mauren
suchen, der einzigen militärischen Kraft neben den Vandalen; eine

Flucht übers Meer wäre angesichts der Vandalenflotte von vornherein zum Scheitern verurteilt gewesen. Aber auch der Weg zu den Mauren erwies sich als zu weit, Hoamers Reiter erreichten die flüchtige Königinwitwe noch vor der Stadt Capsa, und damit war es um sie geschehen: Eine Gefangene kann man auf so viele Arten heimlich umbringen, durch ein vergiftetes Kerkersüppchen oder durch ein paar Dursttage, daß niemand je erfahren wird, wie die Ärmste schließlich ums Leben kam. Im Jahr 525 jedenfalls lebte sie nicht mehr, und ihr zutiefst erschütterter Bruder, der alte Theoderich, befahl den Bau von tausend Schiffen, um seine Schwester zu rächen.

Es blieb bei dem Befehl, denn Theoderich starb, nicht nur von seinem Volk betrauert, schon ein Jahr darauf, im August 526. Athalarich, sein zehnjähriger Enkel, wurde als sein Nachfolger gekrönt, Amalaswintha, die Tochter des großen Königs, führte die Regierungsgeschäfte. An ein so risikoreiches Unternehmen wie den Krieg gegen die Vandalen war unter diesen Umständen nicht zu denken: Ravenna protestierte in Karthago, das war aber auch alles.

Geiserich an der Stelle Gelimers hätte dem Mörder der Amalafrida, also dem alten Hilderich, einen spektakulären Prozeß gemacht, das hätte so gut wie gar nichts gekostet und den Thron für Gelimer freigemacht. Nicht einmal Justinian hätte viel dagegen sagen können. Die Ostgoten aber wären versöhnt gewesen, und gegen Ostgoten *und* Vandalen zugleich loszuschlagen, das wäre zweifellos auch über die Kräfte des Oströmischen Reiches gegangen. Durch seinen blindwütigen Stolz, sein leider durchaus unberechtigtes Vertrauen auf die Kampfkraft der Vandalen hatte Gelimer in bester germanischer Tradition die Diplomatie völlig außer acht gelassen und damit eine Gesamtlage geschaffen, die militärisch kaum noch Chancen bot. Er ermöglichte es Justinian, sein offen erklärtes Konzept einer Rückeroberung aller einst kaiserlich römischen Gebiete sukzessive durchzuführen und Vandalen wie Goten getrennt zu besiegen, die vereint nicht zu schlagen gewesen wären. Da Justinian wesentlich weiter und wohl auch klarer dachte als Gelimer, konnte Byzanz zuerst mit Hilfe der Ostgoten die Vandalen schlagen und danach mit Hilfe der vandalischen Schiffe das Ostgotenreich in Italien vernichten. Ein

Die letzten Vandalenkönige auf ihren Münzen: Links oben Hunerich, daneben Gunthamund, links unten Hilderich, daneben Gelimer. Silbermünzen aus den Staatlichen Museen zu Berlin (DDR).

Illyrier siegt mit seiner Bauernschläue gegen Theoderichs Tochter und Geiserichs Urenkel: ein Bär und eine Bärin werden tapsig vorgeführt, und das gelehrte Auditorium der Kleriker, Sekretäre, Chronisten und Geheimschreiber spendet wohlgesetzten Beifall.

Aus diesem Chorus Mysticus, der den Untergang der großen Germanenreiche begleitet, hebt sich scharf, präzise und nicht selten mit überlegener Ironie eine Stimme heraus, die unsere besondere Beachtung verdient. Sie gehört dem wohl bedeutendsten weltlichen Schriftsteller dieses von Kirchengezänk erfüllten Zeitalters, dem Prokopios von Kaisareia in Palästina, zwischen 490 und 507 (vermutlich) als Sohn des Prokonsuls Stephanos von Palästina geboren und spätestens 562 in Konstantinopel gestorben. Er wird uns wie schon vielen früheren Generationen den Vandalenkrieg des Feldherrn Belisar schildern.

Kaisareia, auch Caesarea geschrieben, war von Herodes dem Großen an der Küste Palästinas, zwischen Jaffa und Haifa erbaut worden und in gewissem Sinn eine Nebenbuhlerin Jerusalems. Von Kaisareia aus war im Jahr 66 n. Chr. der große jüdische Aufstand gegen Rom losgebrochen, und nach der Niederwerfung der Bar-Kochba-Revolte wurde in Kaisareia der damals berühmte Rabbi Akiba hingerichtet. Erst gegen Ende des 2. Jahrhunderts sammelte sich in der Stadt wieder eine jüdische Gemeinde, die im 3. und 4. Jahrhundert bedeutende Schulen unterhielt, und es liegt wohl in der Bildungstradition der Stadt, daß auch die Kirchenväter Origenes und Eusebius nicht nur in Kaisareia lebten, sondern auch enge Kontakte zu den gelehrten jüdischen Kreisen der Stadt unterhielten.

Prokonsul Stephanos, der vermutliche Vater des Historikers Prokopios, hatte – wie zur Kaiserzeit üblich – keine militärischen Funktionen mehr, sondern war der oberste Rechtspfleger der großen und wichtigen Provinz mit Anspruch auf eine Leibgarde und andere Machtinsignien. Vieles spricht dafür, daß seine Familie weit zurückreichende geistige Traditionen aufweist, eine Filiation von Juristen vor allem und vielleicht auch verwandtschaftliche Bindungen an andere Prokopioi aus dem geistig und literarisch stark interessierten Judenchristentum. Fest steht, daß die kleine jüdische Gemeinde in der überwiegend von Heiden bewohnten Stadt einen schweren Stand hatte und daß sie darum verhältnismäßig viele jener als Judenchristen bezeichneten Überläufer zählte, als der Sieg des Christentums die Taufe der Juden möglich machte. Sie blieben zwar nicht so sehr ihrem angestammten Glauben, aber um so mehr ihren Gebräuchen, Lebensformen und Bildungsinteressen auch als Christen noch so eng verbunden, daß für sie der heute vergessene Begriff Judenchristen geschaffen wurde. Berthold Rubin, dessen Buch über Prokopios den heutigen Stand der Forschung repräsentiert, sagt in diesem Zusammenhang:

»Mustert man das im Kapitel Weltanschauung und den Kommentaren ausgebreitete Material, so fällt eine gewisse innere und äußere Beziehung des Prokopios zum (bekehrten?) Judentum und überhaupt zu seiner vorwiegend hellenistischen, aber doch in engem Kontakt zur semitischen Rasse stehenden Heimat auf. Selbst am Stil des Prokopios lassen sich semitische Einflüsse nachweisen.« Rubin erwähnt dann noch das auffallende Interesse des Prokopios für semitische Inschriften, die während des Nordafrika-Feldzugs gegen die Vandalen in seinen Gesichtskreis geraten, und seine Beschäftigung mit dem Schicksal des Tempelschatzes von Jerusalem. »Eine gewisse Gefühlsbezogenheit des Prokopios bei jüdischen Dingen bleibt trotz seiner gegenteiligen Äußerungen bei längerer Beschäftigung mit dem Autor als unverwischbarer Eindruck zurück.«

Der heute in Berlin lebende bedeutende Byzantinist der Kölner Universität ist, wie wir sehen, sehr vorsichtig und beinahe so skeptisch wie Prokopios selbst. Darum sagt er nicht, wie sich all dies sehr einfach erklären ließe: durch die Annahme einer jüdischen Mutter für den großen Historiker, durch eine der gebildeten Jüdinnen von Kaisareia oder eher eine Juden-Christin als Frau des Prokonsuls, denn Prokopios wäre nicht der erste, der Selbstvertrauen, Bildung, Aufstieg und Erfolg dem Glauben der Mutter an den Sohn verdankte und der unablässigen Förderung seiner kindlichen Begabung durch eine ehrgeizige und kluge Mutter. Wenn wir dabei bleiben, daß Prokopios der Sohn des Prokonsuls Stephanos war, dann hatte er einen hervorragenden Lehrer, der ebenso hieß wie er, nämlich Prokopios von Gaza, und vielleicht hat Vater Stephanos diesen Namen für seinen Sohn nicht von ungefähr gewählt: Als die große Diokletianische Christenverfolgung in Kaisareia begann, hieß der erste Märtyrer Prokopios, und es war einer der Amtsvorgänger des Stephanos, der Prokonsul Flavianus Paulinus, der ihn zum Tod verurteilt hatte.

Der spätere Historiker Prokopios erhielt eine solide Ausbildung als Jurist, aber auch in militärischen Fragen und wurde 527 Consiliarius des byzantinischen Feldherrn Belisar, der damals Herzog von Mesopotamien war und Kommandant der Festungsstadt Dara. Wäre Prokopios tatsächlich schon 490 zur Welt

gekommen, so müßte man darin eine relativ späte Karriere sehen;
wahrscheinlich ist daher, daß er erst in den letzten Jahren des
5. Jahrhunderts geboren wurde.

Schon die ersten Aufträge, die Belisar ihm gab, hingen mit dem
bevorstehenden Feldzug gegen die Vandalen zusammen und
beweisen, daß Kaiser Justinian ihn vorbereiten ließ, als der Kronrat
noch keineswegs damit einverstanden war. Prokopios hatte wichtige Erkundungsaufträge in Sizilien durchzuführen, wobei ihm die
dort ansässigen Juden wertvolle Auskünfte gaben, und er war es
auch, der geeignete Ausschiffungsplätze an der nordafrikanischen
Küste auskundschaftete. Das heißt – er arbeitete als Spion:

»Angeblich war Prokopius nur zum Ankauf von Lebensmitteln
ausgesandt, da die *[Ost-]*Goten ihnen einen freien Markt gewähren
wollten. Diese Vereinbarung hatten nämlich Kaiser Justinian und
Amalaswintha, die Mutter des *[Ostgotenkönigs]* Athalarich getroffen ... Nach seiner Ankunft in Syrakus traf Prokopios unvermutet
einen Bürger, der ihm von Jugend auf befreundet war, seit langer
Zeit aber schon, mit dem Seehandel beschäftigt, in Syrakus
wohnte. Von dem zog er alle gewünschten Erkundigungen ein,
denn der Mann konnte ihm einen Sklaven vorstellen, der erst drei
Tage zuvor aus Karthago eingetroffen war und nun versicherte,
daß man von Seiten der Vandalen keinen Hinterhalt für die
*[Invasions-]*Flotte zu befürchten habe. Niemand habe die Vandalen
davon unterrichtet, daß zur Zeit ein Heer gegen sie heranrücke,
vielmehr sei erst kurz zuvor die ganze kriegstüchtige Mannschaft
der Vandalen zu einer anderen Unternehmung nach Sardinien
ausgefahren. Ohne an einen feindlichen Angriff zu denken oder
besonders auf Karthago und all die anderen Seestädte zu achten,
halte sich daher König Gelimer zu Hermione auf, einem Ort der
Landschaft Byzacena, der vier Tagemärsche weit landeinwärts liege.
Man könne also völlig gefahrlos in See stechen und überall landen,
wohin der Wind die *[byzantinische]* Flotte gerade treibe. Als
Prokopius dies hörte, faßte er den Sklaven bei der Hand und führte
ihn zum Hafen Arethusa, wo sein Schiff ankerte; dabei stellte er an
den Mann viele Fragen und forschte ihn nach Einzelheiten aus.
Schließlich bestieg er mit ihm das Fahrzeug, ließ das Segel setzen
und nahm eiligst Kurs auf Kaukana *[den Sammelplatz der Invasions-*

flotte]. Der Herr des Sklaven stand am Ufer und wunderte sich, daß Prokopios ihm den Mann nicht zurückgab . . . Als aber Belisar mit dem Mann gesprochen und dieser ihm eine Schilderung der ganzen Lage gegeben hatte, zeigte sich der Feldherr hocherfreut, spendete Prokopios großes Lob und befahl sogleich, das Trompetensignal zur Abfahrt zu geben. Rasch hißte man die Segel und nahm Kurs auf Gaulos und Melite *[auch Melita: die Insel Malta]*.«

Man spürt den großen Herodot und eine Versuchung, der auch spätere Memorialisten erlegen sind, ohne den Herodot zu kennen: Alles wird so dargestellt, als handle es sich um die wundersamsten und glücklichsten Zufälle, als sei das Schicksal auf der Seite der gerechten Sache; darum haben die Prokopios-Kommentatoren die Naivität dieser Schilderungen überhaupt nicht geglaubt und die Historiker wie Ludwig Schmidt oder Julius von Pflugk-Harttung nur halb. Es gab zwar, vor allem in der alten Seefahrt, noch eine ganze Menge von Imponderabilien und Überraschungen, aber daß Belisar aufs Geratewohl losgesegelt sein soll, ist ebenso unwahrscheinlich wie der Zufall, der Prokopios einen Jugendfreund treffen läßt, der auch sogleich einen vollkommen unterrichteten Sklaven aus Karthago zur Hand hat. Die Annahme bewußter und sorgfältiger Erkundungen ist dagegen schon darum wahrscheinlicher, weil solch ein Agentennetz gar nicht erst aufgebaut zu werden brauchte. Es existierte ja seit Jahrzehnten am wohlgenährten Busen der katholischen Kirche, die emsig Fäden gesponnen hatte zwischen Karthago und Cagliari, zwischen Cagliari und Rom, zwischen Karthago, Cagliari, Rom und Byzanz.

Für einen puren Zufall war der Zeitpunkt der Invasion auch viel zu günstig gewählt, ja, von geradezu einmaliger Eignung für den Angriff auf das Vandalenreich: Auf Sardinien, wohin die Vandalen nach dem Bericht jenes angeblichen Sklaven gerade aufgebrochen waren, hatte sich ein gotischer Statthalter namens Godas selbständig gemacht und gegen seinen vandalischen Herrn erhoben. Das sollten die in Cagliari bestbekannten Bischöfe nicht bemerkt und nicht gemeldet haben? König Gelimer hatte 120 Schiffe mit 5000 Mann ausgesuchter Truppen in einer Eilaktion nach Sardinien expediert und wohl auch Meldungen über die byzantinische Flotte empfangen, aber da Sardinien der Schauplatz der Kämpfe war, nahm Gelimer wohl an, die Byzantiner wollten dem Goten Godas zu Hilfe kommen. Einen byzantinischen Angriff auf das afrikanische Vandalenreich, in der heißesten Jahreszeit und mit einer relativ geringen Streitmacht, hatte Gelimer eben seiner genauen Informationen wegen für unmöglich gehalten. Hätte man ihm eine größere Flotte gemeldet – übertreibende Berichte waren damals an der Tagesordnung –, hätte er seine Resttruppen vermutlich alarmiert. Die klimatische Ungunst der Invasionszeit muß als zusätzlicher Beweis gewertet werden, daß die Revolte auf Sardinien die ganze Aktion beschleunigt hat. Eine Gelegenheit wie diese würde sich so bald nicht wieder bieten, Belisar mußte sie nutzen, eben weil er nicht viele Soldaten und Schiffe hatte und weil die Stimmung in seiner Armee alles andere als siegesgewiß war. Man fürchtete nach wie vor die Vandalen, und man war in der ständigen Erwartung einer vandalischen Flottenaktion recht kleinmütig über das Mittelmeer herangefahren:

»Im siebenten Jahr seiner Regierung, zur Zeit der Sommersonnenwende, ließ Kaiser Justinian das Flaggschiff an der Reede vor dem kaiserlichen Palast vor Anker gehen. Dorthin begab sich auch Epiphanios, der Erzbischof der Stadt, verrichtete die üblichen Gebete und ließ einen eben getauften und zum Christentum bekehrten Soldaten das Schiff besteigen. Sodann fuhren der Feldherr Belisar und seine Gemahlin Antonina ab.

In ihrem Gefolge befand sich auch Prokopios, der Verfasser dieses Werkes. Er hatte sich vorher gar sehr vor dem gefahrvollen Unternehmen gefürchtet, später aber ein Traumgesicht gehabt, das ihm Mut einflößte und ihn zur Teilnahme am Feldzug bewog.«

Also noch immer Herodot, nur daß es nicht mehr die Götter sind, die solche Gesichte schicken, sondern der das katholische Heer unterstützende Christengott. Belisar hat offensichtlich mehr Vertrauen zu den byzantinischen Waffen, sonst würde er seine Frau nicht mit in den Krieg nehmen, bei dem es ja – zum Beispiel bei einer Seeschlacht gegen die Vandalen – kein Entrinnen geben würde. Die mutige Dame erweist sich auch bald als nützlich: Während auf allen Schiffen der langen Seereise wegen das Wasser verdirbt, bleibt es auf dem Admiralsschiff, in gläserne Amphoren gefüllt und unter der Wasserlinie aufbewahrt, frisch und genießbar.

Miniatur von Guillaume Vrelant zu Leonardo Brunis Buch über den
Ersten Punischen Krieg (Flandern, 15. Jh.).

Nicht nur am Wasser, sondern auch am Brot erkrankten
zahlreiche Soldaten: Ein Heereslieferant in hoher Position hatte das
Geschäft seines Lebens gewittert und das zur Verpflegung bestimmte Brot nicht doppelt backen lassen, wie es nötig gewesen
wäre, um Haltbarkeit zu erzielen, sondern es nur flüchtig angebak-
ken und damit Gewichtsverluste vermieden. »Die Soldaten aber,
die dies zur Sommerszeit und in einer glühendheißen Gegend
verzehren sollten, wurden krank und nicht weniger als fünfhundert
von ihnen starben daran. So wäre es noch vielen anderen ergangen,
hätte Belisar nicht vorgebeugt und einheimisches Brot zu kaufen
befohlen.«

Das alles hatte sich noch in der Ägäis ereignet und steigerte die
Unzufriedenheit in der aus verschiedenen Völkern zusammen-
gewürfelten Streitmacht in byzantinischem Sold. Zur offenen

Konfrontation mit dem Oberfeldherrn kam es, als Belisar auch hier
hart durchgriff und zwei Soldaten, hunnische Söldner, als ab-
schreckende Beispiele pfählen ließ, weil sie im Suff einen Kamera-
den erschlagen hatten. Während sie auf einem Hügel und der
ganzen Armee sichtbar diese grausamste aller Hinrichtungsarten
erdulden mußten, hielt Belisar den übrigen eine Ansprache über
Manneszucht, aus der hervorgeht, daß die Veteranen der Perser-
kriege durchaus nicht freudig gegen die Vandalen ausgezogen
waren. Eben darum wurde wohl auch diese besonders eindrucksvolle Strafe gewählt, bei der die Betroffenen stundenlang qualvoll
sterben, inmitten der anderen und für alle in jedem Stadium ihrer
Leiden sichtbar. (Wie die Blendung ist auch das Pfählen eine
Hinrichtungsart, die sich vor allem im Ostmittelmeerraum gehalten hat, unter den Türken und in Ägypten bis an die Schwelle des
19. Jahrhunderts!)

Auch diese strenge Disziplin, die umsichtige Behebung aufkom-
mender Schwierigkeiten sprechen dafür, daß Belisar – wie es anders
auch gar nicht denkbar wäre – diesen außerordentlich riskanten
Feldzug genauestens vorbereitet hatte. Andererseits hatte Gelimer,
eben auch im Gedenken an Kap Bon und die bisherigen Siege der
Vandalen über Byzanz, den Gegner zweifellos unterschätzt und die
Seeaufklärung vernachlässigt, so wie er schon das wichtige tripoli-
tanische Vorland durch pure Unachtsamkeit verloren hatte. Dort
war nach dem Staatsstreich des Gelimer die ohnedies geringfügige
vandalische Besatzung offenbar abgezogen worden oder von sich
aus in die Hauptstadt zurückgekehrt. Ein römisch gesinnter Libyer
namens Pudentios erkannte die Gunst der Stunde und sandte
Nachricht nach Byzanz: Das Land sei unbesetzt, jedes kleine
Kommando genüge, um es einzunehmen. »Der Kaiser«, berichtet
Prokopios, »schickte ihm denn auch den Befehlshaber Tattimuth
mit einer kleinen Abteilung, und Pudentios nahm, da keine
Vandalen zugegen waren, das Land in Besitz und machte es dem
Kaiser untertan.«

Die Spatzen pfiffen es also von den Dächern, daß Justinian
etwas vorbereitete; schlichte Bürger wie jener Pudentios erkannten
die Möglichkeit von Zufallserfolgen; ganze Landstriche waren
unverteidigt, noch ehe das Vandalenreich selbst zusammenbrach.

Das sind Auflösungssymptome, für die der plötzliche und gewaltsame Machtwechsel von Hilderich zu Gelimer nur eine unzureichende Erklärung bietet. Eher müßte man wohl schon mit einem modernen Ausdruck von Gelimers Führungsschwäche sprechen. Es ist, als seien die Vandalenfürsten dieser letzten aufgerufenen Generation dem Reichsgedanken nicht mehr gewachsen. Es gibt noch Schiffe, es gibt noch Krieger, aber man entsendet sie nach Sardinien und gibt die Küsten östlich von Karthago in gefährlicher Weise preis.

Damit war Belisar eine gewisse Freiheit hinsichtlich des Landungsplatzes gegeben, und er nützte sie auch aus. Kapud Vada, das heute als Rass Kapoudia bekannte östlichste Kap der tunesischen Küste, etwa auf der Höhe von El Djem und halbwegs zwischen Sousse und Sfax, ist als Ausschiffungsplatz und Ausgangsort für die Operationen so umsichtig gewählt, daß man die Bemerkung (von Ludwig Schmidt) nicht verstehen kann, die Flotte Belisars sei dort vom Ostwind an Land getrieben worden. Ein weiter südlich gelegener Landungsplatz hätte den Marsch nach Karthago unnütz ausgedehnt und die Gefahr eines Konflikts mit den Mauren heraufbeschworen; ein Landungsplatz näher an Karthago aber hätte vandalische Streitkräfte in den Byzacena-Garnisonen in der Flanke oder im Rücken der ausgeschifften Armee unberücksichtigt gelassen.

Dennoch fand Belisar Widerspruch, als er die Armee hier ausschiffen wollte, und Prokopios hat viel Mühe darauf verwendet, uns die Argumente des Unterfeldherrn Archelaos und des Oberkommandierenden vor Augen zu führen. Archelaos wollte angesichts der weiten und unbekannten Wüstenstrecke ohne hinreichende Versorgung geradewegs nach Karthago segeln und die Hauptstadt berennen, Belisar hingegen wollte es eher mit der Wüste aufnehmen als mit der Vandalenflotte, die wohl die Hauptstadt nicht kampflos preisgeben würde. Ein wenig scheint Belisar damit auch seinen Mannschaften nach dem Mund geredet zu haben, die deutlich erklärt hatten, zu Lande keinen Gegner zu fürchten, zur See aber nicht kämpfen zu wollen. Er gestand ihnen sogar das Recht zur Flucht zu, wenn man auf Vandalenschiffe treffen sollte (was beweist, welch außerordentlichen Schrecken diese Raubflotten hundert Jahre lang im Mittelmeer verbreitet hatten), und schloß mit einem unmißverständlichen Hinweis auf die Beute: »Wenn wir uns als wackere Männer erweisen, wird es uns an den lebensnotwendigen Dingen nicht fehlen; denn wer die Feinde bezwingt, wird auch zum Herrn über ihren Besitz, und der Sieg pflegt alles Eigentum bei der Partei niederzulegen, der er sich zuneigt. So ruht denn die Rettung wie auch der Überfluß an allen Gütern in eurer Hand.«

Diese Ansprache ist gewiß ebensowenig eine rhetorische Übung wie die vorangegangene des Archelaos. Prokopios war ja dabei, führte im Kriegsrat das Protokoll und hat zumindest die Fakten sicherlich zutreffend festgehalten. Belisar hatte vor allem mit den letzten Sätzen eben jenen Truppenteilen Zuckerbrot gegeben, denen er nach dem Auslaufen aus Byzanz die Peitsche hatte zeigen müssen – den Massageten, wie sie die griechischen Historiker seit Herodot nannten, den Hunnen, wie sie im Werk des Prokopios etwa von dem Augenblick an heißen, da sie afrikanischen Boden betreten. Die hunnischen Söldner waren die härteste und mutigste Truppe, über die Belisar gebot, und dies war unter den schwierigen Verhältnissen Nordafrikas von besonderer Bedeutung. Sie fühlten sich an Bord der Schiffe begreiflicherweise äußerst unwohl – ein Reitervolk, das nie irgend etwas mit der Seefahrt zu tun gehabt hatte –, doch sie waren durch die Ankündigung der Beute schnell mit dem versöhnt, was ihren beiden Gefährten eines Totschlags wegen angetan worden war.

Unmittelbar nach der Ausschiffung begannen Schanzarbeiten, die zeigen, daß Belisar mit den vandalischen Alarmeinheiten rechnete, und schon beim Ausheben der Grabenstellungen stieß man auf Wasser. Während sich alle über die aufsprudelnde Quelle freuen und damit eine große Sorge los sind, wird das Wasser für Prokopios zu einer Verheißung des Sieges, zu einem Beweis dafür, daß überirdische Kräfte auf der Seite Justinians gegen die arianischen und tyrannischen Vandalen in den Kampf eingreifen werden. Er hat seinen Herodot also noch immer nicht vergessen; weder der Skeptizismus noch die scharfsichtige Psychologie, die sein Werk so oft erkennen läßt, hindern ihn, in die abergläubischen Reminiszenzen zu verfallen, die seit Jahrhunderten aus der

Geschichtsschreibung eine Kunst gemacht haben und aus dem Bericht über historische Ereignisse die poetische Verklärung von Schlachten und Siegen.

Belisar denkt in diesen Dingen ungleich zweckorientierter und geradezu modern. Getreu dem Konzept des Justinian, das einst römische Land dem Kaiserreich wiederzuerobern, hat Belisar die Rolle des Befreiers gewählt und der des Eroberers vorgezogen. Er verbietet Plünderungen selbst auf den Feldern und sucht ein gutes Einvernehmen mit der Bevölkerung, allerdings ohne nennenswerten Erfolg: Die Bewohner der Byzacena sind nämlich mit der angeblich tyrannischen Herrschaft der Vandalenkönige keineswegs so unzufrieden, wie es die Sendboten der Bischöfe in Konstantinopel behauptet hatten. Belisar stößt zwar auf keine erbitterte Gegenwehr, denn die Waffen tragen nun einmal seit hundert Jahren die Vandalen und nicht die Bauern, Fischer und Handwerker; aber irgendwelcher Jubel über die Befreiung oder die Rückkehr zum wahren Glauben wird nirgends laut: Ein Herr ist wie der andere, und für die kleinen Leute ändert sich wenig, wenn Justinian an die Stelle von Gelimer tritt.

»Inzwischen wurde Belisar gemeldet, eine Stadt namens Syllektos *[heute: Sallakta, in der Nähe des gleichnamigen Vorgebirges]* liege eine Tagereise weit vom Lager entfernt an der Straße nach Karthago, die am Meer entlang führte. Ihre Mauern waren zwar schon vor langer Zeit *[durch Geiserich]* abgetragen worden, die Einwohner aber hatten wegen der maurusischen Angriffe die Hauswände überall zu Befestigungen ausgebaut und dadurch eine ringförmige Anlage erzielt.«

Belisar, der offenbar möglichst lange ohne Blutvergießen vorrücken und damit die Illusion aufrechterhalten will, daß er als Befreier komme, befiehlt einen Handstreich:

»Mit Einbruch der Dunkelheit gelangten die Soldaten in die Nähe der Stadt, wo sie sich in einer Schlucht versteckten und so die Nacht zubrachten. Als dann am Morgen Bauern mit ihren Wagen in die Stadt fuhren, mischten sie sich unter diese, zogen in aller Stille mit ihnen hinein und nahmen so den Ort mühelos in Besitz. Sobald es ganz hell geworden war, riefen sie, ohne daß sonderliches Aufsehen entstand, den Bischof und alle vornehmen

Bürger zusammen und gaben ihnen die Befehle des Feldherrn bekannt, worauf sie ohne weiteres die Schlüssel zu den Stadttoren ausgehändigt erhielten.«

Was diesen Anfangserfolg so wichtig machte, war die Chance, ein Eckchen der vandalischen Staatsorganisation in die Hand zu bekommen und über diese unverdächtigen Kanäle die byzantinische Befreiungstheorie in den ganzen Organismus des Gelimer-Staates einsickern zu lassen. Für uns ist daran zunächst interessant, daß es also auch in der angeblich so barbarischen und chaotischen vandalischen Lebensgemeinschaft einen »Leiter des staatlichen Postwesens« gab, wie Prokopios ihn nennt, und daneben für besondere Botschaften die Veredarier, eine Kuriertruppe aus adeligen Reitern. Einer dieser Veredarier »geriet in Gefangenschaft, doch tat ihm Belisar nichts zuleide, beschenkte ihn vielmehr mit einer Anzahl von Goldstücken und übergab ihm, nachdem er sich hatte Treue schwören lassen, den von Kaiser Justinian an die Vandalen gerichteten offenen Brief mit dem Auftrag, diesen den vandalischen Behörden zu vermitteln; sein Inhalt lautete folgendermaßen:

›Wir wollen weder Krieg mit den Vandalen führen, noch kündigen Wir den mit Geiserich geschlossenen Vertrag auf, sondern möchten nur euren Gewaltherrscher stürzen, der unter Mißachtung von Geiserichs Testament euren König in Gewahrsam hält, von seinen Verwandten aber diejenigen, die er mit besonderem Haß verfolgte, sogleich tötete, während er die übrigen des Augenlichts beraubte und, ohne ihre Leiden durch den Tod zu beenden, gefangenhält. Schließt euch also Uns an und schüttelt im Verein mit Uns diese schmähliche Gewaltherrschaft ab, auf daß ihr euch fortan des Friedens und der Freiheit erfreuen könnt! Daß euch dies durch Uns zuteil wird, dafür geben wir Unser kaiserliches Wort und rufen Gott als Zeugen.‹«

Jener Vandalenkurier war offenbar der Meinung, daß man ohnedies Frieden gehabt habe, bis die Truppen des Belisar kamen, und auch die verheißene Freiheit schien er nicht sehr zu vermissen; jedenfalls schlug er die kaiserlichen Versprechungen nirgends an, sondern zeigte sie nur im Kreis einiger Freunde herum, so daß die Propagandaaktion so gut wie nichts erbrachte. Der Versuch aber ist immerhin interessant, weil man ihn in den kriegerischen Auseinandersetzungen der Völkerwanderungszeit nicht so ohne weiteres erwarten würde. Aufschlußreich ist auch, daß in dem Sendschreiben des Justinian religiöse Fragen überhaupt nicht angesprochen werden; offenbar hatte der Kaiser doch nicht alles geglaubt, was ihm die Bischöfe und ihre Agenten über die tyrannischen Unterdrückungen des wahren Glaubens und die Leiden der Rechtgläubigen erzählt hatten. Justinian appelliert vielmehr sehr deutlich an die altvandalischen Traditionen, erwähnt zweimal Geiserich und betont, daß er das Bündnis mit dem zur Legende gewordenen großen Herrscher aufrechterhalten wolle. Das sind schlüssige Beweise dafür, daß es zwischen den vandalischen Königen und der Bevölkerung ihres Reiches grundsätzlich keine Kluft gab, ja, daß die in der Kritik der klerikalen Kommentatoren und Chronisten so oft erwähnte Unterdrückung der katholischen Religion die kleinen Leute kaum betroffen zu haben scheint, sondern sich ausschließlich gegen die expansive Tätigkeit der Bischöfe und ihre weitausgreifende politische Konspiration richtete.

Andererseits waren die Vandalen rein von der Volkszahl her im dicht bevölkerten Nordafrika eine Minderheit, und die große Masse, die sie beherrschten, hatte kein sonderliches Solidaritätsgefühl mit diesen Fremdherren entwickelt. Es ist daher nur natürlich, daß Belisar zwar keinen Volksaufstand gegen die Vandalen entfesseln konnte, aber auch nicht auf Feindschaft stieß: Rund um Karthago hatte es seit mehr als sechshundert Jahren keine autochthonen Staatsgebilde mehr gegeben, und wenn nach Römern und Vandalen nun abermals die Römer kamen, so war das kein Grund, sich in einem hartnäckigen Guerillakrieg um das wenige zu bringen, das man besaß:

»Nach seinem Einzug in Syllektos hielt Belisar seine Truppen weiterhin in guter Zucht und ließ keinerlei Übergriffe zu. Er zeigte auch viel Milde und persönliche Liebenswürdigkeit . . . Die Einwohner flohen weder noch wollten sie etwas von ihrer Habe verstecken, ja sie gaben den Soldaten sogar die Möglichkeit zum Einkaufen und leisteten ihnen auf Wunsch auch sonstige Dienste. So legten wir auf dem Weg nach Karthago täglich achtzig

Stadien zurück, wobei wir, wo sich Gelegenheit bot, entweder in einer Stadt oder – möglichst gut gesichert – in einem Feldlager nächtigten.«

Die Länge des Maßes *Stadion* ist eine alte Rätselfrage, weil größere Entfernungen natürlich nicht abgeschritten werden konnten wie etwa der Umfang einer Stadtmauer. Als Itinerarmaß, das heißt als Entfernungsangabe auf Reise- und Marschwegen, kann man aber, wie die Auswertung alter Karten und Angaben zeigt, im Schnitt sechs Stadien auf einen Kilometer rechnen, so daß die Truppe des Belisar täglich zwölf bis vierzehn Kilometer in Richtung Karthago zurücklegte. Etwa sechzig Kilometer vor der Hauptstadt und nachdem sie Hadrumetum, das heutige Sousse, passiert hatten, gelangten sie zu dem königlichen Lustschloß von Grasse. Wir passieren die Gegend, wenn wir heute auf der Strandstraße von Sousse nach Hammamet in nördlicher Richtung fahren. Nach der Eisenbahnstation von Enfida erkennt man zur Linken eine Ruinengruppe, doch ist die Identifikation mit dem von Prokopios »Grasse« genannten Ort noch nicht nachgewiesen: Henchir Fraga oder Sidi Kralifa kommen gleichermaßen in Frage. Hier, in sechzig bis siebzig Kilometer Entfernung von Karthago, »befand sich auch ein Palast des Vandalenherrschers, dazu ein Garten, wie wir einen schöneren noch nie gesehen haben. Durch die Quellen reich bewässert, besitzt er einen großen Baumbestand, und alle Zweige hängen voll von Früchten. Jeder Soldat schlug daher sein Zelt unter einem Obstbaum auf, und alle konnten sich an der eben reif gewordenen Ernte sättigen; daß sie sich dadurch verminderte, war kaum zu erkennen.«

Es ist schon der zweite herrliche Garten, von dem wir hören; der erste war der des Oageis. Auf diese Weise, mit viel Wasser und reichlichem Baumschatten, machten sich die Hasdingen und andere reiche Vandalen das Leben auf afrikanischem Boden erträglich. Belisar, der kurz vorher den Raub von Feldfrüchten mit harten Prügelstrafen bedacht hatte, ließ seine Truppe auf dem königlichen Besitz ungehindert lagern und plündern; hier ging es ja nicht darum, sich Sympathien zu erwerben, Gelimer war der Feind. Daß jeder römische Soldat seinen eigenen Baumschatten fand, läßt auf eine relativ geringe Streitmacht schließen, dazu passen auch die Zahlenangaben, die Prokopios im Zusammenhang mit der Marschordnung gibt: Die ganze Vorhut bestand lediglich aus 300 Hypaspisten, also leichter bewaffneten Fußsoldaten; die Flankensicherung gegen das Landesinnere besorgten 600 Hunnen, die damit, fernab von der Küstenstraße und ohne Berührung mit den Städten, die härteste Aufgabe hatten. Aber gerade diese wilde Truppe wollte Belisar offensichtlich von den Wohngegenden fernhalten. Die Hauptmacht marschierte am Schluß, denn Gelimer, der sich in Hermione ja nicht zum Vergnügen aufgehalten hatte, sondern weil er von hier aus die Abwehr der Maurenangriffe besser dirigieren konnte, stand mit seinen Truppen im Rücken der römisch-byzantinischen Invasionsarmee und konnte jederzeit auftauchen. In Marschrichtung rechts, also östlich, lag das offene Meer. Hier begleitete die Flotte die langsam vorrückenden Soldaten. Außer den Matrosen waren auf jedem Schiff nur fünf (!) Bogenschützen zurückgeblieben, ein weiterer Beweis dafür, daß Belisar keinen Mann entbehren konnte.

In der Nacht von Grasse, als Belisars Soldaten sich dem Frieden des königlichen Parks hingeben wollten, kam es zur ersten Feindberührung durch Aufklärungstrupps, die sich jedoch nach kurzen Scharmützeln wieder zurückzogen. Heikler war, daß die Küstengestalt nun eine Trennung von Heer und Flotte der Byzantiner erzwang: Beim heutigen Hammamet schiebt sich die Halbinsel von Kap Bon weit ins Meer hinaus. Auf ihrer Basis nur etwa 40 Kilometer messend, verursacht sie einen Umweg von rund 150 Kilometern Länge, den man vermeidet, wenn man bei Hammamet die Küstenstraße verläßt und Karthago (bzw. heute Tunis) in westnordwestlicher Richtung geradewegs ansteuert. Kap Bon war den Byzantinern schon einmal zum Verhängnis geworden, aber Belisar hatte gegenüber dem damals unterlegenen Basiliscus das Glück des Tüchtigen – und er hatte es nötig.

Gelimer war nämlich nun doch zu der Einsicht gekommen, daß die Landungstruppe aus Byzanz gefährlicher werden könnte als die Mauren, die ja doch nur örtlich begrenzte Schäden anrichteten und den Staat in seinem Bestand nicht gefährdeten. Offenbar trafen nun auch genauere Berichte in Hermione ein, jedenfalls wurde Gelimer aktiv, und sein Plan war auch durchaus überzeugend.

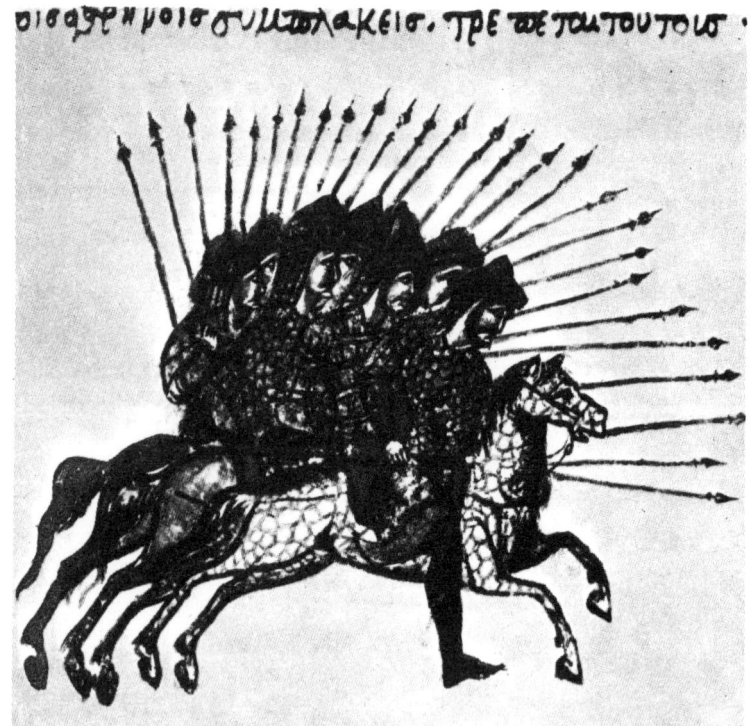

Byzantinische Darstellung eines Reiterangriffs mit Schwenkungs-
manöver.

Zunächst – das schien ihm wohl das einfachste – ließ er Hilderich
im Gefängnis töten, damit sich eine von Belisar unterstützte
Revolte nicht des abgesetzten Königs bedienen könnte. Mit
Hilderich starben einige seiner einflußreichsten Parteigänger, die
im Jahr 530 inhaftiert worden waren und nun als erhöhtes Risiko
gelten mußten; die Kinder des Hilderich jedoch blieben verschont.
Manches spricht dafür, daß der Königsbruder Ammatas, der mit
der Ausführung dieser Mordbefehle betraut war, die jungen Neffen
und Nichten nicht umbringen wollte oder nicht mehr die Zeit
hatte, es zu tun, da auf ihn militärische Aufgaben warteten. Fest
steht, daß Hilderichs Kinder – man weiß weder, wie viele er hatte,
noch welchen Geschlechts sie waren – nach Belisars Sieg heil

nach Konstantinopel gelangten und dort, als Urenkel des Kaisers
Valentinian III. und Enkel der kaiserlichen Prinzessin Eudoxia, mit
reichem Besitz bedacht und in Ehren gehalten wurden.

Ammatas, der jüngste Bruder des Gelimer, eilte nach getaner
Mordtat an die Front, denn ihm hatte das Schicksal die Aufgabe
zugedacht, Belisar zum Sieg zu verhelfen – und das war gar nicht
so einfach. Selbst der schicksalsgläubige Prokopios, der seine
Geschichte der Vandalen neun bis zwölf Jahre nach den Ereignissen in Konstantinopel niederschrieb, muß weit ausholen, um so
viele und so entscheidende Zufälle in sein System eingliedern zu
können:

»Gelimer beauftragte an diesem Tag seinen Vetter *[?]* Gibamundus, mit zweitausend Mann vandalischer Krieger dem übrigen
Heer vorauszueilen und in die linke Flanke der Byzantiner vorzu-
rücken. Auf diese Weise sollte Ammatas mit karthagischen
Truppen frontal, Gelimer *[mit den gegen die Mauren eingesetzten
Truppen]* von Süden und Gibamundus von Westen her auf einen
Punkt hinstoßen und dort mit leichter Mühe die Feinde umzin-
geln. Ich aber mußte in dieser bedrängten Lage über die göttlichen
und die menschlichen Dinge staunen, wie doch Gott, schon lange
die Zukunft voraussehend, den Ablauf der Geschehnisse nach
seinem Willen bestimmt, die Menschen aber, mögen sie sich
täuschen oder richtig vorgehen, nichts von etwaigen Fehlgriffen
oder rechtem Handeln wissen. Damit soll dem Schicksal nur ein
Weg geöffnet werden, der unausweichlich zu längst getroffenen
Entscheidungen hinführt . . .«

Tatsächlich sprach zunächst alles für einen vollen Erfolg der
Vandalen, ja, angesichts der besonderen landschaftlichen Verhältnisse mußte selbst ein knapper Sieg für den Unterlegenen eine
Katastrophe bedeuten; denn die Schlacht von Decimum und
Megrine fand in einem Gebiet statt, das im Westen von wüstenar-
tigen Salzfeldern begrenzt war, im Norden vom See von Tunis und
im Osten von einem Flüßchen, das sich hier in den Golf von
Karthago ergießt. Dem Sieger würde der Weg nach Karthago
offenstehen, der Unterlegene jedoch durfte in dem offenen
Gelände, das keinen Schutz und keine Auffangstellungen bot,
keine Gnade von den Verfolgern erwarten.

War es eine in der Eile unklar getroffene Absprache oder auch ein Mißverständnis des Boten? Ammatas jedenfalls, Gelimers jüngster und liebster Bruder, brach aus Karthago so hastig auf, daß er nicht einmal auf seine Truppen wartete. Nur von jenen begleitet, die so schnell wie er aufs Pferd gestiegen waren, galoppierte er dem herannahenden Feind entgegen, um ihn möglichst weit vor der Stadt zum Stehen zu bringen, mutig, gewiß, aber in einem unverständlich übersteigerten Selbstvertrauen: Nur ein paar Dutzend Reiter scheinen ihn begleitet zu haben, während die anderen nicht in geschlossener Formation, sondern in lockeren Gruppen, wie sie sich eben zusammengefunden hatten, von Karthago aus nach Süden zogen, um zu Ammatas zu stoßen.

Hätte er irgendwo gelagert, gewartet, seine Leute geordnet . . . Je nun, würde seine schlesische Landsmännin, die Mutter Wolffen sagen, es hat nicht sollen sein, der junge Prinz, der an Römern wohl nur die Bischöfe und ein paar Schreiberlinge kannte und sich weder auf die Kampfkraft der Heruler noch auf die der Hunnen einstellte, ritt mit einer Handvoll von Getreuen auf die Vorhut des Belisar zu, die aus erfahrenen Fußkämpfern bestand und von Johannes dem Armenier kommandiert wurde, einem Mann, der auf nordafrikanischem Boden noch viel Ruhm ernten sollte. »Es gelang Ammatas, zwölf der tapfersten Gegner, die in den vordersten Reihen stritten, zu töten, ehe er selbst fiel, tapfer streitend wie ein Held«, schreibt Prokopios, ein Zeugnis des Gegners, das niemand bezweifeln wird, vor allem, da es ja nur der erste jener Heldentode ist, die dieses letzte germanische Jahrhundert kennzeichnen werden: Wittiges, Totila, Teja, sie alle werden so fechten; siegen aber werden doch die byzantinischen Eunuchen Johannes oder Narses.

Johannes und seine Leute hielten sich nicht damit auf, Gefangene zu machen, sondern stürmten dem geworfenen Feind nach auf der Straße nach Karthago, auf der die alarmierte Garnison in kleinen Haufen gegen den Feind zog. Es war ein Marsch zur Schlachtbank, denn sie kamen in Trupps zu zwanzig oder dreißig Mann heran, sie kannten die Lage nicht und sahen die im Siegestaumel heranstürmenden blutverschmierten Hypaspisten auf sich zukommen. Statt Widerstand zu leisten, suchten sie den Schutz der Stadt, wandten sich zur Flucht und wurden damit wehrlos. Die Schwerter der byzantinischen Vorhut hielten eine furchtbare Ernte – auf der Straße, aber auch zur Linken und zur Rechten, so wie sie eben zu fliehen versucht hatten, lagen tote Vandalen.

Inzwischen war die für den Kampf vereinbarte Stunde herangekommen und Gibamundus hatte befehlsgemäß die Flankensicherung der Byzantiner angegriffen, sechshundert Hunnen, die in unübersichtlichem Gelände und ohne Sichtverbindung zur Hauptmacht dahinritten und von dem Scharmützel zwischen Johannes und Ammatas nichts wußten. Attila war längst tot, die zahlenmäßig nicht bekannte Schar seiner Söhne hatte sich im südöstlichen Europa verteilt: Manche führten als friedliche Fürsten Hunnenreste in die Dobrudscha, andere stritten mit Goten oder Gepiden um das Hunnenerbe. Nicht wenige aber waren auch zu jenem Leben zurückgekehrt, das sie geführt hatten, ehe Attila ihnen höhere Ziele zeigte: Sie waren wegen ihrer Tapferkeit geschätzte, gut bezahlte Söldnertruppen im römischen Ostreich geworden, ja, einer von ihnen, nämlich Mundo, war zum byzantinischen General und Gouverneur aufgestiegen und hatte in einer der nicht seltenen Krisen des Ostreiches das Kaisertum erfolgreich gegen den Mob von Konstantinopel verteidigt.

Das lag schon ein paar Jahre zurück, aber Mundo lebte noch in jenem September 533, Mundo, ein Enkel Attilas aus dessen Verbindung mit der Schwester des Gepidenkönigs Ardarich. An den byzantinischen General Mundo, der hunnisches und germanisches Blut in sich hatte wie Odoaker, oder an einen seiner Söhne müssen wir denken, wenn Prokopios uns schildert, wie ein einziger Mann zweitausend Vandalen um den Kampfesmut brachte:

»Unter den Hunnen aber war ein besonders tapferer und kräftiger Mann mit einer kleinen Schar, die stets an seiner Seite kämpfte. Dieser hatte von seinen Vätern und Vorvätern her bei allen hunnischen Heeren das Vorrecht, als erster die Feinde angreifen zu dürfen. Und keinem Hunnen war es erlaubt, zu Beginn einer Schlacht einen Gegner anzufallen und zu töten, bevor nicht ein Abkömmling aus diesem Hause den Kampf gegen die Feinde eröffnet hatte. Dieser Mann nun spornte, als die Heere einander nahe gekommen waren, sein Pferd und ritt allein vor die

Kampflinie des vandalischen Kriegsvolks. Die Vandalen aber, verblüfft von dem Mut dieses Mannes oder in abergläubischer Furcht vor einer besonderen List, konnten sich nicht entschließen, gegen ihn vorzudringen oder auch nur einen Pfeil auf ihn abzuschießen. Nach meiner Ansicht versetzte sie, die noch keinen Kampf mit Hunnen hatten bestehen müssen, sondern nur von der außerordentlichen Tapferkeit dieses Volkes gehört hatten, allein diese stumme Drohung schon in Angst. So kehrte denn der Mann zu seinen Stammesgenossen zurück und erklärte ihnen, die Götter hätten ihnen diese Fremdlinge hier in der Salzwüste als eine leichte Beute zugesandt. Die Hunnen brachen los *[obwohl sie in der Minderzahl waren]*, und die Vandalen hielten dem Ansturm nicht stand: Ihre Ordnung löste sich auf, und sie fanden, da keiner sich wehrte, insgesamt einen schmählichen Tod.«

Die Szene auf dem Salzfeld von Sebhat es Sedjum ist ein Kleinod unter den Anekdoten der Kriegsgeschichte, und man muß sich wundern, wie achtlos die Vandalenhistorie im allgemeinen über sie hinweggeht; vielleicht wollte man Prokopios nicht glauben, abermals einen Herodotismus vermutend? Dann müßte man auch die einwandfrei bezeugte Entsprechung zu dieser kostbaren Szene aus den Geschichtsbüchern tilgen, das Wort: »*Tirez les premiers, Messieurs les Anglais*« (Die Herren Engländer werden gebeten, zuerst zu schießen), das der Graf von Auteroche zu Beginn der Schlacht von Fontenoy dem Feind chevaleresk entgegenschmetterte. Die Briten, an diesem Tag humorlos, schossen tatsächlich, die Vandalen, wie man sah, schossen nicht. Das Ergebnis blieb dennoch das gleiche: Die Armee mit der größeren Selbstsicherheit und den besseren Nerven siegte, am 13. September 533 waren es die Römer unter Belisar, am 11. Mai 1745 die Franzosen unter dem Marschall von Sachsen.

Bei Decimum am See von Tunis hatte sich das Verhängnis dieses Septembertages indes noch nicht voll erfüllt. Das Aufgebot aus Karthago lag tot, verstreut, verletzt an der Straße vor der Stadt, es existierte militärisch ebensowenig wie die von den Hunnen vernichtete Truppe des Gibamundus, die wohl nicht so vollständig aufgerieben worden war, wie Prokopios es uns glauben machen will, die aber gewiß keine Kampfkraft mehr besaß. Und damit sind wir beim entscheidenden Punkt. Zweifellos ist Belisar mit seiner großen Erfahrung aus den harten Kämpfen in Persien, mit der überlegenen Vorsicht aus erlittenen Niederlagen ein Gegner, an dem der Ansturm der Hasdingen zerschellen muß. Hinzu aber kommt, daß es eben nur noch die Hasdingen und ihr engster Adelsumkreis sind, die die alten Tugenden des Vandalenvolkes noch bewahrt haben. Anders läßt sich nicht erklären, was Johannes mit seiner Vorhut und die zahlenmäßig unterlegene Hunnenschar gegen die Vandalen ausrichteten. Die besten Truppen hatte eben Tzazo mit nach Sardinien genommen, wo er binnen weniger Wochen den ebenfalls als tüchtig geltenden, durch byzantinische Einheiten gestärkten Goten Godas vernichtend schlug und die Insel für Gelimer zurückeroberte. Eine militärische Leistung dieser Art läßt sich nur mit guten Soldaten erringen, und eben diese fehlten nun in der Schlacht um Karthago . . .

»Ohne irgend etwas von diesen Ereignissen zu bemerken, zogen wir inzwischen in Richtung Decimum weiter«, schreibt Prokopios, »35 Stadien von dort entfernt fand Belisar einen Platz, der sich zur Errichtung eines *[befestigten]* Lagers gut eignete. Er ließ daher ringsum eine feste Verschanzung anlegen, hierauf das ganze Fußvolk Aufstellung nehmen und richtete an das versammelte Heer folgende Ansprache: ›Mitkämpfer, die Stunde der Entscheidung ist nunmehr gekommen; denn ich habe den Eindruck, daß die Feinde gegen uns heranrücken. Da aber die Flotte infolge der örtlichen Verhältnisse gar weit von uns entfernt ist, so ruht die Hoffnung, das Leben zu retten, einzig und allein auf der Kraft unserer Arme. Wir haben ja keine befreundete Stadt und auch sonst keinen Stützpunkt.‹«

Belisar braucht seine Schiffe also nicht zu verbrennen, um die Truppe zu vollem Einsatz anzuspornen, die Flotte ist gerade auf dem weiten Weg um Kap Bon, und niemand weiß, ob sie dabei nicht den Vandalenschiffen in die Arme läuft. Aber Belisar hat auch Ermutigendes erkannt, merkwürdigerweise ohne eigene Feindberührung: Die Vandalen hätten, im Gegensatz zu seinen eigenen Persien-Veteranen, in all diesen Jahren nur gegen die schlecht bewaffneten Maurusier gekämpft und folglich kaum

Kriegserfahrung; sie seien verweichlicht und nicht bereit, für ihren ungeliebten, tyrannischen König ins Feld zu ziehen, das garantiere den Sieg der kaiserlichen Waffen.

In die Rede mag Prokopios allerlei eingeflossen sein, was sich erst später herausstellte, aber das ist eine läßliche Sünde; die Reden, die er seine Feldherrn halten läßt, sind immerhin noch näher an der Realität als die langen Ansprachen, die zum Beispiel ein Jordanes selbst kurzangebundenen Truppenführern wie etwa Attila in den Mund legt. Das war in der antiken Geschichtsschreibung eben so der Brauch, auch wenn militärisch gesehen zu solchen Veranstaltungen gar keine Zeit war. Denn bislang waren große Truppenteile noch nicht ins Gefecht gekommen. Auf beiden Seiten war die Hauptmacht intakt und nicht vorbelastet, und es scheint, daß Belisar es dabei auch belassen wollte, bis er ein zutreffendes Bild der Ereignisse hatte:

»Daher schickte Belisar die Führer der Föderaten [*Hilfstruppen*] voraus und folgte selbst mit dem Rest der Truppen . . . Wie nun die Föderaten samt ihren Führern in Decimum eintrafen, sahen sie die Leichen der Gefallenen, zunächst die zwölf Gefährten des Johannes, in der Nähe sodann Ammatas mit einigen Vandalen. Von den Einwohnern des Ortes vernahmen sie hierauf auch den Hergang der Dinge und waren nun in Unruhe, da sie nicht wußten, wohin sie sich wenden sollten. Während sie noch unschlüssig schwankten und von den Hügeln aus das ganze dortige Gelände zu überblicken versuchten, zeigte sich von Süden her eine Staubwolke, und bald darauf erschien eine gewaltige Menge berittener Vandalen.«

Gelimer hatte, um schnell auf dem Kampfplatz zu sein, selbst das Kommando über seine Reiter übernommen und das Fußvolk – wenn er gegen die Mauren überhaupt Fußsoldaten eingesetzt hatte – nachkommen lassen. Auch sollte ja Ammatas aus Karthago Fußsoldaten heranführen. Das Ungestüm seines jüngsten Bruders kennend, hatte sich Gelimer also sehr beeilt, war aber doch zu spät auf dem Kampfplatz erschienen, weil Ammatas eben vorschnell gewesen war. In dem wüstenähnlichen und hügeligen Gelände waren ihm dabei die Hunnen ebenso verborgen geblieben wie die Hauptmacht des Belisar, doch bot sich ein Hügel als das Terrain

beherrschender Stützpunkt für die zu erwartende Schlacht an, die
Erhebung von Megrine, zwischen Decimum und dem Südufer des
Tunis-Sees gelegen. »Er schien nämlich für ein festes Lager
geeignet, außerdem wollten beide Parteien von hier aus zum
Angriff gegen die Feinde vorgehen. Und es gelang den Vandalen als

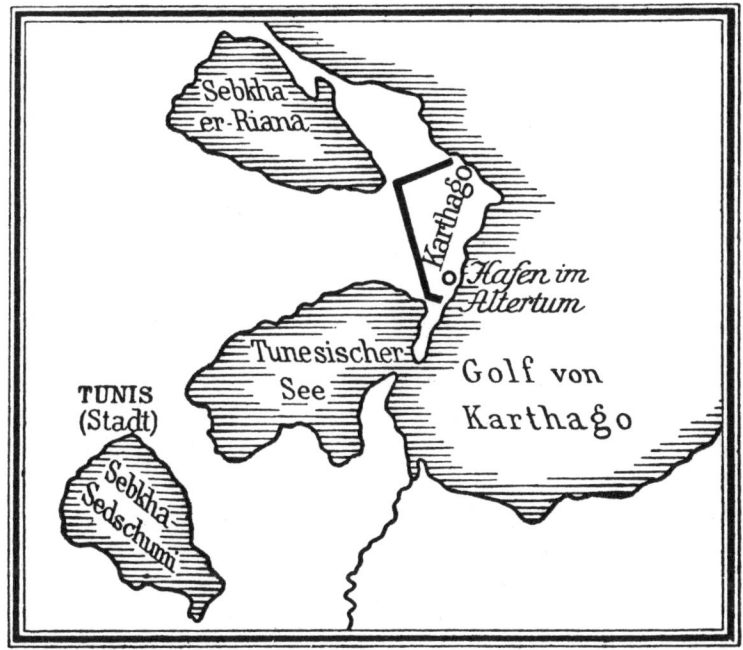

Karthago und seine für phönikische Gründungen typische Halbinsel-
lage.

ersten, die Höhe zu erreichen und bei diesem Ansturm ihre bereits
entmutigten Gegner in die Flucht zu jagen. Auf ihrem Rückzug
gelangten die Römer an einen Platz, der sieben Stadien von
Decimum entfernt lag. Dort hatte gerade Uliaris, ein Offizier aus
der Leibgarde des Belisar, mit 800 Mann Fußtruppen Aufstellung
genommen. Die Flüchtlinge [vom Megrine-Hügel] meinten nun,
Uliaris und seine Leute würden sie aufnehmen und stehen bleiben,
um dann mit ihnen zusammen einen Gegenstoß gegen die

Vandalen zu unternehmen; beim Zusammentreffen aber stoben alle gemeinsam davon und flohen auf Belisar zu.«

Die Nervosität war also auch auf römischer Seite beträchtlich, trotz der aufmunternden Ansprache Belisars. Man bewegte sich in unbekanntem Gebiet, wußte noch nichts von den leichten Siegen des Johannes und der Hunnen, war eben auf die ersten Toten gestoßen, unter denen sich ausgesuchte Kämpfer aus der unmittelbaren Umgebung des Johannes befanden, und sah dann einen Feind heranstürmen, der alles niederritt und im Nu die beherrschende Position erobert hatte. Da konnte nur noch Belisar helfen.

Zweifellos hatte Gelimer in diesem Augenblick eine Chance; ob sie entscheidend war, ist zwischen Prokopios und den späteren Beurteilern der Lage strittig, aber der einzige Historiker mit eigener Feldzugserfahrung, nämlich der 1813/14 zu militärischen Ehren gelangte Eduard von Wietersheim, schlägt sich auf die Seite des Augenzeugen Prokopios, und darum geben wir dem Mann aus Kaisareia auch zu diesen Überlegungen noch einmal das Wort:

»Ich kann mir nicht erklären, unter welchem Einfluß Gelimer, der doch die Kriegsentscheidung bereits in Händen hatte, diese nunmehr freiwillig seinen Feinden überließ, es sei denn, daß man auch die törichten Entschlüsse auf göttliches Eingreifen wird zurückführen müssen, auf Gott, der dem Menschen, den er verderben will, zuerst den Verstand raubt ... Hätte nämlich Gelimer die Verfolgung geradewegs fortgesetzt, so hätte ihm meiner Ansicht nach nicht einmal Belisar selbst widerstehen können, und unsere Sache wäre völlig verloren gewesen; so gewaltig nämlich erschienen in diesem Augenblick die Übermacht der Vandalen und die Angst der Römer vor ihnen. Auch wenn Gelimer in der anderen Richtung, also gegen Karthago gezogen wäre, hätte er Johannes und dessen Truppe mühelos niedermachen können, die einzeln oder zu zweit sorglos auf dem ebenen Gelände umherstreiften und damit beschäftigt waren, die Gefallenen auszurauben. Er hätte dabei die Stadt mit ihren Hilfsmitteln für sich retten, unsere inzwischen nahe herangekommene *[von Kriegsmannschaften entblößte]* Flotte wegnehmen und uns damit alle Hoffnung auf Sieg und Rückkehr zunichte machen können. Doch Gelimer tat keines von beiden. Er ritt langsam, im Schritt, vom

Hügel herunter, brach, als er in die Ebene gelangt war und die Leiche seines Bruders erblickte, in lautes Wehklagen aus und ließ, nur um die Beisetzung bemüht, mattherzig den entscheidenden Augenblick verstreichen.«

Sehr wertvoll ist in diesem Bericht der Augenzeugen-Eindruck vom Verhalten der Vorhuttruppen, die unter Johannes ihren leichten Sieg über Ammatas und die Verstärkung aus Karthago errungen haben. Das Moment der Beute, in der Geschichte stets unterschätzt, hätte hier entscheidend werden können, denn offenbar war auch ein tüchtiger Anführer wie Johannes außerstande, die Soldaten, die bis dahin nirgends hatten plündern dürfen, nach ihrem Sieg zusammenzuhalten. Die gut berittenen Vandalen hätten mit ihnen leichtes Spiel gehabt, bis dahin muß man Prokop folgen, der den Augenschein gewiß zutreffend deutet. Die mögliche Vernichtung der Flotte ist schon zweifelhafter, denn wenn auch auf jedem Schiff nur fünf Bogenschützen für die Sicherheit sorgten, so war die Vandalenflotte auf Sardinien im Einsatz, und was im Hafen von Karthago zurückgeblieben war, konnte es gewiß nicht mit den immerhin zahlreichen byzantinischen Schiffen aufnehmen.

Noch weniger wahrscheinlich wirkt jedoch die Vermutung, daß auch Belisar selbst in seinem befestigten Lager, mit der noch gar nicht in den Kampf verwickelten Hauptmacht, von Gelimers Reiterarmee überrannt worden wäre. Nun, Prokopios war dabei, er kannte die Stimmung der Truppe. Ganz offensichtlich spielten bei beiden Armeen irrationale Elemente eine Rolle, wie sie in der großen Zeit Roms, als die Legionen noch alles vermochten, nicht mit einkalkuliert werden mußten. Die Vandalen waren die Härten des Krieges nicht mehr gewöhnt, aber sie hatten mutige, sich selbst nicht schonende Führer aus dem alten vandalischen Königsgeschlecht der Hasdingen. Und die Römer aus Byzanz, die hatten vielleicht um eben das zuviel an Kriegserfahrung, was den Vandalen fehlte, sie waren Persien-Veteranen mit einem gewissen inneren Vorbehalt gegenüber so unberechenbaren Gegnern und so fremdartigen Kampfplätzen. Angesichts dieser Verteilung der Gewichte mußte die Persönlichkeit der Feldherrn den Ausschlag geben, Gelimer auf der einen Seite, vom Tod seines Lieblingsbruders zutiefst getroffen und damit in den entscheidenden Stunden paralysiert, und Belisar auf der anderen, eben (oder auch noch nicht) 30 Jahre alt, die große Begabung aus dem Nichts, aus dem Dunkel des thrakisch-illyrischen Grenzgebietes, aus dem schon die Kaiser Justinus und Justinian gekommen waren und wo alles möglich schien. Das alte Makedonien wirkte dort ebenso nach wie das jüngere Römertum, germanische Wandervölker hatten sich dort für Generationen niedergelassen, und die Hunnen hatten das Gebiet immer wieder überschwemmt. »Der Africanus des neuen Rom war unter thrakischen Bauern geboren«, schreibt Edward Gibbon, »und vielleicht erzogen, ohne einen einzigen jener Vorteile, welche die Tugenden des älteren und jüngeren Scipio gebildet hatten: edle Herkunft, geistige Studien und freier Wettstreit in einem freien Staate. Das Stillschweigen seines wortreichen Geheimschreibers [des Prokopios] mag als Beweis dafür dienen, daß die Jugend Belisars keinen Stoff zu Lobliedern zu liefern vermochte.«

Aber war es, auf diesem messerscharfen Grat der Entscheidungen, nicht gerade die Überfülle des Vergangenen und der Traditionen, die Gelimer um die bitter nötige Überlegung brachten? War es nicht das eiskalte Alles oder Nichts des Belisar in seinem umwallten Lager, das Bewußtsein, hier siegen zu müssen oder unterzugehen, das ihm die Oberhand über jenen Herrscher gab, der sich nie anders hatte sehen können als in der Königsrolle der Hasdingen und inmitten einer unbezwinglichen Schar von Nur-Kriegern, denen gerade der Krieg doch nicht mißlingen konnte? Gelimer hatte alles zu verlieren und glaubte es nicht, er konnte es sich vermutlich gar nicht vorstellen, herrschten die Hasdingen doch schon so lange über die Vandalen, als man von diesem Volk überhaupt wußte. Und Belisar, der Heldenjüngling, hatte alles zu gewinnen bei diesem Kommando, das seine Frau, eine Wagenlenkerstochter von zweifelhaftem Lebenswandel, ihm durch ihre Freundschaft mit einer Zirkustänzerin von erprobter Unkeuschheit verschafft hatte, weil diese Tänzerin nämlich Theodora hieß und Kaiserin war. Zwei Welten traten in der Salzwüste südlich von Karthago gegeneinander an, und die hinabgehende war nicht die des östlichen Roms, sondern das von seinen verzweifelnden Helden in den Untergang geführte Vandalenreich. Aus der Levante jedoch war aufgestiegen, was die nächsten Jahrhunderte beherrschen sollte: die Gewalt der Parvenus, die sich mit klugen Dirnen schmückten, die großen Ideen, die von den davongejagten Priestern kamen, der Waffenruhm, den die Versprengten der großen Zeit, die Heruler und Hunnen, für einen Großstadtpöbel errangen, der zu feige war, sich anders zu engagieren als bei Wagenrennen. Unbelastet von den großen Schatten, nicht trauernd und nicht hoffend, war Belisar vielleicht der Ruhigste, Kälteste unter den 15000 ausgeschifften Kaiserlichen; so trat er den Soldaten entgegen, die vor den Vandalen auf ihn zu flohen, »und brachte sie nicht ohne heftige Scheltworte schließlich wieder in gute Ordnung. Sobald er dann vom Tode des Ammatas und der glücklichen Verfolgung gehört hatte, wie sie Johannes durchgeführt, zog er Erkundigungen ein über die örtlichen Verhältnisse und die Feinde und ließ seine Reiterei im Galopp den Vandalen entgegensprengen. Die Barbaren, in lockerer Front heranreitend und keines Widerstands mehr gewärtig, hielten dem unerwarteten Ansturm nicht stand und flohen in die Wüste hinaus, wobei sie schwere Verluste erlitten. Erst mit dem Einbruch der Nacht endeten die Kämpfe. Die Flucht der Vandalen ging aber nicht nach Karthago oder in die Byzacena, woher sie gekommen waren, sondern hinaus in die Ebene von Bulle«.

Auch diesen Fluchtweg im Tal des Medjerda-Flusses können wir auf den Spuren der Vandalen verfolgen, wenn wir dabei auch nicht viel schneller vorankommen als Gelimers geschlagene Armee auf ihren matten Pferden. Nördlich des Straßenknotens von Jendouba, wo die P 17 genannte Straße sich dem Meer und der algerischen Grenze zuwendet, liegen am Rand eines Salzsumpfes die Ruinen von Bulla Regia. Hier endete die Prokonsularische Provinz, hier begann Numidien: Wer hierher floh, suchte Einsamkeit und Ruhe für einen neuen Anfang. Belisar deutete sich diese Flucht richtig: Gelimer würde wiederkommen, darum war es nicht nötig, ihm bis in die fernsten Zonen seines Reiches zu folgen. Vielleicht hatte inzwischen auch Antonina ihre Wünsche angemeldet, die Gemahlin des Siegers, die nach Monaten auf See und in Feldlagern mit einer gewissen Ungeduld dem prächtigen Karthago entgegenblickte, das am anderen Ende der weiten Bucht seine Villen aufbaute.

»Am nächsten Tage kam mit Belisars Gemahlin auch das Fußvolk an, und nun marschierten wir alle zusammen nach Karthago. Wir trafen dort am späten Nachmittag ein, bezogen aber, obschon uns niemand am sofortigen Einzug gehindert hätte, vor der Stadt Quartier. Die Einwohner hatten die Tore geöffnet, allenthalben brannten Fackeln, und die Straßen waren die ganze Nacht hindurch hell erleuchtet, während sich die zurückgebliebenen Vandalen im Schutz der Kirchen niedergelassen hatten. Belisar verbot jedoch den Einmarsch; er wollte einerseits keine Truppen durch einen feindlichen Hinterhalt verlieren, andererseits aber seinen Leuten auch die Möglichkeit nehmen, im Dunkel der Nacht ungestraft zu plündern. An diesem Tage erreichte auch die Flotte, von einem Südostwind getrieben, das Vorgebirge *[von Kap Bon]*, und die Einwohner von Karthago, welche die Schiffe bereits sehen konnten, entfernten die eisernen Ketten, die den Hafen sperrten, um ihnen die Einfahrt frei zu machen.«

Karthago, die offene Stadt. Keine Straßenkämpfe, keine Stadtguerillas, die Millionenstädte haben auch in der Antike ihre eigene Moral, die im wesentlichen aus dem Fehlen einer solchen zu bestehen scheint. Warum sollte es in Karthago auch anders sein als im kaiserlichen Byzanz, wo Justinian noch ein Jahr zuvor im Zirkus wütend die Juden, Syrer und Armenier beschimpft hatte, aus denen die eine Hälfte der Bevölkerung bestand, während die andere ihr an Wankelmut und Untertanengier nichts nachgab. In Karthago hatte Gelimer kurz vor Ausbruch der Feindseligkeiten die levantinischen Kaufleute verhaften lassen, weil sie verdächtig waren, dem Feind Informationen zugespielt zu haben (was – wie der Prokopios-Bericht aus Syrakus beweist – auch durchaus zutraf). Gelimer hatte ihnen für eben jenen Septembertag den Tod versprochen, an dem Ammatas gefallen war, und der Sieg Belisars hatte den Pfeffersäcken das Leben gerettet. Der vandalische Gefängniswärter nahm die veränderte Lage mit Humor. Da er schon wußte, was sich ereignet hatte, seine Gefangenen aber natürlich nicht, fragte er die reichen Herren, was sie ihm wohl geben würden, wenn er sie so kurz vor der Hinrichtung noch

entfliehen ließe. Sie versprachen ihm das Blaue vom Himmel, er
aber bedang sich nur aus, daß sie ihm nach Kräften zu einem
neuen Leben verhelfen sollten. Dann entfernte er die Verschalun-
gen vor den Kerkerfenstern und zeigte ihnen die eben in die Bucht
einlaufende byzantinische Flotte.

Wie man sieht, nach den großen Ereignissen nimmt Prokopios
sich Zeit für die sogenannte *petite histoire*, für das anekdotische
Geschehen am Rande der blutigen Schlachten und der großen
Entscheidungen. Von eigenen Ängsten befreit, zieht er entspannt
in die Weltstadt des großen, unbekannten Afrikas ein, jenes
Kontinents, den man damals Libyen nannte und dessen fernes,
dunkles Herz von den Randkulturen unbeeinflußt noch in seinem
geheimnisvollen Rhythmus schlug, als gäbe es die weißen Männer
gar nicht. Die Lichternacht nach der Eroberung läßt uns den Reiz
eines Erlebnisses von großer Fremdartigkeit ahnen, in das sich
zumindest für den gebildeten Geheimschreiber des jungen Feldherrn weihevoll all das mengte, was er von Karthago wußte, von
den Punischen Kriegen, von Hamilcar Barka, von Hannibal, von
den Scipionen. Diese Seiten des berühmten Buches über den
Vandalenkrieg gelten als die lebendigsten und lesbarsten, die
Prokopios von Kaisareia überhaupt geschrieben hat, und er läßt
uns unbeschwert teilhaben am Menschlichen und am Allzumensch-
lichen dieser großen Weltstunde.

Kann man den Gefängniswärter noch verstehen, der mit den
reichen Syrern und Juden sein Späßchen haben wollte, ohne ihnen
etwas zuleide zu tun, so kam es beträchtlich härter, als die Flotte
der Byzantiner sich aus dem Gesichtskreis des Belisar entfernte und
damit auch seiner strengen Aufsicht entzogen war. Bei der Einfahrt
in die Bucht von Karthago und Tunis erkannte der Unterfeldherr
Archelaos noch nicht, wie die Lage sich gewandelt hatte; aber ein
Boot, das nach dem Städtchen Merkurion ruderte, brachte die
Nachricht, daß die Fremden gesiegt hätten und Belisar sich auf den
Einzug nach Karthago vorbereitete. Da Karthagos Hafen Mandra-
kion jedoch zu klein war, um alle byzantinischen Schiffe aufzunehmen, und ein Sturm drohte, so daß keine Schiffe vor dem Hafen
ankern sollten, befahl Archelaos, den einige Kilometer entfernten,
geräumigeren Hafen Stagnon anzulaufen.

Belisar und seinen Stab wartete: Ein reichliches Dejeuner war
vorbereitet, ganz so, als hätten die Köche und Fouragemeister den
Gang der kriegerischen Ereignisse genauer vorausgesehen als
Belisar selbst, der ja mit größter Vorsicht herangerückt war. Das
freundliche Rätsel löste sich auf die alltäglichste Art: Gelimer, aus
entbehrungsreichen Kämpfen gegen die Mauren zurückgekehrt,
war sich seines Sieges über die kleine Landungsstreitmacht der
Byzantiner so sicher gewesen, daß er durch einen vorausgeschick-
ten Boten ein festliches Frühstück zur Feier des Sieges befohlen
hatte. Dieses Frühstück war, getreu dem königlichen Befehl, nun
auch zubereitet worden – mit frischem Fisch aus dem Meer und
feinstem Wildgeflügel, bis sich dann allerdings herausstellte, daß
die Vandalen inzwischen besser zu leben verstanden als zu siegen.

Belisar und die Seinen fanden alles wie gewohnt, nach grie-
chisch-römischer Tafelsitte vorbereitet, in einem festlichen Saal, der
Delphix hieß: »Im kaiserlichen Palast zu Rom, wo sich die
Speisesofas befanden, stand nämlich seit alter Zeit ein Dreifuß, auf
den die kaiserlichen Mundschenken die Becher stellten. Die Römer
aber nennen den Dreifuß Delphix, weil er zuerst in Delphi stand,
und danach nennen sie jeden Raum in Byzanz und wo sonst ein
kaiserlicher Speisesaal ist, ebenfalls Delphix . . . In der Delphix
also speiste Belisar und alles, was Rang und Namen im Heer hatte,
während Gelimers Dienerschaft auftrug, Wein einschenkte und die
übrigen Dienste versah. Da konnte man sehen, wie doch das
Schicksal sein Spiel treibt und uns klar vor Augen stellt, daß alle
Macht ihm gehört und dem Menschen nichts zu eigen ist.«

Der Berg Papua

Zwei Völker, die einander schon sehr nahegekommen waren, fallen wieder auseinander. Sie hatten sogar begonnen, die gleiche Sprache zu sprechen, und sie stimmten in ihren Gewohnheiten so sehr überein, daß sie in einem Bankettsaal, für den sie beide den gleichen Namen verwendeten, die gleichen Speisen in der gleichen Weise verzehrten. Plötzlich aber war alles anders, plötzlich waren die Vandalen wieder das germanische Wandervolk, das seine Frauen und Kinder in die Mitte nehmen und durch die Flußebenen in ein neues Land ziehen mußte, während die Römer – die Römer in Karthago – so taten, als habe es die hundertjährige Vandalenherrschaft gar nicht gegeben, obwohl unter ihr das Land Frieden hatte und der Handel aufblühte, sich internationale Viertel in den Seestädten gebildet hatten und eine neue reizvolle und aussichtsreiche Mischkultur entstanden war.

Das überlegene intellektuelle Konzept des Belisar trug seine Früchte, indem die große Stadt, von Plünderern verschont, ruhig und vertrauensvoll wieder ihr Leben anhob. »Selbst die Kaufläden hielten offen, und die Briefschreiber führten wie gewöhnlich die Soldaten in ihre Häuser. Die Soldaten konnten sich auch in aller Ruhe und ganz nach Wunsch ihr Essen auf den Märkten einkaufen. Sodann sicherte Belisar den in ihre Kirchen geflüchteten Vandalen Schonung zu und richtete sein Augenmerk insbesondere auf die Stadtmauern. Diese waren derart verfallen, daß jeder, den es danach gelüstete, sie an verschiedenen Stellen mühelos besteigen und überwinden konnte. Ein beträchtlicher Teil davon war sogar eingestürzt, weshalb – nach Aussage der Einwohner – Gelimer auch gar nicht erst versucht hatte, in der Stadt Widerstand zu leisten.«

Es sind Bilder, wie sie eben nur ein Augenzeuge geben kann, Bilder aus dem Leben vor fünfzehnhundert Jahren: eine selbstgenügsame, aber weltoffene Stadt, in deren Bevölkerung, einer halben oder ganzen Million, die paar tausend Krieger aus Byzanz nicht sonderlich auffallen, vor allem, da sie ja nicht mehr um sich stechen dürfen und auch die Frauen vor ihnen sicher sind. Kein Sieger braucht zu vergewaltigen in einer so großen Stadt, die Mädchen öffnen ihre Herzen flink für die Fremden, und wenn nicht alles nach Wunsch vor sich geht, dann sucht man eben einen der vielen öffentlichen Schreiber auf und diktiert ihm einen Brief. Es mögen auch Briefe nach Hause, nach Byzanz und Anatolien darunter gewesen sein, Feldpost des 6. Jahrhunderts, auf kaiserlichen Galeeren quer über das Mittelmeer gerudert.

Sobald die Waffen schweigen, melden sich die Wahrsager, vor allem jene, die alles vorher gewußt haben. »Es soll auch«, weiß Prokopios zu berichten, dem offenbar nichts entgeht, »von alters her in Karthago einen Kinderreim gegeben haben des Inhalts, das Gamma werde das Beta und das Beta wiederum das Gamma vertreiben. Einstmals hätten die Kinder diesen Vers nur im Scherz gebraucht und niemand habe ihn verstanden, inzwischen aber sei der Sinn für alle sonnenklar aufgegangen: Zuerst nämlich, da vertrieb der *G*eiserich den *B*onifacius, und jetzt vertrieb der *B*elisarios den *G*elimer. So ging es tatsächlich in Erfüllung, sei es, daß es sich um eine bloße Spielerei mit Worten und Zeichen gehandelt hat oder um einen echten Orakelspruch.«

Selbst die Rivalität der beiden christlichen Bekenntnisse in der Stadt schien sich auf wunderbare Weise, nämlich durch Traumgesichte und die Einwirkung der Heiligen, gleichsam ohne menschliches Zutun regeln zu wollen, was für den Frieden in den Straßen vermutlich noch wichtiger war als die Manneszucht der siegreichen Byzantiner. Den Ausschlag gab dabei eine der berühmtesten und beliebtesten Kirchen von Karthago, die prächtige Basilika des heiligen Kyprianus am Meeresufer vor der Stadt. Tascius Caecilius Kyprianus entstammte einer reichen Senatorenfamilie Karthagos und war nicht mehr jung, als er dem Heidentum abschwor. Nach eifrigen Studien mit einem vertrauten christlichen Lehrer nahm er im Jahr 248, nach dem Tod des Bischofs Donatus, die Wahl zum neuen Bischof von Karthago an, mußte vor der Christenverfolgung des Decius fliehen, kehrte aber während der großen Pest von 253 in die Stadt zurück. Er wirkte nun mit seinen Schriften und Briefen für die Einheit der Kirche und wurde schließlich in hohem Alter ein Opfer der Valerianischen Christenverfolgung: Der Statthalter Maximus ließ ihn am 14. September 258 mit dem Schwert richten.

Dieser Tag nun, der 14. September, wurde in Karthago stets als das Fest Kypriana begangen, nach dem man sogar einen kräftigen Meerwind benannt hatte, der um diese Jahreszeit stets zu wehen begann. Obwohl am 14. September schon vor Karthago gekämpft wurde, hatten die Arianer die Kirche des Kyprianus, die sie ihrem Kult vorbehalten hatten, festlich geschmückt, und die Katholiken hatten, wie stets an diesem Tag, mit ihrem Schicksal gehadert, weil es ihnen diese Kirche vorenthielt. In diesem September nun hatten zahlreiche Katholiken der Stadt das gleiche geträumt, daß nämlich der Märtyrer selbst ihnen sagte, sie sollten nur ruhig sein, die Zeit werde sich wenden und sie würden ihn wieder in seiner Kirche feiern und preisen können wie vor der Vandalenzeit.

Als am 14. September Ammatas fiel und sich das Blatt zugunsten des Belisar wandte, da stürmten die Katholiken hoffnungsvoll hinaus vor die Stadt ans Meeresgestade, die Arianer aber stürzten fluchtartig aus der Kirche und ließen den ganzen Festschmuck zurück. Nach Belisars Einzug am 16. September wurde das Fest Kypriana zum ersten Mal nach langer Zeit wieder von den Katholiken öffentlich und in allen Kirchen begangen, und fortan feierte man es immer am 16. September statt wie bisher am 14. des Monats.

Während also Karthago zu der früheren Ordnung zurückkehrte, zu jenem römischen Kolonialdasein, in dem seit dreihundert Jahren das Christentum eine so große Rolle spielte, mußte Gelimer von neuem beginnen. Zu spät besann er sich auf die Vielfalt der Methoden, die Geiserich auch dort zum Erfolg verholfen hatten, wo seine militärischen Mittel nicht ausgereicht hätten. Gelimer hatte noch Geld, denn an dem fabelhaften Reichtum der Vandalenkönige zweifelt keiner der Chronisten oder Kommentatoren, und Gelimer verfügte auch noch über eine beträchtliche Bewegungsfreiheit, denn Belisar – ob er nun tatsächlich nur 5000 Mann hatte, wie Prokopios behauptet, oder 15 000, wie andere Quellen vermuten lassen –, Belisar beschränkte sich in seiner außerordentlichen Vorsicht auf jene schmale Küstenzone zwischen seiner Landungsstelle und Karthago, die seine Flotte kontrollieren konnte, und überließ das Landesinnere nach wie vor den Vandalen. Nur war eben von deren Kriegspotential nicht mehr allzuviel übrig.

Das erste, was der vertriebene König versuchte, war etwa das, was spätere Zeiten eine *Levée en masse* nennen werden. Von den katholischen Stadtbewohnern, die sich im wiedererstandenen Glanz des Römerreiches sonnten, hatte er nicht mehr viel zu hoffen; aber auf dem flachen Land, da hatte der emsige vandalische Export sich in beträchtlichem Wohlstand der Acker- und Ölbauern ausgewirkt, die dünne vandalische Oberschicht war leichter zu ernähren gewesen, als dies künftig der Fall sein würde, wenn all die Senatorenfamilien und die gierige Kirche ihre Besitztümer zurückerhielten. Mit guten Worten also, aber auch mit gutem Geld rekrutierte Gelimer auf dem flachen Land für eine neue Armee, die zunächst noch nicht zusammenströmen, sondern lediglich den Römern das Leben schwermachen sollte: Die Bauern belagerten alle Verbindungswege und fielen über jeden römischen Transport oder Kleintrupp her, den sie erwischen konnten. Viele Bewaffnete verlor Belisar auf diese Weise zwar nicht, aber die Unsicherheit der Landwege und der Verbindungen zwischen den neuen Römergarnisonen wirkte sich doch nach und nach recht belastend auf Stimmung und Organisation der Besatzungsmacht aus.

Gerieten reguläre römische Truppen in einen solchen Hinterhalt, so kam es zu regelrechten Westernszenen, etwa als Hauptmann Diogenes von der aus ausgesuchten Leuten bestehenden Leibwache des Belisar mit nur zweiundzwanzig Mann über Land ritt, um die Bereitstellungen Gelimers auszukundschaften. Zwei Tagereisen westlich von Karthago bezog er in einem einsamen Gehöft Quartier. Die Bauern sahen die gute Bewaffnung der Reiter, wagten nicht selbst anzugreifen und sandten Nachricht an Gelimer, der wiederum dreihundert (?) Reiter aufsitzen ließ: Er wollte den Diogenes nach Möglichkeit lebend fangen, um von ihm Informationen zu erpressen.

Die Vandalen langten in den letzten Nachtstunden vor dem Gehöft an, beschlossen aber wegen ihrer Überzahl, lieber den Tag abzuwarten als einen Nachtangriff zu riskieren, bei dem sie eigene Leute verwundet hätten und ein Teil der Gegner vielleicht in der Verwirrung entkommen wäre. Damit hatten sie freilich die Chance aus der Hand gegeben, denn Diogenes und seine Leute schliefen tief und unbesorgt, hatten offenbar auf dem Gehöft allerlei Trinkbares vorgefunden und waren, wie Prokopios betont, auch nackt, woran die warmen Nächte Nordafrikas die Schuld tragen mochten oder aber ein paar Mägde.

Die Vandalen zogen jedenfalls nur einen Kordon ums Haus, ein wegen eines dringenden Bedürfnisses in den Hof hinabsteigender Römer hörte das vielstimmige Wispern und das leise Geklirr der Waffen, und Diogenes wußte wenige Minuten später, woran er war. Lautlos und ohne Licht zu machen, zogen die Römer sich an, nahmen ihre Waffen auf und hüllten sich in ihre weiten Mäntel, in denen sie wegen der herrschenden Dunkelheit schwer zu erkennen waren. Im Hof bestiegen sie ebenso lautlos die Pferde, sammelten sich hinter dem breiten Hoftor und rissen es erst in dem Augenblick auf, als sie alle kampfbereit waren. Durch das offene Tor stürmten sie hinaus in die weichende Nacht, nach allen Seiten um sich schlagend und stechend und im übrigen durch ihre Schilde gedeckt. »So entkam Diogenes den Feinden und verlor nur zwei seiner Leute, während er die übrigen in Sicherheit bringen konnte. Er selbst empfing freilich bei diesem Kampf drei Wunden im Nacken und im Gesicht, die ihn beinahe das Leben gekostet hätten; außerdem traf ein Hieb seine linke Hand, darum konnte er in der Folgezeit seinen kleinen Finger nicht mehr bewegen.«

Spätestens zu diesem Zeitpunkt erfuhr Belisar also von den Vorbereitungen Gelimers und der Tatsache, daß die Vandalen nicht aufgaben, sondern sich zu neuen Aktionen formierten. Viel Zeit stand nicht zur Verfügung, denn es war sicher, daß Gelimers Bruder Tzazo auf Sardinien bereits verständigt worden war und sich bemühen würde, mit dem Rebellen Godas kurzen Prozeß zu machen, damit seine Armee und vor allem die hundertzwanzig

Vandalenschiffe Gelimer zu Hilfe eilen könnten. Bis dahin mußte
die ausgedehnte und gegen die See ohnedies schwer zu verteidi-
gende Stadt Karthago wenigstens an der Landseite geschützt
werden, und da die Vandalen in der Belagerungstechnik keine
Meister waren, durfte Belisar hoffen, daß eine instand gesetzte
Stadtmauer seinen Zwecken genügen würde. Angesichts der
Vorliebe Gelimers, Reitertruppen einzusetzen, wurden vor der
Mauer – an der Soldaten und Einheimische emsig arbeiteten – noch
Pfähle in den Boden gerammt und Palisaden als vorgeschobene
Verteidigungslinie aufgeführt.

Es war also ein Herbst eifrigen Rüstens und Schanzens; daneben
blieben aber auch die Diplomaten nicht untätig, auf deren
Möglichkeiten Gelimer sich freilich zu spät besann. Eine Gesandtschaft unter den vandalischen Edlen Gotthaios und Phuskias
erreichte den Westgotenkönig Theudis erst mit beträchtlicher
Verspätung, da er sich nicht an der Meerenge aufhielt, wo die
Gesandtschaft im heutigen Tarifa das Festland betreten hatte,
sondern in einer seiner Residenzen im Landesinneren weilte. Als sie
ihn schließlich gefunden hatten, war Theudis über die Vorgänge in
und um Karthago besser informiert als die Herren Gesandten und
bedeutete ihnen nicht ohne Ironie, daß das angebotene Waffen-
bündnis für ihn durchaus interessant gewesen wäre, solange die
Vandalen ihm gegen Franken und Ostgoten hätten beistehen
können; im Augenblick aber seien sie wohl mit ihren eigenen
Angelegenheiten zu sehr beschäftigt. Sehr bezeichnend für das
vandalische Selbstgefühl ist, daß die beiden an eine Niederlage in
Karthago einfach nicht zu glauben vermochten und annahmen,
der offenbar trinkgewaltige Westgotenkönig rede im Rausch. Sie
segelten denn auch geradewegs nach Karthago hinein und fielen
natürlich den Römern in die Hände, die sie jedoch lediglich
ausfragten und die beiden vermutlich älteren, nicht mehr waffenfä-
higen Männer danach ungekränkt ziehen ließen.

Andere Botschaften, die in diesen Wochen über das Meer
gingen, hatten Tzazo oder Belisar selbst als Absender. Gelimers
jüngerer Bruder hatte mit seinen hundertzwanzig Schiffen die
Überfahrt nach Sardinien schnell zurückgelegt und war in Cagliari
an Land gegangen, das Prokopios Caranalis nennt, die Fulgen-

tius-Vita jedoch einfach Caralis. Godas, der von den Vandalen selbst eingesetzte gotische Statthalter, der sich zum König von Sardinien hatte machen wollen, wurde offenbar völlig überrascht. Er hatte mit einem so schnellen und kräftigen Gegenschlag nicht gerechnet, floh aber als mutiger Mann nicht in die Berge, wohin ihm auch ein Tzazo nicht hätte folgen können, sondern fiel mit seinen Anhängern im Kampf gegen den Königsbruder aus Karthago.

Unmittelbar nach dem Sieg erhielt Tzazo jedoch die Nachricht von der Landung Belisars an der Küste südöstlich von Karthago und fertigte einen Schnellsegler an Gelimer ab, um ihm durch die Nachricht von dem raschen Sieg auf Sardinien Mut zu machen:

»Wisse, König der Vandalen und Alanen, daß der Empörer Godas in unsere Hände gefallen und tot ist, die Insel aber wieder Deiner königlichen Gewalt untersteht. Feiere denn ein Siegesfest! Was aber die neuen Feinde anlangt, die sich erdreistet haben, gegen unser Land zu ziehen, sage ich dir, daß ihr Unternehmen das nämliche Ende finden wird wie bei jenen, die schon früher einmal unsere Vorfahren angegriffen haben!«

Den Wortlaut dieses Briefes verdanken wir Prokopios, und er sagt uns auch, wie er in den Besitz eines Schreibens kam, das ein Vandalenprinz an seinen königlichen Bruder richtete: Auch diese Botschaft kam auf dem Meer herangeschwommen, und da sich vor allem die Männer Tzazos nicht vorstellen konnten, daß in Karthago jemand anderer herrsche als Gelimer, gelangte die Botschaft direkt in die Hände des Belisarios und seines Geheimschreibers. Die Boten wurden natürlich auch verhört, und sie waren von dem schnellen Wandel der Dinge so überrascht, daß sie alle Fragen willig beantworteten. Darum tat ihnen Belisar auch weiter nichts zuleide.

Seine eigenen Nachrichten für Justinian vertraute Belisar einem jüdischen Händler namens Solomon an; diesem Schiff wurden auch die neuesten Informationen aus Sardinien mitgegeben, in denen ein griechischer Reeder und Kauffahrer namens Kiryllos im wesentlichen das bestätigte, was schon die Boten des Tzazo berichtet hatten. Sardinien war wiederum vandalisch, und vielleicht fragte Belisar sich im stillen, warum denn Gelimer unter Bauern und Mauren eine so verzweifelte Werbung betrieb, wenn er

doch mit Hilfe der Flotte des Tzazo und auf dessen siegreiche
Mannschaft gestützt im bergigen Sardinien unbehelligt herrschen
könnte, so lange ihm Gott das Leben ließ. Dabei würde er von
seeräuberischen Überfällen besser leben als in den kargen Bergen
des Aurès, wo das letzte Wort doch stets die wilden Maurusier
hatten.

Aber Gelimer hoffte eben noch, das Steuer herumzuwerfen. Es
war ihm nicht entgangen, daß die Armee des Belisar keineswegs
homogen zu nennen war, sondern aus den verschiedensten
Völkerschaften bestand, so wie der Kaiser sie eben für Sold
verpflichtet hatte. Die Heruler etwa, Krieger eines zersplitterten
germanischen Stammes, dessen Großteil mit den Ostgoten im
nördlichen Italien lebte, waren recht ungebärdige Gesellen, stark
dem Trunk ergeben und nur ihrer Tapferkeit wegen gut zu
gebrauchen. Ähnliches galt für die Hunnen, deren todesverachten-
des Ungestüm Gibamundus ja kennengelernt und mit dem Leben
bezahlt hatte. Die Heruler waren Gelimer zu unsichere Gesprächspartner, mit den Hunnen aber nahm er Verbindung auf und
gelangte zu einer ziemlich einmaligen Vereinbarung mit ihnen: Da
auch Belisar ihnen Geld bot, denn die geheimen Verhandlungen
der vandalischen Emissäre konnten ihm denn doch nicht verborgen
bleiben, ließ der Führer der Hunnenschar beiden, sowohl dem
Vandalenkönig als auch dem römischen Feldherrn, eine ebenso
stolze wie verblüffende Antwort zukommen, die Prokopios seltsamerweise gar nicht so erstaunlich findet. Die Hunnen, sagte ihr
Anführer, seien freie Enkel Attilas, weder Byzanz noch Karthago,
weder Römern noch Vandalen verpflichtet. Sie kämpften für Sold
und Beute, und da es auf seiten des Siegers allemal die größere
Beute gäbe, würden sie in der bevorstehenden Entscheidungsschlacht zunächst neutral bleiben. Sobald sich jedoch ein Vorteil
des einen oder anderen abzeichne, würden sie sich auf die Seite des
Stärkeren in den Kampf stürzen. Wer sie zu Bundesgenossen
haben wolle, der müsse also trachten, einen guten Kampf zu
liefern . . .

Je näher die letzte Schlacht heranrückt, desto deutlicher wird das
Mitgefühl des Prokopios für jenes Volk, von dem er – als Historiker und Beobachter des Weltgeschehens – sich ja ausrechnen kann,

daß es nun in alle Winde zerstieben wird wie vorher schon andere Wandervölker und selbst das einst so beherrschende Volk der Hunnen. Natürlich erkennt der gebildete Jude aus dem griechischen Kulturraum auch, daß diese große Wende nur eine Umkehr ist: Die germanischen Episoden der Weltgeschichte hatten ihre Zeit, und diese ist vorüber, weil das Römerreich, die eigentliche Großleistung der Alten Welt, eine unerwartete Wiederauferstehung erlebt. Ist es der neue Geist des Christentums in diesem Riesenkörper, der die emsigen Kommentatoren des Geschehens mit einem Mal menschlicher denken, fühlen und verstehen läßt?

Aus einem Brief des Gelimer an Tzazo, also von Afrika nach Sardinien, geht hervor, daß der geschlagene und vor allem von seinen Truppen zutiefst enttäuschte König an ein Verhängnis glaubte, an höhere Mächte. Er spricht darin nicht von Gott, sondern vom Himmel, und er ist vielleicht überhaupt im tiefsten überzeugt, daß das Abrücken von der germanischen Religion der Vorväter und der lange Zug in diese durchaus fremde Welt das große Verhängnis herbeigeführt haben, die vorherbestimmte Vernichtung des einst so mächtigen Volkes. Was vermutlich nichts anderes war als die kluge und schnelle Aktion eines hochbegabten Feldherrn, erscheint Gelimer, eben weil dieses kalkulatorische Denken ihm fremd ist, als Bestimmung, wenn er durch einen Boten nach Sardinien berichtet:

»Indem es *[d. h. das Verhängnis]* dich und die angesehensten Vandalen aus unserer Mitte entführte, hat es mit einemmal dem Haus Geiserichs alles Gute geraubt. Bist du doch von hier nicht abgefahren, um uns die Insel zurückzugewinnen, sondern damit Justinian Herr von Libyen werden solle. Denn was das Schicksal zuvor beschlossen hat, das kann man jetzt aus dem Ablauf der Ereignisse erkennen: Während Belisar mit einem kleinen Heer gegen uns heranzog, hat die Vandalen ihre frühere Tapferkeit sogleich verlassen und auch das gute Glück mit sich hinweggenommen. Ammatas und Gibamundus haben den Tod gefunden, und die anderen Krieger zeigten sich schwächlich; somit sind unsere Pferde und auch die Schiffswerften, weite Teile Libyens und zuletzt die Stadt Karthago bereits in Feindeshand gefallen. Die restlichen Vandalen aber sitzen untätig da und haben Weib und

Kind und ihren ganzen Besitz fahrenlassen, nur um ihn nicht mit
der Waffe in der Hand verteidigen zu müssen. Nur die Ebene von
Bulla Regius ist uns geblieben, wo uns die Hoffnung auf eure
Rückkehr fest- und beisammenhält. Darum bitte ich dich, laß
Sardinien auf sich beruhen und komme so schnell wie möglich mit
der ganzen Flotte zu uns. Denn wer ums Letzte kämpfen muß, der
darf sich nicht um Kleinigkeiten kümmern. Gemeinsam wollen
wir künftighin den Krieg gegen die Feinde führen und so unser
altes Glück wiederherstellen oder doch wenigstens den einen
Vorteil davon haben, daß wir nicht voneinander getrennt die
Schicksalsschläge ertragen müssen.«

Dieser Kampf ums Letzte fand etwa dreißig Kilometer südsüd-
westlich von Karthago statt, ohne daß sich der eigentliche
Schlachtort heute noch genauer bestimmen ließe. Es war dem
tüchtigen Tzazo gelungen, seine Truppen aus Sardinien binnen
drei (!) Tagen nach Nordafrika zurückzubringen, ein Beweis für
die hervorragende Disziplin und die seemännischen Tugenden der
besten Vandalentruppe. Nur nützte das eben alles nichts mehr,
denn Gelimer, der seinen heimkehrenden Bruder in einer bewegen-
den Szene willkommen hieß und ihm den Tod des Ammatas nun
auch noch persönlich mitteilte, Gelimer war eben kein Geiserich
und mit seinem weichen Gemüt nicht der Mann, den das Vandalenvolk in dieser Schicksalsstunde gebraucht hätte. An mehr
nämlich schien es nicht gefehlt zu haben, wenn wir dem eingehenden Augenzeugenbericht des Prokopios glauben wollen. Beide
Armeen waren nicht mehr allzu zahlreich; beide Feldherrn hatten
ihre Schwierigkeiten mit unsicheren Verbänden, jeder gab sich eine
Blöße – aber Belisar siegte dank seines größeren Selbstvertrauens
und der festeren Entschlossenheit.

Die Schlacht, die unter dem Namen des unauffindbaren
Trikamaron in die Geschichte eingegangen ist, hatte einen
abendlichen Auftakt, bei dem die beiden Heere sich, noch durch
ein Flüßchen getrennt, gegenüberlagen, und begann am nächsten
Vormittag höchst verheißungsvoll für die Vandalen, weil sie ihre
frugale Nahrung bereits zu sich genommen hatten und kampfbereit aufmarschierten, als die Truppen des Belisar eben beim

Abkochen waren. Seltsamerweise nahm nicht einmal der energische Tzazo diese günstige Gelegenheit wahr, sondern ließ den Byzantinern durch ein unerklärliches Zaudern wenigstens für den Alarmeinsatz der griechischen Reiter Zeit. Damit waren die Plänkler beider Seiten beschäftigt, und Belisar konnte seine Hauptmacht aufmarschieren lassen. In etwa gleicher Entfernung von beiden Armeen hielten sich die Hunnen als neutraler Block: Angesichts der Geldzuwendungen und Versprechungen von beiden Seiten hatten sie untereinander beschlossen, dem Stärkeren beizuspringen, das heißt, sich an der Verfolgung von Flüchtlingen zu beteiligen, mehr aber nicht zu tun. Daß Belisar dagegen nichts unternehmen, sondern sich diesem Damoklesschwert aussetzen mußte, beweist, daß auch seine Position alles andere als stark war.

Nach zwei vergeblichen Versuchen, den ungestümen Tzazo über den trennenden Bach zu locken, ließ Belisar seine ganze Garde angreifen, ein großes Wagnis, aber es lohnte sich. Tzazo stürmte mit den Seinen Belisars bester Truppe entgegen. Das Gefecht entbrannte mit großer Erbitterung, und der mutige Königsbruder fiel, wie schon Monate zuvor Ammatas. Diesem neuen Schicksalsschlag war Gelimer, der bis dahin seine Truppen selbst angefeuert hatte, nicht mehr gewachsen. Er wandte dem Schlachtfeld den Rücken und gab damit den ersten seiner weniger sicheren Hilfstruppen ebenfalls das Signal zur Flucht. Darauf hatten die eiskalt ihren Vorteil suchenden Hunnen nur gewartet. Ihr Führer riß die Lanze hoch, und dann brach das Verderben über die Vandalen herein.

»Die Vandalen merkten eine Zeitlang nichts von der Flucht Gelimers, doch als sie allgemein bekannt wurde und man die Feinde heranmarschieren sehen konnte, da lärmten die Männer, die Kinder schrien auf und die Frauen brachen in Wehklagen aus. Keiner dachte mehr an die im Lager vorhandenen Schätze oder kümmerte sich um die Jammerrufe der Seinen; in wilder Flucht stoben sie nach allen Seiten hin auseinander. Die Römer aber rückten heran und bemächtigten sich des von den Kriegern verlassenen Lagers samt seinen Reichtümern. Während der ganzen Nacht wurde die Verfolgung fortgesetzt, wobei sie sämtliche Männer, die in ihre Hände fielen, niedermachten und Kinder wie

Frauen in die Sklaverei wegschleppten. Im Lager fanden die Römer
eine solche Menge an Wertsachen vor, wie noch nie an einem
einzigen Platz beisammen gelegen hatte.«

Es ist kein Wunder, daß angesichts dieser überreichen Beute
auch eine römische Armee auseinanderlief und damit ihrem
Feldherrn abermals große Sorgen bereitete; er hatte mit Herulern
und Hunnen, verstärkt durch ein paar hundert griechische Reiter,
eine Germanenarmee geschlagen, aber da dieser Sieg nun errungen
war, verwandelten sich die Sieger wiederum in das zurück, was sie
stets gewesen waren: Söldner, die ihre Haut für Geld zu Markte
trugen. Schon darum gab es zwischen den Armeen der Zeit keine
tieferen Unterschiede, was Kampfmoral, Humanität und Disziplin
betraf. Prokopios, der keine Ursache hatte, die eigene Seite zu
schmähen, sagte trotzdem deutlich genug, was mit den Unterlegenen geschah.

Diesem Los entzog sich König Gelimer so geschickt, daß man
annehmen muß, er habe seine Zuflucht schon vorher ausgekund-
schaftet und alles im voraus arrangiert. Selbst das Schiff, das seine
Schätze nach Spanien bringen sollte, lag segelfertig in Hippo vor
Anker, aber ungünstige Winde ließen es dann doch noch dem
Belisar in die Hände fallen. Gelimer selbst traf nach langem Ritt
mit einigen nahen Verwandten am Berg Papua ein, dem Stammes-
gebiet befreundeter Mauren, die dort in einer offenbar uralten
Stadt namens Medeos an der Westgrenze Numidiens eine kaum
angreifbare Berglandschaft bewohnten.

Auch diese Gegend hat man vergeblich gesucht, zuviel hat sich
selbst im nordafrikanischen Bergland verändert. Aber wenn es
stimmt, daß sie unweit der Grenze des alten Numidien lag, dann
muß man wohl annehmen, der Berg Papua sei in der Kabylie zu
suchen, also in dem bis 2000 Meter aufsteigenden Bergland
nördlich der Straße Constantine–Sétif. Der Raum des Col de
Fédoulés (939 Meter) mit dem nahen Djebel Djimilah (1352
Meter) könnte der Beschreibung entsprechen, die Prokopios wohl
selbst nur vom Hörensagen gibt. In Gelimers Augen mußte für
diesen Ort auch sprechen, daß er hier in der Lage war, auf einem
Tragtierpfad die Küste zu erreichen und den Fluchtweg nach
Spanien zu gewinnen.

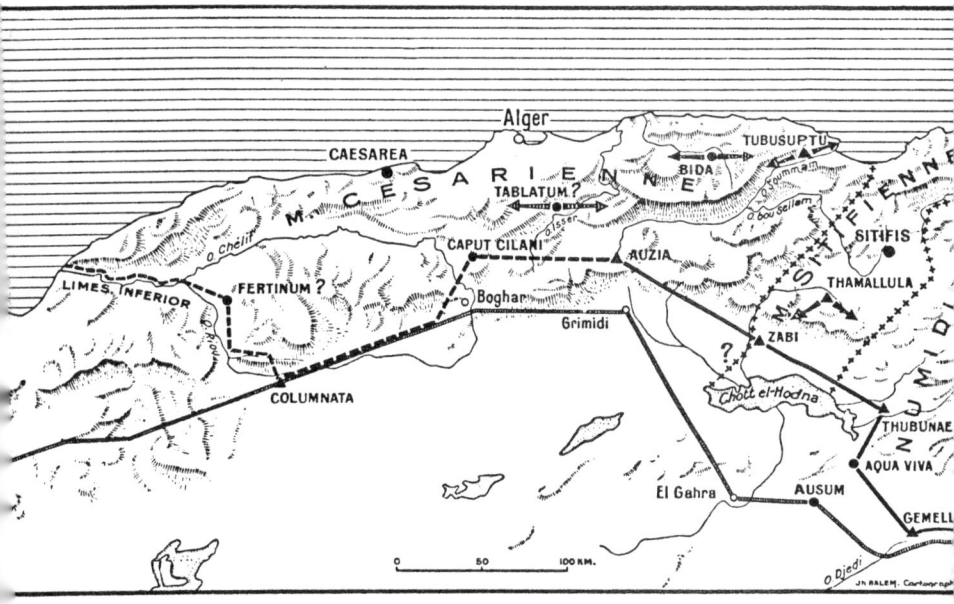

Sichere und hypothetische (gestrichelte) Verlaufslinie der römisch-byzantinischen Grenzbefestigungen gegen die Maurenangriffe. Die Provinzgrenzen sind durch kleine Kreuze gekennzeichnet (nach Courtois).

Belisar ließ ihn energisch verfolgen, machte ihm zugleich aber die vorteilhaftesten Angebote für den Fall seiner persönlichen Kapitulation – das Reich war ja längst verloren. Sogar ein Angriff gegen die Bergstellungen der Mauren wurde gewagt, aber es kostete die Einwohner von Medeos nur geringe Mühe, die zweihundert Heruler unter ihrem Hauptmann Pharas abzuweisen. Gelimer hatte also noch einen Winter lang Zeit, sein Los zu beweinen, und er scheint tatsächlich in tiefe Traurigkeit versunken und unfähig zu allen Entschlüssen gewesen zu sein. Er hat seine geschlagene Armee nicht zu sammeln versucht, als die Byzantiner beim Plündern so gut wie wehrlos waren, und er hat sich von einem Unterhändler für seine Fluchtburg auf dem Berg Papua angeblich einen Laib Brot und ein Saiteninstrument erbeten – wenn Prokopios mit dieser melodramatischen Ausschmückung nicht selbst ein Heldenlied singen wollte.

Literaturbericht

König Gelimers große Klage hat, wenn sie je niedergeschrieben wurde, den Berg Papua offensichtlich niemals verlassen, was man noch einigermaßen verstehen kann; weniger begreiflich ist, daß der letzte Vandalenkönig auch in der Muße seines zwanzigjährigen Exils, in der er die hurtigen byzantinischen Schreiber zur Hand hatte, keine Memoiren diktierte. Er scheint in Trübsinn verfallen zu sein und nur noch den leiblichen Genüssen gelebt zu haben; er beläßt es also dabei, daß die Vandalen von allen großen germanischen Völkern die einzigen sind, die es zu keinem Historiker gebracht haben. Jordanes hob seine Goten in den Himmel (nicht ohne dabei die Vandalen schlechtzumachen), Paulus Diakonus schrieb eine Langobarden-Geschichte, und Gregor von Tours zeichnete in seinen *Zehn Büchern fränkischer Geschichten* auf das köstlichste ein Frankenreich, das schon verblüffend viel vom heutigen Frankreich an sich hat.

Die Vandalen hingegen kennen wir, wie schon gesagt, nur aus der Sicht ihrer Gegner, doch ist unter diesen eben jener singuläre Glücksfall des Prokopios von Kaisareia, ein spätgeborener Herodot-Nacheiferer, der sich für seinen Gegenstand so sehr erwärmt, daß schließlich, bei der Schilderung der Vandalendämmerung, aus dem Bericht eines Gegners eine Darstellung voll echter Anteilnahme wird. Lediglich das entschuldbare Bemühen, die Leistungen seines damals noch jungen Brotherrn, des Feldherrn Belisar, besonders eindrucksvoll leuchten zu lassen, verändert die Zahlenangaben bei den Schlachtberichten: Belisar hat stets bestürzend geringe Kräfte zur Verfügung, die Vandalen hingegen stellen ein immer noch imponierendes Heer.

Wir besitzen das Buch über die *Vandalenkriege*, vermehrt um einige sehr viel kürzere zeitgenössische Berichte anderer Autoren, in einer schönen zweisprachigen Ausgabe der Tusculum-Bibliothek (München 1971, Ernst Heimeran Verlag). Eine für das Verständnis der Zeitverhältnisse und der Persönlichkeit des Prokopios wichtige Darstellung findet sich in der *Anekdota*-Ausgabe der gleichen Bibliothek. Da die Glaubwürdigkeit und die Quellen des Prokopios Schlüsselfragen der Gotengeschichte sind, hat sich schon Felix Dahn mit diesem Historiker in einer Untersuchung beschäftigt (*Prokopios von Cäsarea*, Berlin 1865), die jedoch durch die neuere Forschung als überholt gelten muß. Sie ist ersetzt durch die ausführliche Studie *Prokopios von Kaisareia*, die der Erlanger Byzantinist Berthold Rubin 1954 veröffentlichte (textgleich mit seinem *Prokopius*-Artikel in der *Realenzyklopädie der Klassischen Altertumswissenschaft* von Pauly-Wissowa). Auch in Rubins Buch über *Das Zeitalter Justinians* (1960) sind Prokopios etwa fünfzig Seiten gewidmet.

Nächst Prokopios sind die wichtigsten Quellen die Werke der Kleriker, die sich mit der Kirchenpolitik der Vandalenkönige auseinandersetzen, also Autoren jener orthodoxen Richtung, die wir der Einfachheit halber stets »Katholiken« genannt haben (Ludwig Schmidt, Courtois u. a. halten es ebenso). Der wichtigste unter ihnen ist Victor von Vita, auch Victor Vitensis genannt, weil er sich nicht auf einen einzigen Bischof beschränkt und dessen Leben darstellt wie die zeitgenössischen Biographen des heiligen Augustinus oder des heiligen Fulgentius, sondern einen Gesamtüberblick über die Verfolgungen zu geben sucht, denen die Katholiken durch die Vandalenkönige ausgesetzt waren. Von Victor gibt es keine moderne Textausgabe; die Editionen von 1879 (Halm) und 1881 (Petschenig) sind nur in Bibliotheken greifbar. Auszüge mit guten Erläuterungen gibt Wilhelm Schamoni in dem Band *Bischöfe der alten afrikanischen Kirche* (Düsseldorf 1964, Patmos-Verlag), in dem sich auch Auszüge aus den Viten des heiligen Kyprian von Karthago, des heiligen Augustinus und des heiligen Fulgentius von Ruspe finden, die zum Teil sehr wichtige Einzelheiten auch der Vandalengeschichte enthalten. Augustinus selbst hat durch seinen Briefwechsel zur Aufhellung der Vorgeschichte des Vandaleneinfalls beigetragen und ist, zusammen mit Orosius, der objektivste katholische Gegner der Vandalen; seine tiefe Kümmernis schlägt nie in jenen blinden Haß um, den Victor von Vita oft an den Tag legt.

Über Augustinus besitzen wir seit kurzem eine gut lesbare und leicht zugängliche Biographie von Peter Brown, die in der neuesten Ausgabe (München 1975, Heyne-Biographien 18) nicht nur den ausführlichen Anmerkungsteil behalten hat, sondern durch neue Literaturangaben, eine Zeittafel und ein Register ergänzt wurde. Aus ihr ergibt sich ein fesselndes Zustandsbild von der Kirche vor allem am Vorabend des Vandaleneinbruchs und in der Auseinandersetzung mit den konkurrierenden Sekten.

Schreiten wir von den Quellen weiter zu den Darstellungen, so erweist sich die Ernte vor allem der in deutscher Sprache vorliegenden Arbeiten als sehr spärlich. Abgesehen von dem schmalen Band des DDR-Historikers Hans-Joachim Diesner, *Das Vandalenreich* (Stuttgart 1966, Kohlhammer Verlag; vergriffen), liegen fast nur Reprints vor, also unveränderte Nachdrucke älterer Werke. Die grundlegende wissenschaftliche Darstellung bleibt darum noch immer die *Geschichte der Wandalen*, die Ludwig Schmidt, der große Historiker der deutschen Stämme bis zum Ende der Völkerwanderungszeit, erstmals 1901 vorlegte. Für die Neuauflage von 1942 hat Schmidt seine Darstellung bis zum Untergang des Vandalenreiches weitergeführt; in dieser Fassung ist das Buch heute noch lieferbar (München 1970, C. H. Beck Verlag).

Das mit seinen 200 Seiten vor allem hinsichtlich der Vorgeschichte knapp gehaltene Werk bietet für den an wissenschaftliche Diktion gewöhnten Leser noch immer die beste Informationsmöglichkeit, wenn Schmidt sich auch gegenüber allem, was seit 1901 zu seinem Thema bekannt wurde, ziemlich reserviert verhält. Das betrifft vor allem die Frage einer ungarischen Siedlungsphase der Vandalen, aber auch die Ergebnisse der französischen Forschung, die sich für die Vandalen vor allem ihres nordafrikanischen Reiches wegen interessiert hat.

Aus der inzwischen ebenfalls abgeschlossenen Phase der französischen Präsenz in Algier, Tunis und anderen nordafrikanischen Bildungszentren stammen die bis heute wichtigsten Ergänzungen unseres Vandalenbildes und der Realienkenntnis: die Arbeiten von

E. F. Gautier und Christian Courtois. Neben seiner temperamentvollen und trotz gewisser Irrtümer sehr wertvollen Geiserich-
Biographie (deutsch 1935 im Societäts-Verlag, Frankfurt/M.)
) gibt
der Universitätsprofessor Emile-Félix Gautier auch eine lesenswerte
Darstellung der sogenannten dunklen Jahre des Maghreb: *Le Passé
de l'Afrique du Nord* (in der »Petite Bibliothèque« des Verlags
Payot, Paris). Die Krönung der französischen Vandalenforschung
müssen wir jedoch in der Habilitationsschrift von Christian
Courtois erblicken, während seiner algerischen Dozentenjahre
erarbeitet und 1955 der Philosophischen Fakultät der Sorbonne
vorgelegt (als Buch im Verlag Arts et Métiers graphiques, Paris;
vergriffen). Auch Courtois gelangte übrigens, wie vor ihm schon
Dahn, über die Vandalen zu einem eigenen Prokopios-Buch.

Gautier wie Courtois bringen als Kenner der örtlichen Verhältnisse und der afrikanischen Geschichte außerordentlich wertvolle
neue Gesichtspunkte zur Vandalengeschichte in die Diskussion ein
und führen den meines Erachtens schlüssigen Beweis, daß es die
Schwächung durch die lang anhaltenden Reibereien mit den
ansässigen Räuberstämmen war, die schließlich die Abwehrkraft
der Vandalen gegen Byzanz entscheidend verminderte. Bei Prokopios kann man ausführlich nachlesen, welche Schwierigkeiten auch
die siegreichen oströmischen Truppen nach dem Ende des Vandalenreiches mit den Maurusiern, also den Eingeborenen des Atlas-
Gebiets, durch viele Jahre hatten. Daraus läßt sich folgern, daß
auch ohne römische Einwirkungen das Vandalenreich zugrunde
gegangen wäre, in kräfteverzehrenden Dauerkriegen von jener Art,
wie sie einige Jahrhunderte später die germanischen Siedlungen in
Nordamerika und Grönland ebenfalls vernichteten.

Es ist noch ein Wort über die Nachschlagewerke zu sagen – ein
Bereich, auf dem durch die Hochflut der wohlfeilen Kassetten-
Ausgaben die Lage etwas freundlicher aussieht als im Bereich der
wissenschaftlichen Monographien. Die angenehmste, modernste
und umfassendste Informationsquelle ist und bleibt Pauly-Wisso-
was große *Realenzyklopädie der Klassischen Altertumswissenschaft*, in
der Bearbeitung von Sontheimer/Ziegler seit kurzem in einer
geschickt gekürzten Taschenbuch-Kassette lieferbar (*Der Kleine
Pauly*, dtv 5963), ein Werk, das seinen Preis zehnmal wert ist,

wenn es – von der Vandalen-Warte aus gesehen, bedauerlicherweise – auch nicht alle Namensartikel, z. B. über die Vandalenkönige, aus der großen Ausgabe übernehmen konnte. Eine zweite empfehlenswerte Kassette macht dem heutigen Leser die zuerst 1859/73 erschienene *Geschichte der Stadt Rom im Mittelalter* des ostpreußischen Historikers Ferdinand Gregorovius zugänglich, die in ihrer ruhig-abwägenden Darstellung, ihrem Reichtum an Details und ihrer Lesbarkeit unübertroffen ist und auch für die Vandalen-Geschichte ein wichtiges Werk bleibt. Sogar Altmeister Dahn wurde einer Kassetten-Neuauflage für würdig befunden, die zwar nicht ganz billig ist, aber auch seinen halbverschollenen Geiserich-Roman enthält.

Schließlich sei noch dankbar des *Enzyklopädischen Handbuchs zur Ur- und Frühgeschichte Europas*, herausgegeben von Jan Filip, gedacht (2 Bände, Prag 1966; deutsche Ausgabe im Kohlhammer Verlag, Stuttgart 1966/69), eines unentbehrlichen Werks, weil die Bodenforschung inzwischen in den Ländern, die sich bisher ihrer nicht sehr eifrig angenommen hatten, ebenfalls in Schwung gekommen ist. Sind auch die deutschen Frühgeschichtler und Anthropologen, die sich mit den Vandalen befaßt haben, oft zu Unrecht der blinden Parteilichkeit geziehen worden, so gibt ihnen Jan Filip in seinem eigenen großen Vandalen-Artikel und den Einzelauskünften über die Gräberfunde doch ein rühmenswertes Beispiel vorbildlicher Objektivität und wissenschaftlicher Unabhängigkeit, wie es jenseits der Elbe leider sehr selten geworden ist – aus Gründen freilich, die am wenigsten die Wissenschaftler selbst zu verantworten haben.

Bildquellennachweis

Archiv für Kunst und Geschichte, Berlin (S. 81).

Aufsberg, Lala, Sonthofen/Allgäu (S. 77).

Bildarchiv Foto Marburg (S. 87, 269).

Butler, Yvan, Genf (S. 107).

Johann-Gottfried-Herder-Institut, Marburg (S. 29).

Lapie, Phototèque française, Paris (S. 71 oben).

Meyer, Klaus-Dieter, Rosenheim (S. 71 unten).

Schmidt, Ludwig, *Geschichte der Wandalen*, München, Verlag C. H. Beck, 1970 (S. 119).

Schreiber, Achim; Archiv des Autors (S. 35 unten, 89).

Staatliche Museen zu Berlin (S. 339).

Stoedtner, Dr. Franz, Lichtbildverlag, Düsseldorf (S. 13, 53, 125, 214 unten).

Strelocke, Hans, Berlin (S. 179, 197, 287).

Strelocke, Hans, *Algerien. Kunst, Kultur und Landschaft,* Köln, DuMont Buchverlag, 1974 (S. 281).

Uslar, Rafael von, *Germanische Sachkultur in den ersten Jahrhunderten nach Christus,* Köln und Wien, Böhlau Verlag, 1975 (S. 20, 39, 42, 75, 99).

Zeittafel

2. Jh. v. Chr.   Germanische Stämme aus dem südlichen Schweden und von einigen dänischen Inseln verlassen aus wirtschaftlichen Gründen ihre Wohngebiete und überqueren die Ostsee in Richtung Weichselmündung.

etwa ab 120 v. Chr.   Entstehung einer Kultgemeinschaft germanischer Stämme, die ihren Mittelpunkt in Schlesien, um den Zobtenberg hat, ihre Grenzen jedoch ständig verändert (Wanderbewegungen der Nachbarstämme).

103–101 v. Chr.   Der Einfall der Kimbern und Teutonen nach Südfrankreich endet mit vernichtenden Niederlagen durch die Römer.

72–58 v. Chr.   Vandalen (Teile des Gesamtvolks) ziehen mit dem Suebenkönig Ariovist nach Gallien und werden schließlich von Caesar besiegt.

52–46 v. Chr   Zunächst erfolgreicher Gallier-Aufstand unter Vercingetorix gegen Rom, von Caesar mit Hilfe germanischer Söldner niedergeschlagen. Gallien wird römische Provinz.

12–9 v. Chr.   Tiberius und Drusus schieben durch ihre militärischen Erfolge Roms Grenzen bis an die Donau vor. Die Markomannen unter Marbod ziehen nach Böhmen ab.

9 n. Chr.   Sieg der Cherusker unter Arminius über die starke Streitmacht des Varus. Marbod lehnt Bündnis gegen Rom ab. Kämpfe der Germanen untereinander, wobei die Vandalen über-

wiegend auf seiten der Markomannen stehen.

1. Jh. n. Chr.   Während die von den Kelten beeinflußten
silingischen Vandalen und andere Gruppen
in Schlesien bleiben, richtet sich das Interesse
der kriegerischen Vandalenstämme über Böhmen und die mittlere Donau hinaus nach
dem Südosten.

2. Jh. n. Chr.   Der große Gotenaufbruch aus dem Ostsee-
raum nach Südosten übt auch auf die Vanda-
len starken Druck aus. Abwanderungen in
Richtung Böhmen, Galizien und Slowakei
(heutige Namen).

170/171   Vandalenstämme unter den Königen Rhaus
und Raptus erscheinen in Dakien (heutiges
Rumänien); sie erobern sich Wohnsitze im
nördlichen Karpatengebiet und an der obe-
ren Theiß.

um 200   Das römische Nordafrika blüht auf. Karthago und Leptis Magna (bei Tripolis) werden reiche Städte. Christenverfolgungen.

278   Kaiser Probus besiegt einen Silingenstamm
(vermutlich in Süddeutschland).

um 350   Großes Ostgotenreich unter König Erman-
rich im nördlichen Schwarzmeerraum, um
375 durch Hunneneinbruch zerschlagen. Die
Ostgoten werden Verbündete der Hunnen,
die Westgoten wandern nach Westen ab.
Alle Wanderstämme geraten wieder in Bewegung.

389 od. 390   Geiserich von einer nichtgermanischen Konkubine des Vandalenkönigs Godigisel vermutlich im Plattensee-Raum geboren.

Dezember 406   Vandalen und Alanen erreichen auf ihrer
Westwanderung den Rhein, den die mit
Rom verbündeten Franken verteidigen. In
der ersten Schlacht fällt König Godigisel, in

	der zweiten führt das Eingreifen der Alanen den Sieg herbei. Rheinübergang nach Gallien unter König Gunderich.
406–409	Vandalen und Alanen verheeren, verstärkt durch Sueben, das nördliche, westliche und schließlich südliche Frankreich. Oktober 409 Übergang nach Spanien. Dort Kämpfe gegen Westgoten und Sueben, in denen die Silingen dezimiert werden.
428	König Gunderich fällt vor Sevilla. Sein jüngerer Halbbruder Geiserich wird König und bereitet Aufbruch nach Afrika vor. Nachdrängende Sueben werden vernichtend geschlagen.
Mai/Juni 429	Vandalen und Alanen setzen bei Tarifa nach Tanger über.
28. 8. 430	Tod des hl. Augustinus in der von Vandalen belagerten Hafenstadt Hippo Regius.
435	Vertrag mit dem oströmischen Feldherrn Aspar bestätigt Geiserichs Eroberungen in Nordafrika.
Oktober 439	Geiserichs erfolgreicher Handstreich gegen Karthago.
439–442	Die Vandalen bauen mit Hilfe ihrer Flotte ein Mittelmeerreich auf (Balearen, Korsika, Sardinien, Sizilien, Nordafrika).
451	Unentschiedene Völkerschlacht bei Châlons-sur-Marne (Champagne). Römer und Westgoten unter Flavius Aetius veranlassen Ostgoten und Hunnen unter Attila zum Rückzug. 453 Tod Attilas und schneller Zerfall der Hunnenmacht.
Mai/Juni 455	Vandalen und maurische Hilfstruppen plündern Rom.
460	Geiserichs gelungener Anschlag auf die kaiserliche Flotte beim heutigen Santa Pola beendet Versuch einer römischen Invasion.

467–71	Ein umfassender Angriff, nach gewaltigen Rüstungen vom ganzen Römerreich gegen die Vandalen unternommen, endet mit einem vollen Sieg Geiserichs.
476–493	Odoakers Herrschaft in Italien.
25. 1. 477	Tod König Geiserichs, dem sein Sohn Hunerich († 484) folgt. Aufleben der Maurenkämpfe; im Innern Katholikenverfolgungen.
484–96	König Gunthamund. Mildere Politik gegenüber den Katholiken.
491	Sizilien fällt an das Germanenreich in Italien.
493–526	Nach der Ermordung des Odoaker beherrscht der Ostgotenkönig Theoderich der Große Italien in nur noch nomineller Abhängigkeit von Byzanz.
496–523	König Thrasamund (verheiratet mit Theoderichs Schwester Amalafrida). Kultureller Höhepunkt des afrikanischen Vandalenreichs.
523–530	König Hilderich. Innerer Frieden durch Toleranz gegenüber Katholiken, wachsende Bedrohung durch die Mauren. Nach Niederlage gegen die Mauren (528/29) abgesetzt, neuer Herrscher:
530–April 534	König Gelimer.
533	Im Endkampf des Vandalenreiches gegen die Expeditionsarmee des Feldherrn Belisar aus Byzanz fallen die Königsbrüder Ammatas und Tzazo. Belisars Geheimschreiber Prokopios ist Augenzeuge der Vorgänge.
542, 546 und 550	Eroberungen Roms durch den Ostgotenkönig Totila.
552	Der byzantinische Feldherr Narses vernichtet das Ostgotenreich in Italien.
553	Gelimer, der letzte König der Vandalen, stirbt im Exil am Bosporus.